1-fach Servieren

■ in Theorie und Praxis

 inkl. digitalem Zusatzpaket

CHRISTINA DRISCHEL

WILHELM GUTMAYER

HEINZ LENGER

WOLFGANG MUCHER

HANS STICKLER

© 2016
TRAUNER Verlag + Buchservice GmbH
Köglstraße 14, 4020 Linz
Österreich/Austria
Alle Rechte vorbehalten.

Layout wurde vom Patentamt mustergeschützt © Österreich 2010

Lektorat/Produktmanagement:
Claudia Höglinger
Gestaltung und Grafik:
Bettina Victor
Covergestaltung: Bettina Victor
Schulbuchvergütung/Bildrechte:
© VBK, Wien
Gesamtherstellung:
Vorarlberger Verlagsanstalt GmbH
Schwefel 81, 6850 Dornbirn

PRINTED IN
AUSTRIA

ISBN 978-3-99062-116-5
www.traunerverlag.de
/traunergastro

Impressum

Drischel u. a., 1-fach Servieren
 inkl. digitalem Zusatzpaket
3. Auflage 2019 (Nachdruck 2022)
TRAUNER Verlag, Linz

Das Autorenteam

CHRISTINA DRISCHEL
OSZ Gastgewerbe, Berlin

WILHELM GUTMAYER
Höhere Lehranstalt für Tourismus Krems, i. R.

HEINZ LENGER
Wien

WOLFGANG MUCHER
Tourismusschulen Villa Blanka Innsbruck

HANS STICKLER
Höhere Lehranstalt für wirtschaftliche Berufe Wiener Neustadt

Für die vielen Ideen und Anregungen bedanken wir uns besonders bei den Kolleginnen des Fachbereichs Restaurantorganisation, vor allem bei Birgit Reinkens, Manuela Eckstein und Petra Jänicke (OSZ Gastgewerbe Berlin, Brillat-Savarin-Schule) sowie bei Viki Isermann und Sigrid Eisert (RBZ1 Regionales Berufsbildungszentrum, Kiel).

Unser besonderer Dank gilt Frau Dagmar Müller, Fachbereichsleiterin im OSZ Gastgewerbe Berlin, unter deren Obhut das ganze Projekt ins Laufen kam und durchgeführt wurde.

Vielen Dank auch an Frau Claudia Letzner, Autorin des Buches Systemgastronomie. Einige Inhalte für die Erstellung der Kapitel „Speisen- und Menükunde" sowie „Arbeiten am Tisch des Gastes" basieren auf ihren Texten.

Einleitung

Bereits zu Beginn unserer Arbeit für dieses Schulbuch war klar, dass wir das Thema „Servieren" in einem Arbeitsbuch behandeln möchten. Etwas später reifte schließlich der Entschluss, einen berufsgruppenübergreifenden Gesamtband zu machen, der vom 1. bis zum 3. Ausbildungsjahr mit Aufgaben zu allen Themenkomplexen gefüllt werden sollte.

Die Eckpunkte unserer Überlegungen

- **Enthält alles,** was man zum Arbeiten im Restaurant, am Gast und am Tisch des Gastes braucht
- Einsetzbar für die **Grundbildung aller gastronomischen Berufe** sowie für die **Fachbildung der Restaurantfachleute** mit Aufgaben zu allen Themenkomplexen
- Angelehnt an den **AKA-Stoffkatalog für die IHK-Abschlussprüfungen** der Ausbildungsberufe Fachkraft im Gastgewerbe, Restaurantfachmann/-frau, Hotelfachmann/-frau
- Servicenahe Inhalte der **Lernfelder „Arbeiten im Service", „Beratung und Verkauf im Restaurant", „Führen einer Station", „Arbeiten im Bankettbereich"** sowie **„Restaurantorganisation"** werden bestmöglich abgedeckt (**entspricht dem KMK-Rahmenlehrplan** von 1998)
- **Prüfungsrelevante Inhalte und Aufgaben für die IHK-Abschlussprüfung** der gastgewerblichen Berufe werden an praxisnahen Beispielen behandelt
- Folgt einem **praxis- und handlungsorientierten Konzept** und enthält Übungen für **unterschiedliche Unterrichts- und Lernmethoden**
- **Integriert Fremd- und Fachsprache**
- **Kompetenzzuwachs nach DQR (Deutschem Qualifikationsrahmen) und EQR (Europäischem Qualifikationsrahmen)**

Das TRAUNER Bildungskonzept unterstützt Sie bei der Umsetzung der Bildungsstandards. Interaktivität ist großgeschrieben! Zusätzlich zum Buch finden Unterrichtende im digitalen Zusatzpaket einen vielfältigen Mix aus Übungen, Lösungen, Download-Materialien, Links zu Videos und Powerpoint-Folien für den Unterricht.

 Meine Ziele

Nach Bearbeitung dieses Kapitels kann ich
- Blau (Wiedergeben, Verstehen)
- Rot (Anwenden)
- Schwarz (Analysieren und Entwickeln)

Aufgabenstellungen, Ziele erreicht?

Zur Erarbeitung der Kenntnisse und Fertigkeiten sowie zur Kontrolle des Lernerfolgs stehen den Lernenden Wissensfragen, Aufgaben und Abschlusstests („Ziele erreicht?") zur Verfügung. Die Aufgabenstellungen und „Ziele erreicht?"-Aufgaben sind ebenfalls nach dem Kompetenzmodell mit den Farben Blau, Rot und Schwarz gekennzeichnet. Es wird unterschieden zwischen Aufgaben, bei denen die Schüler/innen

- die gelernten Fachinhalte verstehen und wiedergeben;
- erworbenes Wissen anwenden können;
- eigenständig Probleme analysieren und Lösungen entwickeln.

Kompetenzen erworben?

Kreuzen Sie aufgrund der durchgeführten Ziele erreicht?-Aufgaben an, ob Sie die Kompetenzen

☺ **zur Gänze**

😐 **überwiegend** oder

☹ **(noch) nicht ausreichend**

erworben haben. Wiederholen Sie den jeweiligen Lehrstoff im Buch, falls Sie einzelne Ziele noch nicht erreicht haben.

Folgende weitere Piktogramme unterstützen das Lehren und Lernen im Buch:

 Tipps und Zusatzinformation

 Diskussion

 Besonders wichtige Ergänzung

 Schriftliche Aufgabenstellung

 Aufgabenstellung

 Verknüpfung

 Recherche im Internet

 **Going international**
Ohne Englischkenntnisse in der Hotellerie bzw. Gastronomie zu arbeiten, ist undenkbar. Die Schülerinnen und Schüler erlernen die wesentlichen Fachbegriffe in englischer Sprache.

 Gesetzliche Bestimmungen

 Downloads finden Sie im digitalen Zusatzpaket

STARTEN SIE IHR DIGITALES ZUSATZPAKET ZUM BUCH!

 In der TRAUNER-DigiBox (www.trauner-digibox.com) finden Sie Ihr persönliches E-Book und die Zusatzmaterialien zum Buch:

- www.trauner-digibox.com aufrufen
- Einmal kostenlos registrieren
- Ihr digitales Zusatzpaket mit **Lizenz-Key** auf der Rückseite des Buches freischalten.

Viel Freude und Erfolg wünscht Ihnen

CHRISTINA DRISCHEL

Inhaltsverzeichnis

Einführung in den Beruf

Wir wollen unsere Gäste begeistern

In vielen Ländern, in denen gutes Essen und Trinken einen hohen Stellenwert haben, genießt der Servierberuf ein hohes Ansehen. Guter Service bedarf nicht nur hervorragender Fachkenntnisse, sondern auch Eigenschaften wie eines menschlichen Bewusstseins für andere. Dazu gehören Eigenschaften wie Freundlichkeit, Ehrlichkeit, Sprachkenntnisse und vor allem die Fähigkeit, einen guten Kontakt zu Menschen herzustellen.

Die Leistung ist also an die Person gebunden und das ist sowohl für den Gast als auch für die Vorgesetzte/den Vorgesetzten sichtbar. Das heißt: Wer sich persönlich einsetzt, dem wird auch der Erfolg zugeschrieben. In diesem Sinne herzlich willkommen in Ihrem Beruf.

KOMPETENZ-ERWERB

 Meine Ziele

Nach Bearbeitung dieses Kapitels kann ich

- die Anforderungen an die Servicemitarbeiter/innen wiedergeben;
- die für die Tätigkeit im Service erforderlichen Arbeitsutensilien aufzählen;
- mich bei Tisch im Restaurant korrekt und sicher benehmen;
- die unterschiedlichen Serviersysteme erläutern und die Aufgabenbereiche der einzelnen Positionen in der Servierbrigade zuordnen;
- die Arbeiten im Chef-Commis-System verstehen und durchführen.

1 Die Servicemitarbeiter/innen

Noch ein kurzer Blick in den Spiegel ... Melina ist mit ihrem attraktiven Berufs-Outfit – Hose, Weste und Bistroschürze – äußerst zufrieden, und an die Pumps wird sie sich im Laufe der Zeit noch gewöhnen. Voller Erwartung blickt sie ihrem ersten Arbeitstag als Restaurantfachfrau entgegen.

1.1 Die drei Arbeitsbereiche des Servierberufes

Der Tätigkeitsbereich der Servicemitarbeiterin/des Servicemitarbeiters umfasst folgende gleichwertige Aufgabengebiete:

- **Office – Vorbereitende Arbeiten (Mise en place):** So gut, wie die Vorbereitungsarbeiten sind, so gut ist auch der Service.
- **Restaurant – Gästebetreuung und Verkauf:** Der Gast fühlt sich wohl, wenn er merkt, dass die Servicemitarbeiter/innen sich mit ihrem Beruf und mit dem Betrieb identifizieren und sich ganz für ihre Gäste einsetzen. Gästeberatung und aktives Verkaufen der angebotenen Speisen und Getränke heben den Umsatz. Gutes Fachwissen über das Speisen- und Getränkeangebot wird dabei vorausgesetzt.
- **Getränkebuffet:** Einkauf, Lagerung und Ausgabe von Getränken.

1.2 Berufskleidung

Die Berufskleidung ist regional, von Betrieb zu Betrieb und je nach Veranstaltung sehr unterschiedlich. Egal ob **klassischer** oder **moderner Kleidungsstil,** die Berufskleidung soll nicht nur zweckmäßig, sondern auch
- attraktiv sein,
- dem Stil des Unternehmens entsprechen,
- innerhalb eines Betriebes für alle Servicemitarbeiter/innen einheitlich sein, damit die Gäste das Servicepersonal auf Anhieb erkennen.

Die Zeiten, in denen Männer und Frauen unterschiedliche Berufskleidung trugen, gehen dem Ende zu. Heutzutage tragen weibliche und männliche Servicemitarbeiter zusehends die gleiche Kleidung (von Röcken einmal abgesehen).

Klassisches Berufsoutfit
- Dunkle Hose bzw. dunkler Rock
- Weißes Hemd bzw. weiße Bluse, evtl. mit Krawatte oder Fliege
- Eventuell in Kombination mit einer Weste und einer Bistroschürze
- Schwarze Socken bzw. passende Strümpfe
- Schwarze Schuhe, Damenschuhe sollten eine Absatzhöhe von maximal 4,5 cm nicht überschreiten

Weitere Möglichkeiten
- Smoking
- Stresemann bzw. Kostüm
- Frack oder Dinnerjacket
- Trachtenkleidung

Guter Service ist von entscheidender Bedeutung für jeden gastronomischen Betrieb. Eine exzellente Küche kann einen Gast nicht zum Stammgast machen, wenn die Mitarbeiter/innen im Service nicht ihren Teil dazu beitragen. Ein guter Service schafft eine Atmosphäre, in der sich die Gäste wohlfühlen.

❓ Gibt es einen gastronomischen Betrieb, den Sie hauptsächlich wegen einer Servicemitarbeiterin/eines Servicemitarbeiters besuchen? Wenn ja, charakterisieren Sie die Eigenschaften dieser Person.

Klassisches Berufsoutfit

Hauseigene Berufskleidung

In vielen Betrieben tragen die Mitarbeiter/innen im Restaurant, im Café, in der Bar und an der Rezeption eine einheitliche Kleidung. Sie wird vom Betrieb entweder gegen Entgelt oder gratis zur Verfügung gestellt. Oft ist der Name oder ein Zeichen des Betriebes aufgestickt. Gerne werden auch Namensschilder verwendet.

Trachtenkleidung ist u. a. auf der Wiesn ein Muss

 Aufgabenstellung – „Berufskleidung"

■ Suchen Sie im Internet nach Berufskleidungsausstattern für die Gastronomie. Vergleichen Sie die Angebote. Welche Kleidung bzw. welcher Stil gefällt Ihnen am besten? Begründen Sie Ihre Auswahl!

1.3 Anforderungen an die Servicemitarbeiter/innen

Der berufliche Erfolg ist Ihnen sicher, wenn
- Sie über ein fundiertes Fachwissen verfügen und sprachgewandt sind,
- Höflichkeit, Toleranz, Ehrlichkeit, Kontaktfreudigkeit, Verantwortungsbewusstsein und Pünktlichkeit zu Ihren Charaktereigenschaften gehören,
- Sie körperlich und seelisch belastbar sind,
- Selbstständigkeit und Teamfähigkeit zu Ihren Stärken zählen,
- Sie ein gutes Gedächtnis haben und geistig flexibel sind,
- Sie Organisations- und Improvisationstalent haben,
- Sie auf ein gepflegtes Äußeres Wert legen.

In manchen Betrieben sind die Servicemitarbeiter/innen auch für kleinere küchenmäßige Aufgaben zuständig.
- Herstellung von Kleingerichten wie Sandwiches, belegten Broten, Toasts, Würstchen oder Pizzen
- Wärmen (Regenerieren) und Anrichten von Convenienceprodukten

Auch Geschicklichkeit und Fingerfertigkeit sind für viele Tätigkeiten im Service Voraussetzung

 Aufgabenstellungen – „Die Servicemitarbeiter/innen"

1. Schlüpfen Sie in die Rolle des Gastes und beschreiben Sie, welche Eigenschaften einer Restaurantfachfrau/eines Restaurantfachmanns dazu beitragen, dass
   - Sie sich wohlfühlen,
   - der Restaurantbesuch Ihre Erwartungen übertrifft und
   - Sie den Betrieb aufgrund Ihrer Erfahrungen weiterempfehlen.

2. Lesen Sie, wie man sich bei Tisch korrekt benimmt und bereiten Sie eine kurze Präsentation dazu vor.

   Sie finden die „Gesellschaftlichen Verhaltensregeln und Tischsitten" im digitalen Zusatzpaket.

„Es geht nicht nebeneinander und schon gar nicht gegeneinander. Es geht nur miteinander!" Diskutieren Sie diese Aussage mit Ihren Kolleginnen/Kollegen.

So sollte es sein!

Gutes Benehmen ist heutzutage gefragter denn je. Kein Wunder, denn gute Manieren bringen Sie beruflich und auch privat weiter.

„Takt ist der auf das Benehmen angewandte gute Geschmack."
CHAMFORT

Die Handserviette darf niemals unter der Achsel oder über der Schulter getragen und schon gar nicht zum Abwischen von Gesicht, Händen oder gar Schuhen verwendet werden.

1.4 Verhaltensregeln im Service

In kaum einem anderen Dienstleistungsberuf spielt das Verhalten gegenüber Gästen und Kolleginnen/Kollegen eine so wesentliche Rolle wie im Servierberuf.

Das Verhaltenscredo der Servicemitarbeiter/innen

- Ich unterbreche bei Tisch keine Konversationen.
- Ich spreche mit anderen Gästen weder über Gäste noch über Mitarbeiter/innen oder Vorgesetzte.
- Ich diskutiere Meinungsverschiedenheiten mit Kolleginnen/Kollegen niemals vor den Gästen.
- Ich esse und trinke an jenem Ort, der von der Hausordnung vorgesehen ist.
- Ich benutze mein Mobiltelefon nur in den Pausen.
- Ich arbeite im Team, nicht gegeneinander.
- Ich wirke selbstsicher, ohne dabei arrogant zu sein.

1.5 Umgangsformen der Servicemitarbeiter/innen

Unter guten Umgangsformen versteht man ein korrektes Verhalten, sowohl den Gästen als auch den Mitarbeiterinnen/Mitarbeitern gegenüber.

Sie als Servicemitarbeiter/in stehen an vorderster Front und repräsentieren die gesamte Gastronomie, auch jene Mitarbeiter/innen, die hinter den Kulissen des Betriebes tätig sind. Ein unkorrektes Verhalten von Ihnen hat demzufolge weitreichende Auswirkungen.

Das Verhaltenscredo der Servicemitarbeiter/innen

- Ich bringe dem Gast Respekt, Toleranz und Taktgefühl entgegen.
- Ich bin zurückhaltend, jedoch nicht unterwürfig.
- Ich begegne dem Gast mit natürlicher Freundlichkeit, Wärme und wahrer Herzlichkeit statt Förmlichkeit.
- Ich bewahre bei aller Offenheit eine professionelle Distanz.
- Ich respektiere die Wünsche der Gäste, auch dann, wenn sie mir eigentümlich oder willkürlich erscheinen.

1.6 Berufsausrüstung

Vor Dienstbeginn wird kontrolliert, ob folgende Arbeitsutensilien griffbereit und in gutem Zustand sind:
- **Handserviette:** Sie wird zum Tragen von heißen Tellern und Platten verwendet und muss stets sauber sein.

- **Hebelkorkenzieher** mit Messer bzw. Kellnerbesteck
- **Streichhölzer** (eventuell **Feuerzeug**)
- **Schreibzeug** (Schreibblock und zwei Kugelschreiber): Es wird in der Tasche, keinesfalls in der Brusttasche, aufbewahrt. Weitere Blöcke und Kugelschreiber müssen auf dem Serviertisch (Servante bzw. Sideboard) bereitliegen.
- **Geldtasche (Kellnerportemonnaie)** mit genügend Wechselgeld (bei Inkassotätigkeit)
- **Namensschild**
- **Korkscheiben** (keilförmig) als Tischfußunterlagen

In unmittelbarer Nähe, z. B. in einer Lade der Servante, sollten folgende Utensilien bereitliegen:
- Bonblock zum Bonieren und Taschenrechner, wenn kein Kassensystem vorhanden ist oder dieses ausfällt
- Zigarrenabschneider (kann auch im Humidor sein)
- Speisenlexikon
- Visitenkarten oder Prospektmaterial des Betriebes (Restaurant, Bar oder Café)

Gegenstände, die nur selten benötigt werden, können in der Garderobe untergebracht werden:
- Taschentücher
- Nähzeug und Sicherheitsnadeln
- Schuhpflegemittel
- Kamm, Bürste, Rasierapparat, Spiegel, Nagelfeile und Körperspray
- Zweite Garnitur Arbeitskleidung einschließlich Wäsche und Schuhe
- Fachliteratur

Inkasso = Befugnis zum Kassieren der Rechnung.

Ein Speisenlexikon erleichtert Ihnen den Umgang mit internationalen Gästen

2 Serviersysteme

Das Pärchen an Tisch Nr. 7 signalisiert Lukas, dass es zahlen möchte. Lukas gibt ihnen durch Blickkontakt zu verstehen, dass er ihren Wunsch verstanden hat. Kurz darauf tritt Lukas Kollege an den Tisch und überreicht ihnen die Rechnung. Warum ist Lukas nicht befugt, die Rechnung zu kassieren?

Neben den qualifizierten Servicemitarbeiterinnen/Servicemitarbeitern ist vor allem eine gute Organisation notwendig. Es genügt nicht, dass alle fleißig arbeiten. Die einzelnen Personen müssen zusammenarbeiten und die Arbeitsabläufe sind genau zu organisieren.

2.1 Einkellner/in- oder Stationskellner/in-System

- Aufteilung des Lokals in mehrere Stationen
- Jede Station besteht aus mehreren Tischen
- Jeder/Jede Servicemitarbeiter/in ist für eine Station verantwortlich (Bestellung, Bonieren, Servieren, Verabschieden); er/sie hat auch das Inkasso
- In Kleinbetrieben und Cafés

2.2 Zweikellner/in-System

- Zwei Servicemitarbeiter/innen teilen sich eine Station
- Ein/Eine Servicemitarbeiter/in nimmt die Bestellung entgegen, macht den Getränkeservice und das Inkasso
- Der/Die Zweite ist für den Speisenservice und das Abservieren zuständig
- In Klein- und Mittelbetrieben

In kleineren Betrieben ist der Chef/die Chefin oft gleichzeitig der/die Oberkellner/in.

Schildern Sie Ihren Kolleginnen/Kollegen, welche Serviersysteme Sie bereits kennengelernt haben und welche Erfahrungen Sie damit gemacht haben.

2.3 Oberkellner/in- oder Zahlkellner/in-System

- Das Zweikellnersystem wird um einen/eine Zahlkellner/in erweitert
- Die Stationen sind größer
- Der/Die Zahlkellner/in ist für das Inkasso, die Platzierung der Gäste und die Bestellungsaufnahme zuständig
- Ein/Eine Servicemitarbeiter/in serviert die Getränke
- Ein/Eine Servicemitarbeiter/in bringt die Speisen und serviert ab
- In Klein- und Mittelbetrieben

2.4 Französisches Serviersystem – Chef-de-Rang-System

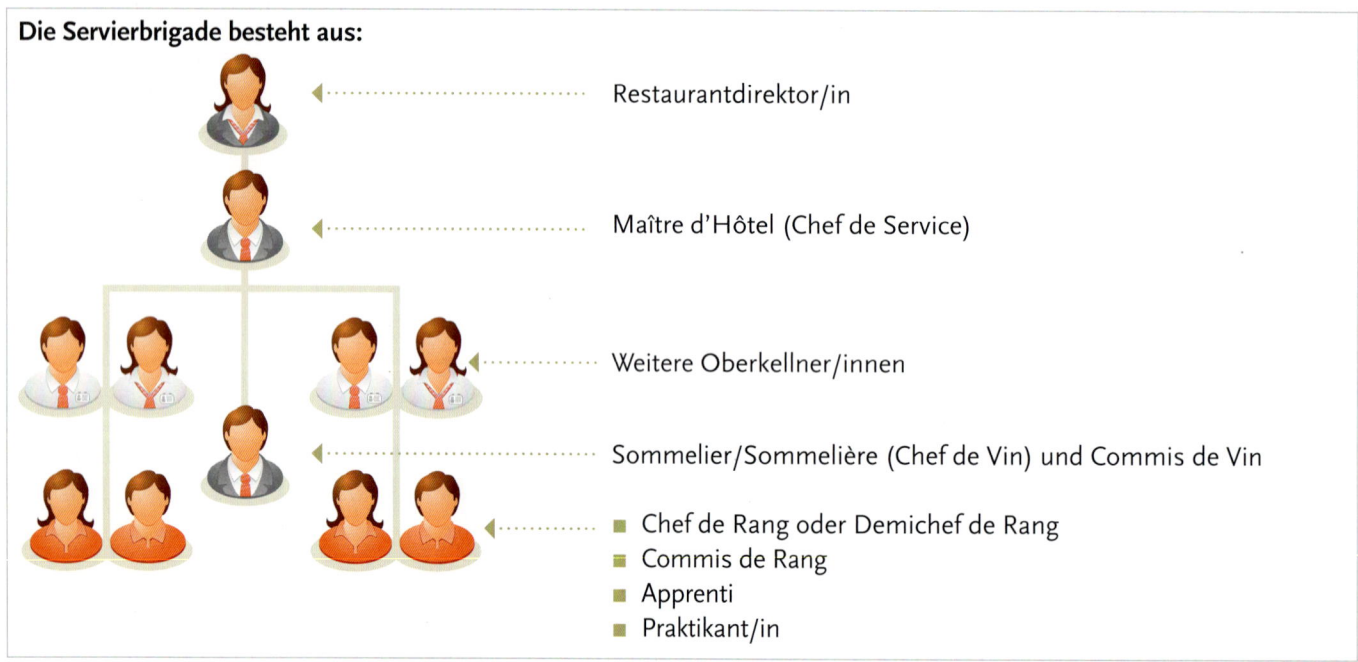

Die Servierbrigade besteht aus:

- Restaurantdirektor/in
- Maître d'Hôtel (Chef de Service)
- Weitere Oberkellner/innen
- Sommelier/Sommelière (Chef de Vin) und Commis de Vin
- Chef de Rang oder Demichef de Rang
- Commis de Rang
- Apprenti
- Praktikant/in

Durch die steigende Verbreitung US-amerikanisch geprägter Hotelketten findet man an der Stelle des Maître d'Hôtel zunehmend das Berufsbild der Restaurantmanagerin/des Restaurantmanagers. Kaufmännische Fähigkeiten stehen dabei oftmals über denen des Service.

Restaurantdirektor/in

- Repräsentant/in des Unternehmens
- Administrative Tätigkeiten

Maître d'Hôtel (Chef de Service) – erster/erste Oberkellner/in

- Leitung des Service
- Er/Sie arbeitet nach den Anweisungen der Restaurantdirektorin/des Restaurantdirektors und vertritt sie/ihn
- Selbstbewusstes Auftreten, fachliche Kompetenz, Würde und Diskretion sowie Herzlichkeit und Führungsqualitäten sind die Markenzeichen des wohl wichtigsten Postens in dieser Brigade

- Zu seinen/ihren Hauptaufgaben zählen: Reservierung, Empfang, Platzierung, Verabschiedung der Gäste sowie Behandlung von Reklamationen
- Administrative Tätigkeiten: Arbeitseinteilung, Dienstplanerstellung, Urlaubsplanung, Personalschulung, Erstellung von Speisen- und Getränkekarten, Planung und Organisation von Veranstaltungen

Weitere Oberkellner/innen

- Die Anzahl hängt von der Größe des Betriebes ab
- Jede/r ist für einen bestimmten Bereich, z. B. Café, Restaurant, Terrasse oder Halle, verantwortlich
- Hauptaufgaben: Gästeempfang, Platzierung, Verabschiedung der Gäste sowie Behandlung von Reklamationen

Sommelier/Sommelière – Chef de Vin

- Er/Sie steht im Rang eines Oberkellners/einer Oberkellnerin
- Er/Sie muss über entsprechende Weinkenntnisse verfügen
- Er/Sie ist für die Weinberatung und den Weinservice zuständig, in manchen Betrieben auch für den gesamten Getränkeservice

Commis de Vin

- Er/Sie unterstützt den Chef de Vin
- In der Hierarchie ist er/sie dem ersten Commis de Rang gleichgestellt

Chef de Rang

- Er/Sie ist für die gesamten Vor- und Nachbereitungsarbeiten sowie für den kompletten Service auf einer Station („rang") verantwortlich
- Er/Sie leitet die Beschwerden der Gäste an den Maître d'Hôtel weiter
- Auch das Decken und Dekorieren der Tische fallen in seinen/ihren Aufgabenbereich
- Er/Sie empfiehlt Speisen und Getränke, auch Wein, wenn es keine/n Sommelière/Sommelier gibt
- Er/Sie nimmt Bestellungen entgegen, boniert und serviert
- Er/Sie flambiert, tranchiert, filetiert und mariniert vor dem Gast. Am Gästetisch assistiert ihm/ihr dabei ein Commis de Rang
- Er/Sie kassiert die Rechnung

Demichef de Rang

- Stellvertreter/in des Chef de Rang mit demselben Aufgabenbereich
- Betreut er/sie allein eine Station, ist diese meist kleiner

Commis de Rang

- Gehilfin/Gehilfe des Chef de Rang und des Demichef de Rang
- Gibt es nur einen Commis pro Station, hat er/sie in erster Linie für das Mise en place zu sorgen
- Er/Sie bringt Speisen aus der Küche und Getränke vom Getränkebüffet
- Gibt es einen zweiten Commis pro Station, ist dieser das Bindeglied zwischen Küche und Service.

? **Schlüpfen Sie in die Rolle des Maître d'Hôtel!**
Sie sind am Abend für die Führung eines französischen Restaurants mit 80 Plätzen verantwortlich. Erstellen Sie dafür einen Mitarbeiter/innenplan. Basisinformation: Servierbrigade des Chef-de-Rang-Systems. Führen Sie die Tätigkeiten der einzelnen Servicemitarbeiter/innen an.

Sommelier/Sommelière mit Weinkostschale (Tasse de vin)

Der Commis de Rang bringt die Speisen aus der Küche

Apprenti

Auszubildende/Auszubildender

Praktikant/in

Im Rahmen der Schulausbildung muss er/sie ein Praktikum absolvieren.

2.5 Arbeiten im Chef-Commis-System

Die für die einzelnen Servicetätigkeiten verantwortlichen Mitarbeiter/innen variieren je nach Betriebsart. Im nachfolgenden Beispiel handelt es sich um einen Betrieb mit großer Servierbrigade.

Servicetätigkeiten vor dem Eintreffen der Gäste

Die Reservierung entgegennehmen

Maître d'Hôtel, Restaurantleiter/in oder Rezeptionsmitarbeiter/in

„Restaurant ..., guten Tag. Mein Name ist ... Was kann/darf ich für Sie tun?"

„Entschuldigen Sie bitte, wie ist Ihr Name?"

Servicetätigkeiten	Gästeerwartungen
■ Den Anruf entgegennehmen, spätestens nach dreimal Läuten ■ Den Namen (Titel) bestätigen ■ Personenanzahl und Telefonnummer notieren ■ Spezielle Wünsche notieren ■ Datum und Uhrzeit bestätigen ■ Reservierungen täglich überprüfen und planen, Rücksprache mit der Restaurantleitung halten ■ Spezielle Wünsche (Menü-, Getränkewünsche etc.) weiterleiten	■ Rasche Entgegennahme des Anrufs (kein langes Läuten) ■ Professionelles Verhalten des Servicepersonals am Telefon ■ Alternative Terminvorschläge, wenn der gewünschte Termin nicht möglich ist ■ Hilfestellung bei der Auswahl und Umsetzung von speziellen Wünschen ■ Bestätigung der Reservierung

Servicetätigkeiten ab dem Eintreffen der Gäste

Die Gäste begrüßen

Maître d'Hôtel, Restaurantleiter/in

„Guten Tag, Frau ..., darf ich Ihnen den Mantel abnehmen?"

„Herr Ashani, unser Restaurantfachmann, wird sich heute um Ihr Wohl bemühen."

Servicetätigkeiten	Gästeerwartungen
■ Die Gäste mit Titel (wenn bekannt) und Namen herzlich begrüßen ■ Beim Ablegen der Garderobe behilflich sein ■ Gäste zum Tisch begleiten ■ Beim Platznehmen behilflich sein ■ Eventuell die zuständige Stationskellnerin/den zuständigen Stationskellner vorstellen	■ Entsprechende Begrüßung ■ Hilfestellung beim Ablegen der Garderobe und Verwahrung der Garderobe ■ Begleitung zum Tisch ■ Der reservierte Tisch ist bereit und entspricht ihren Vorstellungen ■ Eventuell namentliche Vorstellung des zuständigen Servicepersonals

Die Speisenkarte präsentieren

Maître d'Hôtel, Chef de Rang, Sommelière/Sommelier

Servicetätigkeiten	Gästeerwartungen
■ Die Speisenkarten überreichen ■ Die Aperitifs empfehlen und die Bestellung entgegennehmen ■ Die Küchenchefin/Den Küchenchef bei vorbestelltem Menü benachrichtigen ■ Tagesspezialitäten empfehlen	■ Zeit, um am Tisch „anzukommen" ■ Makellose Speisenkarten ■ Aperitifempfehlung und rasche Bestellungsaufnahme ■ Genügend Zeit, um die Speisenauswahl zu treffen ■ Detaillierte Speisenerklärung

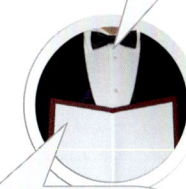

„Als Aperitif und zur Einstimmung empfehle ich Ihnen unseren hauseigenen ..."

„Als saisonale Tagesspezialität empfehle ich Ihnen unsere hausgemachten Nudeln ..."

Tätigkeiten vor der Bestellungsaufnahme

Chef de Rang, Commis de Rang

Servicetätigkeiten	Gästeerwartungen
■ Die Aperitifs servieren ■ Nicht benötigte Gedecke entfernen ■ Brot und Gebäck servieren	■ Rascher Aperitifservice ■ Frisches Gebäck und Butter von bester Qualität

⚠ Im Raucherbereich die Aschenbecher wechseln.

Die Bestellung entgegennehmen

Chef de Rang (Commis de Rang)

Servicetätigkeiten	Gästeerwartungen
■ Die Speisenbestellung entgegennehmen, einen Tischplan für den richtigen Speisenservice anfertigen ■ Die Speisenbestellung an die Küche weiterleiten ■ Vorbereitungen für den ersten Gang treffen (Gedeckerweiterung, Mise en place auf dem Beistelltisch) ■ Die Küchenchefin/Den Küchenchef über spezielle Wünsche informieren ■ Die Gäste über Wartezeiten bei speziellen Gerichten informieren	■ Fachlich fundierte Beratung, jedoch keine Belehrung ■ Anbieten von Alternativen, auch von saisonalen Getränken ■ Erfüllung von Sonderwünschen, z. B. Klöße anstelle von Kartoffeln ■ Einfühlungsvermögen vom Servicepersonal bezüglich besonderer Bedürfnisse (Lebensmittelunverträglichkeiten, Zeitdruck u. Ä.) ■ Ausreichend Zeit bei der Bestellung ■ Informationen über außergewöhnliche Wartezeiten bei Gerichten

„Ich darf Sie noch auf ein spezielles Angebot unserer Küche hinweisen: Heute gibt es frisch gebratene Calamares ..."

„Gerne servieren wir Ihnen anstelle der gebratenen Kartoffeln Semmelklöße. Möchten Sie auch etwas Bratensaft dazu?"

Die Getränkekarte (Wein, Bier etc.) präsentieren

Sommelière/Sommelier, Chef de Rang

Servicetätigkeiten	Gästeerwartungen
■ Der Gastgeberin/Dem Gastgeber die gewünschte Karte präsentieren ■ Empfehlungen aussprechen ■ Alle Vorbereitungen für den Wein- bzw. Getränkeservice (passende Gläser) treffen ■ Den Wein- und Getränkeservice rasch und korrekt durchführen ■ Die Aperitifgläser ausheben	■ Getränkeberatung zu den Speisen (folgen) ■ Präsentieren der Weinflasche ■ Getränke mit der richtigen Trinktemperatur ■ Keine zu voll oder ungenügend gefüllten Gläser ■ Servicepersonal mit fundierten Weinkenntnissen

„Zur ... empfehle ich Ihnen einen trockenen, gehaltvollen Weißwein, z. B. einen Riesling aus dem Weinbaugebiet ... (Name) vom Weingut ... (Name) in ... (Ort)."

„Als kleine Aufmerksamkeit der Küche darf ich Ihnen heute … servieren."

„Waren Sie mit der Qualität des Steaks zufrieden?"

Die Amuse-Bouches, Vorspeisen und Suppen servieren

Chef de Rang, Commis de Rang; Nachservice Getränke: Sommelière/Sommelier, Chef de Rang; Nachfrage Gästezufriedenheit: Maître d'Hôtel, Oberkellner/in

Servicetätigkeiten	Gästeerwartungen
■ Auf Vollständigkeit der Bestellung achten ■ Die Amuse-Bouches servieren und erklären ■ Das Geschirr der Amuse-Bouches ausheben ■ Den ersten Gang unter Einhaltung der allgemeinen Servierregeln servieren ■ Brot und Butter nachservieren ■ Wein/Getränke nachschenken ■ Das Geschirr des ersten Ganges ausheben	■ Erklärung der Amuse-Bouches ■ Bevorzugte Behandlung von Ehrengästen und Damen ■ Gerichte werden exzellent präsentiert und nicht verwechselt ■ Rechtzeitiges Eindecken des Bestecks ■ Nachservice von Brot und Butter ■ Keine unnötigen Störungen während des Essens ■ Nachschenken der Getränke ■ Dass sich Servicekräfte nach ihrer Zufriedenheit erkundigen und dass eventuell auftretende Probleme rasch beseitigt werden

„Darf ich Ihnen nachschenken?"

Die Getränke vor dem zweiten Gang servieren

Sommelière/Sommelier, Chef de Rang

Servicetätigkeiten	Gästeerwartungen
■ Eventuell einen anderen Wein bzw. ein anderes Getränk zum Hauptgericht servieren ■ Das Glas des ersten Getränkes ausheben ■ Mineralwasser nachschenken	■ Rechtzeitiger Getränkeservice vor dem Hauptgericht ■ Ausheben der Gläser ■ Nachschenken von Mineralwasser

Die Hauptgerichte servieren

Chef de Rang, Commis de Rang

Servicetätigkeiten	Gästeerwartungen
■ Die Hauptgerichte servieren (Ablauf wie beim Service der Vorspeisen) ■ Servicearbeiten am Tisch des Gastes und auf dem Beistelltisch durchführen	■ Keine Bedrängung und keine Störung

Service nach den Hauptgerichten

Chef de Rang, Commis de Rang

Servicetätigkeiten	Gästeerwartungen
■ Alle Teller, inklusive Brotteller, und Buttermesser sowie Brot und Butter ausheben ■ Den Tisch reinigen ■ Die Menagen entfernen	■ Rasches, geräuschloses Ausheben aller Teller ■ Reinigung des Tisches ■ Entfernen der Menagen

Die Desserts anbieten

Chef de Rang, Sommelière/Sommelier

Servicetätigkeiten	Gästeerwartungen
■ Desserts empfehlen und Bestellung entgegennehmen ■ Besteck und Gläser eindecken ■ Getränk zum Dessert empfehlen ■ Getränke zum Dessert servieren ■ Nicht benötigte Gläser ausheben	■ Besonderer Abschluss des Essens ■ Frage nach dem Dessert weder zu früh noch zu spät ■ Eindecken des Entremets-Bestecks ■ Zum Dessert passende Getränkeempfehlung

„Darf ich Ihnen noch ein Dessert anbieten?"

„Ich empfehle Ihnen unsere Dessertvariationen, eine Komposition aus warmen und geeisten Süßspeisen."

Den Dessertservice durchführen

Chef de Rang, Commis de Rang

Servicetätigkeiten	Gästeerwartungen
■ Vorbereitungen treffen ■ Die Desserts servieren ■ Französischen Teller und Entremets-Besteck ausheben	■ Ansprechende Präsentation der Desserts ■ Herunterziehen des Entremets-Bestecks

Kaffee, Tee und Digestif servieren

Sommelière/Sommelier, Chef de Rang, Commis de Rang

Servicetätigkeiten	Gästeerwartungen
■ Kaffee- und Teegetränke sowie Digestif empfehlen und anbieten ■ Petits Fours, Pralinen oder Konfekt servieren	■ Anbieten von Kaffee-, Teegetränken und Digestif ■ Auswahl an Digestifs mit der richtigen Trinktemperatur und exakten Ausschankmenge

„Darf ich Ihnen abschließend einen Digestif servieren?"

„Ich empfehle Ihnen den ... von der Brennerei ... (Name) in ... (Ort)."

Die Rechnung präsentieren

Chef de Rang

Servicetätigkeiten	Gästeerwartungen
■ Der Gastgeberin/Dem Gastgeber die Rechnung diskret präsentieren ■ Den Rechnungsbetrag kassieren ■ Das Wechselgeld und die Gästerechnung retournieren	■ Rasches Präsentieren der Rechnung ■ Exakte, gut lesbare Rechnung ■ Korrektes Wechselgeld

Die Gäste verabschieden

Maître d'Hôtel, Restaurantleiter/in, Chef de Rang

Servicetätigkeiten	Gästeerwartungen
■ Den Gästen beim Verlassen des Tisches behilflich sein; kontrollieren, ob etwas vergessen wurde ■ Beim der Garderobe behilflich sein ■ Bedanken für den Restaurantbesuch; hinausgeleiten zum Ausgang und verabschieden	■ Ausreichend Zeit beim Verlassen des Restaurants ■ Eventuelle Hilfestellung beim Anlegen der Garderobe ■ Dass sich das Servicepersonal für den Restaurantbesuch bedankt ■ Persönliche Verabschiedung

„Danke für Ihren Besuch. Ich hoffe, Sie waren mit unserem Service zufrieden und wir dürfen Sie bald wieder in unserem Restaurant begrüßen. Kommen Sie gut nach Hause."

Ziele erreicht? – „Einführung in den Beruf"

1. Nennen Sie die Aufgabenbereiche, in denen Sie als Servicemitarbeiter/in tätig sind. Erklären Sie einen davon näher, z. B. wodurch Sie dem Gast signalisieren, dass Sie sich mit Ihrem Beruf und dem Betrieb identifizieren. ☺ 😐 ☹

2. Beschreiben Sie die klassische Berufskleidung einer Restaurantfachfrau/eines Restaurantfachmannes. Begründen Sie, warum die Berufskleidung mehr sein muss als nur zweckmäßig. ☺ 😐 ☹

3. Lückentext: Ergänzen Sie die fehlenden Wörter. ☺ 😐 ☹

   | eigentümlich ▪ zurückhaltend ▪ Respekt ▪ Wünsche ▪ Herzlichkeit ▪ Toleranz ▪ Taktgefühl ▪ Distanz |

   ▪ Ich bringe dem Gast Re_____, To_____ und Ta_____ entgegen.

   ▪ Ich bin zu_____, jedoch nicht unterwürfig.

   ▪ Ich begegne dem Gast mit natürlicher Freundlichkeit, Wärme und wahrer He_____ statt Förmlichkeit.

   ▪ Ich bewahre bei aller Offenheit eine professionelle Di_____.

   ▪ Ich respektiere die Wü_____ der Gäste, auch dann, wenn sie mir ei_____ oder willkürlich erscheinen.

4. Welche Utensilien Ihrer Berufsausrüstung müssen Sie stets griffbereit haben? ☺ 😐 ☹

5. In der TV-Sendung „Wer wird Millionär" gewann ein Kandidat, der folgende Frage richtig beantworten konnte: „Wer sollte sich mit der „Zwanzig nach vier"-Stellung auskennen?" ☺ 😐 ☹

   A: Fahrlehrer   B: Karatemeister

   C: Kellner   D: Landschaftsarchitekt

   Welche Antwort ist richtig? Was bedeutet die „Zwanzig nach vier"-Stellung?

   🔽 Die richtige Antwort finden Sie im digitalen Zusatzpaket.

6. Wodurch unterscheidet sich das Zweikellner/in-System vom Oberkellner/in-System? ☺ 😐 ☹

7. Aus welchen Positionen besteht die Servierbrigade eines französischen Serviersystems? ☺ 😐 ☹

8. Erklären Sie den Aufgabenbereich eines Sommeliers bzw. einer Sommelière. Wie heißt diese Position noch? ☺ 😐 ☹

9. Welches Berufsbild ist anstelle des Maître d'Hôtels anzutreffen? Warum ist das so? Welche Fähigkeiten sollte diese Person mitbringen? ☺ 😐 ☹

Vor dem Service

„Eine gute Vorbereitung ist das halbe Leben!" – eine Aussage, die auch im Service von Bedeutung ist.

Die Tätigkeit der Servicemitarbeiter/innen beschränkt sich nicht alleine auf das Servieren von Speisen und Getränken. Dazu zählen außerdem verschiedene Arbeiten, wie die Vorbereitung aller für den Service benötigten Arbeitsgeräte und Serviergegenstände, das Decken der Tische, das Brechen der Servietten u. v. m. Diese Aufgaben müssen abgeschlossen sein, bevor der Gast das Lokal betritt.

 Meine Ziele

Nach Bearbeitung dieses Kapitels kann ich

- die Tische und Stühle entsprechend der Betriebssituation fachgerecht aufstellen und ausrichten;
- die Eigenschaften und den Verwendungszweck der Tisch- und Tafelwäsche in einem gastgewerblichen Betrieb erörtern und sie in der betrieblichen Situation sachgemäß einsetzen;
- Geschirr-, Besteckteile, Gläser und Serviergegenstände richtig benennen, ihrem Verwendungszweck entsprechend einsetzen, sie fachgerecht reinigen und aufbewahren;
- mögliche im Office, in der Küche und im Restaurant anfallende Mise-en-place-Arbeiten aufzählen und in der Praxis selbstständig durchführen;
- verschiedene Grundgedecke und Menügedecke in der richtigen Reihenfolge eindecken sowie die Gläser in unterschiedlichen Formen anordnen;
- selbstständig und im Team die Tische für eine bestimmte Gästeanzahl und nach einem vorgegebenen Menü fachgerecht decken.

1 Restaurantausstattung

Melina soll Tisch- und Tafeltücher zusammenlegen und nach Größe geordnet im Wäschekasten stapeln. Etwas ratlos steht sie vor dem Kasten und überlegt, woran sie den Unterschied zwischen Tisch- und Tafeltuch erkennen kann.

Die Beschaffenheit des Mobiliars, der Tische und Stühle hängt immer von der Betriebsart ab. Auch die Tisch- und Tafelwäsche sowie der Dekor müssen mit der Ausstattung des Lokals harmonieren. Geschirr, Besteck, Gläser und Serviergegenstände sollen ebenfalls zum Ambiente passen.

Alle Gegenstände müssen in ausreichender Anzahl vorhanden sein. Beim Kauf ist darauf zu achten, dass sie jederzeit ergänzt werden können. Dafür sind in großen Betrieben eigene Abteilungen (Purchasing Department, Stewarding Department) verantwortlich.

Von Zeit zu Zeit ist es notwendig, eine Inventur aller Serviergegenstände und Utensilien durchzuführen, um die Übersicht zu behalten und gegebenenfalls Fehlendes zu ergänzen. Als nützlich erweist sich eine eigene Bruchliste, in der die Abgänge monatlich erfasst werden.

Das gesamte Inventar eines Betriebes repräsentiert einen sehr hohen Wert. Großer Geschirr- oder Gläserbruch und Besteckverlust entstehen meist durch nicht durchdachte Arbeitsabläufe. Gehen Sie daher sorgfältig mit dem Inventar um.

1.1 Tische und Stühle

Die gesamte Einrichtung mit Tischen, Stühlen und Bänken muss ein harmonisches Bild ergeben – gleiche Abstände, gerade Linien. Die Tischreihen und die Stühle sind exakt auszurichten.

Was ist beim Aufstellen der Tische und Stühle zu beachten?

Der Platzbedarf der	
Gäste	**Servicemitarbeiter/innen**

Zwischen den Tischreihen muss genügend Platz bleiben, um die Gäste optimal betreuen zu können und ihre Intimsphäre sicherzustellen.	Die Servicemitarbeiter/innen sollen ausreichend Platz für ihre Servicetätigkeit vorfinden.

- Darüber hinaus muss die Stellweise der Tische und Stühle den Verordnungen der Feuerwehr und des Bauamtes entsprechen. Für den Ernstfall muss ein Fluchtweg frei sein.
- Wenn möglich, sollte der Gast mit Blick auf eine Fensterfront oder auf einen attraktiven Punkt im Raum sitzen.

Wie viel Platz benötigt ein Gast bei Tisch?

- 70 bis 80 cm in der Breite und 35 bis 40 cm in Richtung Tischmitte.
- Daher ist ein Tisch von 80 mal 80 cm zum Essen für zwei Personen geeignet.
- Die Tischhöhe soll 72 cm, die Sitzhöhe des Stuhls 46 cm betragen.

💡 Der Platzbedarf der Tische muss so bemessen sein, dass ein Umstellen, z. B. für Veranstaltungen, ohne großen Aufwand möglich ist.

Wie viel Platz benötigen die Tische in einem Raum?

Die Tischform und die Tischstellung beeinflussen den Platzbedarf.

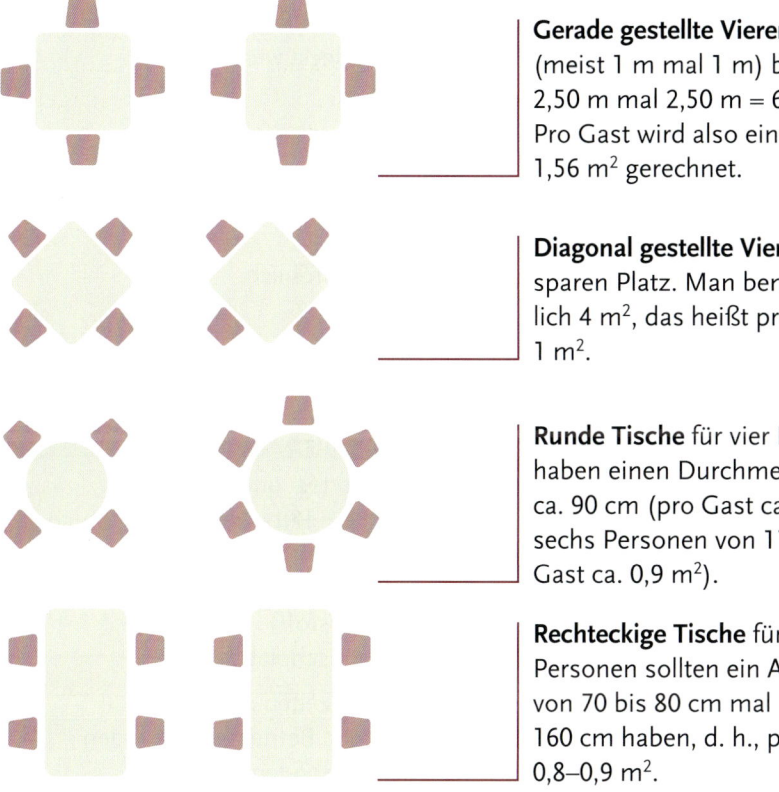

Gerade gestellte Vierertische (meist 1 m mal 1 m) benötigen 2,50 m mal 2,50 m = 6,25 m². Pro Gast wird also ein Platz von 1,56 m² gerechnet.

Diagonal gestellte Vierertische sparen Platz. Man benötigt lediglich 4 m², das heißt pro Gast 1 m².

Runde Tische für vier Personen haben einen Durchmesser von ca. 90 cm (pro Gast ca. 1 m²), für sechs Personen von 110 cm (pro Gast ca. 0,9 m²).

Rechteckige Tische für vier Personen sollten ein Ausmaß von 70 bis 80 cm mal 140 bis 160 cm haben, d. h., pro Gast ca. 0,8–0,9 m².

Diagonal gestellte Vierertische sparen Platz

1.2 Tisch- und Tafelwäsche

Tisch- und Tafelwäsche – klassisch, traditionell oder modern –, die mit der Ausstattung eines Restaurants harmoniert, vervollkommnet nicht nur das Gesamtbild, sondern vermittelt den Gästen auch einen Qualitätseindruck.

Natürlich ist es eine Frage der finanziellen Möglichkeiten, welche Materialien verwendet werden. Häufig besteht Tisch- und Tafelwäsche aus Materialien, die pflegeleicht, farbbeständig, strapazierfähig, zum Teil chlorecht sind und bei 60 bis 95 °C gewaschen werden können. Hotelwäscheausstatter bieten eine Vielzahl von neuen, äußerst strapazierfähigen Materialien an, die sich für den In- und Outdoor-Bereich eignen, z. B. fleckenabweisende Tischwäsche.

Tischwäsche ≠ Tafelwäsche? Tischwäsche ist für den täglichen Gebrauch bestimmt, Tafelwäsche für besondere Anlässe (z. B. Bankett). Deshalb wird Tafelwäsche aus edleren Materialien und in besserer Ausführung hergestellt.

(?) Aufgabenstellung – „Tisch- und Tafelwäsche"

- Recherchieren Sie, aus welchen Materialien Tisch- und Tafelwäsche hergestellt werden.

Tisch- und Tafelwäsche aus Stoff spiegeln die gehobene Gastronomie wieder

Weiße oder bunte Tischwäsche?

Die Farbe der Tischwäsche ist meist weiß, vor allem bei festlichen Anlässen wie Taufe, Hochzeit und Bankett. Es gibt sie aber auch in Pastellfarben (Gelb, Blau, Grün, Rosa und Beige).

Manche Betriebe verwenden für die verschiedenen Mahlzeiten Tischwäsche in unterschiedlichen Farben. Für das Frühstück und das Mittagessen wird in Pastelltönen, für das Abendessen in Weiß gedeckt.

Da das Sonnenlicht von bunter Wäsche nicht so stark reflektiert wird, sollen Terrassen- oder Gartentische ebenfalls in Pastelltönen gedeckt werden.

Psychologie der Farben

- **Gelbtöne** wirken elegant, sympathisch, gemütlich und freundlich.
- **Rosa** wirkt feminin, zart, lieblich und exklusiv.
- **Grüntöne** und Mint wirken angenehm, frisch und fröhlich.

Tischauflage

Die wichtigsten Wäschestücke in einem gastronomischen Betrieb

Bezeichnung	Formen	Eigenschaften und Verwendungszweck
Tischauflage (Molton)	Quadratisch, rechteckig, rund	■ Aus Filz, Frottee- oder Kunststoff ■ Verhindert ein Rutschen des Tischtuches ■ Dämmt den Lärm ■ Saugt verschüttete Flüssigkeiten auf (außer Kunststoff) ■ Schont die Tischplatte
Tischtuch	Quadratisch, rechteckig, rund	■ Für alle Mahlzeiten des Tages ■ In gehobenen Betrieben bei runden Tischen auch bodenlang ■ Tischtücher in Rollenform können leicht in die gewünschte Länge geschnitten werden. Es gibt sie in einer Vielzahl an Farben und Materialien.
Deckserviette (Napperon)	Quadratisch, rechteckig, rund	■ Sie kann, muss aber nicht aufgelegt werden ■ Zum Bedecken eines nicht mehr einwandfreien Tischtuches ■ In einfachen Betrieben zum Schonen der Tischtücher
Tafeltuch	Quadratisch, rechteckig, rund	■ Für Bankett- und Festtafeln ■ Mit unterschiedlichen Längen
Tischläufer	Rechteckig (schmal und lang)	■ Heute häufig anstelle eines Tischtuches in Bistros und Restaurants ■ Als Dekorationselement in der Mitte der Tafel
Set	Rechteckig	■ Für Tische aus Holz, Glas oder Marmor, für Frühstückstische ■ Für Kinder auch auf Tischen mit Tischtuch ■ In modernen Betrieben häufig anstelle eines Tischtuches

Deckserviette

❓ Was heißt Tischtuch auf Französisch?

Mundserviette	Quadratisch	■ Gefaltet als Tisch- und Tafeldekor ■ Als Dekor für Platten ■ Zum Anrichten von Spargel, Artischocken usw.
Skirting (Buffetschürze)	Glatt, gerafft, in Falten	■ Für Buffets und Displaytische ■ Zum Verblenden von der Tischoberkante bis zum Boden. Die Befestigung erfolgt mit Klettverschlüssen oder mit speziellen Clips.
Stuhlhusse		■ Dekorativer Überzug für Stühle; mit und ohne Schleifen
Tischhusse		■ Dekorativer Überzug für Stehtische; auch für Biertischgarnituren
Handserviette	Rechteckig	■ Zum Tragen von heißen Tellern und Platten; auch zum Reinigen der Tische, z. B. vor dem Dessert
Weinserviette	Rechteckig	■ Für den Flaschenweinservice
Gläser-poliertuch	Rechteckig	■ Zum Polieren von Gläsern ■ Aus fusselfreiem Material (Leinen, Mikrofaser)
Geschirrtuch (Poliertuch)	Quadratisch, rechteckig	■ Zum Trocknen von Geschirr ■ Aus fusselfreiem Material (Leinen)

? Was ist ein Displaytisch und wofür wird er verwendet?

Tischhusse

⚠ Laut Brandschutzbestimmungen müssen Skirtings, ebenso wie Teppiche und Vorhänge, aus schwer entflammbaren Materialien sein.

? **Aufgabenstellung – „Tisch- und Tafelwäsche"**

■ In der Gastronomie werden vermehrt hochwertige stoffähnliche Servietten und sonstige Tischwäsche eingesetzt. Diskutieren Sie in der Gruppe die Vor- und Nachteile (Wirtschaftlichkeit, ökologische Aspekte u. Ä.) dieser Einwegprodukte.

Wäschetausch

Da die Wäsche einen wesentlichen Kostenfaktor darstellt, ist auf eine fachgerechte Verwendung, Pflege und Behandlung größter Wert zu legen. Die wenigsten Betriebe leisten sich heute noch eine eigene Wäscherei, meist übernehmen Firmen die Textilreinigung. Es besteht auch die Möglichkeit, Wäsche anzumieten.

Beim Wäschetausch wird die Anzahl der abgegebenen schmutzigen Wäschestücke in das **Wäschetauschbuch** eingetragen. Erst dann wird die frische Wäsche ausgegeben.

 Der **Mietwäscheservice** hat den Vorteil, dass die Anschaffungskosten für die Wäsche, die Kosten für die Lagerung und für das Personal entfallen und jederzeit frische Wäsche nach Bedarf vorhanden ist.

Beachtenswertes beim Wäschetausch

■ Geben Sie keine feuchte oder nasse Wäsche in die Schmutzwäschelade, sondern lassen Sie die Wäsche vorher trocknen! Sie beginnt sonst zu schimmeln (Bildung von Stockflecken) und wird unbrauchbar.
■ Legen Sie Schmutzwäsche im Office zusammen, wo sie auch gestapelt wird, und bewahren Sie die Wäsche nur kurz in einer luftdurchlässigen Wäschekiste auf.
■ Bündeln Sie Mundservietten, Handservietten und Weinservietten zu zehn Stück. Das erleichtert die Ab- und Ausgabe.

- Stapeln Sie gestärkte, gebügelte Wäsche immer Bug auf Bug, mit der geschlossenen Seite nach vorn, und stets nach Größe sortiert.
- Lagern Sie gebügelte Wäsche luftdurchlässig und roulierend, d. h., die frische Wäsche wird nicht auf den alten Stapel im Kasten oder Regal, sondern darunter oder dahinter gelegt. Dies gewährleistet eine gleichmäßige Verwendung und Abnutzung der Wäsche.
- Sortieren Sie beschädigte Wäsche aus.

So nicht!
Stellen Sie Wäschekörbe niemals auf Tische, Stühle oder Displaytische. Legen Sie Schmutzwäsche nicht auf sauberen Tischen zusammen.

1.3 Porzellan- und Steingutgeschirr

Qualität, Ausführung und Dekor des Geschirrs weisen auf die Betriebsart hin. Motive bzw. betriebseigene Embleme können unter oder auf der Glasur angebracht sein. Der Unterglasurdekor ist geschützter und daher haltbarer (spülmaschinenfest).

Kriterien für die Auswahl von Porzellan- und Steingutgeschirr

- In **Kleinbetrieben** sind die wichtigsten Kriterien Robustheit, Haltbarkeit und Zweckmäßigkeit. Ist das Geschirr stapelbar, braucht es weniger Platz. Man beschränkt sich im Allgemeinen auf die wichtigsten Grundformen wie Suppentassen, tiefe Teller, Mittelteller sowie englische und französische Teller.
- In **Mittelbetrieben** muss die Qualität des Porzellans höheren Ansprüchen genügen. Bei der Auswahl stehen aber wieder Haltbarkeit und Zweckmäßigkeit im Vordergrund.
- In **Luxusbetrieben** ist das Geschirr auf die Ausstattung und auf die angebotenen Speisen abgestimmt.

Porzellangeschirr in einem gastgewerblichen Betrieb

Nachfolgend wird das heute in der Gastronomie übliche Porzellangeschirr dargestellt und erklärt. Dabei ist Folgendes zu berücksichtigen:
- Die Hersteller kreieren immer wieder neue Formen. Die Größen sind von Hersteller zu Hersteller, oft von Serie zu Serie verschieden.
- Aufgrund verschiedener Kücheneinflüsse (z. B. durch die Asiaküche) werden Anrichteteller und Platten auch aus anderen Materialien (z. B. aus Glas oder Stein) sowie mit anderen Formen und Dekors verwendet.
- Für Buffets und Caterings werden praktischerweise verschiedenste Größen und Formen verwendet, die sich je nach Speisenangebot und Anlass individuell einsetzen lassen.

Recherchieren Sie im Internet, was folgende Symbole bedeuten:

In Betrieben der gehobenen Gastronomie wird auch für die einzelnen Gänge Geschirr mit unterschiedlichem Dekor und in verschiedenen Formen verwendet.

Brotteller (Kuvertteller)

Für Brot bei Grund- und Festgedeck

Größe: ....

Mittelteller

Für das Frühstücksgedeck, als Trage-
teller beim Suppenservice, für Obst,
Torten, Kuchen, Sandwiches und
Fingerfood

Größe: ....

Französischer Teller

Für kalte oder warme Vorspeisen,
kreativ angerichtete Desserts, warme
Süßspeisen mit Saucen und für kalte, auf Tellern angerichtete Aufschnit-
te; als Trageteller für tiefe Teller

Größe: ....

Englischer Teller

Für Hauptgerichte und kreativ angerichtete Grillgerichte

Größe: ....

Platzteller

Grundteller, auf den der Speiseteller
gestellt wird; kann auch aus Zinn,
Messing, Silber, Gold oder Glas sein

Größe: ....

Tiefer Teller (Suppenteller)

Für gebundene Suppen, Püree- und
Cremesuppen, Suppen mit Einlage bzw. Eintöpfe, gekühlt für kalte
Suppen (z. B. Gazpacho) oder Kaltschalen

Größe: ....

Suppentasse mit Untertasse

Für klare Suppen

Spezialsuppentasse

Für exotische Suppen und Spezialsuppen

Fischteller

Fondueteller

Für Fondues, Garnituren und Salate

25

Kaffeekanne

Ausschließlich für Kaffee

Teekanne

Mit integriertem Sieb im Ausguss

Sahne- und Milchkännchen

Für Sahne am Frühstückstisch
(bzw. Kaffeetisch)

Kaffeetasse mit Untertasse

Für Frühstücksgetränke (Kaffee, Tee
oder Kakao)

Espressotasse mit Untertasse

Für kleinen Espresso, für Spezialsuppen, wenn keine Spezialsuppentassen vorhanden sind

Teetasse mit Untertasse

Größte Tasse; ausschließlich für Tee

Sauciere

Für kalte und warme Saucen

Näpfchen (Cocotte)

Für Eier, kleine Ragouts, Gemüse-
flans und Soufflés

Gratinierplatte (Plat russe)

Zum Gratinieren von Teigwaren- und
Gemüsegerichten, Kartoffeln, Gemüse und Fischen, für Fischgerichte
mit viel Sauce, für Süßspeisen, z. B.
Salzburger Nockerln, und Aufläufe

Pastateller

Für Nudelgerichte und sonstige kalte
und warme Speisen

Eierbecher

Welche Art von Porzellan-
geschirr ist Ihnen aus dem Pra-
xisunterricht bekannt? Tauschen
Sie Ihre Erfahrungen hinsichtlich
Form, Dekor, Gewicht u. Ä. in der
Gruppe aus.

1.4 Besteck, Serviergegenstände und Spezialbestecke

Es wird in allen möglichen Formen und Materialien angeboten:
- **Chromstahl** mit der Kennzeichnung „rostfrei", „INOX" oder „stainless". Bestecke aus diesem Material sind sehr preiswert, jedoch nicht spülmaschinenfest.
- **Chromnickelstahl 18/10 (Edelstahl).** Das Besteck ist durch den hohen Chromanteil garantiert rostfrei und härter als Besteck aus Chromstahl.
- **Edelstahl mit Silberauflage**
- **Silberbesteck**
- **Edelstahl mit Goldauflage**

(?) Warum werden alle Stahllegierungen, die nicht rosten, als Edelstahl bezeichnet?

Kriterien für die Auswahl von Besteck

Das Besteck muss, ebenso wie die Tischwäsche und das Porzellan, der Ausstattung des Betriebes entsprechen. Oftmals muss es auch zu verschiedenen Porzellanformen passen.
- **Einfache Betriebe** begnügen sich mit den Grundformen, siehe unten; meist aus Chromnickelstahl oder Chromstahl.
- **Mittelbetriebe,** die ein größeres Speisenangebot haben, erweitern ihr Inventar um Spezialbestecke, wie z. B. Fischbestecke.
- **Luxusbetriebe** sind mit verschiedensten Spezialbestecken ausgestattet. Edle Materialien und herausragendes Design sollen die Einzigartigkeit dieser Betriebe hervorheben.

Grundformen von Essbesteck

Großes Messer

Mit der großen Gabel für Hauptspeisen

Große Gabel

Mit dem großen Messer für Hauptspeisen; mit dem großen Löffel als Vorlegebesteck

Großer Löffel

Für Creme- und Püreesuppen, die im tiefen Teller serviert werden; mit der großen Gabel als Vorlegebesteck

Mittelmesser

Zum Frühstück, für warme und kalte Vorspeisen, geräucherte und gebeizte Fische sowie für Käse

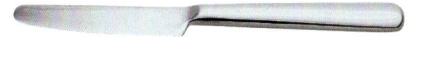

Mittelgabel

Mit dem Mittelmesser für warme und kalte Vorspeisen, geräucherte und gebeizte Fische, für Käse; mit dem Mittellöffel für Süßspeisen

Mittellöffel

Für klare Suppen in der Suppentasse; mit der Mittelgabel für Süßspeisen

Kleiner Löffel (Kaffeelöffel)

Für Kaffee, Tee, Kakao- und Schokoladengetränke, für Desserts und Eisdesserts in Schalen; mit der Kuchengabel für Vorspeisencocktails

Espressolöffel

Für Espresso in der Espressotasse

Kuchengabel

Für Kuchen und Torten in Cafés und Konditoreien; mit dem kleinen Löffel für Vorspeisencocktails

Spezialbestecke

Bouillonlöffel (Tassenlöffel)

Für Bouillons, für Service der Suppe in Suppentassen

Gourmetlöffel

Für alle Gerichte mit Saucen; kann auch anstelle des Fischmessers benützt werden, zum Aufnehmen von Fruchtsauce/-mark im Dessert (anstelle des Mittellöffels)

Eierlöffel

Für Frühstückseier in der Schale oder im Glas; aus Horn, Perlmutt oder Hartplastik

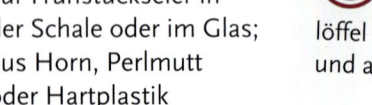

? Warum soll ein Eierlöffel nicht aus Silber sein und auch nicht versilbert?

Eislöffel

Für Eis und Eisgerichte

Grapefruitlöffel

Zum Ausstechen und Essen von Grapefruits

Buttermesser

Für das Grund- oder Festgedeck

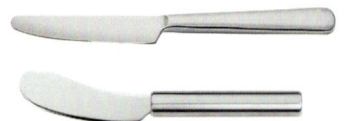

Grapefruitmesser

Zum Filetieren von Grapefruits

Fischbesteck

Für leicht zerteilbare Fischgerichte, die nicht geräuchert oder gebeizt werden

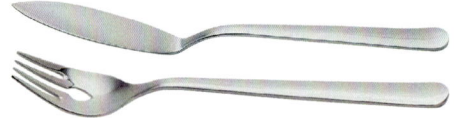

Amuse-Bouche-Löffel

Obstmesser, Obstgabel

Für alle Obstsorten

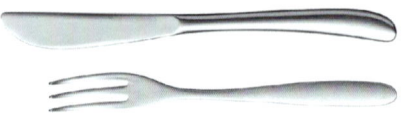

Steakmesser

Für alle Steakarten wie T-Bone-, Porterhouse-, Filetsteak, Entrecôte usw.

Chopsticks

Ess-Stäbchen für asiatische Gerichte; aus Holz und Metall

Tranchier- und Vorlegebestecke

Tranchiermesser, Tranchiergabel

Zum Tranchieren von Braten

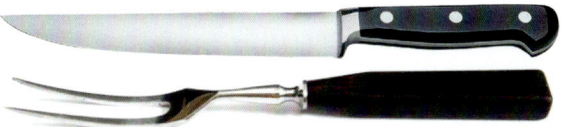

Salatbesteck

Zum Mischen von Salaten in der großen Salatschüssel; zum Anrichten von Salaten

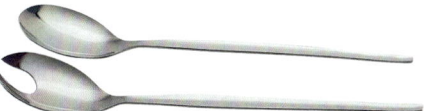

Tranchelard

Zum Schneiden von Schinken

Zum Schneiden von geräuchertem Lachs

Suppenkelle

Zum Ausschenken von Suppen

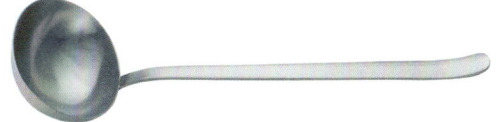

Brotmesser

Saucenkelle

Zum Servieren der Sauce

Officemesser

Kleines Universalmesser zum Putzen, Schälen und Filetieren

Gebäckzange

Trüffelhobel

Zum Hobeln von Trüffeln in feinste Blättchen. Trüffeln werden über Pasta, Risotto und Eiergerichte gehobelt.

Tortenheber, Tortenschaufel

Schneidewerkzeuge für Käse siehe Seite 197.

Zuckerzange

Für Würfelzucker

Weitere Spezialbestecke und Serviergegenstände

Schneckentongutpfanne

Für Schnecken ohne Häuschen

Austernbrecher

Mit und ohne Handschutz; zum Öffnen frischer Austern

Kaviarmesser

Zum Auflegen des Kaviars auf Toast oder Blinis; aus Horn oder Perlmutt

Schneckenpfanne

Für Schnecken im Häuschen

Hummerpike, -nadel oder -gabel

Für Hummer, Langusten und Krabben

Fonduegarnitur, Fonduekarussell

Für alle Fondues

Schneckengabel

Für Schnecken im oder ohne Häuschen

Hummerzange

Zum Aufbrechen der Scheren und Gelenke von Hummern, Langusten

Schneckenzange

Für Schnecken im Häuschen, zum Halten des Schneckenhauses

Krebsmesser und -gabel

Zum Zerteilen von frischen Krebsen

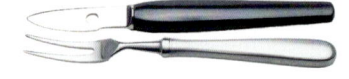

Fonduepfanne aus feuerfestem Ton

Für Käsefondues, Schokoladen-fondues

Kaviarkühler

Austernplatte

Zum Anrichten von Austern und anderen Meeresfrüchten

Fonduegabel

Für alle Arten von Fondues

Kaviarlöffel

Zum Herausnehmen des Kaviars aus dem kleinen Glasbehälter; aus Horn oder Perlmutt

Austerngabel

Für frische Austern

? Warum werden Kaviarlöffel und -messer aus Horn oder Perlmutt hergestellt?

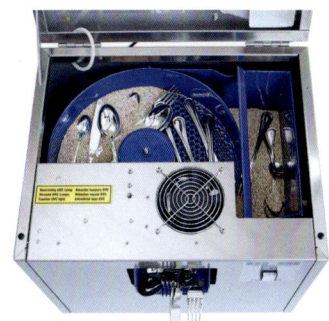

Besteckreinigung und Besteckpflege

Alle Bestecke mit Ausnahme von Goldbesteck werden im Geschirrspüler gereinigt.

- Spülen Sie das Besteck vor der Reinigung ab, um ein Antrocknen der Speisenreste zu verhindern.
- Nehmen Sie das Besteck nach Beendigung des Spülprozesses aus der Maschine und polieren Sie es sofort.
- Bewahren Sie das Besteck in Besteckbehältern aus Kunststoff oder Besteckladen aus Holz mit eingelegtem Filztuch auf.
- Verwenden Sie für die Reinigung von Silberbesteck spezielle Silberreinigungs- und Poliermaschinen, Silbertauchbäder, Polierpasten etc. Spülen Sie das Besteck nach der Reinigung mit heißem Wasser nach und polieren Sie es, da der Geruch des Reinigungsmittels stark haften bleibt.
- Waschen Sie vergoldete und Goldbestecke mit Seifenlauge, spülen Sie das Besteck mit heißem Wasser nach und polieren Sie es.

In größeren Betrieben werden häufig Besteckpoliermaschinen eingesetzt

1.5 Gläser

Schon in früherer Zeit war es ein Zeichen von Kultur, Getränke in formschönen Gläsern zu servieren. Heute gibt es eine riesige Auswahl an Gläsern im Handel, für jeden Geschmack und in jeder Preisklasse.

💡 Ein elegantes Glas stellt gleich der Stoffserviette ein wichtiges Element der Tischkultur dar. Es ermöglicht eine ästhetische und differenzierte Präsentation der Getränke.

Unterscheidung der Gläser nach der

Herstellung	Form	Verwendung
- Pressgläser (einfache Gläser) - Kristallgläser (maschinen- und mundgeblasen) - Bleikristallgläser - Gläser mit Bleianteil und bleioxidfreie Gläser	- Stiel-/Kelchgläser bestehen aus einer Bodenplatte, einem Stiel und einem hohen Kelch. - Schalen bestehen aus einem Fuß, einem Stiel und einem Kelch. - Bechergläser haben weder Fuß noch Stiel, dafür aber einen dicken Boden.	- Einfache Schankgläser sind aus Pressglas, meist dickwandig, daher haltbarer und spülmaschinenfest, und mit geschweißtem Rand. - Schankgläser für den Ausschank von offenen Getränken sind geeicht, d. h., sie weisen einen Füllstrich auf. - Tisch- und Tafelgläser sind qualitativ hochwertiger und müssen nicht geeicht sein.

Bleioxidfreie Gläser sind im Vergleich zu bleioxidhaltigen
- härter, relativ resistent gegen Reinigungsmittel und Säuren
- stabiler, lassen sich besser greifen
- leichter und vor allem besser ausbalanciert

Weitere Informationen dazu finden Sie im digitalen Zusatzpaket.

Biergläser

- Geeicht: für offenen Ausschank
- Verschiedene Formen, z. B. Tulpe, Stange, Henkelglas

Weizenbierglas

Henkelglas

Tulpe

Berliner-Weiße-Pokal

(Kölsch)stange

Weingläser

- Geeicht: für offenen Ausschank
- und nicht geeicht in verschiedenen Formen, z. B. Bordeauxglas, Burgunderglas

Standard-Weißweinglas

Standard-Rotweinglas

Bordeauxglas   Burgunderglas

Ursprünglich kam der Römer aus den fränkischen Glashütten des Spessarts und wurde am „Römer", dem Frankfurter Marktplatz, verkauft.

Sekt- und Champagnergläser

Sektflöte   Sektspitz   Sekttulpe

Likörweingläser

Standard-Likörweinglas   Sherryglas (Copita)

Karaffen und Krüge

- Dekantierkaraffe zum Belüften bzw. zum Dekantieren von alten Rotweinen mit Depot; Weißweinkaraffe, Wasserkaraffe
- Krüge in verschiedenen Größen; für Wasser und Wein

Weißweinkaraffe   Rotweinkaraffe

Wasserkaraffe

Wein- und Wasserkrug

(?) Aufgabenstellung – „Gläser"

- Notieren Sie zu den folgenden Gläsern die passenden Getränke. Beachten Sie die Ausschankmenge, siehe Seite 151.

5 cl   0,2 l   0,2 l   0,4 l   0,1 l

Bargläser

Tumbler

Becherglas mit verstärktem Boden. Der Boden erhöht die Standfestigkeit des Glases und hält das Getränk länger kühl. Tumbler gibt es in verschiedenen Größen:

Kleiner Tumbler

Für Frucht- und Gemüsesäfte, Sours, kalte Toddys usw.; Inhalt ca. 16 cl

Mittlerer Tumbler

Für Fizzes, Egg Noggs, kalte Punsche usw.; Inhalt ca. 20 cl

Großer Tumbler (Highballglas)

Für Highballs, Milchfrappés, Milkshakes, Non-Alcoholic Drinks, für die meisten Long- und Fancy Drinks; Inhalt ca. 28 cl

Collinsglas

Für Collinses, Coolers und Limonaden; Inhalt ca. 32 cl

Sling- oder Zombieglas

Für Slings, aber auch Coolers und Limonaden; Inhalt ca. 40 cl

Old-Fashioned-Glas

Es ist breiter als der kleine Tumbler; für alle Barmixgetränke oder pur ausgeschenkte Spirituosen, die auf Eis („on the rocks") oder als Frappés serviert werden; Inhalt ca. 32 cl

Libbey Gläser

Die ältesten Bargläser, die gleichzeitig als Unterteil für den Boston Shaker (Speed-Shaker) und als Gästeglas verwendet werden können

Cobblerkelch, Cobblerschale

Für Cobblers und Daisys

Cocktailschale (Creamer), Cocktailglas

Glas für klare, leicht vermengbare Cocktails; Schale für alle anderen Cocktails und Pick-me-ups

Fancygläser

Hurricaneglas

Für Fancy Drinks

Flipglas

Crustaglas
Für Crustas und Bowlen

Grog- oder Punschglas
Für warme bzw. heiße Getränke

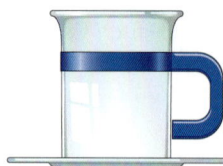

Likörschale
Für alle Likörarten

Pousse-Café-Glas

Cognacglas
Für Cognac und Armagnac

Schnapsgläser
- Geeicht; Stamper
- Nicht geeicht; verschiedene Formen, z. B. für Spirituosen aus Beerenobst, Kernobst und Steinobst

Stamper

Irish-Coffee-Glas

Cognacschwenker
Für Cognac und Armagnac

  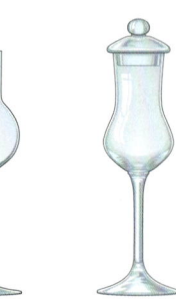

Universalschnapsglas Grappaglas Calvadosglas

Kein manuelles Nachpolieren bei Reinigung in speziellen Gläserspül- und -poliermaschinen

Gläserreinigung und Gläseraufbewahrung

Die Gläser werden meist in der Gläserspülmaschine (Osmose-/Entkalkungsanlage), selten manuell gereinigt und müssen anschließend poliert werden.
- Verwenden Sie zum Nachpolieren ein eigenes, nicht faserndes Tuch (z. B. Leinentuch).
- Halten Sie das Glas beim Polieren so, dass der Fuß nicht abgedreht werden kann.
- Bewahren Sie die Gläser mit der Öffnung nach oben in verschlossenen Schränken auf, damit sie keine Fremdgerüche annehmen.

(?) Aufgabenstellung – „Gläser"

- Notieren Sie zu den folgenden Gläsern die Namen.

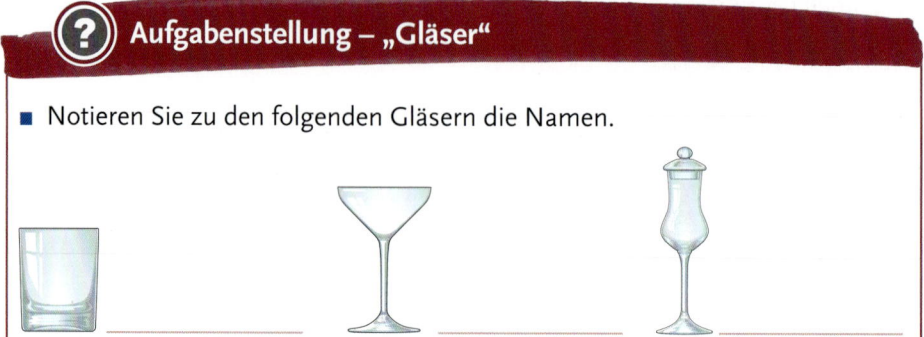

1.6 Sonstige Serviergegenstände

Dazu zählen die verschiedenartigsten Gegenstände, die für einen guten Service benötigt werden. Sie bestehen aus Metall (Silber, Kupfer, Aluminium), aus Holz oder aus Glas.

Butterkühler

Zum Kühlen von Butter; mit einem Metalleinsatz mit Löchern

Chafingdish (Wasserbadwanne)

Für längeres Warmhalten von Speisen auf einem Buffet; dazu gibt es ein eigenes Vorlegebesteck mit längerem Stiel und Haken

Dekantierkorb

Zum Tragen von Weinflaschen vom Weinklimaschrank zum Guéridon

Dekantiertrichter

Das integrierte Sieb hält das Depot und Korkenreste zurück

Etagere

Vielseitig einsetzbar, z. B. bei Frühstück, Afternoon Tea für Fingerfood, Petits Fours

Fingerbowle

Zum Reinigen der Finger

Fischplatte

Für Fische, Schalen- und Krustentiere

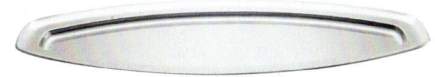

Fischwanne (Poissonnière)

Zum Garziehenlassen und Präsentieren von gekochten Fischen (Fischsudkessel)

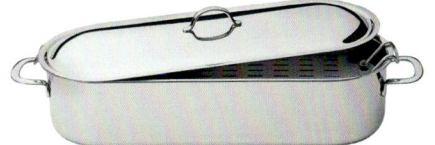

Flambierpfanne

Aus Edelstahl; rund oder oval; mit oder ohne äußere Kupferlegierung

Flambierrechaud

Flambier- und Servierwagen

Hebelkorkenzieher (Kellnerbesteck)

Käse-(Parmesan-)Behälter
Für Reibkäse

Kasserolle mit Deckel

Marmeladen- oder Honigtiegel

Schlitten
Zum Transportieren der Speisen aus der Küche zur Servante

Rechaudplatte

Platten- oder Tellerwärmer

Platemaster (Rechaudbatterie)

Raviers
Für kalte Vorspeisenvariationen

Salz- und Pfeffermühle
In guten Betrieben statt des Salz- und Pfefferstreuers

Salz- und Pfefferstreuer (Menage)

Saucengefäß (Sauciere)

Servierplatte
Für Speisen beim Plattenservice

Servier- oder Getränketablett
Mit oder ohne Randerhöhung

Serviertisch, Beistelltisch (Guéridon)
Zum Arbeiten beim Tisch des Gastes

Servierwagen
Zum Präsentieren und Anbieten von Speisen, z. B. Desserts

Servante (Sideboard)

Fest montiertes oder fahrbares Möbel-stück mit Besteckladen und Fächern für Tischwäsche, Speisenkarten usw.

Löwenkopfterrine

Suppenterrine

Tellercloche

Zum Warmhalten von Speisen

Thermokühler

Tischreinigungsgeräte

Zum Entfernen von Bröseln

Tischschaufel, Tischbesen

Tischbröselabziehklinge

Tranchierbrett

Holzbrett mit Saftrille, die zum Auffan-gen des Fleischsaftes dient

Wein- bzw. Schaumweinkühler

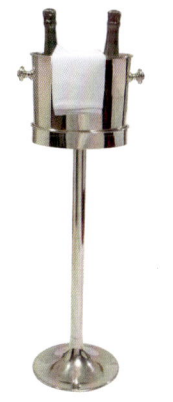

Zuckerspender

Für Kristall- und Staubzucker

Art und Aussehen der Servante variieren je nach Betrieb

Aufgabenstellungen – „Restaurantausstattung"

1. Erklären Sie den Platzbedarf pro Person am Gästetisch.

2. Schildern Sie, wie sich durch die Anordnung der Tische Platz einsparen lässt.

3. Ergänzen Sie folgenden Lückentext:

> Brotteller ■ Tranchiermesser ■ Gratinierplatte ■ Mittellöffel ■ Espressotasse mit Untertasse ■ Servante ■ Platzteller ■ Tranchiergabel

Anstelle einer Spezialsuppentasse mit Unterteller kann ich auch eine _____

_____ verwenden. Der _____ ist Bestandteil

eines Festgedecks. Auf den_____ stelle ich den Speiseteller. Zum Gratinieren von

Teigwarengerichten wird eine _____ verwendet. Eine Suppe in einer Suppen-

tasse esse ich mit einem _____, wenn kein Bouillonlöffel vorhanden ist. Zum Tranchieren von

Braten benötige ich ein _____ und eine _____ . Die Speisenkarten bewahre

ich auf der _____ auf.

4. Welche Farbe sollte Tisch- und Tafelwäsche vorzugsweise haben?

5. Erläutern Sie, welche Punkte Sie beim Wäschetausch beachten müssen.

6. Woran erkennen Sie, dass die Tischwäsche gebraucht ist?

7. Führen Sie Materialien an, aus denen Besteck hergestellt wird. Welches Material ist nicht spülmaschinenfest?

8. Unterscheiden Sie die Gläser nach Herstellung, Form und Verwendung.

9. Zählen Sie Vorteile von bleioxidfreien Gläsern auf.

2 Vor Servicebeginn

Die Vorbereitungen für das Abendgeschäft sind beinahe abgeschlossen. Lukas überprüft noch rasch die Funktion der Musikanlage und eilt anschließend zum täglichen Servicemeeting. Hanna, die Köchin, ist bereits Vorort und beginnt kurz darauf, dem Servicepersonal die Tagesspezialitäten zu erklären.

2.1 Mise en place

Unter Mise en place versteht man das Vorbereiten und Zurechtlegen aller für den Service notwendigen Gegenstände. Man kontrolliert, ob sie in bestem Zustand sind, und stellt sie in einer günstigen Position bereit.

Die Vorbereitungsarbeiten hängen natürlich von der Mahlzeit, der Betriebsart, dem Speisen- und Getränkeangebot sowie von der Art der Veranstaltung ab. So besteht naturgemäß ein Unterschied, ob für ein Frühstück oder ein Festessen vorbereitet wird.

Mise-en-place-Arbeiten im Office

- Wäschetausch, siehe Seite 23 f.
- Alle Serviergegenstände, z. B. Rechaudplatten reinigen
- Kerzenhalter reinigen und Kerzen auswechseln
- Blumengestecke oder Blumenvasen bereitstellen
- Menagen, z. B. Salz, Pfeffer, Essig und Öl, reinigen und auffüllen
- Flambier-, Aperitif-, Digestif- und Käsewagen reinigen und mit Besteck, Tellern, Gläsern usw. auffüllen
- Cloches (Abdeckhauben), Wein- und Sektkühler reinigen
- Maschinen im Officebereich, z. B. Kaffeemaschine, Wasser- und Saftspender, Kühlschränke, Eiswürfelmaschine, reinigen
- Erforderliches Porzellan polieren und teilweise warm stellen
- Gläser und Besteckteile polieren
- Silber-, Kupfer- oder Messinginventar, z. B. Flambierpfannen, Vorlegeplatten, polieren
- Gegenstände, die für die Mahlzeit (z. B. Frühstück) oder die Veranstaltung (z. B. Stehbuffet) benötigt werden, vorbereiten
- Leergut (Flaschen, Kisten etc.) wegräumen
- Diverse Abfallbehälter entleeren

Essig und Öl werden dem Gast oftmals in der Originalflasche zur Verfügung gestellt

Mise-en-place-Arbeiten im und am Küchenpass

Diese fallen je nach Betriebstyp mehr oder weniger umfangreich aus. Mögliche Vorbereitungsarbeiten in Absprache mit der Küchenbrigade können sein:

- **Im Küchenpass (Wärmerechaud):** Teller, Tassen, diverse Platten, Cocotten, Saucieren und Terrinen bereitstellen
- **Am Küchenpass:**
  - ▶ Brot-und-Butter-Mise-en-place (Butterraviers mit Unterteller und Serviette, Brotkörbe mit Stoffservietten, Brotzange bzw. Vorlegebesteck), Schöpfkelle für Terrinen, Cocotte mit warmem Wasser und Papierserviette zum Reinigen von Tellern beim Anrichten herrichten
  - ▶ Unterschiedliche Cloches sowie diverse Teller und Platten bereitstellen, z. B. Unterteller oder Gemüse- oder Fleischplatten mit Servietten oder Spitzenpapier, Unterteller mit Servietten für Suppen und Gerichte im tiefen Teller
  - ▶ Schlitten und Silver-Handle-Trays (Silbertabletts) mit Stoffserviette bereitstellen
- **Tagesaktuelle Informationen** wie Functionsheets, Pensionsmenü, begrenzte Anzahl an Gerichten, Beilagenänderungen, Musterbilder von Gerichten bei Veranstaltungen u. Ä. aushängen
- **Unmittelbar vor Servicebeginn:** Behältnisse mit Garniturbestandteilen, z. B. Kräutern, Blüten, Kartoffelchips, herrichten.

Stapeln Sie beim Mise en place im Küchenpass die Suppentassen nicht zu hoch und stellen Sie alle Henkel einheitlich, um Platz zu sparen und Porzellanbruch oder Anschlagen des Porzellans zu vermeiden!

Mise-en-place-Arbeiten im Restaurant

Zunächst wird das Grund-Mise-en-place auf einem Tisch oder auf einer Servante (einem Sideboard) hergerichtet, damit man keine langen Wege zurücklegen muss, um die Gegenstände aus dem Office zu holen.

Folgende Gegenstände werden hergerichtet:
- Tischwäsche: Tischtücher, Mund- und Deckservietten
- Teller: Brot-, Mittel- und Platzteller
- Besteck: Messer, Gabeln, Löffel, Vorlegebesteck, Spezialbestecke
- Menagen für Salz, Pfeffer, Zucker, Essig, Öl, Senf, Ketchup, Würzsaucen und Parmesan
- Tabletts und Schlitten
- Rechaudplatten

- Aschenbecher
- Tischbesen und -schaufel
- Papierservietten, Zierservietten, Trinkhalme, Zahnstocher (einzeln verpackt)
- Handservietten, Weinservietten
- Speisen- und Getränkekarten
- Bon- und Paragonblöcke mit Durchschlag, Schreibblocks für Bestellaufnahme

Reinigen und Ausrichten der Tische

Reinigen der Tische

Bevor mit dem Tischdecken begonnen wird, müssen alle Tische, Stühle, Bänke und Hocker (bei Theken) gereinigt und exakt ausgerichtet sein, d. h., alle Tische stehen in einer Linie, die Abstände zwischen den Tischreihen sind gleich groß. Dadurch ergibt sich ein harmonisches Gesamtbild. Außerdem prüft man die Standfestigkeit der Tische. Wenn sie wackeln, müssen die Tischbeine durch Drehen adjustiert oder Korkscheiben untergelegt werden.

 Aufgabenstellung – „Mise en place"

- Schildern Sie das Grund-Mise-en-place auf der Servante/dem Sideboard.

2.2 Checkliste vor Servicebeginn

Vor Servicebeginn sind folgende Punkte zu überprüfen:

Sauberkeit, Zustand und Vollständigkeit des Inventars

- Gläser, Porzellan und Besteck
- Tischwäsche und Servietten (Mund-, Wein- und Papierservietten etc.)
- Menagen (Zucker, Salz- und Pfefferstreuer, Würzsaucen, Essig, Öl usw.)
- Brotkörbe und Butterservice
- Servante (Sideboard) und Guéridon (Beistelltisch, Mise en place)
- Office (Mise en place für den jeweiligen Service, z. B. Mittagsservice)

Letzte optische Kontrolle

Beleuchtung, Musik und Technik

- Eingang (Foyer), Beleuchtung im Restaurant (Leuchten, Lüster, Spots), Kerzen und Windlampen
- Hintergrundmusik (Lautstärke)
- Raumtemperatur und Belüftung
- Funktionstüchtigkeit des Kassensystems

Sauberkeit der Räumlichkeiten

- Eingang (Foyer)
- Fenster, Boden
- Tische, Theke, Stühle, Hocker und Bänke
- Vorhänge
- Bilder und Dekoration
- Teppiche
- Garderobe

Verkaufshilfen und Präsentation

- Speisenkarten, Tageskarten (Aktualität), Wein- und Getränkekarten
- Buffets (Salat-, Vorspeisen-, Dessertbuffet etc.)
- Getränkewagen (Aperitif-, Digestif-, Tee- und Kaffeewagen), Dessertwagen, Käsewagen, Weinklimaschrank und Displaytische
- Blumenschmuck und Dekor

Servicemitarbeiter/innen

- Pünktlichkeit, Erscheinungsbild (Kleidung) und Berufsausrüstung
- Servicebesprechung (Verkaufstraining und Tagesspezialitäten)
- Stationseinteilung
- Gästeliste (bei Hotelgästen)
- Reservierungen (VIPs bzw. Besonderheiten, z. B. Functionsheet)
- Rechnungsmappe, Visitenkarten, Flyer für Promotions und Zusatzleistungen wie Catering, Tragtaschen, eventuell Regenschirme, Decken für kühle Sommerabende, Sitzkissen u. Ä.

2.3 Servicebesprechung (tägliches Servicemeeting oder Briefing)

Die Servicebesprechung wird vor dem Mittag- und Abendessen, kurz vor dem Eintreffen der Gäste und nach Abschluss der Vorbereitungsarbeiten im Restaurant durchgeführt. Sie sollte in ungestörter Umgebung und ohne Zeitdruck stattfinden, um alle wichtigen Informationen weiterzugeben. Vorteilhaft ist die Vorbereitung in Form eines Factsheets.

Factsheet = Daten- oder Informationsblatt, auf dem Reservierungen, VIPs, spezielle Tagesgerichte etc. vermerkt sind.

Die Idee hinter dem täglichen Servicemeeting

Das tägliche Servicemeeting hat den Zweck, die Mitarbeiter/innen über die Tagesspezialitäten, die Art und Anzahl der zu verkaufenden Speisen, die Beilagen, die Zubereitungsarten und die Stationseinteilung im Restaurant zu informieren.

Die Servicebesprechung hat aber auch die Aufgabe, die Mitarbeiter/innen beruflich weiterzubilden. Sie sollen sich mit den betrieblichen Zielen und Wünschen auseinandersetzen und lernen, die Arbeit darauf auszurichten. Briefings ersetzen jedoch keine gezielten fachlichen Schulungen in Bezug auf Speisen und Getränke.

Ideen aller Art können und sollen von den Mitarbeiterinnen/Mitarbeitern eingebracht werden. Jungen Mitarbeiterinnen/Mitarbeitern und Auszubildenden ist vor Augen zu führen, welche wichtigen Arbeiten und Anstrengungen täglich zu bewältigen sind, um erfolgreich zu sein.

Informierte Mitarbeiter/innen sind motivierter und leistungsstärker und damit bessere Verkäufer/innen

Ziele des täglichen Servicemeetings

Jeder/Jede Mitarbeiter/in sollte nach der Servicebesprechung fähig sein,
- ein gezieltes Verkaufsgespräch mit dem Gast zu führen,
- mit Überzeugungskraft zu argumentieren,
- durch Selbstvertrauen sicher und rationell zu arbeiten,
- Verständnis für die Arbeit aller Mitarbeiter/innen im Betrieb (Küche, Abwasch, Schank etc.) aufzubringen und Probleme zu erkennen.

Gut geführte Servicemeetings ermöglichen:
- Zeitersparnis
- Teambuildung und Teamfestigung
- Produktivitätssteigerung
- Qualitätsverbesserung
- Umsatzsteigerung

? Aufgabenstellungen – „Service"

1. Diskutieren Sie mit Ihren Kolleginnen/Kollegen die Aussage dieser Definition von „Eigenleistung im Service". Internal service: „If you are not serving the guest, your job is to serve somebody who is".

2. Diskutieren Sie über folgende Aussage von JÜRGEN KLINSMANN „Ein guter Trainer steigert die Leistung seines Teams um 10 %. Ein schlechter Trainer mindert die Leistung seines Teams um 50 %."

3 Tischkultur und Tischoptik

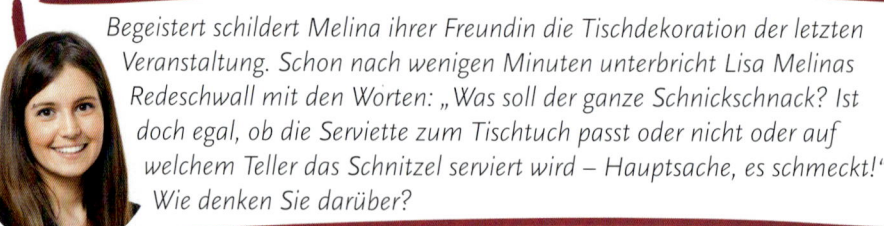

Begeistert schildert Melina ihrer Freundin die Tischdekoration der letzten Veranstaltung. Schon nach wenigen Minuten unterbricht Lisa Melinas Redeschwall mit den Worten: „Was soll der ganze Schnickschnack? Ist doch egal, ob die Serviette zum Tischtuch passt oder nicht oder auf welchem Teller das Schnitzel serviert wird – Hauptsache, es schmeckt!" Wie denken Sie darüber?

Das Zusammenspiel der Details – Tischwäsche, Porzellan, Gläser, Menagen, Dekor ... – ergibt eine gepflegte Tischkultur

Ein sorgfältig gedeckter Tisch ist für den Gast der beste Auftakt für einen Restaurantbesuch. Gerade in Zeiten der Standardisierung fällt Gästen eine persönliche Note wohltuend auf.

Die schönsten Kreationen der Kochkunst verblassen, wenn sie nicht in einem würdigen Rahmen präsentiert werden. Der Gast wünscht sich nicht nur eine gepflegte Atmosphäre, die sich in geschmackvoller Inneneinrichtung widerspiegelt, sondern auch einen schön gedeckten Tisch.

Tischkultur ist kein Selbstzweck. Sie ist wichtig für das Wohlbefinden der Gäste. Eine Harmonie von Farben und Formen versetzt den Gast in gute Stimmung. Die Form- und Farbgebung ist auch abhängig vom gastronomischen Gesamtkonzept.

💡 Wahllos zusammengewürfelte Aschenbecher, Vasen oder Menagen (womöglich mit Werbeaufdruck) zerstören das angestrebte Bild.

Moderne Tischkonzepte und Tischinszenierungen verbinden Ästhetik mit Funktionalität. Dazu benötigt wird Inventar, das den hohen Ansprüchen an Qualität, Design und Funktionalität entspricht. Nur eine stimmige Kombination von Speisen und Getränken, Geschirr, Gläsern und Tischdekoration in Verbindung mit einem perfekten Service führt beim Gast zu einem unvergesslichen Erlebnis.

Grundgedecke

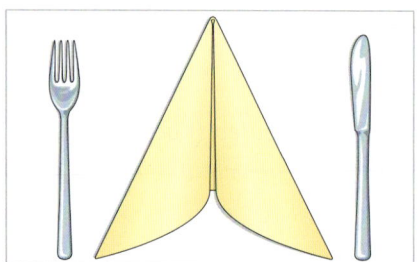

Einfaches Grundgedeck

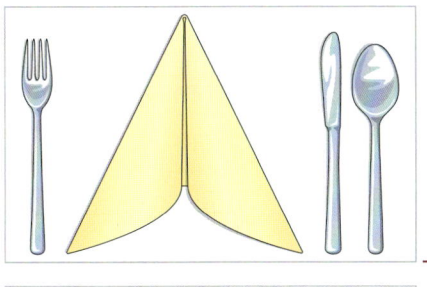

Mit großem Löffel
Die Suppe wird im tiefen Teller
serviert

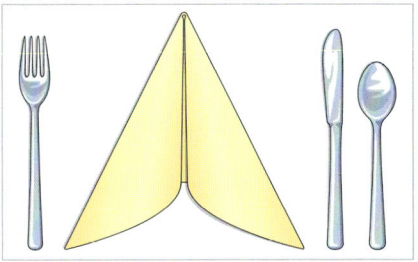

Mit Mittellöffel
Die Suppe wird in der Suppentasse serviert

Erweitertes Grundgedeck (Kuvert)

(internationales Restaurantgedeck oder À-la-carte-Gedeck)

1 Platzteller mit Stoffserviette
(oder nur Stoffserviette)
2 Großes Messer
3 Große Gabel
4 Brotteller mit Buttermesser
5 Rotwein- und Weißweinglas
oder Wein- und Wasserglas

Menügedecke

Menügedeck für
- Suppe in der Suppentasse,
- Fleischhauptspeise,
- Süßspeise.

Wird statt der Süßspeise Käse nach dem Hauptgericht gereicht, dann wird statt dem Mittellöffel ein Mittelmesser eingedeckt. Die Mittelgabel bleibt selbstverständlich.

Menügedeck für
- kalte Vorspeise,
- Fischhauptspeise,
- Nachtisch (Eisbecher mit
Früchten).

Menügedeck mit Kuvert für
- kalte Vorspeise,
- Suppe,
- Fleischhauptspeise,
- Süßspeise.

4 Tischdecken

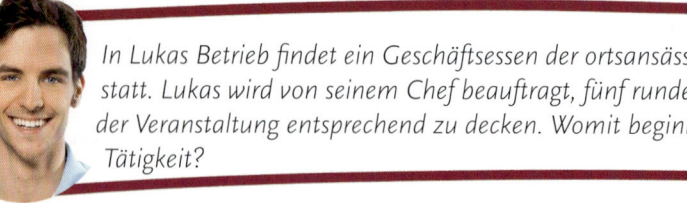

In Lukas Betrieb findet ein Geschäftsessen der ortsansässigen Bank statt. Lukas wird von seinem Chef beauftragt, fünf runde Sechsertische der Veranstaltung entsprechend zu decken. Womit beginnt Lukas seine Tätigkeit?

(?) Welche Mise-en-place-Arbeiten sind vor dem Aufdecken der Tische erforderlich, damit das Decken rationell erfolgt?

Je genauer und sorgfältiger gedeckt wird, desto harmonischer wird der Tisch oder die Tafel und somit der Gesamteindruck des Raumes.

Auflegen des Moltons

Nach dem Reinigen und Ausrichten der Tische (siehe Mise-en-place-Arbeiten im Restaurant, Seite 39 f.) wird das Molton aufgelegt.

(!) Legen Sie Tischwäsche niemals auf Sitzflächen oder Stuhllehnen.

Auflegen des Tischtuches

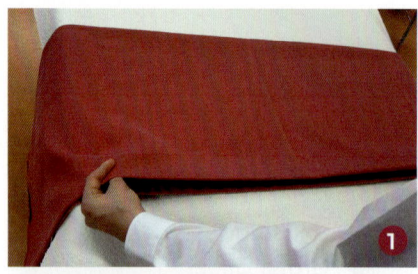

Legen Sie das exakt gebügelte, richtig zusammengelegte Tischtuch genau in die Mitte des Tisches über das Molton. Der Mittelbruch muss nach oben zu liegen kommen.

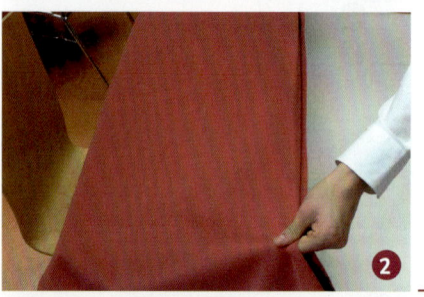

Falten Sie das Tischtuch so auseinander, dass Sie die beiden offenen Enden unter dem Bruch fassen und mit Daumen, Zeige- und Mittelfinger halten können.

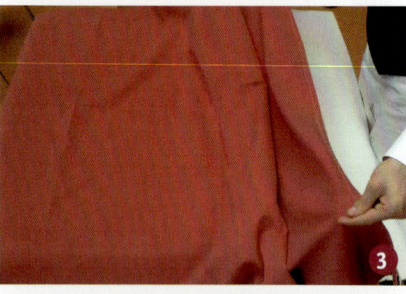

Lassen Sie den untersten Teil zuerst aus und legen Sie ihn über die hintere (vis-à-vis gelegene) Tischkante.

Ziehen Sie das Tischtuch auseinander, wobei sich auch der zweite festgehaltene Teil öffnet.

Beachtenswertes beim Auflegen des Tischtuches

- Die Enden des Tischtuches sollten auf jeder Seite zirka 25 Zentimeter herunterhängen (Ausnahme: bodenlange Tischtücher).

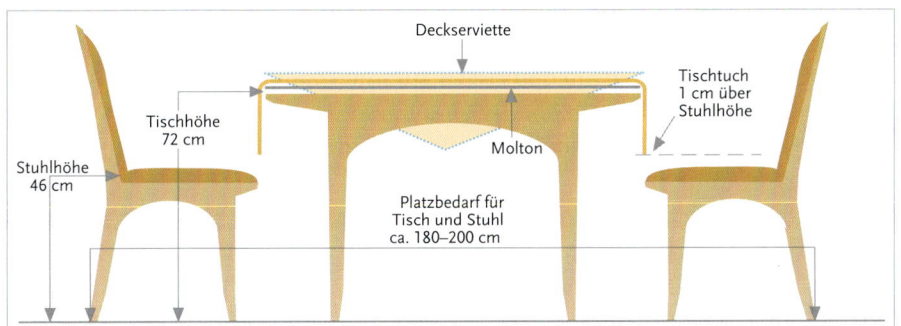

- Wird zum Decken eines runden Tisches ein quadratisches Tischtuch verwendet, so müssen dessen Ecken die Tischbeine bedecken.
- Beim Überdecken von mehreren Tischtüchern auf einem großen Tisch oder einer Tafel ist unbedingt darauf zu achten, dass der Stoß der Tischtücher auf der vom Blickpunkt des Gastes abgekehrten Seite ist.

Decken eines runden Tisches   Überdecken von mehreren Tischtüchern

Auflegen von Deckservietten (Napperons)

Zum Schonen der Tischtücher können Deckservietten darübergelegt werden. Dabei muss die Größe der Napperons so abgestimmt sein, dass der Überhang des Napperons nicht über die Abschlusskante des Tischtuches ragt.

Stuhl ausrichten

Richtig steht ein Stuhl, wenn der Sitzflächenrand bis zum Tischtuch reicht, der Stuhl sich genau in der Mitte des für den Gast vorgesehenen Platzes (70 bis 80 cm Platzbreite) befindet und somit den Gedeckmittelpunkt für Serviette oder Platzteller darstellt.

Aufstellen der Tischdekoration und der Menagen

Als Tischdekor werden unter anderem Blumen, Blumengestecke und/oder Kerzenständer verwendet. Tischwäschefirmen haben auch eine große Auswahl an unterschiedlichsten Tischdekoren.

Für saisonale Dekorationen, wie Weihnachten, Silvester, Ostern, Spargel, Wild, oder anlassbezogen wie z. B. für Hochzeiten und Geburtstage, bieten Tischwäschefirmen durchgestylte Serien von der Serviette über Tischläufer oder Tischbänder bis hin zu Dekormaterial und Kerzen an.

Die Deckserviette darf nicht über die Abschlusskante des Tischtuches ragen

Als Platzbreite pro Gast werden heute meist 80 bis 90 cm gerechnet.

Saisonale Tischdekoration

Beachtenswertes beim Aufstellen der Tischdekoration und der Menagen

- Auf einem festlich gedeckten Tisch wird nur der Salzstreuer gestellt. Alle anderen Menagen und Zahnstocher werden auf Verlangen des Gastes gebracht.
- Vasen oder Tischdekoration und Menagen nehmen auf allen Tischen den gleichen Platz ein, damit sich ein einheitliches Bild ergibt.
- Kerzen(-halter) müssen auf dem Tisch gut fixiert werden.
- Im À-la-carte-Bereich muss die Dekoration so beschaffen sein, dass sie mit einem Handgriff für das Umdecken entfernt werden kann.

> Menagen (Salz- und Pfefferstreuer) und Tischdekoration (Blumenschmuck, Kerzenleuchter) können auch zum Schluss eingedeckt werden. Sie dürfen nicht zu hoch sein, damit sich die Gäste noch sehen können.

Je nach Stellung der Tische sieht das Restaurant nun folgendermaßen aus:

- - - - - Mittelbruch des Tischtuches
- - - - - Mittelbruch der Deckserviette

Blumen
Tischnummer
Salz- und Pfefferstreuer

Deckserviette
Tischtuch

Blumen
Tischnummer
Salz- und Pfefferstreuer

Deckserviette
Tischtuch

Im gehobenen Service (Menü) wird nur die Salzmenage eingedeckt. Der Pfeffer bleibt auf dem Guéridon.

Durch das Diagonalstellen der Tische wird das Platzangebot besser genützt. Mehr Gäste können dadurch platziert werden.

Eindecken der Platzteller

- Der Platzteller wird genau vor dem Stuhl aufgedeckt, wobei auf die Symmetrie zu achten ist.
- Statt des Platztellers kann man auch eine schön gebrochene Serviette verwenden.
- Ist die Einteilung auf dem Tisch getroffen, werden die Stühle, wenn möglich, auf dem rechten hinteren Stuhlbein um 90 Grad nach links abgedreht, damit man ungestört weiter eindecken kann.

Der Platzteller wird genau vor dem Stuhl aufgedeckt

Servietten brechen

Servietten zählen zu jenen Dingen, die Gäste als Erstes wahrnehmen. Sie sind somit ein wesentlicher Teil der Tischdekoration.

Je nach Standard des Betriebes, Mahlzeit und Anlass werden Servietten aus folgenden Materialien verwendet:
- **Stoff:** siehe Tisch- und Tafelwäsche, Seite 21 ff.
- **Zellstoff:** hochwertige Einwegservietten, mit denen sich farbliche Akzente setzen lassen. Auch die Kosten für die Textilreinigung entfallen.
- **Papier:** Es gibt sie in den unterschiedlichsten Mustern, Farben und Qualitäten (Lagen). Sie sind von der Anschaffung her günstiger als Servietten aus Zellstoff und werden meist in einfacheren gastronomischen Betrieben verwendet.

Servietten sind nicht nur ein wesentlicher Teil der Tischdekoration, sie dienen dem Gast auch zur Reinigung des Mundes und zum Schutz der Kleidung.

Serviettenformen

Stoffservietten lassen sich nur dann exakt brechen, wenn sie quadratisch (50 cm mal 50 cm oder 60 cm mal 60 cm), ordnungsgemäß gestärkt, gebügelt und zusammengelegt sind.

Man unterscheidet zwischen einfachen und festlichen Formen. Aus hygienischen, aber auch aus Zeitgründen werden einfache Formen bevorzugt.

Einfache Formen

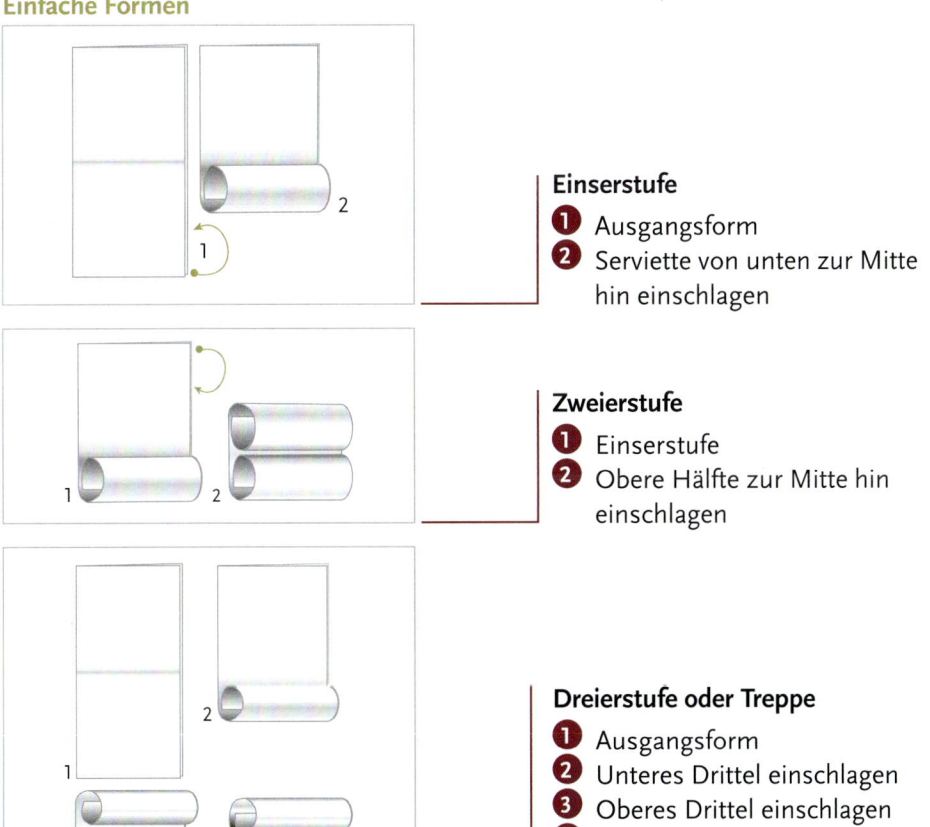

Einserstufe
1. Ausgangsform
2. Serviette von unten zur Mitte hin einschlagen

Zweierstufe
1. Einserstufe
2. Obere Hälfte zur Mitte hin einschlagen

Dreierstufe oder Treppe
1. Ausgangsform
2. Unteres Drittel einschlagen
3. Oberes Drittel einschlagen
4. Den mittleren Teil mithilfe von zwei Fingern leicht anheben und zusammenschieben

Wichtig ist, dass alle drei Rollen die gleiche Wölbung aufweisen!

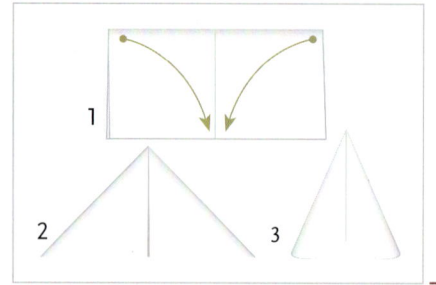

Einfacher Tafelspitz

1 Die oberen Ecken zur Mitte hin einschlagen

2 Serviette leicht zusammenfalten ...

3 ... und aufstellen

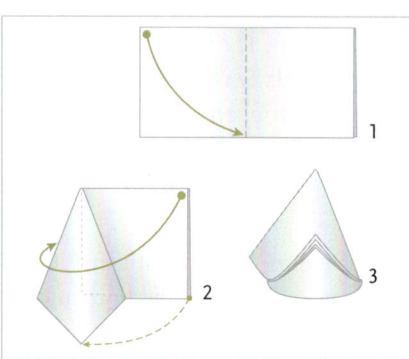

Gestulpter Spitz

1 Linke Hälfte zur Mitte hin einrollen

2 Rechte Hälfte darüberschlagen ...

3 ... und die untere Spitze umstülpen

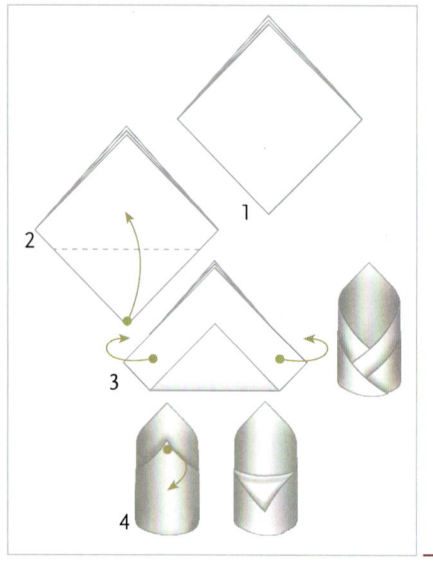

Mütze

1 Die offenen Spitzen liegen oben

2 Geschlossene Spitze zur Mitte hin brechen

3 Beide Ecken hinten zusammenstecken

4 Der Umschlag kann auch umgeklappt werden

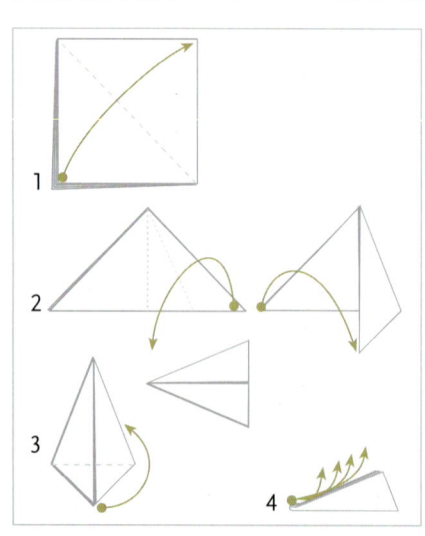

Segelboot/Dschunke

1 Die offenen Spitzen liegen links unten; Quadrat zu einem Dreieck falten

2 Beide Ecken so brechen, dass eine Drachenfigur entsteht

3 Untere Ecken nach hinten biegen und festdrücken

4 Aus dem „Boot" die „Segel" hochziehen

Festliche Formen

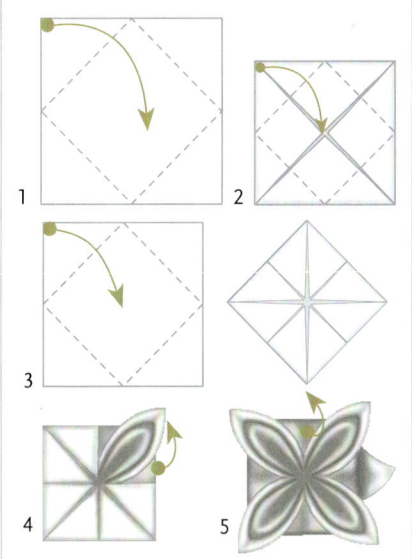

Artischocke
1 Die vier Ecken zur Mitte hin einschlagen
2 Vorgang wiederholen
3 Serviette wenden und Vorgang wiederholen
4 Spitzen, die unter den vier Ecken liegen, herausziehen
5 Ecken aufstellen und restliche vier Spitzen unter der Serviette hervorziehen

Die Artischocke wird in erster Linie als Zwischenserviette verwendet, z. B. für tiefe Teller, Salatschüsseln und Fingerbowle

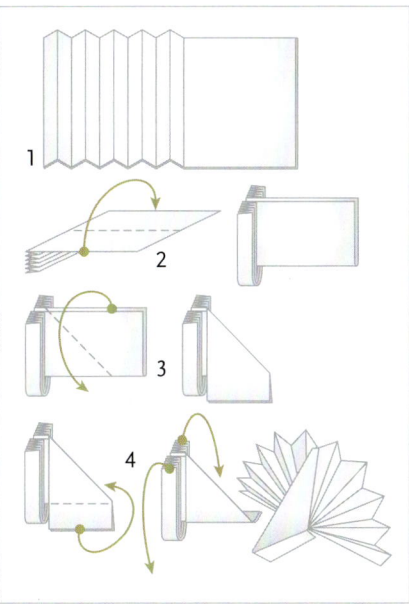

Fächer
1 Die Serviette bis knapp über die Mitte in Ziehharmonikaform brechen und fest andrücken (die Falten müssen unten liegen)
2 Die Serviette in der Mitte nach oben klappen
3 Rechte Seite diagonal nach vorn zum Fächer umschlagen
4 Überstehendes Ende nach unten falten und den Fächer aufstellen

Krone (Bischofsmütze)
1 Ausgangsform
2 Obere linke und untere rechte Ecke diagonal zur Mitte brechen
3 Serviette wenden, sodass die obere rechte Ecke unten links liegt
4 In der Mitte nach oben brechen
5 Verstecktes Dreieck hervorholen
6 Rechte Seite nach links klappen und unter das Dreieck legen
7 Linke Seite nach hinten klappen und die Ecke unter das Dreieck schieben. Zum Aufstellen leicht oval formen

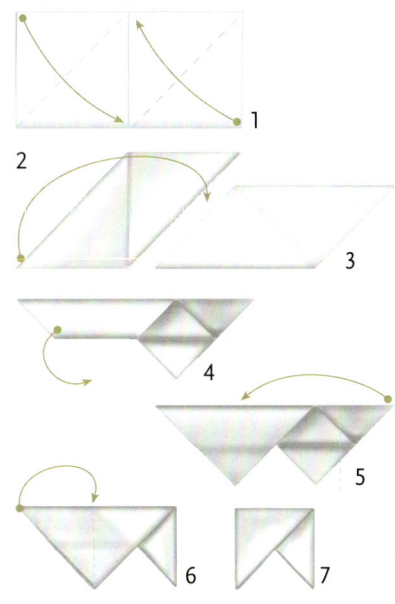

Eine Weiterentwicklung sind **Papiertischsets** mit integrierter Bestecktasche. Hier ist die Serviette bereits eingelegt, das Servicepersonal muss nur noch das Besteck einlegen und eindecken.

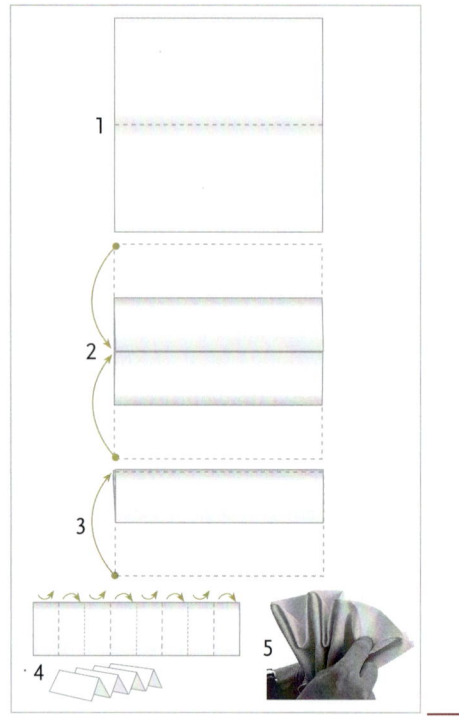

Sternenfächer

1 Ausgangsform

2 Obere und untere Serviettenkante zur Mitte hin brechen

3 Untere Hälfte nach oben klappen und die Knicke festdrücken

4 Serviette in Ziehharmonikafalten (vier bis sechs Falten) brechen

4 Serviette unten zusammenfassen und auf beiden Seiten die tief liegenden Falten nach vorn ziehen. Fächer aufstellen.

Auflegen der Gedecke

Der weitere Arbeitsablauf ist abhängig von der Art der Mahlzeit bzw. von betriebsinternen Standards für Frühstück, Mittagessen, Abendessen und von der Speisenfolge, z. B. Menü oder à la carte.

Reihenfolge beim Auflegen der Gedecke

Das Besteck wird, egal in welcher Größe, in der Reihenfolge Messer, Gabel, Löffel eingedeckt. Hygiene ist dabei oberstes Gebot.

1. Das Besteck wird von innen nach außen, d. h. von der Hauptspeise bis zur Vorspeise, gedeckt, und zwar Gang für Gang und Besteckteil für Besteckteil (A–D). Der Gast benutzt es in umgekehrter Reihenfolge, d. h. von der Vorspeise bis zur Hauptspeise (D–A).
2. Anschließend wird das Mittelbesteck oberhalb des Platztellers aufgelegt (A–B).
3. Zuletzt wird der Brotteller mit einem Buttermesser auf die linke Seite des Platztellers gestellt.

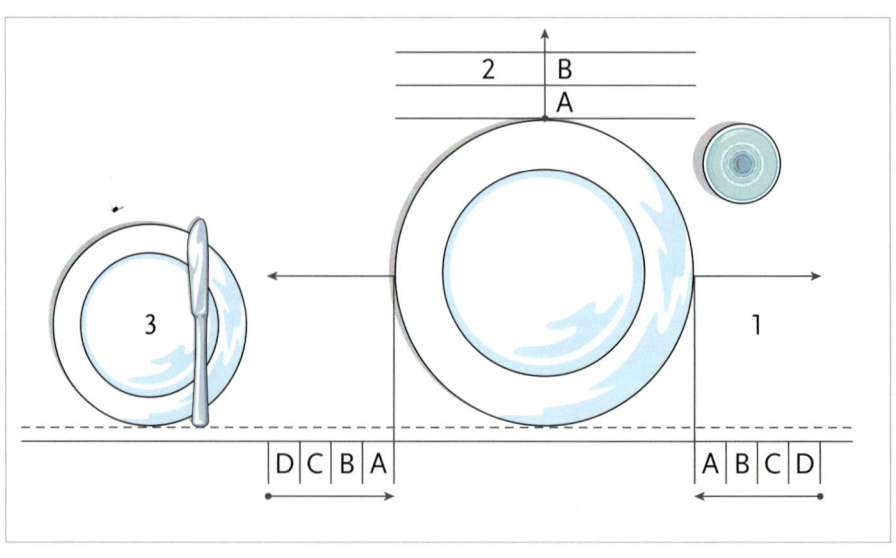

Servietten werden entweder anstelle des Platztellers aufgestellt/aufgelegt oder sie werden erst nach dem Aufdecken der Platzteller, Besteckteile und Gläser platziert

Beachtenswertes beim Auflegen der Gedecke

- Zwischen den linken und rechten Besteckteilen muss genügend Platz sein, um ungehindert einen englischen Teller einsetzen zu können.
- Kuchengabel bzw. kleiner Löffel werden nicht gedeckt. Sie werden „mitserviert".
- Für Käse und Obst wird das Besteck extra eingedeckt.
- Werden die Gabeln versetzt eingedeckt, müssen die Zinkenspitzen mit den Zinkenenden eine Linie bilden.
- Platz- und Brotteller werden so aufgedeckt, dass entweder der untere Rand mit dem Besteck eine Linie bildet (Variante 1) oder dass die Mittelpunkte der Teller auf einer gedachten Linie liegen (Variante 2). Bei der Variante 3 wird der Brotteller nach oben geschoben (der Gast hat Platz zum Ablegen der linken Hand).

Besteckteile werden beim Decken in eine Serviette eingeschlagen oder auf einem Tablett getragen

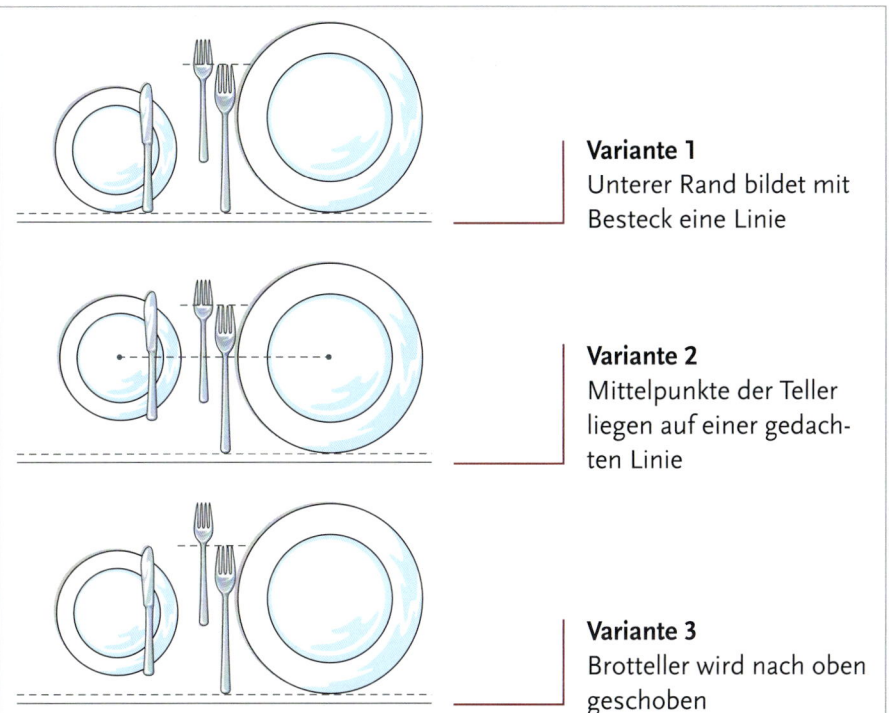

Variante 1
Unterer Rand bildet mit Besteck eine Linie

Variante 2
Mittelpunkte der Teller liegen auf einer gedachten Linie

Variante 3
Brotteller wird nach oben geschoben

- Gibt es eine Speisenfolge mit mehr Gängen, als Besteck oder Platz zur Verfügung steht, werden neben dem Grundbesteck für das Hauptgericht so viele Vorspeisenbestecke wie möglich von Beginn an gedeckt. Für alle weiteren Gänge wird nachgedeckt. Prinzipell gilt, dass auf der rechten Seite des Gedecks nie mehr als vier Besteckteile liegen sollen, im gehobenen Service sogar nicht mehr als drei.
- Nach Beendigung des Deckens die Gedecke auf Sauberkeit, Richtigkeit und Vollzähligkeit hin kontrollieren!
- Tischdekoration und Menagen können, wie bereits erwähnt, auch nach dem Auflegen der Gedecke eingestellt werden.
- Es dürfen keine zwei gleichen Besteckteile auf einer Seite eingedeckt werden.

Bei großen Veranstaltungen sollten die Gedecke vollzählig eingedeckt werden (Symmetrie, Gesamtbild, keine Unterbrechung des Servierablaufes).

Anordnung der Gläser

Im modernen Service beschränkt sich die Anzahl der Gläser meist auf zwei Gläser – ein Wein- und ein Wasserglas –, maximal auf vier. Sind weitere Gläser erforderlich, werden sie nachgedeckt.

Es gibt verschiedene Möglichkeiten für die Anordnung von Gläsern, die Längsform (Reihenform), die Traubenform und die Blockform.

Eine Grundregel lautet: Platzieren Sie die Gläser so, dass der Gast keine akrobatischen Handbewegungen unternehmen muss, um an sein gefülltes Glas zu kommen

Beachtenswertes bei der Anordnung der Gläser

- Das Glas zum Hauptgang ist normalerweise immer das **Richtglas (Stand- oder Grundglas)** und wird als Erstes aufgestellt.
- Nach diesem Richtglas (in der Regel das größte Glas) werden die übrigen Gläser ausgerichtet, siehe Abbildungen.

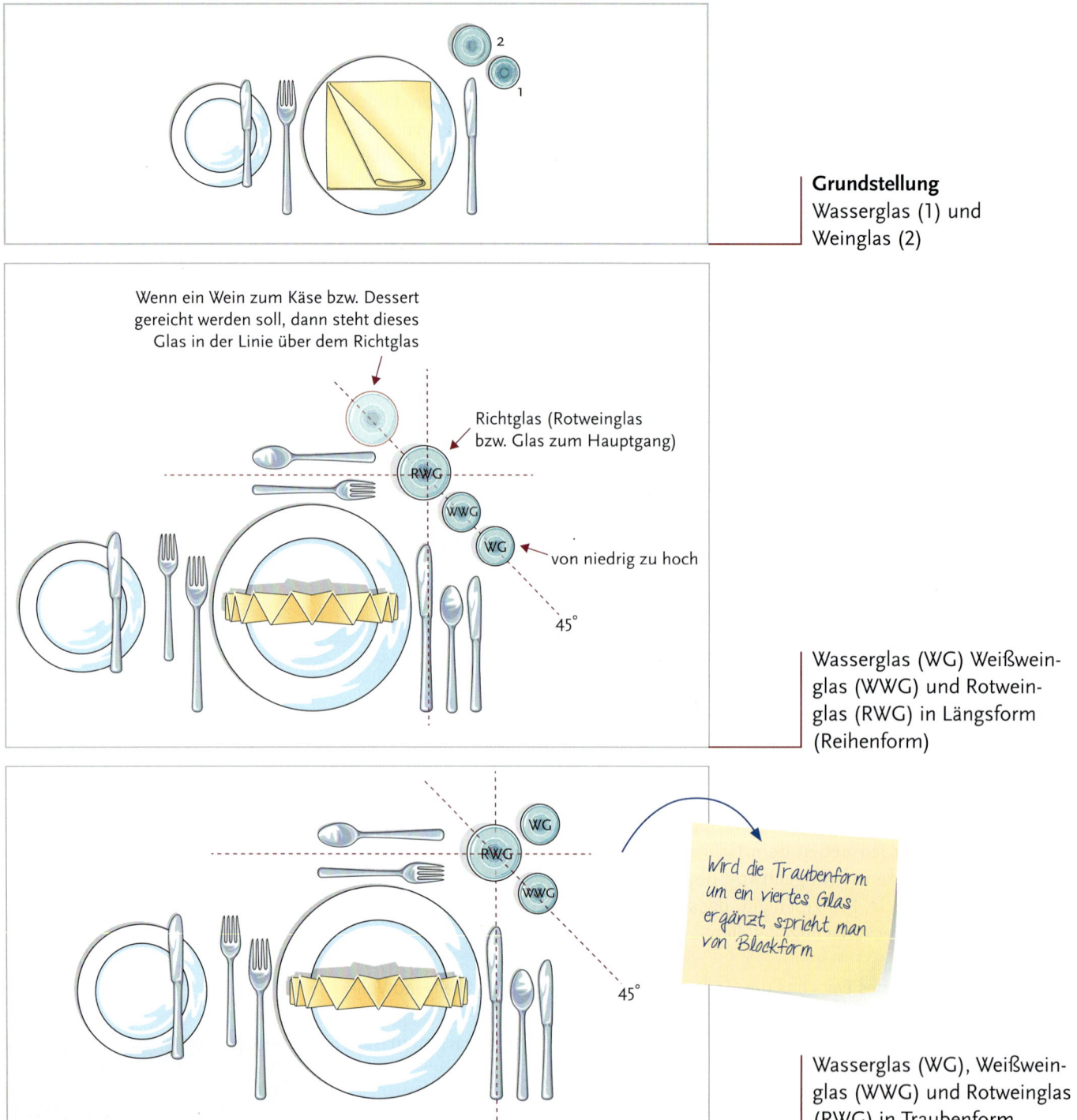

Grundstellung
Wasserglas (1) und
Weinglas (2)

Wenn ein Wein zum Käse bzw. Dessert gereicht werden soll, dann steht dieses Glas in der Linie über dem Richtglas

Richtglas (Rotweinglas bzw. Glas zum Hauptgang)

RWG
WWG
WG

von niedrig zu hoch

45°

Wasserglas (WG) Weißweinglas (WWG) und Rotweinglas (RWG) in Längsform (Reihenform)

WG
RWG
WWG

45°

Wird die Traubenform um ein viertes Glas ergänzt, spricht man von Blockform

Wasserglas (WG), Weißweinglas (WWG) und Rotweinglas (RWG) in Traubenform

Stühle stellen

Nach dem Eindecken der Tische werden die Stühle zurückgedreht, sodass die Stuhlkante wieder mit dem Tischtuch abschließt.

Ziele erreicht? – „Vor dem Service"

1. Lösen Sie folgende Aufgabe in Kleingruppen: Stellen Sie in einem Rollenspiel das Aufstellen der Tische und das Ausrichten der Stühle für 24 Gäste in einem Restaurant nach. Diskutieren Sie anschließend, ob der Arbeitsauftrag rationell durchgeführt wurde, und notieren Sie, was funktioniert hat und was beim nächsten Mal verbessert werden muss. Stellen Sie sich dabei folgende Fragen: Wurden die Tische platzsparend aufgestellt? Wurden der Platzbedarf des Gastes und die Servierwege des Personals berücksichtigt?

2. Ordnen Sie die Beschreibungen den Wäschestücken zu (ein Beispiel ist vorgegeben):

Tuch zum Tragen von heißen Tellern und Platten	Deckserviette
Zum Trocknen von Geschirr	Molton
Wäschestück zum Bedecken eines nicht mehr einwandfreien Tischtuches	Handserviette
Dekorativer Überzug für Stehtische	Poliertuch
Wäschestück, das ein Rutschen des Tischtuches verhindert	Tischhusse

3. Beschreiben Sie die fachgerechte Reinigung und Pflege von Besteck.

4. Zählen Sie mögliche Mise-en-place-Arbeiten im Office sowie im und am Küchenpass auf.

5. Lösen Sie folgende Aufgabe in Kleingruppen: Stellen Sie für 24 Gäste ein viergängiges Menü aus den Menüübungsbeispielen von Seite 117 ff., bestehend aus einem Vorspeisencocktail, einer Suppe, einem Hauptgericht und einem Dessert, zusammen. Als Abschluss werden noch Heißgetränke serviert. Bereiten Sie das dafür benötigte Mise en place im Office vor. Diskutieren Sie anschließend, ob der Arbeitsauftrag rationell durchgeführt wurde und notieren Sie, was funktioniert hat und was beim nächsten Mal verbessert werden muss.

6. Woran erkennt man eine gepflegte Tischkultur?

7. Zählen Sie die Bestandteile eines einfachen Grundgedecks auf (alle drei Varianten).

8. Führen Sie die Bestandteile eines erweiterten Grundgedecks an.

9. Erklären Sie Schritt für Schritt das rationelle Eindecken des Tisches.

10. Brechen Sie aus einer Papierserviette und aus einer gestärkten, gebügelten Stoffserviette folgende Serviettenformen: Treppe, Fächer und Artischocke. Erklären Sie, wofür die Artischocke hauptsächlich verwendet wird.

11. Schildern Sie die Reihenfolge beim Auflegen eines Gedecks.

12. Definieren Sie den Begriff „Richtglas".

13. Welche Grundregel befolgen Sie bei der Anordnung der Gläser?

14. Führen Sie folgende Übung in Partnerarbeit durch: Üben Sie das Auflegen und Falten des Tischtuches an Einzeltischen sowie das Überdecken von größeren Tischen/Tafeln mit mehreren Tischtüchern.

15. Lösen Sie folgende Aufgabe in Kleingruppen:
Stellen Sie für 24 Gäste ein dreigängiges Menü aus den Menüübungsbeispielen von Seite 117 ff. mit korrespondierender Getränkebegleitung zusammen. Decken Sie die Tische mit dem entsprechenden Menügedeck. Diskutieren Sie anschließend, ob der Arbeitsauftrag in der Praxis zufriedenstellend verlaufen wäre, und notieren Sie, was funktioniert hat und was beim nächsten Mal verbessert werden muss. Stellen Sie sich dabei folgende Fragen: War die Arbeitsaufteilung innerhalb der Gruppe optimal (Arbeitsabläufe Hand in Hand)? Wurde die Reihenfolge beim Auflegen der Gedecke eingehalten? Wurden die Gedecke abschließend auf Sauberkeit, Richtigkeit und Vollzähligkeit hin kontrolliert?

Praktische Grundsätze des Servierens

Das Arbeitscredo der Servicemitarbeiter/innen

- Ich mache den Gästen den Anblick so erfreulich wie möglich.
- Ich gestalte das Essen so bequem wie möglich.
- Das Wohl des Gastes steht immer an erster Stelle, so serviere ich auch von links, wenn der Gast dadurch beim Lesen der Zeitung o. Ä. nicht gestört wird.
- Die Servierregeln erleichtern die Zusammenarbeit mit meinen Kolleginnen/Kollegen.

 Was ist Ihr Arbeitscredo? Diskutieren Sie es mit Ihren Kolleginnen/Kollegen.

 KOMPETENZ-ERWERB

⊕ Meine Ziele

Nach Bearbeitung dieses Kapitels kann ich

- die wichtigsten Servierregeln nennen und sie der betrieblichen Situation entsprechend anwenden;
- einfache Tragübungen, wie beispielsweise das Tragen von Schlitten, Tellern, Platten und Gläsern, erklären und sie in der Praxis situationsbedingt anwenden;
- grundlegende Servierübungen, z. B. das Ausheben von Tellern und Tassen mit Besteckteilen, erläutern und praktisch anwenden;
- selbstständig ein dreigängiges Menü mit offenen Getränken fachlich korrekt servieren und abräumen.

1 Das Einmaleins des Servierens

Den allgemeinen Umgangsformen entsprechend, wird zuerst der Dame am Gästetisch serviert – „Ladies first!" lautet die Devise. Was aber, wenn alle Gäste weiblich sind?

Servierregeln

Wie in jedem anderen Beruf bedarf es einiger grundlegender Fertigkeiten und Regeln, die die Basis für eine erfolgreiche Gästebetreuung darstellen.

Service links oder rechts vom Gast?

Service rechts vom Gast

- Die Teller einsetzen und wieder ausheben
- Alle Getränke servieren
- Rechts vom Gast liegende Gedecke ergänzen bzw. Besteckteile auswechseln
- Den Mittellöffel (Entremets-Besteck) herunterziehen

Service links vom Gast

- Die Salatteller für Beilagensalate einsetzen
- Brot- und Ablage-/Abfallteller, Fingerbowle, Beilagen und Saucen platzieren
- Die Platten beim französischen Service präsentieren
- Die Speisen von den Platten vorlegen
- Speisen oder Getränke dem Gast darbieten
- Links vom Gast liegende Gedeckteile ergänzen bzw. die Besteckteile auswechseln
- Alle von links eingestellten Serviergegenstände wieder ausheben
- Die Mittelgabel (Entremets-Besteck) herunterziehen
- Den Tisch mit Handserviette und Teller oder mit Tischschaufel und Tischbesen säubern

⚠️ Setzen Sie bei Speisen, die der Gast mit den Fingern der rechten Hand isst (z. B. Artischocken), die Fingerbowle rechts ein.

In vielen Fällen, z. B. bei Tischen, die in einer Ecke bzw. Nische stehen, ist es jedoch nicht immer möglich, die genannten Regeln einzuhalten. Servieren Sie in solchen Fällen so, dass die Gäste so wenig wie möglich gestört oder belästigt werden.

Welchem Gast wird zuerst serviert?

Als Reihenfolge für das Servieren am Gästetisch gilt:
- Damen vor Herren (Ausnahmen: kleine Kinder und Bankettservice)
- Ältere vor jüngeren Gästen (Ausnahmen: kleine Kinder und Bankettservice)
- Ehrengästen immer zuerst
- Der Gastgeberin/Dem Gastgeber immer zuletzt

Ladies first!

Beachtenswertes beim Einsetzen und Ausheben

⚠ Sowohl beim Eindecken als auch beim Servieren und Ausheben können Rückwärtsgehen, abruptes Stehenbleiben oder überraschender Richtungswechsel Unfälle verursachen.

Gehen Sie beim Servieren und Ausheben immer im Uhrzeigersinn

Servieren Sie kalte Speisen auf kalten Tellern

⚠ Das Wasserglas bleibt bis zum Schluss der Mahlzeit stehen.

Gehen Sie sowohl beim Eindecken als auch beim Einsetzen und Ausheben (wenn möglich) im Uhrzeigersinn, und zwar immer vorwärts.

Tragen Sie Besteckteile, Gläser, Tassen und andere kleine Serviergegenstände immer auf einem Tablett und nicht einfach in der Hand.

Verwenden Sie unter Schüsseln, Glasgeschirr, feuerfestem Geschirr oder Saucieren, die auf Untertellern oder Schlitten befördert werden, immer passende Stoff- oder Papierservietten als Unterlage.

Tragen Sie Speisen auf dem Schlitten nur bis zur Servante/zum Sideboard.

Achten Sie darauf, dass Vignetten auf Gläsern und Tellern immer zum Gast zeigen.

Heben Sie nicht benütztes Besteck mit dem dazugehörenden Gang aus.

Hat der Gast irrtümlich ein falsches Besteck benützt, ergänzen Sie es nach Beendigung des Ganges. Greifen Sie beim Eindecken nicht über das Gedeck!

Servieren Sie warme Speisen auf heißen Tellern, kalte Speisen auf kalten Tellern.

Heben Sie die Teller und Besteckteile eines Ganges erst dann aus, wenn alle Gäste am Tisch mit diesem Gang fertig sind.

Seien Sie beim Servieren und Ausheben möglichst geräuschlos.

Wechseln Sie die Aschenbecher im Raucherbereich und Garten sowie auf der Terrasse laufend aus. Während der Gast isst, darf kein benützter Aschenbecher auf dem Tisch stehen.

Entfernen Sie vor dem Servieren des Desserts die Menagen. Säubern Sie den Tisch und ziehen Sie anschließend das Entremets-Besteck herunter oder decken Sie es ein.

Verwenden Sie Fensterbänke und Stühle nicht als Abstellfläche für Menagen, Blumenvasen oder Tabletts.

Achten Sie darauf, dass das zuletzt benutzte Weinglas und das Wasserglas bis zum Schluss der Mahlzeit stehen bleiben.

Räumen Sie die geleerten Kaffeetassen und Digestifgläser ab.

Aufgabenstellung – „Das Einmaleins des Servierens"

- Formulieren Sie passende Servierregeln zu nachfolgenden Bildern:

2   Grundlegende Servier- und Tragübungen

Zeit ist Geld! Und lange Servierwege kosten Zeit! Deshalb verwendet Lukas einen Schlitten, um gleichzeitig mehrere Teller in den Speisesaal zu transportieren. Was muss Lukas beim Aufnehmen und Tragen beachten?

Um einen perfekten Service durchführen zu können, bedarf es einiger Fertigkeiten, die man sich nur durch Üben aneignen und in weiterer Folge perfektionieren kann. Dadurch erlangt man Sicherheit.

Tragen von Schlitten

Größere Mengen von Speisen, Getränken, Besteck oder Geschirr werden mithilfe von Schlitten von der Ausgabe in den Speisesaal/in das Restaurant und von dort in die Spüle transportiert. Sie werden besonders für lange Servierwege (z. B. Garten und Terrasse) und für den Etagenservice verwendet.

Pro Station müssen mindestens zwei, besser jedoch drei Schlitten zur Verfügung stehen – eines zum Transportieren der Speisen von der Ausgabe zum Serviertisch (Servante), eines zum Abräumen von Leergeschirr und eines als Reserve.

⚠ Hohe Stöße von Tellern werden nicht mithilfe von Schlitten befördert, sondern mit den Händen getragen (siehe Seite 59).

Worauf es ankommt

Bedecken Sie den Schlitten (Ausnahme: Etagenservice) mit einem leicht befeuchteten Tuch. Das Tuch verhindert ein Rutschen des zu transportierenden Gutes und saugt verschüttete Flüssigkeit auf.

Tragen Sie den Schlitten mit der linken Hand. Verteilen Sie das Gewicht auf dem Schlitten gleichmäßig, um eine gute Balance zu erzielen.

Sie können den Schlitten auf der flachen Hand oder auf den Fingerspitzen tragen. Ein gefaltetes Serviertuch kann als Stütze der Finger in den Hohlraum der Hand gelegt werden.

Richten Sie Ausgießöffnungen von Saucieren und Kannen mit Heißgetränken vom Körper weg, um beim Überschwappen Verbrennungen zu vermeiden.

Verrenken Sie beim Aufnehmen des Schlittens nicht den Körper, sondern erfassen Sie ihn in gerader Haltung.

Tragen Sie schwere Sachen auf der Seite, die dem Körper am nächsten ist, und zwar bei der Schulter. Legen Sie den Schlitten während des Tragens nicht auf die Schulter, da sich sonst die Schwingungen des Körpers auf den Schlitten übertragen.

Gehen Sie in Gängen, auf Treppen, in der Küche usw. grundsätzlich rechts. Halten Sie beim Treppensteigen und -hinuntergehen die vordere rechte Ecke des Schlittens sicherheitshalber mit der rechten Hand.

Tellertragen

Für das richtige und sichere Tellertragen gibt es mehrere Techniken. Getragen wird grundsätzlich mit der linken Hand, egal, welcher Griff verwendet wird. Eingesetzt und ausgehoben wird mit der rechten Hand.

> Üben Sie den Unter- und Obergriff mit zwei Tischtennisschlägern und -bällen. Beginnen Sie die Übung mit zwei Schlägern, jedoch nur einem Ball – Sie werden Spaß dabei haben!

Aushebetechniken – Unter- und Obergriff mit einem Teller und zwei Tellern

Untergriff
Aufnehmen des ersten Tellers

Untergriff
Aufnehmen des zweiten Tellers

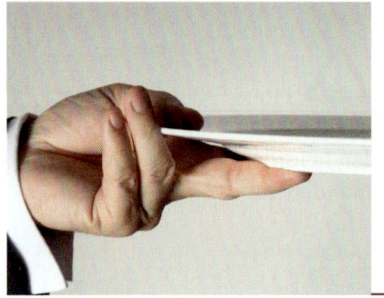

Obergriff
Aufnehmen des ersten Tellers

Obergriff
Aufnehmen des zweiten Tellers

Untergriff mit drei Tellern

| Ansicht von oben

Im gehobenen Service werden nicht mehr als zwei Teller in der linken Hand getragen.

| Ansicht von unten

Kombination aus Ober- und Untergriff

| Ansicht von oben

Suppentassen im Obergriff

| Ansicht von oben

Tragen von einem Stoß Teller

Ein Stoß Teller wird mit beiden Händen und einer Stoffserviette getragen.

Einsetzen von Tellern bei Tisch/bei einer Tafel (Bankett)

Teller in größerer Anzahl, die bei Tisch oder einer Tafel eingestellt werden, trägt man in der linken flachen Hand mit einer Stoffserviette.

Aufgabenstellungen – „Grundlegende Servier- und Tragübungen"

1. Mit welcher Hand werden Teller grundsätzlich getragen?

2. Warum ist es hilfreich den Schlitten mit einem leicht befeuchteten Tuch zu bedecken?

3. Geben Sie Tipps zu folgendem Posting von Mareike:

> Ich bin zwar noch nicht in der Ausbildung, sondern mache nur einen Aushilfsjob, aber eins will ich unbedingt noch hinbekommen: Ich merke selbst, dass ich noch ziemlich unsicher in Bezug auf das Tragen eines Schlittens bin. Wir haben gelernt, mit der flachen linken Hand den Schlitten zu tragen. Allerdings habe ich das Tragen auch schon oft mit beiden Händen gesehen, selbst in gehobeneren Restaurants.
>
> Manchmal wackelt es so und da habe ich immer Angst, dass mir die Suppe überschwappt. Ich muss mich verrenken, dass ich den Schlitten gerade auf den Serviertisch stellen kann. Dann stütze ich ihn an meinem Bauch ab!
>
> Ganz elegant ist das leider alles nicht und in der Ausbildung nächstes Jahr muss ich es sicher besser hinbekommen. Ich möchte daher jetzt schon meine Technik trainieren.
>
> Habt ihr Tipps, wie es am besten und sichersten klappt mit dem Tragen? Und gibt es bewährte Übungen, die mich sicherer machen? Danke schonmal! 😊

Plattentragen

Platten werden für den einfachen Plattenservice und bei Festveranstaltungen verwendet, bei denen vorgelegt oder eingereicht wird (siehe auch Bankettservice, Seite 264 ff.).

Die Platte wird beim Vorlegen auf der linken Handfläche auf einer Handserviette getragen. Vorgelegt wird mit der rechten Hand.

Gläsertragen

Beim Einsetzen sowie beim Ausheben der Gläser werden Tabletts verwendet.

Worauf es beim Gläsertragen ankommt

■ Fassen Sie die Stielgläser beim Einsetzen immer am Stiel an, Tumbler im unteren Drittel.
■ In Ausnahmefällen, z. B. beim raschen Abräumen eines Tisches, dürfen Sie die Gläser in der Hand tragen.
■ Keinesfalls dürfen Sie in die Gläser hineingreifen, auch nicht in gebrauchte.

Service von Getränken

Tragen der Gläser auf einem Tablett

Trageart beim Eindecken

Handhabung des Vorlegebestecks

Das Vorlegebesteck besteht aus einem großen Löffel und einer großen Gabel und ist das einzige Universalarbeitsgerät der Servicemitarbeiter/innen.

Mit dem Vorlegebesteck können alle beim Service notwendigen Arbeiten verrichtet werden, also das Vorlegen, Anrichten, Marinieren und Mischen von Salaten und sogar, wenn kein Fischbesteck vorhanden ist, das Filetieren von Fischen.

Normaler Vorlegegriff (Standardgriff)

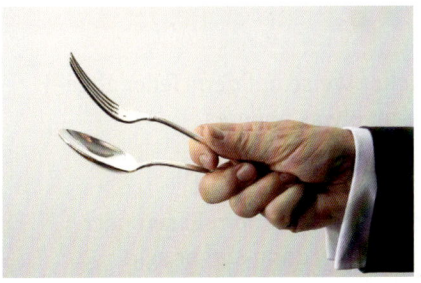

Er wird zum Greifen und Fixieren von Fleischstücken verwendet, die von der Platte auf den Teller des Gastes vorgelegt werden.

Zangengriff

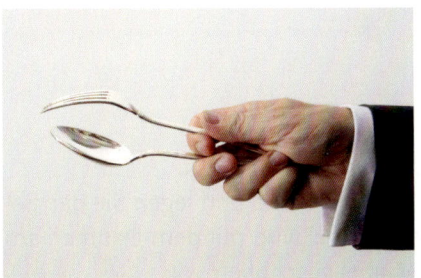

Der Zangengriff wird für Klöße, Folienkartoffeln, gefüllte Tomaten bzw. Tortenstücke und andere Süßspeisen benötigt.

Flacher Vorlegegriff

- Er wird zum Heben von zerbrechlichen Stücken (z. B. Fischfilets) verwendet.
- Löffel und Gabel werden so in die Hand genommen, dass sie eine leichte Schaufel bilden.
- Die Speise wird von unten vorsichtig angehoben, ohne dass die Oberfläche zerstört wird.

? Aufgabenstellung – „Grundlegende Servier- und Tragübungen"

- Gruppenarbeit: Stellen Sie einen Teller oder eine Platte mit Brotscheiben, Kartoffeln, Zitronen, Flaschenkorken etc. auf den Tisch. Geben Sie die Stücke im Uhrzeigersinn weiter und verwenden Sie dabei die verschiedenen Vorlegegriffe.

Ausheben

Ausgehoben wird von rechts, aber erst, wenn alle Gäste mit dem Essen fertig sind. Dabei gilt folgende Grundregel:

Was von rechts eingesetzt wird, wird auch von rechts ausgehoben. Ausnahmen: Tellertausch sowie links vom Gast stehende Teller werden von links ausgehoben.

 Tellertausch siehe Seite 126.

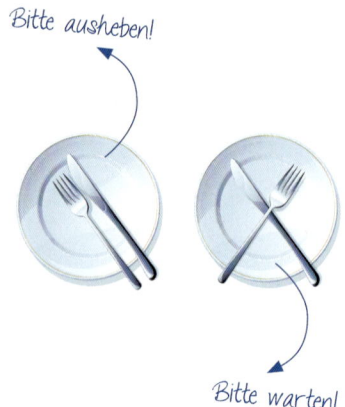

Bitte ausheben!

Bitte warten!

Bestecksprache

Messer und Gabel können in unterschiedlicher Weise auf dem Teller abgelegt werden. Und jede Art der Ablage bedeutet etwas anderes.

Ich bin fertig!

Ist der Gast mit dem Essen fertig, dann legt er sein Besteck parallel auf die untere rechte Seite seines Tellers. Das ist für Sie das Signal, dass Sie den Teller ausheben können.

Ich mache eine Pause!

Ist der Gast mit dem Essen noch nicht fertig, dann legt er sein Besteck über Kreuz auf den Teller. Sie wissen somit, dass Sie seinen Teller noch nicht ausheben dürfen.

Reihenfolge beim Ausheben

- Heben Sie die Teller mit dem Besteck mit der rechten Hand aus.
- Nehmen Sie den Teller hinter dem Gast in die linke Hand und legen Sie das Besteck ordnungsgemäß zurecht, d. h., die erste Gabel wird mit dem Daumen am Tellerrand fixiert, das Messer wird unter die Gabel geschoben.
- Gehen Sie im Uhrzeigersinn zum nächsten Gast und wiederholen Sie den Vorgang.
- Sitzen an einem Tisch nicht viele Gäste und sind Sie in der Lage, noch mehr Geschirr aufzunehmen, können Sie auch die Brotteller und die Buttermesser mit ausheben.

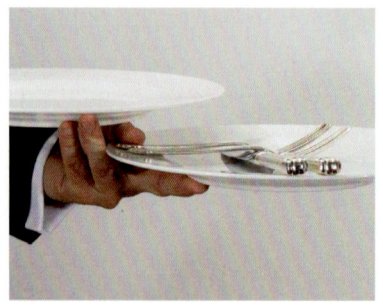

Durch das Fixieren der Gabel mit dem Daumen der linken Hand am Tellerrand bekommt das Besteck eine gewisse Stabilität

Ausheben von Suppentassen

Variante A
Die Löffel sind alle auf einer Seite gestapelt.

Variante B
Die Löffel werden durch einen darüberliegenden Löffel fixiert.

Abräumen

Die Tische werden erst abgeräumt, wenn kein Gast mehr im Lokal ist.
- Zuerst werden alle Vasen, Menagen, Kerzenleuchter etc. auf Schlitten gestellt.
- Schmutzige Deckservietten und Tischtücher kommen in die Schmutzwäschekiste.
- Saubere Tischwäsche wird exakt zusammengelegt und kommt zur Wiederverwendung in den Wäscheschrank oder das Sideboard.
- Die Moltons werden ebenfalls auf Sauberkeit geprüft und gegebenenfalls durch frische ersetzt.

Ziele erreicht? – „Praktische Grundsätze des Servierens"

1. Kreuzen Sie in der Tabelle an, welche Servicetätigkeiten rechts und welche links vom Gast durchgeführt werden.

Servicetätigkeiten	Rechts vom Gast	Links vom Gast
Getränke servieren		
Speisen von den Platten vorlegen		
Entremets-Besteck herunterziehen		
Beilagensalat einsetzen		
Fingerbowle platzieren		
Tisch reinigen		

2. Begründen Sie die Verwendung von Schlitten im Service. Schildern Sie, worauf Sie beim Tragen besonders achten müssen.

3. Demonstrieren Sie, wie Sie Platten mit Speisen und Beilagen „à part" richtig aufnehmen.

4. Üben Sie das Tragen mehrerer Gläser auf einem Tablett beim Eindecken.

5. Geben Sie zwei Gründe an, warum man Gläser beim Eindecken nicht in der Hand tragen sollte.

6. Lösen Sie in Partnerarbeit folgende Aufgabe: Üben Sie das fachgerechte Einsetzen der Teller im Untergriff und das Ausheben der Teller mit Besteck im Obergriff. Decken Sie für diese Übung einen Tisch mit drei einfachen Grundgedecken. Erklären Sie die dabei zu beachtenden Servierregeln.

7. Schildern Sie die Reihenfolge beim Abräumen der Tische.

8. Lösen Sie folgende Aufgabe in Kleingruppen:

Stellen Sie in einem Rollenspiel eine Restaurantbestellung auf der Terrasse nach. Drei Gäste bestellen ein dreigängiges Menü (warme Vorspeise, Fischspeise und kalte Süßspeise), zwei Gläser Weißwein, ein Glas Rotwein und eine Karaffe Wasser. Führen Sie einen fachgerechten Teller- und Getränkeservice durch.

Diskutieren Sie im Anschluss daran, ob alle Beteiligten mit dem Serviceablauf zufrieden waren, und notieren Sie, was funktioniert hat und was beim nächsten Mal verbessert werden muss. Stellen Sie sich dabei folgende Fragen: Wurden die Getränke fachgerecht serviert? Wurden die Weingläser am Stiel angefasst? Wurde den Damen zuerst serviert? Wurden die Gäste gefragt, ob es ihnen auf der Terrasse zu kühl ist?

9. Bilden Sie Gruppen zu vier Personen und bestimmen Sie einen Chef de Rang:
An einem Tisch mit acht Personen sollen die Speisen mit Clochen serviert werden.
Üben Sie das gleichzeitige Einsetzen der Teller und das Abheben aller acht Clochen auf Kommando des Chef de Rangs.

Speisen- und Menükunde

Zur Speisen- und Menükunde zählen einerseits die Menüplanung, die Grundkenntnisse der Rohstoffkunde miteinschließt, andererseits die Gestaltung von Speisen- und Menükarten. Im Inhalt eines Menüs sollen sich der individuelle Charakter und die Leistungsfähigkeit des Betriebes widerspiegeln.

Die Restaurantfachfrau/Der Restaurantfachmann muss in der Lage sein, dem Gast die Speisen zu erklären.

KOMPETENZ-ERWERB

Meine Ziele

Nach Bearbeitung dieses Kapitels kann ich

- den Unterschied zwischen klassischer und moderner Menüreihenfolge erklären;
- verschiedene Speisengruppen und ihre bekannten Vertreter nennen;
- kartengerechte Speisenbeispiele erstellen;
- Grundsätze zur Menüerstellung nennen und die Menüarten erklären;
- traditionelle Speisen unterschiedlicher Nationen nennen;
- Speisenfolgen anhand der zeitgemäßen Menüreihenfolge erstellen;
- die Grundlagen für die Erstellung von Speisen-, Menü- und Getränkekarten erläutern und selbstständig eine Tageskarte auf dem Computer gestalten;
- selbstständig die Speisen eines Menüs mit verkaufsfördernden Worten beschreiben.

1   Menükunde

Ich habe das Wort „Menü" bzw. „Menu" gegoogelt. Ganz allgemein ist ein Menü eine Speisenfolge, die aus drei oder mehreren Gerichten besteht. Als „Menü" wird aber auch die Speisenkarte im Restaurant bezeichnet. Die Engländerin/Der Engländer bestellt: "The menu, please."

Menüs sind aufeinander abgestimmte Zusammenstellungen verschiedener Speisen, aufgebaut nach der Menüreihenfolge. Sie bestehen in der Regel aus drei bis acht Gängen.

Menüs werden je nach Anlass, Art und Umfang auf Menü- oder Speisenkarten geschrieben und mit einem Gesamtpreis versehen. Eventuell werden auch passende Getränke, vor allem Weine, empfohlen oder vorgegeben.

Klassischer französischer Menüaufbau

Die klassische Menüreihenfolge mit 15 Gängen stammt aus dem 19. Jahrhundert und ist heute, ernährungsphysiologisch betrachtet, viel zu üppig. Heute verzichtet man auf zu reichhaltige bzw. zu schwere Komponenten – vielmehr ist gesunde, vitaminreiche und vollwertige Kost angesagt. Die Rohstoffe sollen so verarbeitet werden, dass die Inhaltsstoffe erhalten bleiben.

Die klassische Menüreihenfolge ist jedoch nach wie vor die fachliche Grundlage für zeitgemäße Menüs.

Gegenwärtig ist eine gesunde, vitaminreiche und vollwertige Kost angesagt

Klassische Menüreihenfolge		
Deutsch	**Französisch**	**Englisch**
Kalte Vorspeise	Hors-d'œuvre froid	Cold starter
Suppe	Potage	Soup
Warme Vorspeise	Hors-d'œuvre chaud	Hot starter
Fisch, Meeresfrüchte	Poisson, fruits de mer	Fish, Seafood
Hauptplatte	Grosse pièce	Main course
Warmes Zwischengericht	Entrée chaude	Warm entrée
Kaltes Zwischengericht	Entrée froide	Cold entrée
Eisgetränk	Sorbet	Sherbet
Braten	Rôti	Roast
Salat	Salade	Salad
Gemüse	Légumes	Vegetables
Warme Süßspeise	Entremet chaud	Warm sweet dish
Kalte Süßspeise	Entremet froid	Cold sweet dish
Nachtisch	Dessert/Entremet sucrée	Dessert
Würzbissen	Savouries	Savouries

Zeitgemäßer Menüaufbau

Anstelle des klassischen Menüs mit 15 Gängen wird heute bevorzugt das moderne Menü mit maximal fünf bis acht Gängen serviert. Zu besonderen Gelegenheiten kann dieses moderne Menü auf neun bzw. zehn Gänge erweitert werden, z. B. bei einem Degustationsmenü. Die Speisenmenge pro Gang wird dann aber klein gehalten.

> **Degustationsmenü**
> Das lateinische Wort „gustus" heißt Geschmack und verbirgt sich im Begriff Degustationsmenü. Es ist im Sinne einer Kostprobe zu interpretieren.

Amuse-Bouche bzw. Amuse-Gueule	MENÜ	
	Kalte Vorspeise	
	Suppe	
	Warmes Zwischengericht	*Warme Vorspeise*
Sorbet		*Fischgericht*
	Hauptgang	
	Nachspeise	*Käse* *Warme Süßspeise* *Kalte Süßspeise*
Petits Fours	*Kaffee* (zählt nicht als Gang, sollte aber nach jedem Menü angeboten werden)	

Sorbet = Eisgetränk, das den Geschmack neutralisieren und den Appetit anregen soll.

Petits Fours = kleines, mundgerechtes Backwerk.

Ausgehend vom Grundgerüst eines modernen Menüs mit drei bis fünf Gängen können Erweiterungen durch weitere Gänge hin zu einem Festmenü vorgenommen werden (siehe rechte Spalte in roter Schrift). Außerdem können bei Festmenüs oder größeren Menüfolgen noch weitere Ergänzungen erfolgen (siehe linke Spalte in blauer Schrift).

- Reicht man nur einen Gang zwischen Suppe und Hauptgang, kann dies eine warme Vorspeise, ein warmes Zwischengericht oder der Fischgang sein.
- Wird das Grundmenü um mehrere Gänge erweitert, so wird in der Reihenfolge warme Vorspeise, warmes Zwischengericht und dann Fisch serviert – also wie in der klassischen Menüfolge.

Königinpastetchen = Blätterteiggebäck, gefüllt mit einem Ragout aus Kalbfleisch, Champignons und eventuell Trüffelscheiben sowie Spargelstückchen.

Worin unterscheidet sich eine warme Vorspeise von einem warmen Zwischengericht?	
Warme Vorspeise	**Warmes Zwischengericht**
- Hat, wenn überhaupt, nur eine Beilage (meist Gemüse) - Ist nicht sättigend - Klassisch ist ein Königinpastetchen als warme Vorspeise	- Hat neben der Gemüsebeilage meist noch eine Sättigungsbeilage - Ähnlich einem Hauptgericht, aber eine kleinere Menge - Sollte nicht zu sättigend und leicht im Geschmack sein

Aufgabenstellung – „Menükunde"

■ Notieren Sie verschiedene Kombinationsmöglichkeiten von 4-, 5- und 6-Gänge-Menüs.

2 Speisenkunde

2.1 Amuse-Bouches bzw. Amuse-Gueules

Gaumenfreude, Appetizer

Amuse-Bouches bzw. Amuse-Gueules sind kleine, appetitanregende, mundgerechte Häppchen, die auf Kosten des Hauses im Rahmen eines Menüs vorweg serviert werden. Sie sollen die Wartezeit auf den ersten Gang überbrücken.

Sie werden auf einem kleinen Teller oder auch auf einem Amuse-Gueules-Löffel angerichtet und meistens einzeln pro Person eingestellt. Manchmal werden sie auch in mehreren Folgen serviert.

Im klassischen Sinn zählt ein Amuse-Bouche nicht als Gang in der Menüfolge, unterliegt also auch keinen Regeln.

Wie sag' ich's meinem Gast?

Die kleine Gaumenfreude wird in der Regel mit den Worten *„Eine kleine Aufmerksamkeit der Küche"* oder *„Ein Gruß aus der Küche"* serviert. Dabei wird dem Gast erklärt, was er serviert bekommt und, falls erforderlich, wie er es essen soll.

Beispiele
■ Tatar vom Räucherlachs
■ Mousse von der Tomate mit Basilikumgelee
■ Geräucherte Entenbrust mit marinierter Dörrzwetschge
■ Frischkäsemousse mit jungen Karotten

Der Gruß aus der Küche
Übersetzt man die Begriffe Amuse-Bouches bzw. Amuse-Gueules, wird klar, was es mit diesen Häppchen auf sich hat:
■ Amuse-Bouches bedeutet im eigentlichen Sinn „Vergnügen des Mundes",
■ Amuse-Gueules „Vergnügen des Maules".

Beide sollen also den Gaumen auf weitere Genüsse vorbereiten.

Welche Amuse-Bouches werden in Ihrem Betrieb serviert? Tauschen Sie Ihre Erfahrungen in der Gruppe aus.

2.2 Kalte Vorspeisen

Hors-d'œuvres froids/Cold starters

Kalte Vorspeisen sind der „Startschuss" für ein Menü. Es handelt sich um kleine Gerichte, die durch ihren pikanten Geschmack den Appetit erhöhen sollen. Sie sind ein Maßstab für die weiteren Gänge. Beeindrucken sie den Gast, erwartet dieser, dass auch die weiteren Gänge in der gleichen Qualität überzeugen werden.

Das A & O der kalten Vorspeisen

- Kleinere Portionen – ca. 100 bis 120 Gramm pro Person
- Appetitanregend durch Verwendung von Säure und/oder Bitteraromaten
- Nicht zu würzig (scharf) und/oder geschmacksintensiv
- Leicht, nicht zu sättigend (geringerer Kaloriengehalt)
- Werden meist auf kalten französischen Tellern geschmackvoll angerichtet und ansprechend garniert

Zubereitungsarten und Angebotsformen

Zubereitungsarten	Angebotsformen
<ul><li>Räuchern, z. B. geräuchertes Forellenfilet mit Meerrettich</li><li>Lufttrocknen, z. B. Parmaschinken auf Honigmelone</li><li>Beizen, z. B. Graved Lachs mit Honigsenfsauce</li><li>Marinieren, z. B. marinierte Artischockenböden</li></ul>	<ul><li>Canapés</li><li>Salate</li><li>Cocktails</li><li>Galantinen</li><li>Pasteten</li><li>Terrinen</li><li>Parfaits, Mousses</li></ul>

Cocktailschalen werden auf einem Mittelteller mit kleinem Besteck serviert

Farce = franz. Füllung; fein durchgedrehte, im Cutter zu einer breiartigen Masse verarbeitete rohe Lebensmittel, z. B. Fleisch, Wild, Geflügel und Fisch.

Begriffserklärungen

Begriffe	Erläuterungen
Canapés	Verschiedenförmige mundgerechte Weißbrotschnittchen (ohne Rinde), fein belegt und dekoriert
Salate	Verschiedene Blattsalate mit Käse, Rohkost, gekochtem Gemüse, Pilzen, Sprossen, Nüssen, sautierten oder pochierten Fischfilets, Krusten-, Schalen- und Weichtieren, sowie mit gebratenem oder frittiertem Geflügel oder gebratener Geflügelleber. Angerichtet werden die Salate mit passenden Dressings bzw. Salatsaucen.
Cocktails	Gewürfelte Zutaten mit Cocktailsauce als Geschmacksträger, in einzelnen Schichten in einer Cocktailschale angerichtet. Diese Art der Zubereitung eignet sich für Avocados, Melonen, Geflügel, Pilze, Thunfisch, Muscheln, Krevetten, Garnelen, Hummer, Krabben und Flusskrebse.
Galantinen	Hohl ausgelöstes Geflügel (manchmal auch Schweine- oder Lammschulter), mit Farce gefüllt bzw. bestrichen, im Tuch gerollt (Rollpastete), im Wasserbad pochiert
Pasteten	Eine mit Teig ausgelegte Form wird mit einer Farce von Fleisch, Fisch etc. gefüllt und im Ofen gebacken

Terrinen	Eine Farce wird in eine mit Speckstreifen oder Gallert ausgelegte Terrinenform gefüllt und im Wasserbad indirekt pochiert
Parfaits, Mousses	Aus Entenleber, Lachs und anderen Zutaten; Rohstoffe werden mit Eiweiß und geschlagener Sahne gelockert (Speisen haben eine luftige Konsistenz). Parfaits auf Basis einer Farce werden nach dem Garen schnittfest, eine Mousse wird mit Gelatine oder Sahne gebunden.

Gemüsemousse

Kalte Vorspeisen-Klassiker aus Fleisch

Vorspeisen	Beschreibungen
Parmaschinken	Aus der Provinz Parma in Italien (Prosciutto di Parma); nur echt mit fünfzackigem Kronensiegel; leicht mit Salz eingeriebene, luftgetrocknete Schweinekeule (mehr als ein Jahr Reifezeit)
Bündener Fleisch	Aus Graubünden in der Schweiz; mit Kräuterlake eingeriebene, luftgetrocknete Rinderkeule
Carpaccio	Benannt nach dem italienischen Maler Vittore Carpaccio; original (italienisch) aus hauchdünnen, angefrorenen Scheiben von rohem Rinderfilet, mariniert mit Olivenöl und Zitronensaft, bestreut mit Parmesanraspeln
Serranoschinken	Aus Spanien; auch bekannt als Jambon iberico; luftgetrocknet

Roher Schinken aus Deutschland wird im Gegensatz zu den in der Tabelle angeführten Schinkensorten meist geräuchert angeboten.

Zusammenstellung

Kalte Vorspeisen werden zusammengestellt, indem verschiedene Komponenten korrekt aneinandergereiht werden.

to dip = engl. eintauchen, eintunken.

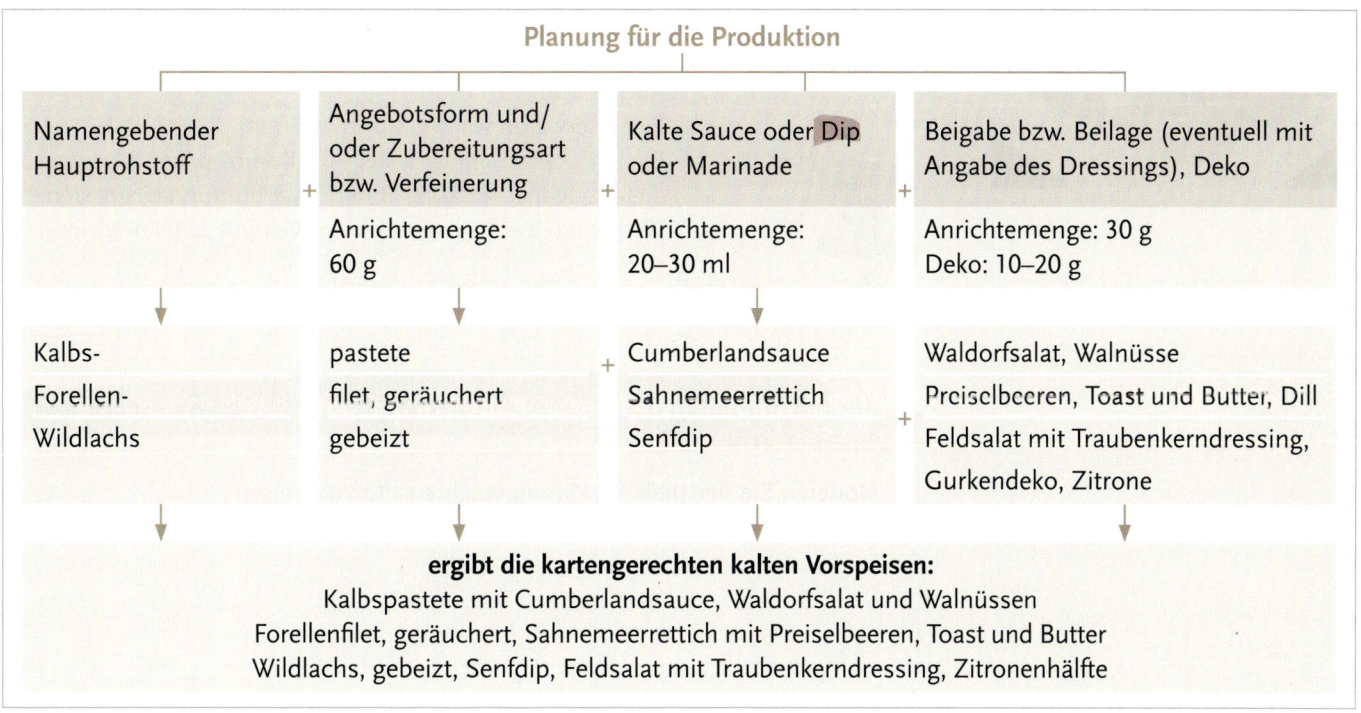

Planung für die Produktion

Namengebender Hauptrohstoff	Angebotsform und/ oder Zubereitungsart bzw. Verfeinerung	Kalte Sauce oder Dip oder Marinade	Beigabe bzw. Beilage (eventuell mit Angabe des Dressings), Deko
	Anrichtemenge: 60 g	Anrichtemenge: 20–30 ml	Anrichtemenge: 30 g Deko: 10–20 g
Kalbs- Forellen- Wildlachs	pastete filet, geräuchert gebeizt	Cumberlandsauce Sahnemeerrettich Senfdip	Waldorfsalat, Walnüsse Preiselbeeren, Toast und Butter, Dill Feldsalat mit Traubenkerndressing, Gurkendeko, Zitrone

ergibt die kartengerechten kalten Vorspeisen:
Kalbspastete mit Cumberlandsauce, Waldorfsalat und Walnüssen
Forellenfilet, geräuchert, Sahnemeerrettich mit Preiselbeeren, Toast und Butter
Wildlachs, gebeizt, Senfdip, Feldsalat mit Traubenkerndressing, Zitronenhälfte

Ein Waldorfsalat besteht aus rohen Knollen-
selleriestreifen, Apfelstreifen, Walnüssen,
Mayonnaise (manchmal statt der Mayonnaise auch Joghurt) und Gewürzen.

Übrigens: Klassisch wurde als Dekoration
eine mit Blattgold überzogene Walnuss
obenauf gesetzt.

Eventuell kann eine Komponente entfallen, jedoch darf die Reihenfolge der übrigen
Komponenten nicht verändert werden.

Weitere Beispiele für kartengerechte kalte Vorspeisen
- Zanderpastete mit Dillcreme und Eichblattsalat
- Melonenschiffchen mit Parmaschinken und Baguette
- Schinkenröllchen mit Spargel gefüllt und Weißbrot
- Terrine von der Gänseleber mit Sauce Cumberland und Waldorfsalat
- Gegrilltes Gemüse und Pilze, kalt mariniert, mit Balsamicoessig und Olivenöl,
  dazu Baguette
- Carpaccio vom Rinderfilet mit Rucola, Parmesanspänen und Olivenöl

Verkaufsfördernde Speisenerklärung

Beispiel: Carpaccio mit Rucola, Pesto und Parmesan

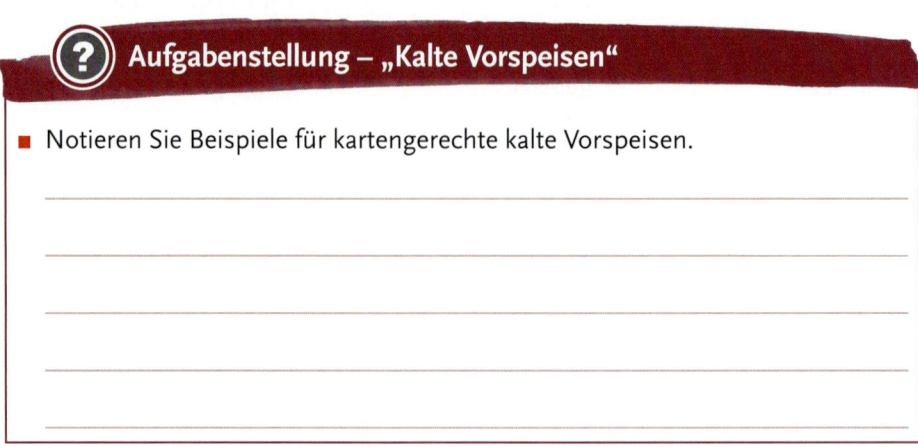

Wie sag' ich's meinem Gast?
- „Für unser Carpaccio wird Rinderfilet in hauchdünne
  Scheiben geschnitten, mit Olivenöl bepinselt und mit
  Salz und Pfeffer gewürzt. Darauf kommt Basilikumpesto,
  Rucola und Parmesan.
- Dazu servieren wir Weißbrot.
- Ein trockener, gehaltvoller Weißwein passt übrigens
  ausgezeichnet dazu, z. B. ein Grauburgunder aus dem
  Weinbaugebiet ... (Name) vom Weingut ... (Name) in ...
  (Ort)."

(?) Aufgabenstellung – „Kalte Vorspeisen"

- Notieren Sie Beispiele für kartengerechte kalte Vorspeisen.

_____

_____

_____

_____

Kalte Saucen

Kalte Saucen werden zu kalten Gerichten, manchmal auch zu warmen Komponenten gereicht. Man unterscheidet zwischen den Grundsaucen mit ihren Ableitungen und den eigenständigen Saucen.

Kalte Saucen und Dressings

Grundsauce	Französische Bezeichnung	Zutaten
Mayonnaise	Sauce mayonnaise	Eigelb, Gewürze, Senf, Zitronensaft, Öl
Ableitungen		**Weitere Zutaten**
Remouladensauce	Sauce rémoulade	Gewürzgurken, Kapern, gehackte Sardellenfilets, Kräuter, Senf
Sahnesauce	Sauce Chantilly	Geschlagene Sahne, Salz, Chili, Zitronensaft
Tatarensauce	Sauce tartare	Gehackte Eier, Schnittlauch, Chili
Grüne Sauce	Sauce verte	Sahne, Joghurt, Zitrone, frische grüne Kräuter
Eigenständige Saucen	**Französische Bezeichnung**	**Zutaten**
Cumberlandsauce	Sauce Cumberland	Orangenzeste, Orangen- und Zitronensaft, Johannisbeergelee, Preiselbeeren, Rotwein, englisches Senfpulver, Cayennepfeffer
Cocktailsauce		Mayonnaise, Ketchup, Sahne, Meerrettich, Cognac, Zitronensaft, Gewürze

Ergänzend zu erwähnen sind neben Ketchup noch die Chutneys. Chutneys sind würzige, häufig süß-saure, mitunter auch scharf-pikante Saucen auf Fruchtpüreebasis.

Die Grundlage eines Mango-Chutneys ist die Mango.

Auch die Dips zählen zu den kalten Saucen. Im deutschsprachigen Raum werden sie meist aus Milchprodukten, wie Sauerrahm, Joghurt oder Quark, hergestellt und häufig mit Schnittlauch verfeinert.

Dips werden gerne zum Eintunken von rohen Gemüsestiften verwendet. Man reicht sie aber auch, so wie die Ableitungen der Mayonnaise, zu Grillgerichten und zu Speisen, die im Backteig frittiert werden. Bei den kalten Vorspeisen setzt man sie heute gerne statt der schweren Mayonnaisesaucen ein.

Sauce oder Soße?
Beides ist richtig. Die eingedeutschte Version für das französische Wort Sauce ist Soße. Als gastronomischer Fachbuch- und Schulbuchverlag fühlen wir uns jedoch der Fachsprache verpflichtet. Daher haben wir in diesem Buch generell die Schreibweise „Sauce" verwendet.

Zeste = in hauchdünne Streifen geschnittene äußere Schalenschicht einer Zitrusfrucht.

Sauce Cumberland

2.3 Suppen

Potages/Soups

Suppen sind der Bestandteil eines jeden klassischen Menüs – egal ob einfache Consommé, Suppe mit Einlage oder gebundene Suppe. Suppen sollen den ersten Hunger stillen (aber nicht sättigen) und den Appetit auf nachfolgende Gänge erhöhen. Aus diesem Grund werden heute vorwiegend kleinere Mengen gereicht.

Einteilung nach der Herstellungsweise

Klare Suppen	Gebundene Suppen	Kalte Suppen
Geschmacksrichtungen ■ Rind ■ Kalb ■ Geflügel ■ Fisch ■ Gemüse	Basis ■ Mehlschwitze (Velouté) ■ Püree	Kaltschalen, Gemüsekaltschalen, Fruchtsuppen ■ Gazpacho

Klare Suppen

In früheren Zeiten waren Suppen vollständige Mahlzeiten – so enthielten sie neben Gemüse auch Fleisch, Geflügel oder Fisch. Bei einigen National- und Regionalsuppen (siehe Seite 74) ist dies heute noch der Fall. Da Suppen nur mäßig sättigen sollen, werden bei Menüs mit mehr als drei Gängen klare Suppen bevorzugt.

Klare Suppen	Französische Bezeichnung	Herstellung (in Kurzform)
Fleischbrühe	Bouillon	Einfache Brühe aus Rinderknochen bzw. Karkassen und Rindfleisch
Kraftbrühe	Consommé	Fleischbrühe wird mit grob gehacktem Klärfleisch geklärt; Sellerie, Möhren und Lauch verstärken den Geschmack
Doppelte Kraftbrühe	Consommé double	Kraftbrühe aus der doppelten Menge Klärfleisch; Brühe ist dadurch aromatischer und intensiver
Essenz	Essence	Kraftbrühe wird durch langsames Kochen reduziert; starke Konzentration der Aromastoffe

Typische Suppeneinlagen für klare Suppen

Neben klein geschnittenem Fleisch (Rind, Geflügel etc.) werden vor allem folgende Einlagen verwendet:

■ **Eier:** Eierstich (Royal), Eigelb, pochiertes Ei
■ **Nudelwaren:** Fadennudeln (Vermicelles)
■ **Getreide:** Pfannkuchenstreifen (Celestine), kleine Brandteigkrapfen (Profiteroles), Reis, Mais, Grießklößchen
■ **Gemüse:** Julienne, Brunoise von Sellerie, Möhren, Lauch
■ **Fleisch:** Klößchen aus Fleisch (Quenelles de viande), Fisch oder Geflügel

---

Going international

Gazpacho is usually a tomato-based vegetable soup, traditionally served cold, originating in the southern Spanish region of Andalusia. The typical recipe includes white bread, tomatoes, cucumber, pepper, onions, garlic, olive oil, wine vinegar, salt and Tabasco.

💡 Eine Bouillon bzw. Consommé ist immer eine aus Rindfleisch angesetzte klare Suppe. Aus Geflügel, Fisch oder Wild zubereitete Suppen müssen den Namen des Grundmaterials in der Bezeichnung führen, wie z. B. Hühnerbouillon.

Julienne (Gemüsestreifen) und **Brunoise** (kleine Würfel)

Beispiele für kartengerechte klare Suppen
- Rinderkraftbrühe mit buntem Eierstich
- Hühnerbrühe mit Eierstich und Gemüseeinlage
- Doppelte Fasanenkraftbrühe mit Champignonwürfeln
- Klare Fischsuppe mit Safran, Gemüsestreifen und Nordseegarnelen (Nordseekrabben)
- Klare Ochsenschwanzsuppe mit Chesterstange

Neben den klaren Suppen gibt es noch andere Suppenarten. Sie unterscheiden sich durch die Herstellung, die eventuelle Bindung, die Farbe und die Temperatur.

Klare Ochsenschwanzsuppe

Gebundene Suppen

Gebundene Suppen werden entweder auf Basis von Mehlschwitze (Roux) oder von Püree hergestellt.

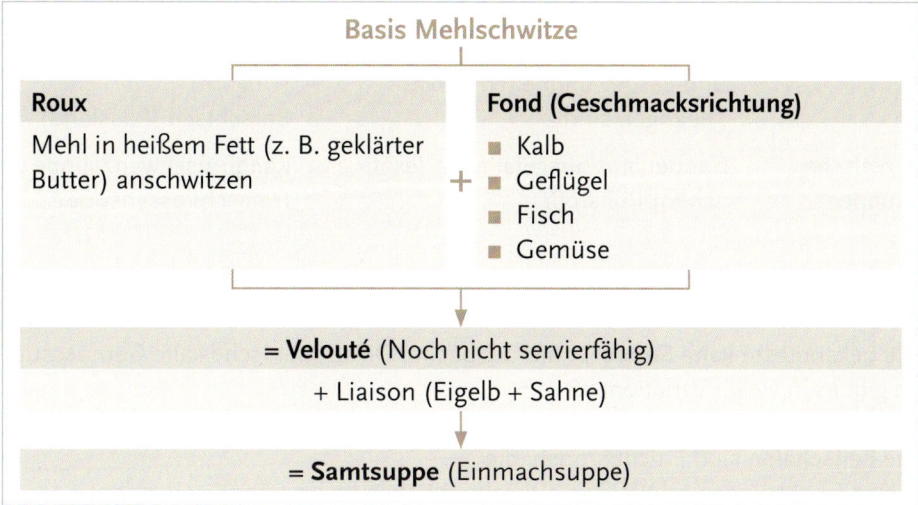

Basis Mehlschwitze	
Roux Mehl in heißem Fett (z. B. geklärter Butter) anschwitzen	+	**Fond (Geschmacksrichtung)** ■ Kalb ■ Geflügel ■ Fisch ■ Gemüse

= Velouté (Noch nicht servierfähig)

+ Liaison (Eigelb + Sahne)

= Samtsuppe (Einmachsuppe)

💡 Fügt man statt einer Liaison nur Sahne zu, spricht man von Rahm- bzw. Cremesuppen.

Helle Suppen

Samtsuppen	■ Mit Roux gebundene, mit Eigelb und Sahne legierte Suppen
Rahmsuppen	■ Mit Roux gebundene, mit Sahne verfeinerte Suppen
Püreesuppen	■ Suppen, die zur Gänze oder teilweise pürierte, meist stärkehaltige Rohstoffe enthalten; können mit Sahne verfeinert werden
Schaumsuppen	■ Püreesuppen, bei denen Schaum durch Sahne, Eigelb oder Alginate nach dem Pürieren gehalten wird

Schaumsuppe

Alginate = Gelier- und Verdickungsmittel; wirkt als Stabilisator.

Beispiele für kartengerechte gebundene Suppen
- Tomatencremesuppe mit Tomatenwürfeln
- Zucchinicremesuppe mit Basilikum
- Spargelcremesuppe mit Spargelspitzen
- Kräuterrahmsuppe mit Croûtons
- Fischrahmsuppe mit Muscheln

Dunkle Suppen

Die Rohstoffe werden zur Farb- und Geschmacksgebung dunkel geröstet. Dunkle Suppen werden oft mit Likörweinen verfeinert. Ein Beispiel für eine gebundene dunkle Suppe ist die gebundene Ochsenschwanzsuppe.

Spezialsuppen

Arten	Beschreibungen	Beispiele
Regional-suppen	Meist kräftige Suppen oder Eintöpfe, die für bestimmte Regionen Deutschlands typisch sind; werden aus regionalen Rohstoffen hergestellt	■ Hamburger Aalsuppe ■ Bayrische Leberknödel-suppe ■ Flädlesuppe
National-suppen	International bekannte Spezialitäten verschiedener Länder, die aus den landesüblichen Küchen sowie den typischen Produkten und Essgewohnheiten hervorgegangen sind	■ Minestrone (Italien) ■ Bouillabaisse (Frankreich) ■ Gulaschsuppe (Ungarn) ■ Borschtsch (Russland)
Exotische Suppen	Suppen aus ausgefallenen (exotischen) Rohstoffen	■ Känguruschwanzsuppe ■ Haifischflossensuppe

Borschtsch wird aus Roter Bete zubereitet und ist in Osteuropa weit verbreitet

Kalte Suppen und Kaltschalen

Die bekannteste **kalte Suppe** ist die Gazpacho. Diese spanische kalte Gemüsesuppe gibt es in vielen Variationen.

Die **Kaltschalen** sind Fruchtsuppen, die
■ aus Fruchtpüree und Weißwein (leicht mit Tapioka bzw. Sago gebunden) oder
■ aus Fruchtpüree und Milchprodukten (Kefir, Joghurt, Buttermilch) hergestellt werden.

An heißen Tagen können Kaltschalen im Festmenü anstelle einer warmen Suppe als erfrischende Abwechslung gereicht werden. Eine Kaltschale als Nachspeise zu reichen, ist im Festmenü nicht üblich.

Beispiele für kartengerechte Kaltschalen
■ Erdbeerkaltschale mit Biskuitwürfeln
■ Apfelkaltschale mit Schlagsahne
■ Champagnerkaltschale mit Pfirsichspalten
■ Kefirkaltschale mit Blaubeeren

Tapioka = Stärkemehl der Maniokwurzel (Pfeilwurzelmehl).

Sago = Stärke der Sagopalme.

Verkaufsfördernde Speisenerklärung

Beispiel: Champignoncremesuppe

Wie sag' ich's meinem Gast?

„Unsere Champignoncremesuppe ist eine helle Suppe mit blättrig geschnittenen Champignons und Petersilie. Sie wird mit Sahne gebunden."

2.4 Warme Vorspeisen
Hors-d'œuvres chauds/Hot starters

Warme Vorspeisen sind kleine, appetitanregende, pikante Gerichte. Sie bilden in der Menüreihenfolge einen leichten Übergang von der Suppe zum Fisch oder zum Hauptgericht. Ebenso wie bei den kalten Vorspeisen steht der Qualitätswert über dem Sättigungswert.

Typische warme Vorspeisen

Gerichte	Beschreibungen	Beispiele
Ragouts	Werden in Blätterteigpastetchen oder Törtchen aus ungesüßtem Mürbeteig gefüllt, eventuell mit einer Sauce nappiert und gratiniert	▪ Königinpastete mit Ragout fin gefüllt
Quiches, kleine Pizzen, Strudel	Werden mit einer Füllung/Auflage aus Fleisch, Gemüse etc. serviert	▪ Quiche Lorraine ▪ Zwiebelkuchen ▪ Gemüsestrudel
Timbales, Flans	Bestehen aus einer Farce aus Fisch, Krustentieren, Geflügel oder Gemüse; die Farce wird in eine gebutterte Form gegeben und pochiert. Man kann auch Klößchen oder Nocken daraus herstellen, diese pochieren und mit passender Sauce servieren.	▪ Brokkoliflan mit Kerbelsauce
Teigwaren	Nudeln, Tortellini, Makkaroni, Maultaschen, Lasagne, Spätzle; mit feinen Füllungen oder Saucen; werden in kleineren Portionen als warme Vorspeisen serviert	▪ Geschmelzte Maultaschen ▪ Spaghetti mit Pesto ▪ Gemüselasagne mit Kräuterschmand
Eierspeisen	Als pochierte Eier oder Rühreier in Verbindung mit Käse, Kräutern, Gemüse und anderen Zutaten	▪ Pochierte Senfeier auf Blattspinat ▪ Kräuterrührei mit Nordseekrabben
Gemüse	Werden häufig gefüllt, z. B. Auberginen, Zucchini oder Wirsingblätter. Eine weitere Variante sind leicht geschmorte Gemüse wie Chicorèe oder Endiviensalat, die mit einer Sauce oder Käse überbacken werden.	▪ Grüner Spargel mit Sauce hollandaise
Risotto	Risottoreis wird mit Fond und Geschmackszutat (Spargel, Pilze, Shrimps etc.) cremig, aber bissfest gekocht und mit Butterstückchen und geriebenem Parmesan vollendet	▪ Steinpilzrisotto
Gnocchi, Nocken	Aus Kartoffel-, Nudel- oder Brandteig (Brandmasse); in unterschiedlicher Form, mit passender Sauce serviert	▪ Gnocchi mit Gorgonzolasauce und frischem Basilikum

Blätterteigpastetchen mit Ragout fin (Ragout aus hellem Fleisch und Innereien in einer weißen Sauce)

Spaghetti mit Basilikumpesto

Kürbisrisotto

Lösen Sie folgende Aufgabe in Kleingruppen: Stellen Sie in einem Rollenspiel ein verkaufsförderndes Gespräch im Restaurant nach. Erklären Sie eine beliebige kalte Vorspeise (z. B. von den Menüübungsbeispielen auf Seite 117 ff.) und empfehlen Sie ein passendes Getränk dazu. Diskutieren Sie anschließend, ob Ihre Speisenbeschreibung und Getränkempfehlung in der Praxis zur Bestellung geführt hätten.

Verkaufsfördernde Speisenerklärung

Beispiel: Tagliatelle in Rahmsauce mit Steinpilzen

Wie sag' ich's meinem Gast?
- „Tagliatelle sind Bandnudeln, die wir Ihnen mit einer würzigen Rahmsauce und Steinpilzen servieren.
- Dazu empfehle ich Ihnen einen trockenen, gehaltvollen Weißwein, z. B. einen Grauburgunder aus dem Weinbaugebiet ... (Name) vom Weingut ... (Name) in ... (Ort)."

2.5 Fische und Meeresfrüchte

Poissons/Fish & Fruits de mer/Seafood

2.5.1 Fische und Fischerzeugnisse

Fisch ist gesund – deshalb wird auch empfohlen, zweimal pro Woche Fisch zu essen. Somit steigt der Bedarf stetig. Um die steigende Nachfrage zu befriedigen, werden Fische vermehrt in Teichwirtschaften bzw. Aquakulturen gezüchtet. Wildfang wird zunehmend teurer, da die Meere stark überfischt und die Bestände rar sind.

Nach dem Lebensraum unterscheidet man
- **Süßwasserfische:** stammen aus heimischen Seen, Flüssen und Bächen; werden meist gezüchtet
- **Salzwasserfische** (Meeresfische, Seefische): leben im Meer; manche werden auch gezüchtet
- **Wanderfische,** wie Aal, Lachs oder Stör, leben sowohl im Süß- als auch im Salzwasser; zählen im Lebensmittelhandel zu den Süßwasserfischen

Nach dem Fettgehalt unterscheidet man
- **Magerfische:** unter 1 % Fett, z. B. Dorsch, Scholle, Hecht, Zander
- **Mittelfette Fische:** 1–10 % Fett, z. B. Forelle, Karpfen, Barsch
- **Fettfische:** 10–25 % Fett, z. B. Hering, Makrele, Lachs, Aal, Stör

Nach der Körperform unterscheidet man
- **Rundfische:** im Querschnitt rund oder keilförmig. Es können zwei Filets gewonnen werden, oder sie werden im Ganzen als Portionsfische (bis ca. 300 g) angeboten.
- **Plattfische:** Oberseite (Augenseite) farbig, Unterseite meist weiß; haben vier Filets, zwei Bauch- und zwei Rückenfilets

Nach der Sortenvielfalt unterscheidet man
- **Konsumfische:** z. B. Seelachs, Forelle, Hering, Sardelle, Sprotte, Scholle
- **Edelfische:** alle Buttarten (z. B. Heilbutt, Steinbutt), Saibling, Seeteufel, Seezunge, Zander

Ca. ein Drittel der weltweit gefangenen Fische stammt aus Aquakulturen

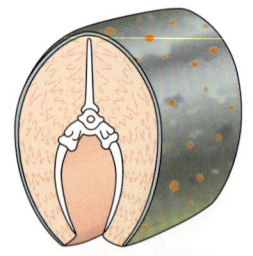

Rundfische haben zwei Filets

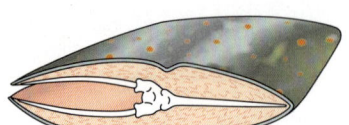

Plattfische haben vier Filets

Sowohl Süßwasser- als auch Salzwasserfische werden als Portionsfische im Ganzen, als Filets oder Steaks angeboten. Sie werden als kalte Vorspeise, mariniert zu Salaten zubereitet, gebraten, gekocht, gegrillt oder zu Fischsuppen verarbeitet.

Süßwasserfische im Überblick

Aal

Barsch

Zander

Viktoriabarsch

Hecht

Karpfen

Schleie

Barbe

Lachs

Wildlachs

Forelle

Saibling

Felchen

Wels

Pangasius

Der **Viktoriabarsch (Nilbarsch)** ist äußerst umstritten. Dieser Raubfisch wurde in den 1960er-Jahren im afrikanischen Viktoriasee ausgesetzt und vertilgte nahezu ganz die heimischen Fischarten. Die ansässige traditionelle Kleinfischerei wurde damit völlig zerstört.

Der **Pangasius** kam ursprünglich aus Südostasien, heute wird er zunehmend in Aquakultur gezüchtet und weltweit äußerst preisgünstig verkauft.

Achtung: Pangasius wird häufig als Seezunge (die sehr teuer ist) verkauft.

Salzwasserfische im Überblick

Brasse

Dorsch

Kabeljau

Wolfsbarsch

Hering

Makrele

Sprotten

Sardellen

Petersfisch

Steinbutt

Heilbutt

Seezunge

Scholle

Rotzunge

Flunder

Thunfisch

Red Snapper

Seeteufel

Salzwasserfische stammen aus Wildfang (mit Netzen oder Leinen gefangen) oder werden in Aquafarmen gezüchtet, z. B. der Zuchtsteinbutt aus Büsum.

Courtbouillon = würziger Fond zum Pochieren von Fischen, Schalen- und Weichtieren.

Typische Fischzubereitungen

- **Pochieren:** kleine und portionierte Fische in Courtbouillon bzw. Fischfond unter dem Siedepunkt garen, z. B. Forelle, Lachs, Karpfen, Hecht, Zander
- **Dämpfen:** Fisch im Siebeinsatz mit kräftigem Fond oder im Dampfgarer mit Kräutern aromatisiert garen
- **Dünsten:** Fisch mit Wein und Fond untergießen, zugedeckt im Ofen dünsten
- **Braten:** Fisch eventuell in Mehl wenden, in Öl anbraten, mit Butter fertig garen
- **Grillen:** Fisch an der Hautseite ziselieren, auf Holzkohle, in der Grillpfanne oder auf dem Gasgrill garen
- **Backen** (Natur, paniert, im Backteig): Fisch würzen, je nach Variante des Backens vorbereiten, in Fett schwimmend backen

Typische Fischgerichte

- Forelle blau: in Essigwasser pochierte Forelle
- Forelle nach Müllerinart: gebratene, mehlierte Forelle mit zerlassener Butter, Zitronenachtel und Sahnemeerrettich
- Aal grün: gekochter Aal, oft in Dillsauce
- Matjes nach Hausfrauenart mit Pellkartoffeln
- Fränkischer Karpfen: gebackener Karpfen mit Kartoffelsalat und gemischten Blattsalaten

Verkaufsfördernde Speisenerklärung

Beispiel: Saiblingsfilet nach Müllerinart

Wie sag' ich's meinem Gast?

- „Der Saibling ist ein Süßwasserfisch, den wir Ihnen als Filet servieren. Die zwei Filets werden mit Zitrone beträufelt, gesalzen, in Mehl gewendet, beiderseits goldgelb gebraten und mit brauner Butter und Petersilie ergänzt.
- Als Getränk empfehle ich Ihnen einen trockenen, mittelkräftigen Weißwein, z. B. einen Weißburgunder aus dem Weinbaugebiet ... (Name) vom Weingut ... (Name) in ... (Ort)."

2.5.2   Krusten, Schalen- und Weichtiere

Krustentiere

Als Krustentiere bezeichnet man die weit verzweigte Familie der Krebse. Krustentiere stammen aus Wildfang oder von Aquafarmen. Das zu verarbeitende Fleisch ist im Schwanzstück, in den Scheren und Gliedmaßen enthalten, wobei die Fleischausbeute meist weniger als 35 Prozent beträgt. Die lebenden Tiere werden mit dem Kopf voran in kochendes Wasser getaucht und sterben dabei augenblicklich.

Krebse und Krabben zeigen Farbschattierungen von grünbraun bis dunkelbraun. Nach dem Kochen sind sie jedoch rosa oder leuchtend rot. Warum? Durch die Hitze wird die obere dunkle Farbschicht des Chitinpanzers zerstört und die sich darunter befindende hitzebeständige rote Farbschicht wird sichtbar.

Süßwasserkrebse		
Flusskrebs	Edel- oder Solokrebs, Galizier- oder Sumpfkrebs, Signalkrebs	■ Zartes Fleisch ■ Für Aufläufe, Suppen und kalte Vorspeisen
Salzwasserkrebse		
Taschenkrebs	■ Enthält im Gegensatz zur Grö-ße des Panzers wenig Fleisch ■ Kommt lebend, tiefgefroren oder in Dosen in den Handel	■ Im Ganzen gekocht ■ Für Taschenkrebssuppe, Salate, Vorspeisen ■ Schalen werden oft zum Füllen verwendet
Garnele, Krevette, Shrimps, Gambas, Prawns	Die bekanntesten sind: ■ Riesengarnele, King-Prawn oder Tiger-Prawn ■ Süßwassergarnele ■ Kaltwassergarnele oder Shrimps ■ Nordseegarnele (Nordsee-krabbe)	■ Große Garnelen werden mit oder ohne Schale gegrillt, gebraten ■ Kleinere Garnelen werden gekocht; für Salate oder Cocktails, für Nudel-gerichte
Hummer	Das Fleisch der Scheren und das Schwanzstück werden gegessen	■ Hummer werden gekocht ■ Kalter Hummer als Vor-speise, z. B. in Cocktails
Languste	Hat keine Scheren, daher wird nur das Schwanzstück verwendet	Siehe Hummer
Kaisergranate, Scampi oder Langoustines	■ Größer als Garnelen ■ Garnelenschwänze werden häufig als Scampi verkauft (Warenunterschiebung!); Garnelen aus Aquakultur sind günstiger	Gebraten oder gegrillt
Krabbe	Von der Königskrabbe oder King-Crab werden nur die Beinscheren verwendet	Für kalte Vorspeisen

„Knieper" heißen im Helgoländer Friesendialekt die Scheren der Taschenkrebse

Helgoländer Hummer ist vom Aussterben bedroht und wird seit einigen Jahren in Hummer-Aufzuchtstationen auf Helgoland gezüchtet. So sollte sich der Be-stand mit der Zeit wieder erholen.

Schalentiere (Muscheln)

Muscheln werden meist in Aquafarmen auf Muschelbänken oder auf Pfählen (z. B. Miesmuscheln) gezüchtet.

Sicherer Genuss
Gekochte, offene Muscheln sind genieß-bar. Finger weg jedoch von Muscheln, die sich in rohem Zustand leicht öffnen lassen oder bereits geöffnet sind. Sie sind für den Verzehr nicht geeignet.
Auch Muscheln, die nach dem Garen noch geschlossen sind, sind ungenießbar und können eine schwere Lebensmittelvergiftung hervorrufen. Daher diese Muscheln nicht gewaltsam öffnen.

Austern		Miesmuscheln (Pfahlmuscheln)	Jakobsmuscheln (Pilgermuscheln)
Felsenaustern (Portugiesische Austern) sind länglich, z. B. Fines de Claires	**Rundaustern** sind flach; werden nach ihrer Herkunft benannt, z. B. Sylter Royal (D); Belon, Marennes (F); Imperiales (NL); Royal Natives (GB); Limfjords (DM)	Haben eine längliche Form und eine blauviolette Schale; werden gezüchtet und lebend verkauft	Von europäischen Küstengebieten des Atlantiks
■ Nur verschlossene Austern werden roh gegessen ■ Felsenaustern werden frisch gegessen, pochiert oder glaciert ■ Rundaustern werden nur frisch gegessen		■ Werden in der Schale im Sud gedünstet ■ Gegart für Suppen, Nudelgerichte, Reisgerichte usw.	■ Werden pochiert, gegrillt und überbacken

Weichtiere

Zu den Weichtieren zählen sowohl Schnecken als auch Tintenfische & Co. Weichtiere haben kein Skelett, daher ist der Fleischanteil hoch. Sie sind vor allem aus der Mittelmeerküche nicht wegzudenken.

Kopffüßer			Schnecken
Sepien	**Kalmare**	**Kraken** (Oktopoden)	Weinbergschnecken
■ Tintenfische mit zehn Fangarmen und torpedoartiger Form ■ Zum Grillen, Frittieren und für Nudelgerichte		■ Tintenfische mit acht Fangarmen ■ Es werden nur die Arme verwendet; für Suppen, Reisgerichte usw.	■ TK-Ware oder gekocht in Dosen ■ Mit oder ohne Gehäuse; mit Knoblauchbutter

Die Weinbergschnecke ist eine in den gemäßigten Zonen Europas überall anzutreffende Landschnecke. Sie wird heute in Schneckengärten gezüchtet oder tiefgekühlt aus dem Fernen Osten importiert (Achatschnecke). Die **Petit gris** ist eine in Frankreich sehr beliebte Schneckenart.

Aufgabenstellung – „Fische und Meeresfrüchte"

- Lösen Sie folgende Aufgabe in Kleingruppen: Stellen Sie in einem Rollenspiel ein verkaufsförderndes Gespräch im Restaurant nach. Erklären Sie
ein beliebiges Fischgericht bzw. Gericht aus Meeresfrüchten (z. B. von den
Menüübungsbeispielen auf Seite 117 ff.) und empfehlen Sie ein passendes
Getränk dazu. Diskutieren Sie anschließend, ob Ihre Speisenbeschreibung
und Getränkeempfehlung in der Praxis zur Bestellung geführt hätten.

2.6 Sorbet
Sherbet

Sorbet ist die Bezeichnung für ein halbfestes Speiseeis. Es gibt aber auch Sorbets,
die als Eisgetränk serviert werden, wie z. B. Champagnersorbet. Hauptbestandteil
eines Sorbets ist Fruchtsaft oder Fruchtpüree (auch Wein- und Champagner), der
Zuckeranteil fällt hingegen relativ gering aus. Damit das Sorbet seine typische wei-
che Textur erhält, wird es während des Gefrierens ständig gerührt. Ein Klassiker
unter den Eisgetränken ist das Zitronensorbet.

Sorbets werden im großen Menü vor dem Hauptgang bzw. nach dem warmen
Zwischengericht als erfrischende Abwechslung und zur neuerlichen Anregung des
Appetits serviert. Gleichzeitig helfen sie, markante Aromen eines Gangs zu neutra-
lisieren und die Wartezeit auf den Hauptgang zu überbrücken.

Wussten Sie, dass...
Sorbets auch aus Gemüsesäften
hergestellt werden?

Verkaufsfördernde Speisenerklärung

Beispiel: Mangosorbet

 **Wie sag' ich's meinem Gast?**
- „Ein Mangosorbet ist ein erfrischendes halbfestes Eis.
- Wir bereiten unser Sorbet aus püriertem Mangofrucht-
fleisch, Wasser, Zucker und Zitronensaft zu."

 Aufgabenstellung – „Sorbet"

- Notieren Sie Beispiele für kartengerechte Sorbets.

2.7 Hauptgerichte, Garnituren, Saucen und Beilagen

Als Hauptgericht (Hauptspeise) bezeichnet man jenes Gericht, das in einer Reihe von Gängen die zentrale Stelle einnimmt. In der Regel wird es warm zubereitet. Grundsätzlich unterscheidet man zwischen Fleischgerichten, Fischgerichten (etwas größer als der Fischgang) und vegetarischen Gerichten.

Das kartengerechte Aneinanderreihen der einzelnen Komponenten ähnelt dem Prinzip der kalten Vorspeisen.

Die Zubereitungsart kann der Einfachheit halber auch vorangestellt werden, z. B. „Rosa gebratener Rehrücken".

Heutzutage wird die Gemüsebeilage vor der Sättigungsbeilage angeführt, da aus ernährungsphysiologischer Sicht Gemüse (auch in Portionsgröße) bevorzugt wird. Wie ist Ihre Meinung dazu? Spielt bei Ihrer Speisenauswahl der Gesundheitsaspekt eine Rolle oder essen Sie nur, was Ihnen schmeckt?

Hauptrohstoff (Fleisch, Geflügel, Wild, Fisch)	Beispiele		
	Kalb	Reh	Scholle
Angebotsform	Steak	Rücken	Filets
Zubereitungsart oder klassischer Garniturname	vom Grill	rosa gebraten	paniert
Sauce	Sauce Béarnaise	Rotweinsauce	Remouladensauce
Gemüse, Pilze (Vitaminbeilage)	Blattspinat	Sautierte Pfifferlinge	
Sättigungsbeilage mit Verfeinerung (Kartoffeln, Teigwaren, Reis)	Mandelkroketten	Butterspätzle	Kartoffelsalat
Salat mit Dressing			Gurkensalat, Kräuterdressing
Kalte Beigabe		Preiselbeeren	

Sind einzelne Komponenten unnötig, z. B. die Zubereitungsart, können diese weggelassen werden. Die Reihenfolge darf jedoch nicht verändert werden.

Gemüse und Salat in einem Gericht zu reichen ist möglich, aber nicht üblich, da der Salat nicht auf dem heißen englischen Teller, sondern auf einem extra Teller angerichtet werden muss. Innerhalb des Gerichtes ist auf farbliche Abwechslung zu achten, deshalb werden in der Regel mindestens zwei Gemüsesorten angeboten.

Beispiele für kartengerechte Hauptgerichte
- Gebratene Kalbsmedaillons, Champignonsauce, Grilltomate mit Blattspinat, Mandelkroketten
- Schweinefilet im Wirsingmantel, Gorgonzolasauce, tourniertes Gemüse, Herzoginkartoffeln
- Forelle nach Müllerinart, zerlassene Butter, Salzkartoffeln, Gurkensalat
- Rehrücken Baden-Baden, Wacholderrahmsauce, Rosenkohl, Pfifferlinge, Serviettenklöße

Damit ein Menü möglichst abwechslungsreich ist, sollte vom Hauptgang ausgehend geplant werden. Die weiteren Gänge werden dann farblich und auf Basis der verwendeten Rohstoffe dem Hauptgang angepasst.

Fleischhauptgerichte nach dem klassischen Menüaufbau

Hauptplatten *Grosses-pièces*	Warme Zwischengerichte *Entrées chaudes*	Braten *Rôtis*

Hauptplatten	Warme Zwischengerichte	Braten
■ Gedünstete oder gekochte große Stücke von Schlachtfleisch, Wild und Geflügel ■ Sie werden im Ganzen nach verschiedenen Variationen zubereitet	■ Das Fleisch wird vor der Zubereitung portioniert, wie z. B. Steaks, Koteletts, Medaillons, Schnitzel, Grilladen, Ragouts, Gulasch, Hackfleisch, Innereien	■ Im Ganzen gebratene Stücke von Schlachtfleisch, Geflügel und Wild, also Hauptplatten mit Garnituren, Beilagen und Salaten ■ In der klassischen Menüreihenfolge wird der Braten nach dem Sorbet serviert
Beispiele: Gekochte Rinderbrust, geschmorter Sauerbraten	Beispiele: Gebratenes Putenschnitzel, Geschmortes Rindergulasch, Kalbsgeschnetzeltes in Rahmsauce, Hirschrückensteak, rosa gebraten	Beispiele: Rosa gebratenes Roastbeef mit Kräuterkruste, Gebratener Schweinerücken mit Pfefferkruste

💡 Außerhalb einer vorgegebenen Menüfolge werden Zwischengerichte gerne als A-la-carte-Gerichte auf die Karte gesetzt. Viele von ihnen werden auch frisch gemacht, wie z. B. Steaks.

In einer modernen Menüfolge entscheidet man sich je nach Anlass, Preisniveau und Gästewunsch für eines dieser drei Gerichte als Hauptgang.

2.7.1 Fleisch

Unter Fleisch versteht man alle Teile von geschlachteten oder erlegten warmblütigen Tieren, die zur menschlichen Ernährung geeignet sind. Neben dem Muskelgewebe mit Fett- und Bindegewebe zählen dazu auch die inneren Organe, wie z. B. Leber, Nieren, Herz, Zunge, Bries (Wachstumsdrüse), Kutteln (Magenwand) und Hirn. Zur eindeutigen Kennzeichnung ist die Tierart zu nennen, also Schweinefleisch, Rindfleisch etc.

Tierarten

Schlachttiere	Geflügel	Wild	Wildgeflügel	Exotisches Wild
■ Rind ■ Kalb ■ Schwein ■ Schaf (Lamm) ■ Ziege ■ Hauskaninchen	■ Huhn ■ Ente ■ Gans ■ Pute ■ Perlhuhn (gezüchtet) ■ Wachtel (gezüchtet) ■ Taube	■ Großwild: Damwild (gezüchtet), Reh, Hirsch (Rotwild), Gämse, Wildschwein ■ Kleinwild: Wildkaninchen, Hase	■ Fasan ■ Rebhuhn ■ Wildente ■ Wachtel (Wildform) ■ Wildgans	■ Springbock ■ Känguru ■ Elch ■ Rentier ■ Strauß

Going international

Die Küchensprache ist Französisch:

- Bœuf: Rind
- Porc: Schwein
- Veau: Kalb
- Agneau: Lamm
- Mouton: Hammel
- Poulet: Hähnchen
- Canard: Ente
- Cerf: Hirsch
- Lapin: Kaninchen

Suchen Sie nun die englischen Begriffe:

_____

_____

_____

_____

_____

_____

_____

_____

Fleischqualität

Für den Einkauf und die Verwendung in der Küche ist die Qualität des Fleisches sehr wichtig. Sie wird vor allem bestimmt durch:

- Tierrasse
- Teilstück
- Fütterung
- Aufzucht und Haltung der Tiere
- Schlachtalter
- Schlachthygiene
- Fleischreifung und Lagerung

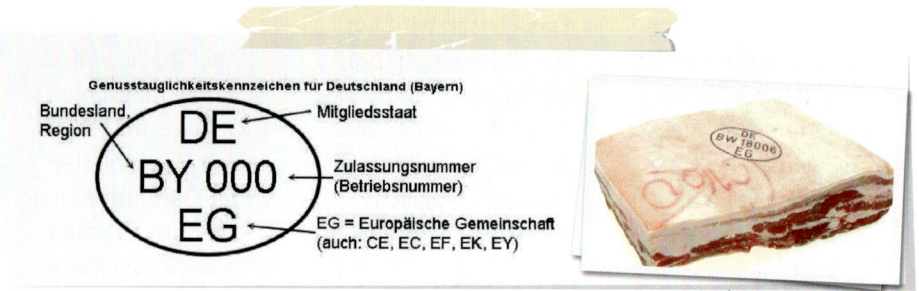
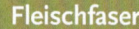

Bei der Qualitätsbeurteilung von Fleisch sind folgende Aspekte zu beachten:

Qualitätskriterien

Fleischfarbe	Fett	Fleischfaser

- Eine hell- bis mittelrote Farbe haben Kalb, Schwein, Lamm, Kaninchen und Huhn. Eine weiße Farbe deutet auf rasche Mästung hin. Wässriges Fleisch oder zu dunkles Fleisch könnte von einem alten Tier stammen. - Eine ziegel- bis dunkelrote Farbe haben Rind, Hammel, Wild, Wildgeflügel. Eine bräunliche oder schwarze Farbe deutet auf ein altes Tier hin.	- Eine dünne, weiße und feste Fettschicht an der Oberfläche weist auf gute Qualität hin. Ein zu großer Oberflächenfettanteil (dicke Fettschicht), gelbes Fett, schwabbeliges Fett sind Qualitätsmängel. - Fettmarmorierung: Die Fettmaserung soll im Fleisch eingeschlossen sein. - Kalb und Wild haben meist wenig oder keine Fettanteile.	- Besonders feinfaseriges Fleisch ist zart und von bester Qualität. Es eignet sich daher besonders zum Kurzbraten, z. B. Rinderfilet oder Rumpsteak. - Grobfaseriges Fleisch wird meist mit einer anderen Garmethode zubereitet, z. B. geschmort.

Rindfleisch

Für den gastronomischen Gebrauch werden in erster Linie Jungrind-, Ochsen- und Färsenfleisch verarbeitet, das hell- bis kräftig rot ist. Das Fleisch junger Rinder (bis zu zwei Jahre alt) ist zarter und delikater. Das Fleisch älterer Tier wird in der Regel zu Wurst verarbeitet. Abhängig vom Fleischteil sind der Anteil an Bindegewebe sowie der Fettgehalt unterschiedlich.

Warum Rindfleisch abhängen muss ...
Etwa drei Wochen sollte das Fleisch für Kurzbratstücke abhängen, für Roastbeef sogar vier Wochen. In dieser Zeit bildet sich in den Muskelfasern Milchsäure, die das Eiweiß des Fleisches verändert und damit auf seine Struktur einwirkt: Das Fleisch wird mürbe, besser verdaulich und erhält sein typisches Aroma.

Fleischaufteilung des Rindes

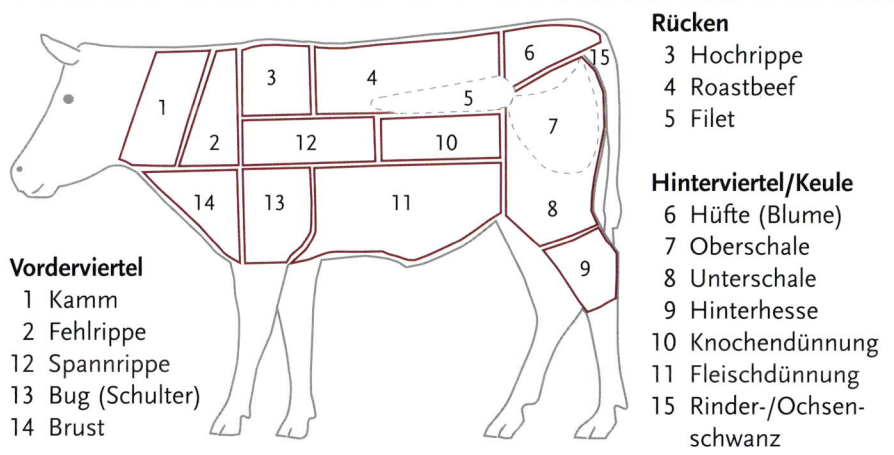

Rücken
3 Hochrippe
4 Roastbeef
5 Filet

Hinterviertel/Keule
6 Hüfte (Blume)
7 Oberschale
8 Unterschale
9 Hinterhesse
10 Knochendünnung
11 Fleischdünnung
15 Rinder-/Ochsen-
   schwanz

Vorderviertel
1 Kamm
2 Fehlrippe
12 Spannrippe
13 Bug (Schulter)
14 Brust

Die edlen Fleischteile des Rindes befinden sich im Hinterviertel.

Fleischteile und ihre Verwendung in der Küche

Fleischteile, die von „bewegten" Körperpartien stammen, wie z. B. **Schulter (Bug)** und **Keule,** und dadurch sehr muskulös sind, enthalten viel Bindegewebe und sind dadurch eher zäh. Sie müssen deshalb lange gegart bzw. geschmort werden, damit sie weich werden. Typische Gerichte sind Ragout, Gulasch, Schmorbraten, Sauerbraten (aus dem Bug), Rouladen und Tafelspitz.

Das **Filet** befindet sich im „unbewegten" Rücken und ist deswegen besonders zart. Es muss nur kurz gebraten werden. Die **Hochrippe,** ein Teil des Rinderrückens, kann als Suppenfleisch aufgeschnitten werden. Sie wird aber auch in Scheiben ohne Knochen angeboten und eignet sich so zum Kurzbraten (z. B. saftige und zarte Steaks) sowie zum Grillen.

Fleischteile wie der **Hals** und die **Dünnung** werden in erster Linie als Suppenfleisch verwendet.

Man unterscheidet also Rindfleisch zum Kurzbraten und solches zum Schmoren oder Kochen. In der gehobenen Gastronomie, insbesondere bei der Erstellung von umfangreicheren Menüfolgen, finden in erster Linie Kurzbratgerichte ihre Verwendung.

? Färsenfleisch, was ist das? Finden Sie es heraus!

Dry Aged Beef wird in speziell klimatisierten Kühlräumen gelagert

Schottisches Hochlandrind (Highland-Cattle); weitere europäische Rinderrassen sind Fleckvieh, Galloway, Angus, Charolais, Limousin, Salers und Piemonteser

Teilstücke nach DLG	Verwendung in der Küche
Rücken	
Hochrippe	Im Ganzen als Braten, Rinderkotelett, Entrecôte, Suppenfleisch, Gulasch
Roastbeef	Steaks, Braten, als kalter Aufschnitt
Filet	Im Ganzen, Steaks, Fondue, Tatar, Bœuf Stroganoff
Hinterviertel/Keule	
Hüfte (Blume)	Huft-, Rumpsteak, Rouladen, Braten, Fondue, Tafelspitz
Oberschale	Rinderbraten, Rouladen, Tatar
Unterschale	Schmorstück, Sauerbraten, Rouladen, Tatar
Vorderviertel	
Fehlrippe	Kochfleisch, Schmorfleisch, Gulasch
Bug (Schulter)	Kochfleisch, Schmorfleisch, Gulasch, Ragout, Hackfleisch, Sauerbraten, Spickbraten, Klärfleisch, Roulade
Brust	Rinderbrust, Kochfleisch, Suppenfleisch
Weitere Teile	
Kamm	Schmorfleisch, Gulasch
Rinder-/ Ochsenschwanz	Schmorfleisch, Ragout, Kochfleisch

Steht auf einer Speisenkarte „Filet", ist damit immer Rinderfilet gemeint. Stammt es von einer anderen Tierart, muss diese angeführt werden, wie z. B. Schweinefilet oder Putenfilet.

Rib-Eye-Steak mit dem typischen Fettkern

Typisch für das T-Bone-Steak ist der T-förmige Knochen in der Mitte

Roastbeef mit Filet

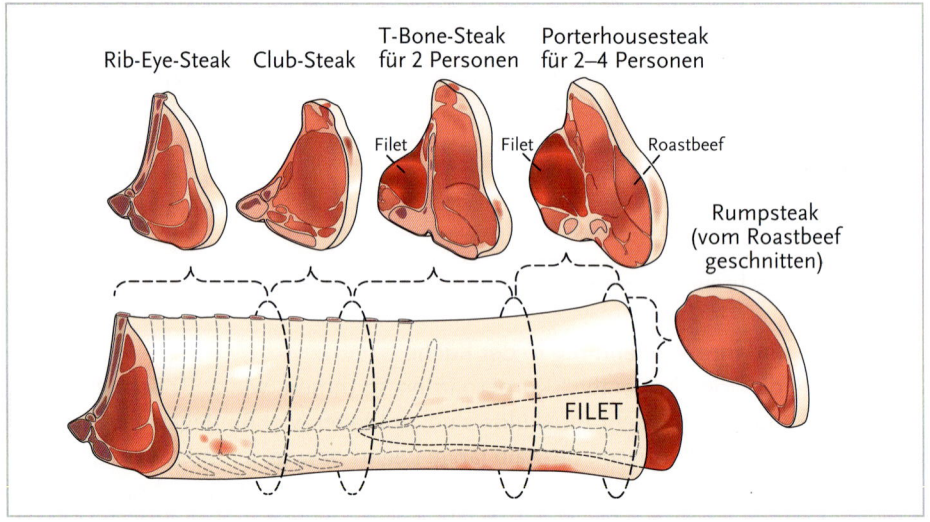

Rib-Eye-Steak Club-Steak T-Bone-Steak für 2 Personen Porterhousesteak für 2–4 Personen

Filet Filet Roastbeef

Rumpsteak (vom Roastbeef geschnitten)

FILET

Filet

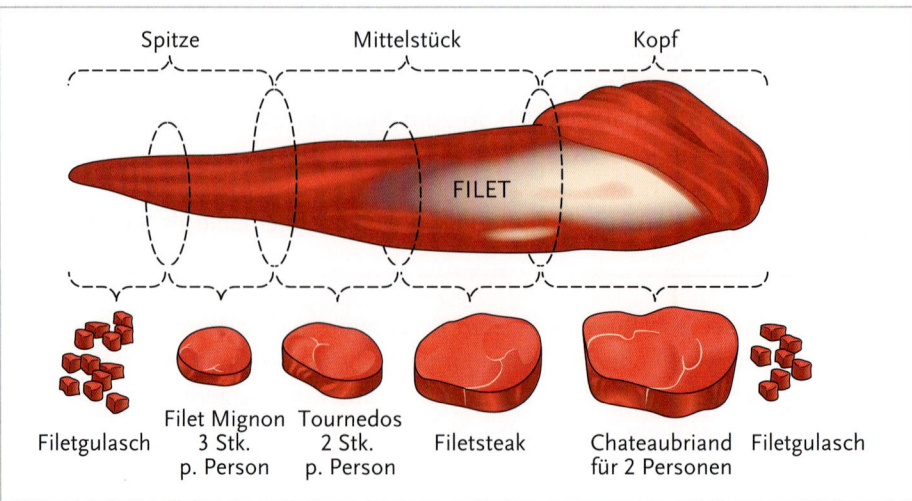

Spitze Mittelstück Kopf

FILET

Filetgulasch Filet Mignon 3 Stk. p. Person Tournedos 2 Stk. p. Person Filetsteak Chateaubriand für 2 Personen Filetgulasch

Kurzbratgerichte aus Rindfleisch

Gerichte	Fleischteile	Dicke/Gewicht
Rücken mit Knochen (Roastbeef und Filet)		
Rib-Eye-Steak	Hochrippe, Entrecôte mit kleinem Fettkern	3 cm/200 g
Club-Steak	Roastbeef mit Knochen ohne Filet	6 cm/ca. 1 000 g, für 2–4 Personen
T-Bone-Steak	Nach amerikanischer Art aus Roastbeef und Filet geschnitten, mit T-förmigem Knochen in der Mitte	4 cm/ca. 600 g, für 2 Personen
Porterhousesteak	Großes T-Bone-Steak, bestehend aus einem Stück Roastbeef und einem Stück Filet	6 cm/700–1 000 g, für 2–4 Personen
Roastbeef ohne Knochen		
Entrecôte	Zwischenrippenstück aus der Mitte des Roastbeefs	Ca. 1,5 cm/170–180 g
Entrecôte double	Doppeltes Zwischenrippenstück	Ca. 4 cm/350–400 g, für 2 Personen
Rumpsteak	In England und in den USA Steak aus der Hüfte (= Rump), in Deutschland aus dem Roastbeef mit kleinem Fettrand	2–3 cm/200–300 g
Filet		
Filet Mignon	Kleines Steak aus der Filetspitze	Ca. 60 g, pro Person 3 Stück
Tournedos	Kleine Filetschnitte aus dem schmalen Filetstück	2 Scheiben à ca. 80 g
Filetsteak	Filetschnitte aus der Mitte des Filets	2 cm/150–160 g
Chateaubriand	Doppelte Filetschnitte aus dem breiten Filet	6 cm/350–400 g, für 2 Personen
Filetgulasch	In Streifen oder Würfel geschnittenes Fleisch aus der Filetspitze (z. B. Filet Stroganoff)	Ca. 160–180 g pro Person

Garstufen bei Steaks

Ⓓ **blutig/blau**
Ⓕ **bleu**
ⒼⒷ **blue (raw)**
Fleisch von beiden Seiten scharf anbraten, innen aber noch roh, leicht kalt

Druckprobe:
Fühlt sich elastisch an

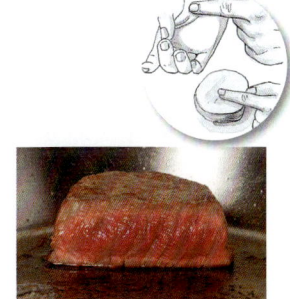

Ⓓ **Halb roh/blutig**
Ⓕ **saignant**
ⒼⒷ **rare**
Fleisch von beiden Seiten kurz anbraten, innen noch ein Streifen roh, Fleischsaft schon gebunden, tritt rosa aus

Druckprobe:
Leichter Widerstand spürbar

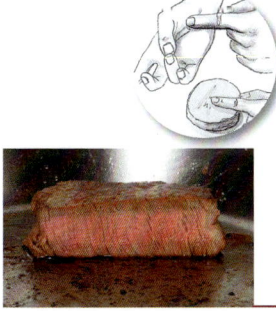

Ⓓ **Halbdurch/mittel**
Ⓕ **à point**
ⒼⒷ **medium**
Auf den Punkt gebraten, leicht rosafarbener Streifen in der Mitte, Saftperlen glasig

Druckprobe:
Widerstand ist deutlich spürbar

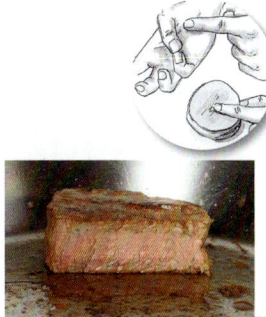

Ⓓ **gut durch**
Ⓕ **bien cuit**
ⒼⒷ **well done**
Beim Anschneiden tritt kein Saft mehr aus

Druckprobe:
Fühlt sich fest an

Aufgabenstellungen – „Rindfleisch"

1. Sind Sie schon Fleischexperte? Ergänzen Sie die folgende Tabelle.

Kurzbratgerichte	Fleischteile	Erläuterungen
Chateaubriand		Doppeltes Filetstück, 350–400 g für 2 Personen
	Roastbeef ohne Knochen	Zwischenrippenstück, ca. 180 g pro Person
Entrecôte double		
Filet Mignon		
Filetgulasch		Pro Person ca. _____ g
Rumpsteak		Scheiben des ausgelösten Roastbeefs, ca. 200 g
Tournedos		
T-Bone-Steak		
	Roastbeef und Filet mit Knochen	Großes T-Bone-Steak, _____

2. In den USA, der Heimat der Steaks, gibt es sechs Garstufen, und zwar „black & blue" vor „blue (raw)" sowie „medium well" zwischen „medium" und „well done". Ergänzen Sie nachfolgend die verschiedenen Garstufen (ein Beispiel ist vorgegeben).

Black & Blue

B _____

R _____

M _____

M _____

W _____

Kalbfleisch

Kalbfleisch stammt von jungen Rindern, die höchstens vier Monate alt sind. Es ist ausgesprochen feinfaserig und zart, immer mild und leicht verdaulich, da es wenig Bindegewebe hat. Kalbfleisch wird heutzutage allerdings nicht mehr so häufig verarbeitet. Geflügelfleisch, vor allem von der Pute, hat das Kalbfleisch verdrängt.

Fleischaufteilung des Kalbes

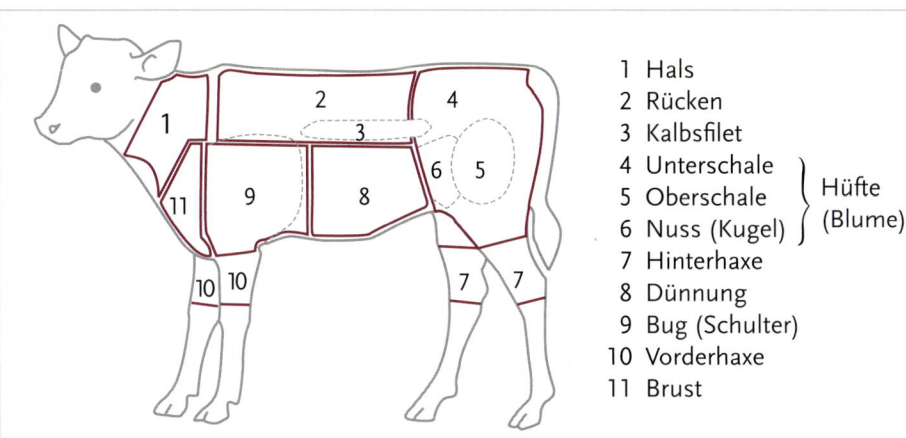

1 Hals
2 Rücken
3 Kalbsfilet
4 Unterschale ⎫
5 Oberschale ⎬ Hüfte (Blume)
6 Nuss (Kugel) ⎭
7 Hinterhaxe
8 Dünnung
9 Bug (Schulter)
10 Vorderhaxe
11 Brust

Die Fleischfarbe lässt Rückschlüsse auf die Art der Mast zu. Milchkälber, die ausschließlich mit Milch aufgezogen werden, haben ein weißes bzw. blass rosafarbenes Fleisch, Mastkälber ein kerniges, rosafarbenes Fleisch.

Kalbfleisch und seine Verwendung in der Küche (Auswahl)	
Hals	Frikassee, Kalbsragout
Rücken	Kalbsrückensteak, Kalbskotelett
Kalbsfilet	Medaillons
Hüfte (Blume) — Unterschale (Frikandeau)	Schnitzel, Rouladen, Geschnetzeltes, Braten
Hüfte (Blume) — Oberschale	
Hüfte (Blume) — Nuss (Kugel)	Steaks, Schnitzel, Braten
Vorder- und Hinterhaxe	Schmorbraten, Grillhaxe
Brust	Frikassee, Kochfleisch, gefüllte Kalbsbrust

(?) Aufgabenstellung – „Kalbfleisch"

- Typische Kalbfleischgerichte sind
  - **Schnitzel à la Holstein:** Kalbsschnitzel Natur mit einer Garnitur aus Spiegelei und mit Fisch belegten Weißbrotscheiben, etwa mit Räucherlachs, Sardellenfilets, Ölsardinen oder Kaviar)
  - **Cordon Bleu:** paniertes Kalbsschnitzel gefüllt mit Kochschinken und Emmentaler

  Kennen Sie weitere Kalbfleischgerichte?

  _____
  _____
  _____
  _____
  _____
  _____
  _____

Ein echtes Wiener Schnitzel muss aus Kalbfleisch sein. Schnitzel aus Geflügel- oder Schweinefleisch wird als Schnitzel „Wiener Art" ausgewiesen.

Schweinefleisch

Schweinefleisch ist in Deutschland das am meisten gegessene Fleisch. Hausmannskost und viele regionale Spezialitäten werden aus Schweinefleisch hergestellt.

Schweinefleisch ist heutzutage längst nicht mehr so fett wie in der Nachkriegszeit. Aufgrund von Züchtungen haben Schweine bis zu vier Rippen mehr als ursprünglich. Eine gute Fleischqualität erkennt man an der schmalen, festen, weißen Fettschicht am Rücken sowie am saftig-zarten, blassroten bis rosafarbenen Fleisch. Gutes Schweinefleisch zieht keinen Fleischsaft beim Ausliegen auf der Theke.

Schweinefleisch stammt vom
- **Spanferkel:** Jungschwein, mit Milch aufgezogen, ca.10–25 kg schwer. Das Fleisch ist sehr hell, blassrot und fast fettlos.
- **Mastschwein, Fleischschwein:** gemästetes Schwein, ca. sieben Monate alt. Das Fleisch ist kurzfaserig, blassrot bis rosarot und hat einen geringen Speckanteil (Fettschicht).

Fleischaufteilung des Schweins

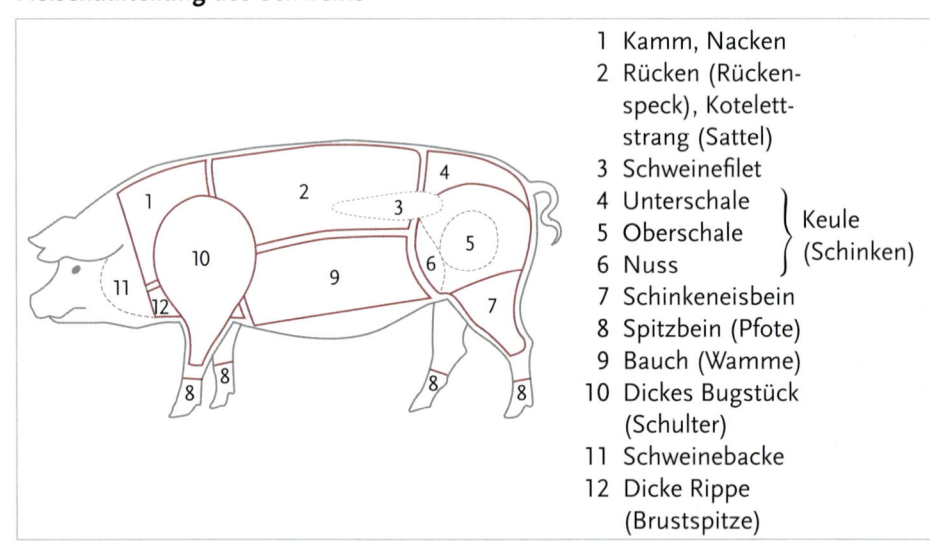

1 Kamm, Nacken
2 Rücken (Rückenspeck), Kotelettstrang (Sattel)
3 Schweinefilet
4 Unterschale }
5 Oberschale } Keule (Schinken)
6 Nuss }
7 Schinkeneisbein
8 Spitzbein (Pfote)
9 Bauch (Wamme)
10 Dickes Bugstück (Schulter)
11 Schweinebacke
12 Dicke Rippe (Brustspitze)

Teilstücke nach DLG	Verwendung in der Küche	
	Frischfleisch	Weiterverarbeitung
Kopf	Kochfleisch	Schweinskopfsülze
Schweinebacke	Basis für Eintöpfe	Kassler Backe, für die Wurstherstellung
Dicke Rippe (Brustspitze)	Braten, Eintopf	Gefüllter Braten
Kamm, Nacken	Kurzbratstück, Bratenfleisch	Kassler Rollbraten, gefüllter Braten, Sauerfleisch, Grillfleisch
Dickes Bugstück (Schulter)	Braten	Vordersaftschinken
Kotelettstrang (Sattel)	Kurzbratstücke, Kotelett, Minutensteak, Schweinelachs	Kassler, gefüllter Braten, Lachsschinken
Schweinefilet	Medaillons, im Ganzen als Braten	Schweinefilet im Speckmantel
Bauch (Wamme)	Rippenbraten, Kochfleisch, Grillfleisch	Gefüllter und gegrillter Bauch
Keule (Schinken) Unterschale	Schnitzel	Rohschinken, Kochschinken
Oberschale	Schnitzel, Rouladen	
Nuss	Schnitzel, Rouladen	Nussschinken
Schinkeneisbein	Grillhaxe, Kochfleisch	Sülze, Aspikwaren, Kassler

Schweinefleischgerichte

Spareribs	Holzfällersteak	Kochschinken

Gegrillte Rippchen mit Barbecue-Sauce	Nackensteak gegrillt oder gebraten	Gepökelt und geräuchert, meist mit Schwarte

Kassler	Eisbein	Szegediner Gulasch
Kochfleisch; in Eintöpfen mit Grünkohl oder Rübenmus, in Erbsensuppe	Eine beliebte Beilage ist Sauerkraut	Mit Sauerkraut in Paprikasauce

Kassler oder Kasseler = gepökeltes und leicht geräuchertes Schweinefleisch. Es wird aus dem Kotelettstrang oder Nacken geschnitten.

Lammfleisch

Lammfleisch wird zu bestimmten Anlässen, wie z. B. Ostern, in der gehobenen Gastronomie aber auch ganzjährig angeboten. Die heimische Produktion deckt den Bedarf nicht, daher wird auch Tiefkühlfleisch aus Neuseeland verarbeitet. Qualitativ gutes Lammfleisch ist hellrot und leicht marmoriert.

Lamm- bzw. Hammelfleisch stammt vom

- **Milchlamm:** mit Milch aufgezogenes Jungtier, das bei der Schlachtung ca. zwei bis drei, maximal sechs Monate alt ist. Das Fleisch ist sehr hell, lachsfarben bis ziegelrot sowie besonders fein und zartfaserig.
- **(Mast)Lamm:** Lämmer werden meist im Freilauf gezüchtet und sind bei der Schlachtung ca. acht bis maximal zwölf Monate alt. Ihr Fleisch ist rosa und fast fettfrei. Die Fettschicht ist weiß.
- **Hammel (Schöps):** männliche, kastrierte Masttiere, die ca. ein Jahr alt sind. Das Fleisch ist grobfaserig, ziegel- oder dunkelrot, mit einer festen, gelblichen Fettschicht am Rücken und an der Keule.

Salzwiesenlämmer von der Nordseeküste Deutschlands oder aus Frankreich („pré salé") sind etwas ganz Besonderes. Die Tiere atmen die salzige Luft und weiden auf den salzigen Graswiesen – ihr Fleisch ist daher natürlich gewürzt.

Fleischaufteilung des Lammes

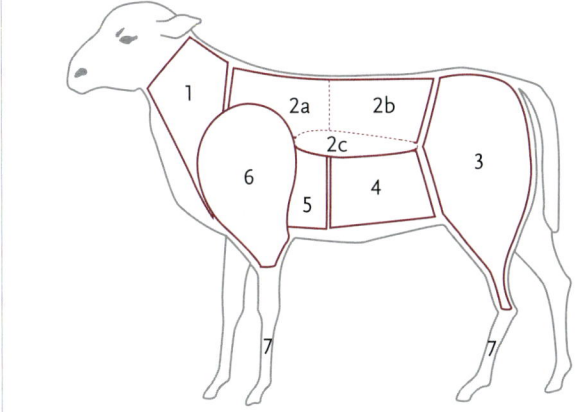

1 Hals, Kamm
2 Rücken
  a) Lendenkotelett mit Filet
  b) Lammsattel (Nierenstück)
  c) Lammfilet
3 Keule
4 Dünnung
5 Brust
6 Bug (Schulter)
7 Haxe

Da der Schmelzbereich von Lammfett über der menschlichen Körpertemperatur liegt, muss Lammfleisch heiß serviert werden, da es sonst einen talgigen Geschmack im Mund hinterlässt.

Bratfertiges Lammkarree

Hybriden = Tiere oder Pflanzen als Ergebnis einer Kreuzung.

⚠ Die Länderkürzel-Kennzeichnung D/D/D garantiert, dass das Geflügel in Deutschland geschlüpft, in Deutschland aufgewachsen ist und in Deutschland geschlachtet und unter strengen hygienischen Bedingungen verarbeitet wurde.

Typische Gerichte vom Lamm

Gerichte	Fleischteile
Lammsattel	Rippenloser Teil des ungespaltenen Rückens (in Höhe der Nieren)
Lammchops	Portionsstücke vom Sattel mit Rückenfleisch, Knochen und Filet
Nüsschen	Kleine knochenlose, runde Steaks aus dem Rücken (Kotelettstrang)
Lammfiletsteaks	Kurzbratstücke quer aus dem Filet geschnitten
Lendenkotelett	Scheibe aus dem Rücken mit Rippenknochen
Irish Stew	Hammeleintopf mit Fleischstücken aus Kamm, Hals, Bug (Schulter), Brust oder Dünnung
Lammragout	Siehe Irish Stew
Lammkarree	Rückenstrang, im Rückgrat halbiert mit Knochen und Rippe
Lammkeule	Im Ganzen abgetrennt und angeboten
Lammrücken	Ungespaltene ganze Lenden- und Kotelettstücke

Geflügel

Es gibt verschiedene Haltungsformen für Geflügel: Käfighaltung, Bodenhaltung und Freilandhaltung. Für Mastgeflügel werden heute fast ausschließlich speziell gezüchtete Hybriden verwendet. Die Küken erhalten ein spezielles Futter, das den Fleischansatz beschleunigt. Sie leben in einem geschlossenen Stallsystem und sind nach 32 bis 48 Tagen schlachtreif.

In der Gastronomie wird neben Hühnerfleisch vor allem das Fleisch von Puten (Truthähnen), Enten, Perlhühnern und Gänsen angeboten.

Puten   *Enten*   *Gänse*

- Hühnerfleisch ist besonders fettarm, feinfaserig und in gegartem Zustand fast weiß.
- Das Fleisch von Perlhühnern ist dunkler und hat einen leichten Wildgeschmack.
- Puten oder Truthähne haben ebenso wie Hähnchen ein helles Fleisch, es ist aber grobfaseriger als Hühnerfleisch und auch nicht so mild.
- Enten haben dunkleres Fleisch, das sehr feinfaserig ist.
- Die Gans ist das fettreichste Geflügel, ihr Fleisch ist sehr dunkel.

Die Barbarie-Ente wurde im 16. Jahrhundert von Christoph Columbus nach Europa gebracht. Es handelt sich um eine robuste und leicht zu züchtende Rasse, deren rotes, mageres Fleisch sehr zart und wohlschmeckend ist.

Hühner	
Hähnchen	▪ Mit biegsamem (nicht verknöchertem) Brustbeinfortsatz ▪ Gewicht zwischen 1 000 und 1 200 Gramm ▪ Alter maximal vier bis sechs Wochen
Masthähnchen (Poularde)	▪ Gewicht mehr als 1 200 Gramm ▪ Alter maximal vier bis sechs Wochen
Junger Hahn	▪ Brustbeinfortsatz starr, aber nicht vollständig verknöchert ▪ Alter mindestens 90 Tage
Kapaun	▪ Kastrierter Jungmasthahn

In der EU-Vermarktungsnorm existiert der Begriff „Poularde" nicht mehr.

Wild und Wildgeflügel

Wild und Wildgeflügel darf nur zu festgelegten Zeiten erlegt werden. Um die Nachfrage nach Wildbret zu decken, wird verstärkt in Wildgehegen gezüchtet. Bei diesen Tieren kann man eigentlich nicht mehr von Wildfleisch sprechen, da sie gefüttert werden. Dies macht sich auch beim Fleisch bemerkbar – es hat keinen ausgeprägten Wildgeschmack mehr.

Wild- und Wildgeflügelfleisch ist meist fettarm, dunkel und hat einen kräftigen Geschmack. Das Fleisch junger Tiere ist selbstverständlich besser.

Wildbret = Wildfleisch.

Frisches Wildfleisch gibt es während der Schusszeiten im Mai (Maibock) und im Herbst. Tiefgekühltes Wildfleisch ist zu jeder Jahreszeit erhältlich.

Hirsch   *Wildgans*   *Wildschwein*

Handelsware
▪ Ganze, ausgenommene Tiere in der Decke (Fellkleid)
▪ Teile, wie Rücken, Keule, Bug, Hals, Brust

Zu den besten Teilen des Haarwildes zählt der Rücken mit dem Filet. Er kann zum Kurzbraten oder als Braten im Ganzen zubereitet werden. Auch das sogenannte Blatt (die Schulter) zählt zu den Edelteilen. Das Fleisch ist von ähnlicher Struktur wie die Keule und eignet sich hervorragend als Braten oder zum Schmoren. Die Keulen werden zum Braten oder Schmoren verwendet. Bug, Brust und Hals werden zu Ragouts oder Gulasch verarbeitet und am besten geschmort.

Hirsch, Reh, Gämse und Wildschwein bezeichnet man auch als Haarwild. Zum Federwild zählen Fasan, Rebhuhn, Wachtel, Wildente und Wildgans.

Typische Wildgerichte

| Gebratener Wildschweinrücken | Hirschragout |

93

2.7.2 Garnituren

Garnituren sind charakteristische, klar definierte, international gängige Speisenzubereitungen bzw. Speisenzusammenstellungen. Sie haben sich im Laufe der Zeit herausgebildet und wurden in Fachbüchern oder Küchenlexika festgehalten. Im Gegensatz zu einer Garnierung, die das Gericht oder die Speise optisch aufwertet (z. B. Zitronenscheibe auf Wiener Schnitzel), können bei einer Garnitur folgende Kriterien vorgeschrieben sein:

- Hauptrohstoff
- Zubereitung/Garverfahren
- Garnierung
- Sauce
- Beilagen

Die Namen von Garnituren sind häufig einer bestimmten Region zuzuordnen oder werden für Gerichte verwendet, die nach einer berühmten Persönlichkeit benannt wurden. Manchmal deuten die Garniturnamen auch darauf hin, dass die Gerichte von bestimmten Berufsgruppen häufig gegessen wurden.

Kalbsleber Berliner Art

Sauce bordelaise = Rotwein ist ein wesentlicher Bestandteil dieser Sauce, die mit feingehacktem Rindermark und kleingeschnittener Petersilie ergänzt wird.

Sauce Mornay = Béchamelsauce mit Käse.

Garniturnamen	Anwendungen	Charakteristika
Bäckerinart	Lamm, Hammel, Schwein	Rohe Kartoffelscheiben, Zwiebelscheiben, entsprechende Jus; geschmort
Baden-Baden	Wild	Wildrahmsauce, halbierte und mit Preiselbeeren oder Johannisbeergelee gefüllte, pochierte Birne
Berliner Art	Kalbsleber	Apfelringe, Röstzwiebeln
Bordelaiser Art	Rind, Kurzbratfleisch	Bordelaiser Sauce (Sauce bordelaise), blanchierte Rindermarkscheiben
Doria	Gebratener Fisch	Olivenförmig tournierte frische Gurke, Zitrone und frische Kräuter
Florentiner Art	Fisch, Geflügel, Eier, Fleisch	Blattspinat, Sauce Mornay
Gärtnerinart	Fleisch	Bukettweise mit frischem Gartengemüse umlegt
Jägerart	Wild	Jägersauce, Waldpilze, Tomatenwürfel
Mailänder Art	Kalb	Julienne von Pökelzunge, Schinken, Champignons, Trüffel, Parmesan, Tomatensauce
Müllerinart	Gebratener Fisch	Gehackte Petersilie, braune Butter, Zitronenscheibe (Fisch wird vor dem Braten mehliert)
Orly	Gemüse, Fisch	In Bierteig gebacken, mit Tomatensauce
Rossini	Tournedos vom Rind	Gänseleber-, Trüffelscheiben, Madeirasauce, Croûtons
Wellington	Rinderfilet, Kalbsfilet	Blätterteighülle, Duxelles, Trüffelsauce

Rinderfilet Wellington

Duxelles = Pilz-Kräuter-Farce.

Heute tauchen Garniturnamen nur noch selten in Speisenkarten auf – meist werden die Zubereitung, die Beilagen bzw. Saucen in der Speisenkarte angeführt. So liest der Gast z. B. nicht mehr Filet Wellington, sondern Rinderfilet in Blätterteighülle mit Pilz-Kräuter-Farce.

2.7.3 Warme Saucen

Warme Saucen sind flüssige bis sämig gebundene, würzende Beigaben zu den Speisen. Die warmen Saucen können nach dem Herstellungsverfahren unterschieden werden. Die Basis einer guten Grundsauce ist immer ein Fond, z. B. Kalbs-, Geflügel- oder Fischfond.

Fond = Aufgussmittel; wird durch Auskochen von Knochen, Gemüse etc. hergestellt. Bei braunen Fonds werden die Zutaten braun geröstet.

Warme Saucen		
Dunkle Sauce	**Weiße Sauce**	**Aufgeschlagene Sauce**
Aus braunen Fonds (aus Knochen vom Rind, Kalb und Wild sowie Röstgemüse)	Aus weißen Fonds (aus Kalbsknochen, Geflügel- und Fischkarkassen sowie Gemüse)	Auf Basis einer Emulsion (Eigelb, Butter)

Nach der Fertigung der Grundsauce kann diese durch Zugabe von Wein, Gewürzen, Kräutern oder anderen Geschmacksträgern (z. B. Pilzen, Spirituosen) zu sogenannten Ableitungen verfeinert werden.

Weiße Saucen

Weiße Saucen auf Basis einer Velouté	Französische Bezeichnung	Herstellung/Zutaten
Weiße Grundsauce	Velouté	Mehlschwitze (Roux) mit weißem Fond (z. B. Kalbsfond) aufgießen; mit Salz, Zitronensaft, Muskatnuss würzen; mit Sahne verfeinern
Ableitungen	Velouté plus	
Deutsche Sauce	Sauce allemande	Champignonfond, Eigelb, Sahne
Geflügelrahmsauce	Sauce suprême	Geflügelfond, Sahne, Butter
Weißweinsauce	Sauce au vin blanc	Fischfond, Weißwein, Sahne, Eigelb, Butter

Weiße Sauce

Weiße Saucen auf Basis einer Béchamelsauce	Französische Bezeichnung	Herstellung/Zutaten
Béchamelsauce	Sauce Béchamel	Weiße Mehlschwitze (Roux) mit Milch aufgießen und würzen (eventuell hellen Fond dazugeben)
Ableitungen	Béchamelsauce plus	
Rahmsauce	Sauce á la creme	Sahne, Butter
Käsesauce	Sauce Mornay	Sahne, Eigelb, Butter, geriebener Käse
Kardinalsauce	Sauce cardinal	Trüffel, Fischfond, Hummerbutter
Meerrettichsauce	Sauce au raifort	Sahne, Meerrettich, Butter

Die Sauce Mornay eignet sich hervorragend zum Überbacken

Saucen werden über die Fleischspeise gezogen. In der Fachsprache spricht man vom **Nappieren.** Man rechnet mit ca. 100 ml pro Person.

Reduktion = eingedickte Flüssigkeit; Flüssigkeit bis zur gewünschten Konsistenz einkochen; dient zum Sämigmachen und zur Geschmacksverbesserung (Inhaltsstoffe konzentrieren sich).

Dunkle Saucen

Gehackte Knochen und Parüren (eventuell auch Bratenfleisch) werden geröstet, gewürfeltes Wurzelgemüse zugegeben und weiter geröstet. Nach Belieben kann Tomatenmark beigefügt werden. Mehrmalig ablöschen und einreduzieren lassen, mit Fond auffüllen, aufkochen und passieren.

Die Geschmacksrichtungen sind Kalb (wird auch zu Gerichten aus Rindfleisch verwendet), Lamm, Schwein, Wild und (Wild-)Geflügel.

Dunkle Saucen auf Basis einer Demiglace	Französische Bezeichnung	Herstellung/Zutaten
Braune Fleischsauce	Demiglace	Knochen mit Röstgemüse (Mirepoix) rösten, mit braunem Fond auffüllen, mit Stärke binden
Ableitungen	**Demiglace plus**	
Bordelaiser Sauce	Sauce bordelaise	Rotweinreduktion, Markeinlage
Madeirasauce	Sauce madère	Madeirawein, Butter

Bratensaft (Jus)

Beim Braten von Fleisch tritt normalerweise Fleischsaft, der sogenannte Jus, aus. Jus ist immer klar, er kann aber reduziert, entfettet und mit Gewürzen, Wein etc. verfeinert werden. Ein Jus wird oft nur löffelweise – meist um das Fleisch herum – als sogenannter Spiegel angerichtet.

Wildsaucen auf Basis der Sauce gibier	Französische Bezeichnung	Herstellung/Zutaten
Wildgrundsauce	Sauce gibier	Wildknochen mit Röstgemüse rösten, mit brauner Wildbrühe auffüllen, einkochen, mit Stärke binden
Ableitungen	**Sauce gibier plus**	
Wildrahmsauce	Sauce venaison	Zwiebeln, Johannisbeergelee, Zitronensaft, Crème fraîche
Wildpfeffersauce	Sauce poivrade	Speck, Zwiebeln, Weißwein, Pfefferkörner, Butter
Wacholdersauce	Sauce au genièvre	Speck, Zwiebeln, Rotwein, Wacholderbeeren, Gin; eventuell mit Sahne oder Crème fraîche und Butter verfeinern (Wacholderrahmsauce)

Tomatensauce

Tomatensauce wird vorwiegend aus geschälten Tomaten (meist als Fertigprodukt aus Dose oder Tetrapak) hergestellt. Zwiebel, Knoblauch und italienische Gewürze ergeben den typischen Geschmack.

Tomatensauce

Aufgeschlagene Saucen

Aufgeschlagene Saucen auf Basis der Sauce hollandaise (Buttersaucen)	Französische Bezeichnung	Herstellung/Zutaten
Holländische Sauce	Sauce hollandaise	Eigelb mit flüssiger Butter langsam im Wasserbad aufschlagen; mit warmer Weißweinreduktion verfeinern
Ableitungen	**Sauce hollandaise plus**	
Bearner Sauce	Sauce béarnaise	Estragon und Kerbel
Schaumsauce	Sauce mousseline	Geschlagene Sahne, Zitronensaft
Choronsauce	Sauce Choron	Bearner Sauce und Tomatenmark oder Tomatenwürfel

Sauce hollandaise

Anstelle von Saucen können auch **Buttermischungen** gereicht werden.

Weißweinreduktion = Pfefferkörner und Schalotten mit Weißweinessig und Wasser oder Weißwein einkochen und passieren.

Béarn = Region in Frankreich; nicht zu verwechseln mit der Stadt Bern in der Schweiz.

Buttermischungen

Kalt

Butter wird in festem Zustand, also kalt, gerührt:
- Kräuterbutter
- Sardellenbutter
- Senfbutter
- Knoblauchbutter

Warm

Butter wird in flüssiger Form, also heiß, verwendet:
- Geschmolzene Butter für Fischgerichte und Gemüse
- Bröselbutter (zerlassene, braune Butter, Semmelbrösel) für Gemüsegerichte, wie Bohnen und Blumenkohl

---

2.7.4   Beilagen

Beilagen sollen ein Gericht passend ergänzen. Entsprechend dem heutigen Gesundheitsbewusstsein stehen Gemüse- und Salatbeilagen immer mehr im Vordergrund, während die Sättigungsbeilagen zurückgehen.

Gemüse- und Salatbeilagen	
Blattsalate	Chinakohl, Chicorée, Eichblattsalat, Eisbergsalat, Endiviensalat, Feldsalat, Kopfsalat, Lollo rosso, Radicchio, Rucola
Blattgemüse	Bärlauch, Brennnesseln, Mangold, Spinat
Kohlgemüse	Blaukraut, Brokkoli, Blumenkohl, Kohlrabi, Rosenkohl, Weißkraut, Wirsingkohl
Fruchtgemüse	Tomaten, Zucchini, Paprika, Gurken, Kürbisse, grüne Bohnen, Erbsen, Pfefferoni
Stängelgemüse	Fenchel, Spargel, Stangensellerie

Blattsalate

Wurzelgemüse	Gelbe Rüben, Möhren, Sellerie, Rote Bete, Radieschen, Rettich, Pastinaken, Schwarzwurzeln, Meerrettich
Zwiebelgemüse	Lauch, Knoblauch, Zwiebeln
Blüten- und Sprossengemüse	Artischocken, Bambussprossen, Keimlinge
Hülsenfrüchte	Kichererbsen, rote, schwarze und weiße Bohnen, Linsen
Pilze	Champignons, Pfifferlinge, Steinpilze, Morcheln, Austernpilze, Trüffeln, Shiitakepilze, Trompetenpilze

Sättigungsbeilagen

Kartoffeln	■ Gekocht oder gedämpft: Salzkartoffeln, Petersilienkartoffeln, Kartoffelstampf ■ In der Pfanne gebraten: Brat-, Zwiebel-, Röst-, Würfelkartoffeln, Pariser Kartoffeln, Nusskartoffeln, Kartoffelpuffer, Kartoffelplätzchen, Rösti ■ Frittiert: Pommes frites, Kartoffelstäbe, Strohkartoffeln, Kartoffelchips, Waffelkartoffeln, Kartoffelnester ■ Im Ofen gebacken: Folien-, Ofen-, Bäckerin-, Anna-, Schlosskartoffeln, Kartoffelgratin
Kartoffelmassen und Kartoffelteige	Duchesse-, Williams-, Mandelkartoffeln, Kartoffelkroketten, Macairekartoffeln, Schupfnudeln, Kartoffelklöße, Gnocchi
Klöße (Knödel)	Semmelklöße, Serviettenklöße, Grießklöße etc.
Nocken, Spätzle	Spinatnocken, Eiernocken, Käsespätzle
Getreideprodukte	■ Perlweizen oder Bulgur, Buchweizenblinis, Couscous, Grießgnocchi, Polenta ■ Reis, Wildreis, Risotto, Pilaw
Teigwaren	Bandnudeln (Tagliatelle), schmale Nudeln (Linguine), Makkaroni, Penne, Spaghetti, Hörnchen, Glasnudeln (bei asiatischen Gerichten) etc.

Duchessekartoffeln werden auch als Herzoginkartoffeln bezeichnet

💡 Reis passt zu fast allen Gerichten mit Sauce, vor allem zu gedünsteten Fischgerichten, Ragouts und Geschnetzeltem.

Polenta
ist gekochter, dann gebackener oder gebratener Maisbrei; passt zu Ragout, Gulasch oder Bratengerichten

Risotto
ist ein Reisgericht aus Rundkornreis mit Gemüse, Pilzen, Fleisch, Fisch etc.; wird als eigenständiges Gericht oder als Beilage angeboten

2.7.5 Verkaufsfördernde Speisenerklärung

Beispiel: Gebratene Medaillons vom Kalbsfilet

Wie sag' ich's meinem Gast?

- „Medaillons sind kleine, aus dem Kalbsfilet geschnittene Fleischstücke, die gewürzt und gebraten werden. Wir servieren sie mit einer Morchelrahmsauce und hausgemachten Nudeln.
- Dazu passt ein trockener, kräftiger Weißwein, z. B. ein Riesling Spätlese aus dem Weinbaugebiet ... (Name) vom Weingut ... (Name) ... in ... (Ort) oder ein trockener, mittelkräftiger Rotwein, z. B. ein Regent aus dem Weinbaugebiet ... (Name) vom Weingut ... (Name) in ... (Ort)."

? Aufgabenstellungen – „Speisenkunde"

1. Zwischen welchen Gerichten wird ein Sorbet serviert?

2. Lösen Sie folgende Aufgabe in Kleingruppen: Stellen Sie in einem Rollenspiel ein verkaufsförderndes Gespräch im Restaurant nach. Erklären Sie ein beliebiges Hauptgericht mit Beilagen (z. B. von den Menüübungsbeispielen auf Seite 117 ff.) und empfehlen Sie ein passendes Getränk dazu. Diskutieren Sie anschließend, ob Ihre Speisenbeschreibung und Getränkeempfehlung in der Praxis zur Bestellung geführt hätten.

3. Finden Sie Beispiele für kartengerechte Hauptspeisen mit passenden Garnituren und Beilagen.

_____

_____

_____

4. Ergänzen Sie die fehlenden Komponenten!

Fleisch	Zubereitungsart	Sauce	Gemüse	Sättigungsbeilage
Rumpsteak	gegrillt		grüne Bohnen	Bratkartoffeln
Tafelspitz	gekocht			
Hähnchenbrustfilet		Currysauce		
Rinderroulade	geschmort			
Entenbrust		Orangensauce		
Lachsfilet	gedünstet			

2.8 Nachspeisen

Als krönender Abschluss eines Menüs wird die Nachspeise gereicht. Zu den Nachspeisen zählen nicht nur süße Desserts, sondern auch Käse.

2.8.1 Käse

Fromage/Cheese

Käse lässt sich grob einteilen nach
- der Milchart, z. B. Kuh-, Schaf-, Ziegen- oder Büffelmilch; roh, pasteurisiert bzw. mit Lab vorbehandelt;
- dem Herstellungsprozess, z. B. Temperatur, Käsebruchgröße;
- Zusätzen wie Salz, Gewürzen, Bakterien- und Pilzkulturen;
- der Nachbehandlung mit Salzlake oder Schimmel;
- den Reifebedingungen, z. B. Temperatur, Feuchtigkeit, Folienreifung;
- der Reifedauer.

Im Rahmen einer Menüfolge werden verschiedene Käsesorten in entsprechenden Stücken meist auf einem französischen Teller, dekoriert mit Früchten, angerichtet. Der Verkauf kann aber auch gefördert werden, indem man den Käse direkt beim Gast auf einem Käsewagen anbietet.

In seltenen Fällen kann als Nachspeise auch eine warme Käsespeise gereicht werden, wie z. B. gebackener Käse (Camembert, Schafskäse) mit Preiselbeeren und Toast oder kleine Käsewürzbissen, wie z. B. Birnenspalten mit Camembert überbacken.

Verkaufsfördernde Speisenerklärung

Käse braucht Erklärung
Nicht jeder Gast ist ein Käsekenner. Das bedeutet jedoch nicht, dass er sich Käse prinzipiell verschließt. Viele Betriebe bieten immer noch den mehr oder weniger langweiligen Käseteller an. Dabei würden viele Gäste sich gerne vom Käsewagen aus beraten lassen. Mit etwas Erklärung können Sie zusammen mit dem Gast einen individuellen Käseteller zusammenstellen. Mit zwei Vorteilen: Dem Gast macht es Spaß, bei der Auswahl mitzuentscheiden, und Sie machen einen zusätzlichen Verkauf.

Beispiel: Käsesortiment

Wie sag' ich's meinem Gast?
- Wie wäre es, wenn Sie Ihr Verkaufsgespräch mit folgendem Satz beginnen: „Darf ich Ihnen unser exzellentes Käsesortiment auf unserem Käsewagen präsentieren? Wir affinieren unsere Käse mit großer Sorgfalt – das schmeckt man auch!"

Lab = Gerinnungsenzym, das zur Dicklegung der Milch und für die Käseherstellung eingesetzt wird. Tierisches Lab wird aus dem Labmagen junger Wiederkäuer, meistens aus Kalb, Schaf oder Ziegen, gewonnen.

Affinieren, was ist das?
Käse wird sehr häufig in jungem Zustand angeboten, in dem er noch nicht sein volles Aroma erreicht hat. Um den Punkt der optimalen Geschmacksentfaltung zu erreichen, muss er aber nachreifen.

Beim Affinieren wird der Käse in eigenen Reifekammern oder Reifekellern gewendet und je nach Käsesorte geschmiert oder gebürstet, bis er sein typisches Aroma und den gewünschten Reifegrad erreicht hat.

Alles zum Thema Käseservice finden Sie unter „Arbeiten am Tisch des Gastes" auf Seite 194 ff.

Beispiel: Erlesene Käseauswahl vom Wagen

Wie sag' ich's meinem Gast?

- „Was würden Sie zu einer schönen Auswahl von gut affiniertem Käse direkt von unserem Käsewagen sagen?
- Darf ich Sie mit einer Käsegenussreise verwöhnen?
- Möchten Sie gerne als Beilage ein Kürbischutney oder lieber Feigensenf?
- Zur Käsevariation empfehle ich Ihnen einen fruchtigen, mittelkräftigen Rotwein, z. B. einen Frühburgunder aus dem Weinbaugebiet ... (Name) vom Weingut ... (Name) in ... (Ort)."

Sie wollen mehr über Käse erfahren?
In einer Ausbildung zur Käsesommelière/zum Käsesommelier erfahren Sie viele interessante Details. Die Ausbildung können Sie z. B. im European Cheese Center (www.cheesecenter.de) in Hannover machen.

 Aufgabenstellungen – „Käse"

1. Nach welchen Kriterien lässt sich Käse einteilen?

2. Führen Sie fünf eigenständige warme Käsegerichte an.

2.8.2 Süßspeisen
Entremets/Sweets

Süßspeisen werden meist als Nachspeise zubereitet, können aber auch als Hauptgericht in veränderter Portionsgröße serviert werden. Gleich den kalten Vorspeisen und den Hauptgerichten setzen sich auch Süßspeisen aus mehreren Komponenten zusammen. – Je mehr Komponenten, desto attraktiver ist die Nachspeise.

Mögliche Zusammensetzung von Süßspeisen

Komponenten	Beigaben	Dekors

■ Zubereitungen aus Teig oder Masse ■ Früchte, Fruchtgelees, Kompotte ■ Creme, Mousse oder Flammerie ■ Zubereitete Milchprodukte (Quark, Joghurt), auch mit Reis ■ Fruchteis, Milcheis oder Parfait	■ Warme oder kalte Saucen, Fruchtsaucen, Weinschaum ■ Fruchtfilets, Kompotte ■ Eis ■ Waffelprodukte z. B. Hippen ■ Fruchtspiegel	■ Zucker- oder Schokoladendekor, z. B Ornamente ■ Früchtefilets ■ Marzipandekor, Nougat ■ Kräuter, z. B. Minze, Zitronenmelisse ■ Walnüsse, Pistazien

Parfait = Halbgefrorenes.

Zur Herstellung von Roter Grütze werden rote und schwarze Beeren zu einem gebundenen Kompott verarbeitet

Flammerie = eine auf dem Herd gekochte Süßspeise aus Milch (Fruchtsaft, Wasser), Geschmackszutaten und Stärke; wird fälschlicherweise oftmals als Pudding (siehe warme Süßspeisen) bezeichnet.

Ein Sorbet ist nur dann ein eigenständiges Dessert, wenn es zusammen mit einer anderen Komponente serviert wird, wie z. B. Schokoladenküchlein mit Mangosorbet.

Kalte Süßspeisen	
Süßspeisen aus Teigen	■ Hefeteig, z. B. Savarin (getränkt mit Sirup) ■ Mürbeteig, z. B. Linzer Schnitten, Tartelette mit Früchten belegt ■ Blätterteig, z. B. Apfeltasche
Süßspeisen aus Massen	■ Brandmasse, z. B. Windbeutel ■ Biskuitmasse, z. B. Biskuitroulade mit Cremefüllung, Biskuit mit Früchten ■ Schaum-/Baiser-/Meringuemasse, z. B. Baiser mit Früchten
Obst, Früchte	■ Filetiertes Obst, Fruchtsalat, Kompott, z. B. Rote Grütze, Pflaumenmus, Apfelkompott
Dessertcremes, Gelees, Mousses	■ Bayerische Creme, Fruchtcremes, Charlotten, Grieß-flammerie ■ Fruchtgelee, Weingelee ■ Schokoladenmousse
Speiseeis und Eisspezialitäten	■ Fruchteis, Milcheis (Milchanteil mindestens 70 %), Rahmeis (Sahneeis), Cremeeis ■ Sorbet, Granité (kristallin gefroren) ■ Parfait ■ Omelette surprise (Eisomelett), Fürst-Pückler-Eis (bombe), Eisbecher, z. B. Birne Helene, Pfirsich Melba

Pfirsich Melba, der Eisklassiker unter den Eisspezialitäten
Der bekannte französische Küchenmeister Escoffier schuf dieses Dessert zu Ehren der berühmten australischen Opernsängerin Nellie Melba (1861–1931).

Crêpes sind kleine, mit Sahne verfeinerte, hauchdünne Pfannkuchen.

Beignets = engl. Fritters; internationaler Begriff für Fettgebackenes mit und ohne Füllung. Gargut (Obst, Fleisch, Gemüse) wird in Teig (Hefe-, Brand-, Backteig) getaucht und anschließend frittiert.

Warme Süßspeisen	
Soufflés	■ Bestehen aus einer besonders leichten, stark aufgehenden Masse, werden à la minute im Ofen (meist im Wasserbad) gebacken und dem Gast in der Form serviert, z. B. Himbeersoufflé, Quarksoufflé
Puddings	■ Sind kompakter als Soufflés, werden im Wasserbad im Ofen gegart und gestürzt auf Tellern angerichtet serviert, z. B. Schokoladen-, Quarkpudding
Aufläufe	■ Lockere Massen, die im Ofen gebacken und anschließend portioniert werden, z. B. Reisauflauf, Grießauflauf
Pfannkuchen (Eierkuchen)	■ Werden nach dem Backen gefüllt, z. B. mit Aprikosenkonfitüre, Nussfüllung, Früchten, Käsesahnecreme
Klöße, Taschen	■ Aus Kartoffel-, Quarkteig oder Brandmasse, z. B. Aprikosen-, Erdbeer-, Zwetschgenklöße, Apfeltaschen
Strudel	■ Aus gezogenem Strudelteig, z. B. Apfel-, Quarkstrudel
Schmarren	■ Apfel-, Kaiserschmarren
Fruchtsüßspeisen	■ In Milch- oder Weinbackteig getauchte, in heißem Fett gebackene Früchte, z. B. Apfelspalten (Apfelbeignets); flambierte Früchte, z. B. Kirschen, Erdbeeren, Banane

Verkaufsfördernde Speisenerklärung

Beispiel: Kaiserschmarren mit Zwetschgenkompott

Wie sag' ich's meinem Gast?

- „Der Teig für Kaiserschmarren ähnelt dem Pfannkuchenteig. Er ist aber süßer, beinhaltet Rosinen und wird durch Eischnee nicht nur wesentlich dicker, sondern auch viel fluffiger.
- Der Teig wird in der Pfanne goldgelb gebacken und anschließend in kleine Stücke gerissen.
- Dazu servieren wir Zwetschgenkompott, das aus karamellisiertem Zucker mit Rotwein, Zimt und geschnittenen Zwetschgen zubereitet wird.
- Zur Süßspeise passend empfehle ich Ihnen einen süßen Wein, z. B. eine Beerenauslese aus dem Weinbaugebiet … (Name) vom Weingut … (Name) in … (Ort)."

3 Die Welt der Küchen

Pasta, Pizza, gebratene Ente oder Burger … Melina hat Lust auf Abwechslung und macht sich auf die Restaurantsuche im Internet. Dabei stößt sie auf den Begriff „Fusionsküche". In der Kernphysik bezeichnet das Wort „Fusion" die Verschmelzung zweier Atome, in der Wirtschaft den Zusammenschluss von zwei oder mehreren Unternehmen. Was aber bedeutet der Begriff in Verbindung mit der Küche?

3.1 Die klassische europäische Küche

Den größten Einfluss auf die Entwicklung der Kochkunst des Abendlandes hatte Frankreich mit Großmeistern wie Georges Auguste Escoffier (1846–1935), der gemeinsam mit César Ritz in Paris und London Hotels gründete und dessen Werk „Le Guide Culinaire" („Kochkunstführer", 1903) noch heute eines der Standardwerke der Kochkunst ist.

Der Begriff „klassische Küche" bezeichnet jene Gerichte, die französischen Originalrezepten jener Zeit entsprechen. Dazu gehören Spezialitäten, die international nach vorgeschriebener Machart – vor allem was Saucen und Garnituren betrifft – zubereitet sind, wie Hummer parisienne, Chateaubriand, Tournedos Rossini, Omelette surprise, Crêpes Suzette etc.

„Gutes Essen ist die Grundlage echten Glücks."

GEORGES AUGUSTE ESCOFFIER

Zur klassischen Küche werden auch alle Gerichte aus den nationalen Küchen gezählt, die über die Grenzen eines Landes hinaus einen hohen Bekanntheitsgrad erworben haben, z. B. Gerichte aus der deutschen Küche wie Bratwurst mit Sauerkraut, Bayerische Creme, Sauerbraten und Rote Grütze oder Gerichte wie Wiener Schnitzel, Roastbeef, Carpaccio, Paella, Zürcher Geschnetzeltes.

Einige Beispiele für bekannte Gerichte in ausgewählten Ländern finden Sie im Kapitel „Der Umgang mit dem Gast", Seite 232 ff.

Hamburger Pannfisch

Gerichte aus der regionalen und bürgerlichen Küche zählen nicht zur klassischen Küche, z. B. Labskaus, Pfälzer Saumagen, Leipziger Allerlei, Leber Berliner Art ...

Berliner Currywurst

Chinesische Küche

Nationalküche

Unverwechselbar ist jedem Land eine eigene Küche verbunden, die sich aus der Lebensart und dem vorhandenen Nahrungsangebot entwickelt hat. Selbstverständlich gehören auch Gerichte aus der klassischen Küche zur Nationalküche.

Die deutsche Küche ist ein Sammelsurium von Gerichten aus allen Bundesländern. Im Norden und Osten des Landes findet man darin außerdem starke Einflüsse aus der böhmischen, mecklenburgischen, ostpreußischen, pommerschen sowie schlesischen Küche. Einwanderinnen/Einwanderer aus diesen Ländern sowie die zahlreichen Vertriebenen haben einen starken Akzent auf die Berliner aber auch die nordostdeutsche Küche gesetzt.

Regionale Küche

Zur regionalen Küche zählen weltweit Gerichte aus verschiedenen Regionen oder Provinzen, die teilweise auch der Nationalküche zugeordnet werden.

Die regionale Küche hat ihre Wurzeln auf dem Land und ist daher vom bäuerlichen Nahrungsmittelangebot geprägt. Beinahe jede Region (z. B. Mittelmeer) und jedes Land (z. B. Frankreich), aber auch einzelne Städte (z. B. Hamburg, Bremen und Wien) haben ihre eigene Küche entwickelt.

Aus der Regionalküche stammen des Weiteren Speisen, die traditionell zu besonderen Anlässen (Ostern, Weihnachten) mit den üblichen Getränken serviert werden.

(Gut-) Bürgerliche Küche

Die bürgerliche Küche ist eine gehobene, gepflegte Küche, die vor allem im städtischen, bürgerlichen Raum, z. B. in Berlin (Berliner Küche), entstanden ist. Die Speisen werden auf traditionelle Weise zubereitet und serviert.

Diese Esskultur wird auch von den Touristinnen/Touristen sehr geschätzt, da sie landestypische Gerichte wie Currywurst, Eisbein mit Sauerkraut und Erbsenpüree, Falscher Hase, Kasseler oder Königsberger Klopse bietet.

3.2 Trends

Kreative Küche

Diese Kochrichtung wird auch als die zeitgemäße Küche oder als Cuisine du Marché (Marktküche) bezeichnet. Gemeint ist damit eine Küche, die aus den besten Produkten, die der Markt zu bieten hat, kreative Speisen zubereitet.

Der Begriff geht auf das gleichnamige Buch des bekannten Kochmeisters Paul Bocuse zurück. Neue Ideen, Kreationen bzw. Zusammenstellungen von Produkten sind erwünscht und stellen eine Herausforderung für jede Köchin/jeden Koch dar.

Charakteristisch für diesen Küchenstil sind
- eine schonende Kochmethode, um den Eigengeschmack und den Nährwert der Speise möglichst zu erhalten,
- die ausnahmslose Verwendung von qualitativ hochwertigen und frischen Lebensmitteln.

Vollwert-, Bio- oder Regionalküche – die Slow-Food-Bewegung

In der Vollwertküche werden Lebensmittel aus kontrollierter biologischer Landwirtschaft verwendet. In den letzten Jahren ist das Wissen über die Zusammenhänge zwischen unseren Essgewohnheiten und unserem Wohlbefinden stark gewachsen. Daher ist eine Küche, die eine ausgewogene, vollwertige, gesunde Ernährung bietet und den Slow-Food-Gedanken (der den Genuss in den Mittelpunkt stellt) unterstreicht, sehr gefragt.

Ethnoküche

Ethnic Foods

Ethnic Foods bezeichnet Speisen, die nicht zur eigenen Landesküche gehören, sondern aus anderen Kulturkreisen stammen. Beispielsweise Küchenstile aus dem afrikanischen (nord- und südafrikanischen, äthiopischen und schwarzafrikanischen), arabischen (orientalischen, persischen, türkischen), asiatischen (chinesischen, koreanischen, japanischen, z. B. Sushi, Maki), indischen Kulturkreis, aber auch der mexikanischen Küche.

Die jüdische Küche nimmt dabei auch eine besondere Stellung ein, da sie von den jüdischen Speisegesetzen geprägt ist. Eigentlich ist es keine spezielle jüdische Küche, sondern vielmehr eine Anzahl jüdischer Speisen, die von den Küchen der Länder beeinflusst war und nach wie vor ist.

In vielen europäischen Ländern wird Ethno Food angeboten. Es wird durchaus nicht immer nach Originalrezept zubereitet, sondern häufig an die Essgewohnheiten der Zielgruppe angepasst, ein Beispiel dafür sind die in westeuropäischen Chinarestaurants angebotenen Gerichte.

Fusionsküche

Dieser Küchenstil entwickelte sich aus dem in den 1980er-Jahren entstandenen Begriff „fusion cuisine" bzw. „fusion cooking". Unter Fusionsküche versteht man im Allgemeinen das Zusammenfügen unterschiedlicher Ess-, aber auch Küchenkulturen. Kombinationen klassischer Regional- und Nationalküchen zählen ebenso dazu.

Ursprünglich bezeichnete man damit die kulinarische Kombination typischer Zutaten unterschiedlicher Regionen, beispielsweise jene aus Asien mit solchen aus Europa. Unterdessen werden scheinbar nicht zusammenpassende Ingredienzien in einem Gericht verwendet und als Fusionsküche angeführt.

Die Globalisierung hat auch in den Küchen und Restaurants als kulinarischer Ausdruck einer multikulturellen Gesellschaft Einzug gehalten. Das Essen, ein Teil jeder Kultur, ist demnach dem Austausch und der Zusammenführung kultureller Einflüsse von außen unterworfen. Der aus Österreich stammende Koch Wolfgang Puck hat maßgeblich zur Popularität dieses Küchenstils in Europa beigetragen.

Beispiele von Fusionsküchen

- **Kubanische Küche:** Geprägt durch karibische, spanische und afrikanische Einflüsse. Reis und Bohnen sind zwar elementare Bestandteile der kubanischen Küche, jede Region kennt jedoch spezielle Zubereitungen.
- **Kreolische** und **Cajun-Küche:** Entstanden durch französische, deutsche, italienische und spanische Einwanderinnen/Einwanderer, angepasst an die im Mississippidelta verfügbaren Nahrungsmittel. Fisch- und Eintopfgerichte dominieren, einmal mit mehr oder weniger Tomaten.

Die Schnecke ist das Symbol der Slow-Food-Bewegung, die 1989 von Carlo Petrini in Bra (Piemont) gegründet wurde. Von Italien ausgehend, hat die Gruppe heute weltweit sehr viele Anhänger/innen gefunden. Slow Food versucht zu verhindern, dass lokale Esstraditionen in Vergessenheit geraten.

Die Umweltverträglichkeit und der Umweltschutz sowie die hohe Qualität der Lebensmittel sind sehr wichtige Anliegen. Die Mitglieder der Organisation setzen sich gegen das schwindende Interesse der Menschen an der Nahrung ein, die sie zu sich nehmen. Sie wollen wieder ein Bewusstsein dafür schaffen, woher die Lebensmittel kommen und wie sie schmecken.

Fusionsküche

Fast Food

Brainfood

Raw Food

■ **Tex-Mex-Küche:** Ein Küchenstil, der sich in Amerika in Texas und Mexiko entwickelt hat. Sie ist ein Vorläufer der Fusionsküche. Merkmale der Tex-Mex-Küche sind meist scharfe Gewürze, Fleisch und Bohnen.

Fast-Food-Küche

Als Fast-Food-Küche wird jene Küche bezeichnet, die ein begrenztes Sortiment an Gerichten zum schnellen Verzehr anbietet oder bei der auch das Mitnehmen nach Hause möglich ist. Diese Angebotsform wird in der schnell wachsenden Systemgastronomie bevorzugt.

Weitere Trends

■ **Vegetarische Küche** mit ihren vielen Formen, wie z. B. Laktovegetarismus und Ovovegetarismus
■ **Hay'sche Trennkost,** bei der eiweißreiche und kohlehydratreiche sowie neutrale Lebensmittel voneinander getrennt verzehrt werden.
■ **System- oder Assemblageküche,** bei der (halb-)fertige Produkte (Convenience-produkte) mit frischen Produkten zusammengesetzt werden; hauptsächlich bei Catering oder in der Systemgastronomie.
■ **Convenience-Food,** das aus vorgefertigten und vorportionierten Lebensmitteln besteht.
■ **Functional Food,** ein Essen mit Zusatznutzen (Nahrungsergänzungsmitteln).
■ **Brainfood,** gesunde, vitaminreiche Ernährung fürs Gehirn, um die Leistungsfähigkeit zu erhöhen.
■ **Design Food,** Essen aus dem Labor, welches oft süß, bunt, knusprig und cremig beschaffen ist.
■ **Novelfood:** Nach EU-Verordnung besteht bei neuartigen Lebensmitteln eine Kennzeichnungspflicht, wenn sie gentechnisch verändert sind, eine veränderte Molekularstruktur aufweisen, aus Mikroorganismen, Pilzen oder Algen bestehen.
■ **Raw Food,** der neue Lifestyle-Trend aus den USA. Anhänger/innen der Raw-Food-Bewegung ernähren sich nicht nur vegan (verzichten auf tierische Produkte), sondern erwärmen die Nahrung, wenn überhaupt, auf maximal 42 °C.

? Aufgabenstellungen – „Die Welt der Küchen"

1. Finden Sie heraus, was man unter den Begriffen Laktovegetarismus und Ovovegetarismus versteht.

2. Führen Sie typische Gerichte einer veganen Küche an.

3. Erklären Sie den Begriff „Slow Food" gastgerecht.

4. Notieren Sie typische Gerichte der regionalen Küche Deutschlands und ordnen Sie diese den entsprechenden Bundesländern zu.

4 Menüerstellung und Menüarten

Die Vorbereitungen für das geplante Hochzeitsessen laufen auf Hochtouren. 150 Gäste werden erwartet. Köchin Selma ist mit der Zusammenstellung des Menüs beschäftigt. Worauf muss sie dabei im Speziellen achten?

💡 Wenn Sie Menüs verkaufen, denken Sie daran: Eine reine Aufzählung von Gerichten ist ziemlich langweilig. Beschreiben Sie die Speisen appetitanregend, sodass dem Gast das Wasser im Mund zusammenläuft. Sie werden staunen, wie Sie Ihren Umsatz steigern können.

4.1 Grundsätze zur Menüerstellung

Nicht nur der Geschmack entscheidet, ob ein Menü als gut empfunden wird, auch das Aussehen und eine gewisse Abwechslung sind überaus wichtig. Damit der Gast ein Menü nicht als eintönig empfindet, sind bestimmte Regeln einzuhalten (Harmonie der Speisenfolge).

Berücksichtigen Sie bei der Zusammenstellung von Menüs folgende Kriterien:

Das A & O der Menüzusammenstellung

Anlass des Essens	Gästekreis und Zielgruppe	Tages- und Jahreszeit

Anlass des Essens

Ist der Anlass privat, gesellschaftlich oder geschäftlich?
- Privat: Familienfest, Hochzeitsfeier, Geburtstagsessen
- Gesellschaftlich: Sommerfest, Wohltätigkeitsveranstaltung
- Geschäftlich: Firmenfest, Tagung, Seminar

Gästekreis und Zielgruppe

- Passen Sie die Speisenfolge dem **Gästekreis** (Geschäftsleute, Touristinnen/Touristen (Reisegruppen oder Individualtouristinnen/-touristen), Tagungsgäste, internationale Gäste) und der **Zielgruppe** (Erwachsene, Jugendliche, Seniorinnen/Senioren) an.
- Berücksichtigen Sie Essgewohnheiten, religiöse Ansprüche, Diäten (z. B. Allergene) etc.
- Beachten Sie auch die **Anzahl der Gäste.**

Tages- und Jahreszeit

- Zu welcher **Tageszeit** wird gegessen und wie viel Zeit haben die Gäste? Z. B. haben Geschäftsleute zu Mittag wenig Zeit und wollen leichte Speisen (Businesslunch).
- Zu welcher **Jahreszeit** wird das Menü angeboten? In der kalten Jahreszeit sind magenwärmende Gerichte erwünscht, in der warmen Jahreszeit werden leichte Gerichte bevorzugt.
- Verwenden Sie **saisonale Produkte.**

Ausgewogenheit	Küchenrichtung, Portionsgröße	Keine Wiederholungen

Ausgewogenheit

- Achten Sie auf ein ausgewogenes Verhältnis von Eiweiß, Fett, Kohlenhydraten und Ballaststoffen sowie auf eine vitamin- und mineralstoffreiche Zusammensetzung.
- Wichtig sind Genuss-, Sättigungs- und Nährwert.
- Achten Sie auch auf die farbliche Ausgewogenheit des Menüs.

Küchenrichtung, Portionsgröße

- Mischen Sie nicht zu viele verschiedene **Küchenrichtungen** im Menü (z. B. regionale, klassische Küche). Eine klare Linie soll erkennbar sein.
- Achten Sie bei größeren Menüs auf die **Portionsgröße.** Viele Gänge – kleinere Portionen, weniger Gänge – größere Portionen.

Keine Wiederholungen

- Keine Wiederholungen von Lebensmitteln oder Garmachungsarten (Ausnahme: Spezial- und Degustationsmenüs).

Steigerung im Geschmack

- Beginnen Sie mit leichten, appetitanregenden Speisen.
- Steigern Sie die Geschmacksintensität bis zum Hauptgang.
- Beenden Sie das Menü mit leichten, weniger geschmacksintensiven Speisen.

Wirtschaftlichkeit

- **Genaue Mengenberechnungen** und **Kalkulationen** garantieren den betriebswirtschaftlichen Erfolg.
- Die Preisvorstellungen des Gastes müssen sich in der Auswahl der Rohstoffe widerspiegeln.

Leistungsfähigkeit des Betriebs

- Lassen es betriebliche und organisatorische Gegebenheiten zu, alle Speisen unmittelbar nach der Zubereitung gleichzeitig zu servieren?
- Sind die notwendigen **Küchenräume,** Kühlräume usw. vorhanden?
- Reicht die **Ausstattung** der Küche? Sind notwendige **Küchengeräte** vorhanden? Steht genügend **Personal** zur Verfügung?

Bereits Georges Auguste Escoffier, der wohl bedeutendste französische Koch aller Zeiten, hielt die Menükomposition für die schwierigste Aufgabe.

Und nun nochmal genauer ...

Keine Wiederholung der Rohstoffe

Die Abwechslung macht's: Rohstoffe sollen nicht wiederholt werden. Eine Ausnahme sind allerdings Kartoffeln, sofern sie unterschiedlich zubereitet werden (roh oder gekocht). Auch Gemüse darf, wenn es sich um unterschiedliche Gemüsearten handelt, wiederholt im Menü vorkommen.

✗ Blumenkohlcremesuppe und Brokkoli als Beilage (zweimal Kohlgemüse).

✗ Kraftbrühe Celestine und Crêpes Suzette als Dessert (zweimal Pfannkuchen).

Keine Wiederholung der Zubereitungsarten

Geschmackliche Vielfalt statt Eintönigkeit: Die Zubereitungsarten, wie z. B. Backen, Braten, Grillen, sind so zu wählen, dass es zu keinen Wiederholungen beim Charakter bestimmenden Rohstoff des jeweiligen Ganges kommt.

✗ Forelle Müllerin (in Butter gebraten) und Crêpes Suzette als Dessert (ebenfalls in Butter gebraten).

Helle und dunkle Gänge wechseln sich ab

Stellen Sie sich Folgendes vor: helles Hühnerfleisch, helle Sauce, helles Kohlrabigemüse – farbliche Langeweile pur! Dunkle, helle oder gleiche Farben von Speisen nacheinander, aber auch innerhalb eines Ganges, sind monoton. Bei der Auswahl der Rohstoffe und der Zubereitung ist deshalb Abwechslung gefragt.

✗ Auf ein Lachsfilet (rosa) folgt ein englisch gebratenes Roastbeef (auch rosa).

✓ Bei einer Gemüseplatte liegen die grünen Bohnen neben den Möhren und dem Blumenkohl, nicht aber neben den Erbsen.

„Das Auge isst mit!"

Keine zwei gebundenen Speisen

Insgesamt sollte ein Menü nicht zu fett bzw. zu schwer sein. Bei mehr als drei Gängen sollte daher keine gebundene Suppe gereicht werden. Auch bei den Saucen sollte möglichst auf die Verwendung von Mehl- und/oder Sahnebindung verzichtet werden.

✗ Geflügelcremesuppe und dann Rehrücken mit Wildrahmsauce.

Saisonale Produkte bevorzugen

Obwohl moderne Transportmittel eine ganzjährige Verfügbarkeit der verschiedenen Obst- und Gemüsesorten gewährleisten, sollte bei der Menüerstellung die eigentliche Saison der Rohstoffe (z. B. von Erdbeeren, Wild und Spargel) berücksichtigt werden. Saisonale Produkte sind frisch, wohlschmeckend, preiswert und haben einen besonders hohen Nährstoffgehalt.

Organisatorische Möglichkeiten

Bestimmte Gerichte verlieren an Geschmackswert, wenn sie längere Zeit bereit gehalten werden. Bei der Erstellung von Menüs ist daher darauf zu achten, ob unter den gegebenen Verhältnissen die Speisen wirklich unmittelbar nach der Zubereitung der Speisen serviert werden können.

✗ Eine Speisenfolge für 70 Gäste beinhaltet als Fischgang Seezunge Orly. Das Ausbacken der Fische erfordert geraume Zeit – es muss rechtzeitig damit begonnen werden, damit der Service alle Portionen gleichzeitig servieren kann. Die Fritteuse ist jedoch nicht groß genug – die Kruste der zuerst zubereiteten Fische ist beim Abruf bereits weich und pappig.

(?) Aufgabenstellung – „Menüerstellung"

- Das Grundgerüst eines modernen Menüs besteht aus fünf Gängen. Gestalten Sie ein Menü bestehend aus einer kalten Vorspeise, einer Suppe, einem warmen Zwischengericht, einem Hauptgang und einer Nachspeise entsprechend der Jahreszeit!

4.2 Menüarten

Spezialmenüs

Sie werden je nach Jahreszeit und zu besonderen Festtagen angeboten. Bei diesen Menüs kann es von daher zu Abweichungen bei den Menüregeln kommen. Klar ist, dass bei einem Fischmenü nicht nur einmal Fisch verwendet werden sollte.

Arten von Spezialmenüs

Feiertagsmenüs	Saisonmenüs	Festmenüs
■ Die Speisenauswahl erfolgt meist nach landesüblicher Tradition oder regionalem Brauchtum. ■ Oster-, Pfingst-, Weihnachtsmenüs u. Ä.	■ Das sind der Jahreszeit entsprechende Spezialitätenmenüs. ■ Frühlings-, Fisch-, Spargel-, Jagdmenüs etc.	■ Sie werden zu besonderen Anlässen unter Berücksichtigung individueller Gästewünsche angeboten. ■ Hochzeiten, Geburtstage, Jubiläen, Firmenfeiern usw.

Kinder – Gäste von heute und Gäste der Zukunft

Vegetarier/innen versus Veganer/innen
- Vegetarier/innen essen keine Tiere (kein Fleisch, auch keine Fische). Sie ernähren sich von Pflanzen, Getreide, Nüssen, Früchten, zum Teil auch von Eiern und Milchprodukten.
- Veganer/innen essen weder Fleisch, noch Eier, Milchprodukte oder Honig. Sie verzichten auch auf jegliche Waren, die eine Tierhaltung bedingen (Leder, Wolle u. Ä.).

Eine Auswahl an internationalen Gerichten finden Sie im Kapitel „Der Umgang mit dem Gast", Seite 232 ff.

Kindermenüs

Kinder sind aus unternehmerischer Sicht eine wichtige Zielgruppe, da sie meist mitentscheiden, welches Restaurant besucht wird. Bei der Menüzusammenstellung gilt es Folgendes zu beachten:
- Kindergerechte Speisen (z. B. keine Desserts mit Alkohol, Fischstäbchen statt Forelle Müllerin). Für Kinder bis 12 Jahre sollten die Portionen kleiner sein.
- Speisen kindgerecht anrichten und bezeichnen. – Die Speisen können nach Märchenfiguren oder anderen lustigen Figuren benannt werden, z. B. Pinocchio-Eisbecher.
- Eine eigene Kinderkarte, eventuell mit Comicfiguren oder anderen Motiven zum Ausmalen.

Menüs für spezielle Diäten

Je nach Gästekreis und Möglichkeiten des Betriebes werden zunehmend Menüs für spezielle Diäten, z. B. Laktoseintoleranz und Zöliakie, angeboten. Eventuelle Sonderwünsche des Gastes sollten dabei berücksichtigt werden.

Vegetarische und vegane Menüs

Immer mehr Menschen, die sich nicht vegetarisch/vegan ernähren, versuchen aufgrund des steigenden Ernährungs- und Gesundheitsbewusstseins ihren Fleischkonsum einzuschränken. Da der Arten- und Sortenreichtum von Gemüse von keinem anderen Lebensmittel übertroffen wird, stehen zahlreiche Möglichkeiten zur Kreation vegetarischer und veganer Gerichte zur Verfügung.

Natur- oder Vollwertmenüs

Wie der Name sagt, werden für diese Menüarten naturbelassene Lebensmittel verarbeitet, wobei besonders Wert auf die Beibehaltung und Ausgewogenheit der vorhandenen Nähr- und Wirkstoffe gelegt wird. Für die Auswahl der Lebensmittel gelten folgende Grundsätze:
- Biologisch angebautes Gemüse und Obst sowie Fleisch und Fisch aus artgerechter Tierhaltung
- Keine raffinierten und gehärteten Öle, Margarinen und Fette
- Keine denaturierten Kohlenhydrate, wie Auszugsmehle und Fabrikzuckerarten
- Weniger tierisches Eiweiß, vermehrt pflanzliche Eiweißstoffe (z. B. Hülsenfrüchte)

Menüs für internationale Gäste

Es ist wichtig und hilfreich, die Ess- und Trinkgewohnheiten sowie Tischsitten von Gästen aus unterschiedlichen Ländern zu kennen. Viele Gäste bevorzugen Speisen und Getränke, die denen ihrer Heimat ähnlich sind, und zeigen sich angenehm überrascht, wenn ihre Wünsche erfüllt werden können.

Experimentierfreudigere Gäste kosten sich hingegen gerne durch die heimischen Spezialitäten und verbuchen das Ganze unter Reiseerfahrung. Diesen Gästen sollten Sie auf alle Fälle landesübliche und regionale Spezialitäten empfehlen.

Menüs für Seniorinnen/Senioren

Für ältere Gäste ist auf eine abwechslungsreiche, leicht verdauliche und eiweißreichere Kost besonderes Augenmerk zu richten.

Menüs mit drei Gängen und kleineren Portionen sollen bevorzugt werden. Bei der Speisenauswahl müssen folgende Richtlinien beachtet werden:

- Schwer verdauliche und blähende Gerichte vermeiden.
- Kleinere Portionen und mehrere Gänge servieren.
- Leicht verzehrbare und weich gekochte Speisen ohne Knochen oder Gräten anbieten.
- Kein fettes, bindegewebereiches Fleisch verwenden.
- Eher herkömmliche und bekannte Gerichte anbieten.

Diskutieren Sie mit Ihren Kolleginnen/Kollegen, warum der sogenannte „Seniorenteller" aus der Speisenkarte verschwunden ist.

? Aufgabenstellungen – „Menüerstellung und Menüarten"

1. Welche Kriterien sollte man bei der Zusammenstellung von Menüs beachten? Erstellen Sie dazu mit Ihren Kolleginnen/Kollegen ein Flipchart.

2. Lösen Sie folgende Aufgabe in Kleingruppen: Erstellen Sie ein klassisches Hochzeitsmenü und ein Menü für eine Geburtstagsparty für Jugendliche. Erklären Sie anhand Ihrer Menüvorschläge, wodurch sich die beiden Menüs unterscheiden. Diskutieren Sie im Anschluss daran, ob bei der Menüzusammenstellung die allgemein gültigen Kriterien beachtet wurden und notieren Sie, was beim nächsten Mal verbessert werden muss.

5 Gestaltung von Speisen-, Menü- und Getränkekarten

Melina arbeitet in einem traditionellen deutschen Restaurant, das für seine regionale Küche bekannt ist. Über das Erstellen von kartengerechten Speisen hat sie nun schon einiges gelernt. Deshalb wird sie von ihrer Chefin beauftragt, die Tageskarte für den nächsten Tag zu erstellen. Was muss sie bei der Gestaltung beachten? Ist das wirklich so einfach?

5.1 Gestaltung von Speisen- und Menükarten

Der Inhalt einer Speisenkarte soll den individuellen Charakter und die Leistungsfähigkeit eines Betriebes widerspiegeln. Die Speisenkarten sollten auf Basis der bewährten Grundsätze zur Erstellung eines Menüs angefertigt werden.

Die Speisenkarte ist immer der erste Eindruck, den der Gast erhält, sozusagen die Visitenkarte eines gastronomischen Betriebes. Nicht der Umfang der Karte ist entscheidend, sondern der fachlich richtige Inhalt, die Form und übersichtliche Gliederung.

Alle Überlegungen und die Wahl der Speisen müssen dem betrieblichen Charakter entsprechen. Es empfiehlt sich, die Angebotspalette niedrig zu halten und den Erfordernissen entsprechend öfter zu wechseln.

Arten und Angebote

Die Bezeichnung von Speisen- und Getränkekarten variiert je nach Angebot.

Standardkarte (À-la-carte-Karte)	■ Informiert über das Angebot und wird für einen längeren Zeitraum beibehalten. Sie wird oft durch die Tages- oder Aktionskarte ergänzt oder ersetzt. ■ Anzahl und Auswahl der Speisen richten sich nach der geplanten Beibehaltung (Dauer) des Angebotes.
Tageskarte	■ Die Tageskarte enthält Gerichte, die am jeweiligen Tag frisch hergestellt werden. ■ Sie kann auch ein Tagesmenü oder besondere Verkaufsschlager enthalten. Die Anzahl der Angebote sollte begrenzt sein.
Wochenkarte	■ Sie informiert über wöchentlich wechselnde Angebote. ■ Besondere kulinarische Wochen sorgen für ein abwechslungsreiches Speisenangebot.
Spezialitätenkarte	■ Die Spezialitäten des Hauses können in der Standardkarte integriert sein oder extra angeboten werden.
Saison-/ Themenkarte	■ Darin werden der Jahreszeit entsprechende Gerichte angeführt oder ■ sie enthält mehrere Angebote zu einem bestimmten Thema, z. B. Spargel-, Wildkarte, italienische Wochen.
Zusatzangebote	■ Sie werden als Empfehlung der Küchenchefin/des Küchenchefs oder als Spezialitäten des Hauses angeboten.
Tischaufsteller	■ Weist auf besondere Spezialitäten hin.
Flyer	■ Macht auf spezielle Angebote aufmerksam.

Moderne Gliederung einer Speisenkarte

Vorspeisen	■ Kalt
Suppen	■ Klar ■ Gebunden ■ Spezialsuppen
Vorspeisen	■ Warm
Fischgerichte	■ Süßwasserfische ■ Meeresfische ■ Meeresfrüchte
Fleischgerichte	■ Fertige Speisen ■ Frisch zubereitete Speisen ■ Reihenfolge: Schlachtfleisch (Rind, Kalb, Schwein, Lamm), Geflügel (Hausgeflügel, Wildgeflügel), Wild
Vegetarische und vegane Gerichte	■ Getreide ■ Gemüse ■ Salate
Beilagen	■ Vitamin- und Sättigungsbeilagen ■ Salate
Käse	■ Käsesortiment
Desserts	■ Warme Süßspeisen ■ Kalte Süßspeisen, Eis und Eisspeisen

Was man besonders verkaufen möchte, muss auf der Speisenkarte als „Eyecatcher" zentral und deutlich sichtbar platziert werden.

Die Gliederung wird auch von Zusatzangeboten wie Tageskarte, Spezialitäten des Hauses und Menüangeboten bestimmt. Betriebe mit einem vielfältigen Dessertangebot haben meist eine eigene Dessertkarte.

Sprachliche Gestaltung und gastronomische Regeln

Die Formulierung und die genaue Beschreibung der Gerichte sind mitentscheidend für den Erfolg des Restaurants. Der Gast erwartet sich eine interessante, informative, eindeutige und ehrliche Produktbeschreibung.

Tipps für die sprachliche Gestaltung

Schreibweise	■ Die Beschreibung der Speisen muss einheitlich, klar, verständlich, vollständig und interessant sein.
Fremdsprachige Bezeichnungen	■ Fremdsprachige Bezeichnungen sollen nur für klassische Gerichte (z. B. Bouillabaisse) verwendet werden, da sie sonst rasch irreführend sind. ■ Bei fremdsprachig verfassten Menüs ist besonders auf die Rechtschreibung zu achten.
(Fremd-)Sprachen nicht mischen	■ Prinzipiell ist die Karte nur in einer Sprache zu erfassen. Sprachen zu mischen ist verpönt und für internationale Gäste meist ein Grund zum Lachen, da häufig grammatikalische Fehler entstehen. ■ Entweder ist die Karte komplett in Deutsch, in Englisch oder in einer anderen Sprache zu erstellen.
Genaue, fachlich richtige Sachbezeichnungen	■ Begriffe wie Wiener Schnitzel, Scampi, Weidelamm, Beelitzer Spargel und Wörter wie frisch (fangfrisch, marktfrisch, frisch zubereitet) müssen tatsächlich und nachweisbar stimmen.
Klassische Garnituren und Fachbezeichnungen	■ Sie müssen der fachlich vorgeschriebenen Speisenzusammenstellung entsprechen (z. B. Leber Berliner Art, Tournedos Rossini). ■ „Fantasiebezeichnungen" sind tabu, da sie keine Aussagekraft besitzen.
Abkürzungen	■ Sie sind dem Gast gegenüber sowohl unhöflich als auch irreführend und deshalb auch zu vermeiden, z. B. gem. statt gemischt, Sc. statt Sauce.

Kurz & bündig

+	−
Sprachen nicht mischen	
Wiener Schnitzel	Schnitzel à la viennoise
Eingedeutschte Wörter in Deutsch	
Kroketten	Croquetten
Sammelbegriffe vermeiden	
Semmelklöße Serviettenklöße Kartoffelklöße	Klöße
Abkürzungen vermeiden	
Wiener Schnitzel mit gemischtem Salat	Wr. Schnitzel mit gem. Salat

Layout und Lesbarkeit der Speisenkarte

Die Speisenkarte ist ein Marketinginstrument und muss daher verkaufsfördernd gestaltet werden.
■ Die Auswahl des Materials, die Papierqualität und die schriftliche Gestaltung müssen in Einklang mit der Art des Betriebes und der Corporate Identity sein.
■ Schriftgröße und Schriftart müssen so gewählt werden, dass die ausgewählte Schrift unabhängig von den herrschenden Lichtverhältnissen gut leserlich ist.
■ Die Speisenkarte muss übersichtlich gestaltet sein, damit sich jeder Gast darin leicht orientieren kann.
■ Auch passendes Bildmaterial und eine farbliche Gestaltung sind erlaubt, allerdings nur in Maßen. Auf keinen Fall sollte die Karte den Eindruck eines Bilderbuchs vermitteln.

Die Speisenkarte muss für alle Gäste gut leserlich sein

Inhalte der Speisenkarte

Neben dem Speisenangebot sollte jede Speisenkarte folgende Informationen enthalten:
■ Name und Adresse des Betriebes
■ Öffnungszeiten, Ruhetage, Betriebsurlaube

- Telefon- und Faxnummer, E-Mail- und Internetadresse, Ansprechperson und Reservierungsmöglichkeit
- Verkaufspreise inklusive Hinweis auf enthaltene Umsatzsteuer; Preisauszeichnungspflicht!
- Zeitangaben für Speisen mit längerer Zubereitungszeit sowie Gewichtsangaben (z. B. bei Steak oder Fisch)
- Hinweise auf saisonale Spezialitäten (Wildwochen, Spargelzeit) sowie Getränke- und Weinempfehlungen
- Chronik oder Philosophie des Hauses

Verkaufsfördernde Zusatzinformationen

- Speisen, Teile von Gerichten oder Weine aus eigenem Anbau
- Herkunft der regionalen Lebensmittel und Nennung der Produzentinnen/Produzenten oder Landwirtinnen/Landwirte
- Symbole oder Piktogramme für vegetarische, vegane oder glutenfreie Speisen
- Hinweis auf eigene Delikatessen zum Mitnehmen
- Hinweis auf eigenen Shop, Vinothek, Spezialitäten

Aufgabenstellungen – „Gestaltung von Speisen- und Menükarten"

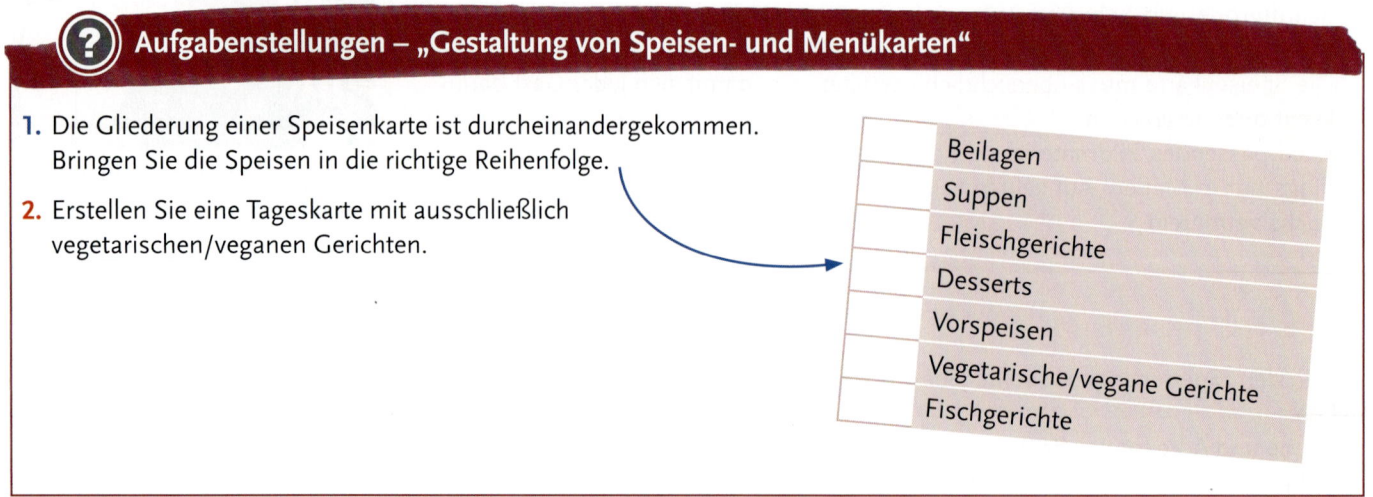

1. Die Gliederung einer Speisenkarte ist durcheinandergekommen. Bringen Sie die Speisen in die richtige Reihenfolge.

2. Erstellen Sie eine Tageskarte mit ausschließlich vegetarischen/veganen Gerichten.

| Beilagen |
| Suppen |
| Fleischgerichte |
| Desserts |
| Vorspeisen |
| Vegetarische/vegane Gerichte |
| Fischgerichte |

Gestaltung von Menükarten

Menükarten werden bei Veranstaltungen wie Banketten, Gesellschaftsessen, Hochzeiten und Firmenfeiern aufgelegt. Sie vermitteln den Eindruck gehobener Tischkultur und werden daher von den Gästen besonders geschätzt. Herstellung und Gestaltung variieren je nach Betriebsart und Veranstaltung.

Neben ihrer eigentlichen Aufgabe sind Menükarten von den Gästen gerne gesammelte Erinnerungsstücke. Historische Anlässe finden oft in besonderen Karten ihren Niederschlag. Menükarten sind somit nicht selten Geschichtsquellen, die wichtige Ereignisse vergangener Epochen wieder in Erinnerung rufen.

Menükartenformen

Nach der Schreibweise unterscheidet man folgende Formen:
- **Klassische Form:** Die Speisen und Getränke werden zentriert untereinandergeschrieben. Die einzelnen Speisenfolgen sind durch Zeichen getrennt.
- **Moderne Form:** Die Speisen und Getränke werden linksbündig geschrieben und können durch Zeichen getrennt werden.

Menükartenformate

- **Einfache Menükarte:** Sie besteht aus einem Blatt, auf dem die Speisen entsprechend der Menüreihenfolge angeführt sind. Die zur Auswahl stehenden Getränke können am Ende der Karte angeführt werden. Ort, Datum und Anlass vervollständigen die Karte.
- **Gefaltete Menükarte:** Für besondere Anlässe verwendet man gefaltete Menükarten mit Einlegeblättern. Sie bestehen aus einem Umschlag mit Firmen-, Menü- oder Anlassaufdruck (z. B. Hochzeit) und einem Einlegeblatt. Die Speisen sind auf der rechten Seite aufgelistet. Die Getränke, die zu den Gerichten gereicht werden, stehen links. Ort, Datum und eventuell nochmals der Anlass sind angeführt.

Beispiel einer gefalteten Menükarte

Aperitifs (detailliert angeben)	MENÜ
Korrespondierender Wein zur Vorspeise	Kalte Vorspeise
Korrespondierender Wein zur Hauptspeise	Hauptspeise (eventuell Sauce) Gemüsebeilage Sättigungsbeilage
Likörwein/Schaumwein	Dessert
Digestifs (detailliert angeben: Geschmacksrichtung, Bezeichnung, Marke, Produzent, Herkunft, Alkoholgehalt bei Spirituosen)	Kaffee
Ort, Datum (Tag, Monat ausgeschrieben, Jahr)	Guten Appetit wünscht …

Damit der Gast sich unter den genannten Weinen in der Menükarte etwas vorstellen kann, sind folgende Angaben zu machen: Jahrgang, Ort/Lage/Name des Weines, Rebsorte, Geschmacksangabe, Winzer/Weingut, Qualitätsstufe, Anbaugebiet.

Beispiele

20_ _ Bernkasteler Doctor
Riesling, trocken
Witwe Dr. H. Thanisch, Bernkastel
Spätlese, Mosel

20_ _ Würzburger Stein
Silvaner, trocken
Weingut Juliusspital, Würzburg
Qualitätswein, Franken

20_ _ Würzburger Pfaffenberg
Spätburgunder, trocken
Weingut Reiss, Würzburg
Qualitätswein, Franken

20_ _ Winterbacher Hungerberg
Dornfelder, trocken
Weingut Jürgen Ellwanger, Winterbach
Qualitätswein, Württemberg

Grundsätzliche Regeln für Weine zum Menü
- Jung vor alt
- Weiß vor rot
- Trocken vor lieblich
- Einfach vor qualitativ höherwertig

Der persönliche Geschmack und die Wünsche der Gäste haben immer Vorrang vor jeglichen Grundsätzen.

Detaillierte Weinempfehlungen zu Menüs sowie allgemeine Grundregeln für die Getränkeempfehlung finden Sie im digitalen Zusatzpaket.

5.2 Gestaltung von Getränkekarten

Gute Getränkekarten zeichnen sich durch einen übersichtlichen Aufbau aus. Es gelten dieselben gesetzlichen Bestimmungen wie bei der Speisenkarte.

Erforderliche Zusatzangaben

- Menge, auf die sich der Preis bezieht; Ausnahme: Heißgetränke und Mischgetränke
- Volumenprozente bei Spirituosen (% vol oder Vol.-%)
- Verweis auf Inklusivpreise (in der Fußzeile oder Einleitung der Karte)
- Enthaltene Zusatzstoffe, z. B. Koffein, Chinin, Phosphat u. a.)

Aufbau und Gliederung einer Getränkekarte

In vielen Betrieben gibt es nur eine Getränkekarte, die das gesamte Angebot enthält, angefangen bei den Aperitifs über Wein, Bier, alkoholfreie Getränke, Kaffee und Tee bis hin zu den Digestifs. Die einzelnen Getränkegruppen werden getrennt angeführt.

- Aperitifs: Likörweine (Sherry [Fino], trockener, weißer Portwein etc.), Wermut, Bitters, Anisées, trockene Cocktails
- Weine
- Bier: offenes Bier vor Flaschenbier, inländisches Bier vor internationalem Bier; die Biere können auch vor den Weinen angeführt werden
- Alkoholfreie Getränke

Achten Sie darauf, mindestens ein alkoholfreies Getränk nicht teurer zu verabreichen als das billigste alkoholische Getränk. Der Preisvergleich erfolgt hierbei auch auf der Grundlage des hochgerechneten Preises für einen Liter der betreffenden Getränke. – § 6 Gaststätten-Gesetz (GastG)!

- Heißgetränke: Kaffee, Tee, Schokoladen- und Milchmischgetränke
- Spirituosen: Klare Spirituosen (Obstdestillate, Getreidedestillate, Sonstige), Weinbrände, Whiskeys und Whiskys, Bitters
- Liköre

Die Reihenfolge der Getränkegruppen in der Karte ist abhängig vom jeweiligen Betriebstyp. So wird ein Weinlokal mit Wein, ein Bierlokal mit Bier und ein Café mit Kaffeegetränken beginnen.

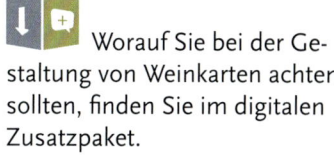 Worauf Sie bei der Gestaltung von Weinkarten achten sollten, finden Sie im digitalen Zusatzpaket.

 Aufgabenstellung – „Gestaltung von Getränkekarten"

- Welche erforderlichen Zusatzangaben sollte eine Getränkekarte enthalten?

6 Speisen zur Erstellung von Speisenkarten

Lukas soll für die Bankettmappe des Hotels verschiedene Vorschläge von Jahreszeitenmenüs bringen. Bei seinen Recherchen stellt er fest, dass das Speisenangebot vom einfachen Geflügelsalat bis zur Fasanenessenz mit frischen Morcheln reicht. Welche Zusatzinformation muss Lukas berücksichtigen, um die Aufgabe zufriedenstellend zu lösen?

Die Speisen können für einfache (*), mittlere (**) und gehobene (***) Menüübungsbeispiele verwendet werden.

* Kalte Vorspeisen	** Kalte Vorspeisen	*** Kalte Vorspeisen
Variation von Frisée, Lollo Rosso und Rucola an Parmaschinken mit Aprikosenchutney	Wachtelgalantine im Feldsalatnest, Balsamicoessenz	Carpaccio an Rucolasalat, Parmesanhobel, Senfdip
Krevettencocktail, Toastecken	Grüner und weißer Spargel mit Sauce Vinaigrette und Baguette	Tomaten-Zander-Terrine, Cognac-Kräuter-Sauce, Friséesalat
Gebratene Hähnchenbrust, Salat von Blumenkohlröschen, grünen Bohnen und Tomaten, Senfdressing	Geräuchertes Forellenfilet, Meerrettichschaum, Lollo Bianco und Eichblattsalat, Toast und Butter	Parfait von Hummer und Jakobsmuscheln auf Limonensauce mit Salatbukett
Eichblattsalat in Balsamico-Walnuss-Marinade mit Croûtons, Linsenkeimlingen und Apfelstreifen	Entenleberterrine mit Cumberlandsauce, Salatbukett	Gebeizter Lachs, Dillrahm, Rucola, Radicchio und Feldsalat
Parmaschinken auf Honigmelone	Schinkenmousse auf Rucola, Balsamicodressing	Rehpastete mit marinierten Steinpilzen, Preiselbeersauce
Geflügelsalat mit Mandarinen, Toast	Gebratene Barbarieentenbrust, Feldsalat, Himbeerdressing	Belugakaviar mit Blinis
Marinierte Artischockenböden auf Radicchio, Balsamicodressing	Pochierte Wachteleier im Kressenest, pikante Cocktailsauce, Toast	Marinierte Perlhuhnbrust mit Artischockenherzen

* Suppen	** Suppen	*** Suppen
Geflügelkraftbrühe mit buntem Eierstich	Doppelte Kraftbrühe mit Kräuterpfannkuchenstreifen	Klare Ochsenschwanzsuppe mit Chesterstange
Kalte Andalusische Gemüsesuppe	Tomatisierte Kraftbrühe mit Basilikumklößchen	Steinpilzessenz unter der Blätterteighaube
Kalte Gurkensuppe	Lauch-Kartoffelsuppe mit Lachsstreifen	Fasanenessenz mit gefüllten Morcheln
Brokkolischaumsüppchen	Möhrencremesuppe mit Champagnersahne	Gebundene Ochsenschwanzsuppe mit Madeira
Aprikosenkaltschale	Spargelbouillon mit Eierstich und Spinatklößchen	Fischessenz mit Hechtklößchen
Tomatensuppe, mit frischem Basilikum garniert	Kürbisrahmsuppe unter der Blätterteighaube	Kresseschaumsüppchen

* Warme Vorspeisen/ Fisch	** Warme Vorspeisen/ Fisch	*** Warme Vorspeisen/ Fisch
Gebratene Gänseleber, Madeirasauce, Blattspinat	Flambierte Scampispieße auf Tomaten-Ingwer-Reis	Kalbsblankett mit grünem Spargel, gedünsteter Reis
Rote Reistimbale, gegrillte Hähnchenbrust, Aioli	Mit Lachsfarce gefüllte Seezungentaschen, Anissauce, Spinattimbale, Fleuron	Hechtschaumklößchen mit Dill-Sabayon, flambierte Riesengarnelen, Reisrand
Mit Gorgonzola gefüllte Hähnchenbrust, Estragonrahm, Kaiserschoten	Gebratenes Filet vom St. Petersfisch, Sauerampfersauce, Kohlrabistifte	Gedünstetes Zanderfilet auf Gemüsestreifen, Safransauce, schwarze Nudeln
Käsespätzle mit geschmelzten Zwiebeln	Gebratenes Rotbarbenfilet mit Steinpilzrisotto	Sautierte Riesengarnelen auf gedünsteten Fenchelstreifen, Krebssauce, Safranreis
In Butter geschwenkte Champignons mit frischen Kräutern	Stangenspargel mit Mousselinesauce, Tomatenfilets	Pochierte Jakobsmuscheln im Mangoldblatt auf Safranschaum
Kürbis-Kräuter-Ravioli in Salbeibutter mit frisch geriebenem Parmesan	Pochiertes Lachsforellenfilet, Safransauce, Tomatenfilets, schwarze Bandnudeln	Pochierte Seezungenröllchen gefüllt mit feinem Krebsmousse und Spinat, Hummersauce
Kartoffelpuffer mit Apfelchutney	Gebratene Lammnüsschen auf Zwiebelkonfit	Gebratenes Filet vom Wildlachs, grüner Spargel, Béarner Sauce

Sorbets/Eisgetränke

Hergestellt aus Beeren-, Stein- und Kernobst sowie exotischen Früchten und Zitrusfrüchten

* Hauptgerichte mit Beilagen	** Hauptgerichte mit Beilagen	*** Hauptgerichte mit Beilagen
Geschnetzelte Hühnerbrust mit Pilzen, tourniertes Gemüse, Pilawreis	Gebratener Hasenrücken, Pfeffersauce, Weinapfel mit Preiselbeeren, Brokkoliröschen, Lorettekartoffeln	Rosa gebratene Lammfilets, Rosmarinjus, Balsamicoschalotten, Bärlauchspinat, Polentagratin
Gebratener Jungschweinrücken, Thymianjus, Blumenkohlröschen, tournierte Möhren, kleine Wirsingbällchen, Pariser Kartoffeln	Bardierte Fasanenbrust, Sahnesauce, Weinkraut mit Trauben, Herzoginkartoffeln	Gebratenes Rinderfilet, Rotweinsauce, tournierte Möhren, Rosenkohl, Perlzwiebeln, Macairekartoffeln
Gebratene Schweinelende im Spinat-Kräuter-Mantel, grüner und weißer Spargel, Kartoffelgratin	Gebackener Lammstrudel, Thymiansauce, grüne Bohnen im Speckmantel, Rotweinschalotten, Kartoffelgratin	Glacierte Kalbsnuss, Salbeijus, tournierte Möhren und Zucchini, Olivenkartoffeln

Gebratener Kaninchenrücken, Basilikumjus, tournierte Möhren und Teltower Rübchen, Mandelbällchen	Gebratener Lammrücken, Rosmarinjus, tourniertes Gemüse, Kartoffelgratin	Mit Calvadosapfel gefüllte Wachtel, Majoranjus, Wirsing mit Trauben, Kartoffelplätzchen
Gebratene Hähnchenbrust, Thymianjus, Blumenkohlröschen, Prinzessbohnen, tournierte Möhren, Schlosskartoffeln	Gebratene Flugentenbrust, Rotweinsauce, tournierte Möhren und Kohlrabi, Frühlingszwiebeln, Kartoffelkrapfen	Rosa gebratenes Kalbsfilet gefüllt mit Geflügelleberparfait, Morchelrahmsauce, Brokkoliröschen, Kartoffelzopf
Schweinebraten, Kümmeljus, Ananaskraut, Semmelknödel	Brandenburger Ente, Bratensauce, Bratapfel-Rotkraut, Kartoffelklöße	Rinderfilet Wellington, Madeirasauce, tourniertes Gemüse, Trüffelbällchen
Schweinefilet im Wirsingmantel, Gorgonzolasauce, tourniertes Gemüse, Herzoginkartoffel	Geschmorter Hirschrücken Baden-Baden, Wacholderrahmsauce, Pfifferlinge, Schupfnudeln	Gefülltes Stubenküken, Salbeijus, glasierte Kürbisspalten, Serviettenklöße
Frischlingsbraten, Sauerkirsch-Pfefferrahmsauce, Rotkohl, zweierlei Klöße	Rosa gebratene Entenbrust im Haselnussmantel, Honigsauce, gebratener Chicorée, Sesamcrêpes	Gebratenes Milchzicklein, Thymianjus, grüner und weißer Spargel, Kartoffelnocken
Gebratene Gänsebrust, Rotweinsauce, Maronen in Karamell, Rotkohl, Kartoffelklöße	Gebratene Kalbsleberscheiben, glacierte Äpfel, Lauchkartoffeln	Gegrillte Medaillons vom Kalbsfilet, Salbeijus, Gemüselasagne, schwarze Nudeln

* Vegetarische und vegane Speisen	** Vegetarische und vegane Speisen	*** Vegetarische und vegane Speisen
Zucchinischiffchen, Ratatouille, Vollkornnudeln	Gemüsequiche auf Tomaten-Basilikum-Sauce	Knuspriger Gemüsespieß Tempura, Mangosauce, marinierte Sojasprossen
Schwarzwurzelgratin	Grüne Spargelspitzen, in Blätterteig gebacken, Béarner Sauce	Feines Gemüseragout mit Fleurons
Gratinierte Zucchini, Tomatensauce, schwarze Nudeln	Spinatnudeln mit brauner Butter und Pinienkernen	Tofu-Gemüse-Bratlinge, Wirsing-bällchen, Maronen-Sellerie-Mousse
Spinatstrudel mit Schafkäse	Gebackene Auberginenschnitzel, Tomatensauce, grüne Bandnudeln	Gebratenes Sojaschnitzel, Gemüserisotto

* Süßspeisen	** Süßspeisen	*** Süßspeisen
Grießflammeri mit Sauerkirschen	Mandelcreme mit flambierten Erdbeeren	Grand-Marnier-Parfait mit Waldbeeren
Vanilleparfait mit marinierten Orangenspalten	Schokoladenschaum an flambierter Honigbanane	Quarksoufflé mit marinierten Orangenspalten und Vanilleeis
Honig-Zimt-Parfait auf Schokoladensauce	Joghurtterrine mit Heidelbeeren und Limettenschaum	Kaffeeeis im Hippenblatt mit frischen Feigen
Weißes Schokoladenmousse an marinierten Erdbeeren	Zimtparfait mit flambierten Apfelspalten	Flambierte Crêpes mit Vanilleparfait und marinierten Himbeeren
Salat von Honigmelone mit hellem Portwein mariniert	Bayerische Creme mit exotischen Früchten	Blutorangenparfait und Champagnercreme mit Krokantsplittern
Bratäpfel mit Mandeln und Rosinen gefüllt, Vanillesauce	Lebkuchenparfait mit Rumfrüchten im Ahornhippenblatt	Überbackenes Feigentörtchen auf Cassissauce mit Krokanteis
Mandel-Karamell-Pudding auf Amarettosauce	Quarkgratin mit Pfirsichfächer und weißem Schokoladeneis, garniert mit rotem Pfeffer	Nuss-Nougat-Eispralinen im Marzipanmantel auf warm glasierten Orangenspalten
Mousse von Buttermilch auf Kiwischaum	Pumpernickelcreme, frische Erdbeeren mit Honig gesüßt	Karamellisierte Spargelspitzen mit Erdbeeren und Vanilleschaum

7 Das Decken und Servieren der einzelnen Speisenfolgen

Melina soll die Besteckteile für ein viergängiges Menü, bestehend aus einer kalten Vorspeise, einer Suppe, einer Hauptspeise und einem Dessert, eindecken. Welche Besteckteile benötigt sie?

In der folgenden Tabelle über das Decken, Anrichten und Servieren der einzelnen Speisenfolgen sind die klassischen Grundregeln des Eindeckens berücksichtigt. In vielen Restaurants werden aber stattdessen gerne flache oder tiefe, eckige, ovale oder geschwungene Tellerformen, teilweise Gläser oder Schüsseln für die Präsentation der einzelnen Gerichte verwendet. Letztendlich geht es heutzutage darum, sich bereits optisch von anderen Restaurants abzuheben, um beim Gast das Interesse zu wecken, hier einzukehren.

Speisen	Besteckteile	Anrichteweise	Anmerkungen
Butter und Brot	Buttermesser, gegebenenfalls Mittelmesser	Brotteller	Brot aus hygienischen Gründen in eine Stoffserviette einschlagen
Amuse-Bouches	Amuse-Bouche-Löffel, kleines oder mittleres Besteck	Unterschiedliche kleine Tellerformen, Gläser, Schälchen oder Tassen auf Unterteller	Amuse-Bouches werden teilweise auch ohne Besteck konsumiert (Fingerfood).
Kalte Vorspeisen			
Allgemein	Mittelmesser und Mittelgabel	Kalter französischer Teller	
Kalte Fischvorspeisen	Fischmesser und Fischgabel, Mittelmesser und Mittelgabel	Kalter Fischteller oder französischer Teller	Für schwer zu zerteilende Fischvorspeisen, z. B. gebeizter oder geräucherter Lachs, Mittelmesser und Mittelgabel eindecken
Vorspeisencocktail	Kleiner Löffel und kleine Gabel	Cocktailschale auf Mittelteller mit Papierserviette	Bei Vorspeisencocktails das Besteck auf dem Unterteller mitservieren
Suppen			
Klare Suppen/ Kraftbrühen	Mittellöffel oder Bouillonlöffel	Heiße Suppentasse mit Untertasse auf Mittelteller mit Papierserviette	Klare Suppen werden in der Suppentasse serviert.
Gebundene Suppen/ Cremesuppen	Großer Löffel	Tiefer Teller auf französischem Teller mit Papierserviette	Gebundene Suppen und Suppen mit Einlage (Eintöpfe) werden im tiefen Teller serviert.
Spezialsuppen: Hummersuppe, Essenzen (Wachtel-, Fasanen-, Rebhuhnessenz etc.)	Kleiner Löffel oder Espressolöffel	Heiße Kaffeetasse oder Espressotasse, mit Untertasse auf Mittelteller mit Papierserviette	Der Henkel zeigt beim Einsetzen nach links; der Löffel wird angelegt.

Warme Vorspeisen			
Allgemein	Mittelmesser und Mittelgabel	Heißer französischer Teller	
Nudelgerichte (Pastagerichte)	Mittelgabel und Mittellöffel In Italien: Mittelgabel	Heißer Pastateller oder tiefer Teller auf französischem Teller mit Papierserviette	Die Mittelgabel rechts eindecken, der Löffel liegt in diesem Fall links. Bei Pastagerichten im À-la-carte-Geschäft wird großes Besteck eingedeckt.
Fische	Fischmesser und Fischgabel oder Gourmetlöffel und Fischgabel	Heißer französischer Teller oder Fischteller; Fisch- oder Servierplatte (für gebratene oder gegrillte Fische im Ganzen)	Bei Fisch im Ganzen (z. B. Forelle) Grätenteller einsetzen. Bei Fischgerichten in Sauce eventuell anstelle des Fischmessers einen Gourmetlöffel eindecken.
Krustentiere (Hummer, Scampi ...)	Mittelmesser und Mittelgabel	Heißer französischer Teller	Fingerbowle und Abfallteller einsetzen
Hauptspeisen			
Allgemein	Großes Messer und große Gabel	Heißer englischer Teller	Bei Bedarf Knochenteller einsetzen
Nachspeisen			
Käse	Mittelmesser und Mittelgabel	Käsewagen, Käsebrett, Käseplatte, kalter französischer Teller	Ein Käseteller wird in Form einer Käseuhr angerichtet.
Warme Desserts	Mittellöffel und Mittelgabel	Heißer französischer Teller Soufflés in feuerfester Portionsauflaufform	Bei Soufflés in Portionsauflaufformen gegebenenfalls kleines Besteck eindecken
Kalte Desserts	Mittellöffel und Mittelgabel Kleiner Löffel und kleine Gabel	Kalter französischer Teller Sekt- oder Weinglas, Coupeglas, Porzellanschale auf Unterteller (Mittelteller) mit Serviette	Werden kalte Desserts nicht auf einem französischen Teller, sondern in anderer Form angerichtet, wird in der Regel ein kleines Besteck eingedeckt.
Obst	Mittelmesser und Mittelgabel; Obstbesteck, wenn vorhanden	Mittelteller oder Obstkorb oder Obstschale mit Mittelteller	Fingerbowle und Ablageteller für Schalen und Kerne eindecken
Petits Fours, Pralinen, Konfekt			
Allgemein	Können ohne Besteck konsumiert werden	Kleine Platte, Etagere, Mittel- oder Brotteller mit Spitzenpapier	Sie werden in der gehobenen Gastronomie meist zu Kaffee und Digestif als zusätzliche Aufmerksamkeit gereicht.

 Aufgabenstellungen – „Das Decken und Servieren der einzelnen Speisenfolgen"

1. Geben Sie Hinweise zum Decken und Servieren der nachfolgenden Speisen.

2. Führen Sie Speisen an, die mit den angegebenen Besteckteilen gedeckt werden.

Besteckteile	Speisen
Mittelmesser und Mittelgabel	
Fischmesser und Fischgabel	
Großer Löffel und große Gabel	
Fischgabel und Gourmetlöffel	
Großes Messer und große Gabel	
Mittellöffel und Mittelgabel	

3. Ergänzen Sie die Grundgedecke mit jenen Besteckteilen, die der Gast für die angeführten Speisen benötigt.

| Spaghetti, Käse | Kalte Vorspeise, warmes Dessert | Kalte Fischvorspeise, Obstsalat | Warme Vorspeise, Parfait |

KOMPETENZ-ERWERB

 Ziele erreicht? – „Speisen- und Menükunde"

1. Erklären Sie den Unterschied zwischen klassischer und moderner Menüreihenfolge.

2. Zählen Sie die Gänge der klassischen französischen Menüreihenfolge in Deutsch (in Englisch, in Französisch) auf.

3. Nennen Sie den Menüaufbau eines einfachen, eines erweiterten und eines Degustationsmenüs.

4. Zählen Sie verschiedene Gruppen von kalten Vorspeisen auf und nennen Sie Beispiele.

5. Führen Sie einige Süßwasser- und Meeresfische sowie Meeresfrüchte an.

6. Begründen Sie, warum heute den Gemüsebeilagen der Vorrang gegeben wird.

7. Nennen Sie Kriterien, die bei der Zusammenstellung eines Menüs zu beachten sind.

8. Erklären Sie, was bei der sprachlichen Gestaltung von Speisenkarten zu berücksichtigen ist.

9. Führen Sie verkaufsfördernde Zusatzinformationen an, die eine Speisenkarte neben dem Speisenangebot enthalten sollte.

10. Lösen Sie folgende Aufgabe in Partnerarbeit: Erstellen Sie mithilfe der Menüübungsbeispiele von Seite 117 ff. ein fünfgängiges Menü für einen festlichen Anlass. Berücksichtigen Sie dabei die Grundsätze der Menüzusammenstellung. Wählen Sie korrespondierende Weine zu den einzelnen Gängen. Gestalten Sie anschließend eine gefaltete Menükarte im DIN-A5-Format und präsentieren Sie die Karte Ihren Kolleginnen/Kollegen.

11. Lösen Sie folgende Aufgabe in Kleingruppen: Stellen Sie in einem Rollenspiel ein Beratungs- und Verkaufsgespräch im Restaurant nach. Verwenden Sie dazu ein Menü aus den Menüübungsbeispielen von Seite 117 ff. Erklären Sie den Gästen die Zusammensetzung der Speisen. Bringen Sie dabei auch ernährungsphysiologische Aspekte (Bekömmlichkeit) mit ein. Geben Sie eine passende Getränkeempfehlung. Diskutieren Sie im Anschluss daran, ob das Verkaufsgespräch in der Praxis zufriedenstellend verlaufen wäre, und notieren Sie, was funktioniert hat und was beim nächsten Mal verbessert werden muss. Stellen Sie sich dabei folgende Fragen: Konnten die Gäste die Speisenbeschreibung nachvollziehen? Konnten Detailfragen zu Lebensmitteln (z. B. Couscous) zufriedenstellend erklärt werden? Würde die Speisenerklärung in der Praxis eine Bestellung zur Folge haben?

Servieren von Speisen

Nicht überall wird auf dieselbe Art serviert. Aktuell ist zwar der Tellerservice (amerikanischer Service) die am meisten angewandte Servierart, es gibt aber noch weitere Möglichkeiten. Die Servierart hängt von vielen Faktoren ab, beispielsweise von der Tageszeit. Gästen, die es eilig haben, wird man wohl kaum die Speisen von Platten vorlegen.

Wird jedoch von der Platte serviert, unterscheidet man zwischen dem Vorlegeservice (französischem oder englischem Service) und dem Darbieteservice. In der betrieblichen Praxis sind auch Mischformen anzutreffen.

 Meine Ziele

Nach Bearbeitung dieses Kapitels kann ich
- die Serviermethoden erläutern;
- die verschiedenen Serviermethoden, z. B. amerikanischen, englischen und französischen Service, nicht nur beschreiben, sondern sie auch in die Praxis umsetzen;
- die Servierarten nennen und die Unterschiede erklären;
- die Aufgaben der Servicemitarbeiter/innen der Roomservice-Abteilung erläutern und selbstständig und im Team einen Roomservice durchführen.

KOMPETENZ-ERWERB

1 Serviermethoden

Lukas hat kürzlich gelesen, dass sich der Begriff „Service" vom lateinischen Wort „servire" ableitet, was übersetzt (be-)dienen heißt. Im Englischen bedeutet „to serve" nicht nur dienen, sondern auch helfen. Demzufolge verhilft er dem Gast zu einem schönen Aufenthalt.

Serviermethoden sind die Arbeitstechniken des Speisenservice und sie beschreiben, wie und wo der Gast seine Speisen angerichtet bekommt. Die Serviermethode hängt von der Anrichteweise, der Anzahl der Mitarbeiter/innen und vom Gästekreis ab. Gäste, die es eilig haben, z. B. Geschäftsleute, Mitglieder von Reisegesellschaften, ziehen einen unkomplizierten Service (also Tellerservice) vor. Werden die Speisen von Platten angeboten oder auf dem Beistelltisch angerichtet, gestaltet sich der Service für den Gast wesentlich persönlicher, aber auch zeitintensiver.

1.1 Amerikanischer Service (Tellerservice)

Der Tellerservice ist die heute am meisten verbreitete Servierart

Seit die **Nouvelle Cuisine** und ihre Weiterentwicklungen in vielen Küchen Einzug gehalten haben, werden die Speisen von der Köchin/vom Koch auf Tellern fix und fertig angerichtet. Der/Die Servicemitarbeiter/in setzt dem Gast den Teller von rechts ein, und zwar so, dass die Hauptkomponente eines Gerichtes (z. B. Fleisch oder Fisch) zum Gast zeigt. Gelegentlich werden dabei Cloches verwendet.

> **(?) Aufgabenstellungen – „Amerikanischer Service"**
>
> **1.** Welche Vor- und Nachteile hat der amerikanische Service?
>
> Vorteile: _____
>
> _____
>
> Nachteil: _____
>
> **2.** Recherchieren Sie im Internet, woher der Begriff „Nouvelle Cuisine" kommt.
>
> _____
>
> _____
>
> _____
>
> **3.** Gruppenarbeit: Üben Sie mit drei Tellern den amerikanischen Service von rechts. Achten Sie dabei auf Ihre Körperhaltung.

1.2 Französischer Service (Vorlegen)

(?) Der französische Service wird vielerorts auch als **Silver-Service** bezeichnet. Wovon leitet sich diese Bezeichnung ab?

Die Speisen kommen auf Platten aus der Küche. Die heißen Platten werden (zum Schutz der Unterarme) auf Handservietten zum Tisch des Gastes getragen und präsentiert. Vorgelegt wird von der linken Seite. Dabei geht man entgegen dem Uhrzeigersinn zum nächsten Gast weiter. Zuvor werden die vorgewärmten Teller von der rechten Seite des Gastes eingesetzt.

In welcher Reihenfolge wird vorgelegt?

1. Fleisch; die Schnittflächen der Fleisch-
   tranchen zeigen nach vorne, also zum
   Gast
2. Gemüsebeilagen
3. Sättigungsbeilagen
4. Sauce à part

Vorlegen bei Banketten und sonstigen Festveranstaltungen

- Dabei servieren zwei oder mehrere Mitarbeiter/innen direkt hintereinander. Das heißt, zuerst werden heiße Teller von rechts eingesetzt. Anschließend legt ein/ eine Servicemitarbeiter/in das Fleisch vor (meist mit einer Beilage), der/die nächste die zweite Beilage und zum Schluss wird die Sauce serviert.
- Um den Gast nicht „in die Zange" zu nehmen, muss der/die zweite Servicemitarbeiter/in mit dem Vorlegen so lange warten, bis der/die erste Servicemitarbeiter/in beim dritten Gast ist.
- Zusätzlich ist darauf zu achten, dass man den Vorleger erst dann ergreift, wenn die Platte den Teller des Gastes ein wenig überragt, damit eventuelle Tropfen nicht auf das Tischtuch kommen.

💡 Auch beim Table-d'Hôte-Service kann vorgelegt werden.

(?) Aufgabenstellung – „Das Vorlegen"

- Notieren Sie, welche Vor- und Nachteile das Vorlegen hat.

  Vorteile: _____

  Nachteile: _____

1.3   Darbieteservice

Unterform oder Vorgänger des französischen Service.

Arbeitsablauf (ähnlich wie beim französischen Service)

- Warme Teller einsetzen
- Speisen auf Platten präsentieren und darbieten
- Gast bedient sich selbst (mit Vorlegebesteck): Die Griffe des Vorlegebestecks zeigen dabei zum Gast.

(?) Aufgabenstellung – „Darbieteservice"

- Notieren Sie, welche Vor- und Nachteile der Darbieteservice hat.

  Vorteile: _____

  Nachteile: _____

? Für welche Arbeiten wird der Guéridon noch eingesetzt?

Es ist vorteilhaft, die Sauce à part (in einer Sauciere angerichtet) zu servieren

⚠ Es werden zwei bis drei Teller gleichzeitig angerichtet und den Gästen von rechts eingesetzt.

Anrichten auf dem Guéridon

1.4 Englischer Service (Arbeiten am Guéridon)

Die Speisen werden von der Küche auf einer Platte angerichtet. Die Platte wird dem Gast präsentiert und anschließend auf den Beistelltisch (Guéridon) gestellt. Dort werden die Speisen auf einem bereitgestellten Teller mit dem Vorlegebesteck angerichtet, und zwar mit dem großen Löffel in der rechten Hand und einer großen Gabel in der linken Hand.

Beachtenswertes beim englischen Service

■ Der Tellerrand (die „Fahne") darf nicht mit Speisen belegt werden. Er dient ausschließlich zum Halten des Tellers.
■ Es ist vorteilhaft, die Sauce **à part** zu servieren. Das heißt, der Teller mit der angerichteten Speise wird von rechts eingestellt, die Sauce in der Sauciere mit der linken Hand von der linken Seite angeboten.
■ Wird mit der Sauce **nappiert,** dann immer nur das Fleisch, niemals die Beilagen. Bei rosa gebratenem Fleisch ist ein Saucenspiegel zu machen. Bei gebackenem Fleisch wird die Sauce neben das Fleisch gegeben; ebenso wird bei Fisch oder Gemüse vorgegangen.

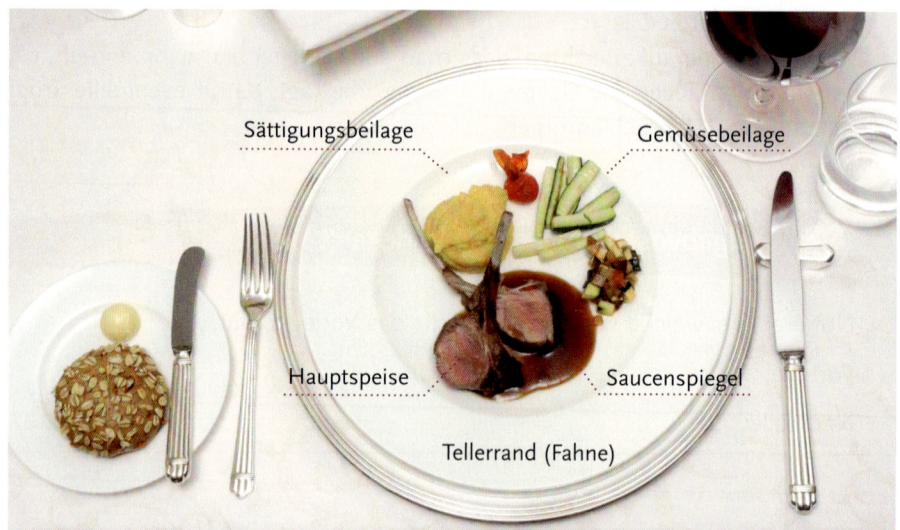

Sättigungsbeilage — Gemüsebeilage — Hauptspeise — Saucenspiegel — Tellerrand (Fahne)

■ Höchstens zwei Drittel der Speise von der Platte werden auf dem Teller angerichtet. Der Rest wird auf einer Rechaudplatte, eventuell mit einer Cloche zugedeckt, warm gehalten und später nachserviert.
■ Der zweite Teil der Speise müsste eigentlich auf einem frischen, heißen Teller angerichtet und eingesetzt werden. Um diesen Tellertausch zu vermeiden (Ökonomie), wechselt man in der Regel beim Nachservice zum französischen Service, d. h., der zweite Teil der Speise wird den Gästen am Tisch von der Platte vorgelegt.

? **Aufgabenstellung – „Englischer Service"**

■ Notieren Sie, welche Vor- und Nachteile das Anrichten auf dem Guéridon hat.

_____

_____

_____

_____

1.5 Deutscher Service

Alle Speisen werden in Schüsseln oder auf Platten angerichtet und am Tisch eingesetzt. Der Gast bedient sich selbst.

1.6 Russischer Service

Wie beim deutschen Service werden die Speisen in Schüsseln und Platten eingesetzt. Nur das Fleisch (vom Hauptgang) wird vorgelegt.

2 Servierarten

Es gibt noch mehr zu wissen über den Service. Begriffe, wie Table d'hôte, À la carte und Bankett gilt es zu erklären. Ich bin schon gespannt, was das alles bedeutet, schließlich muss ich mich auf die Prüfung vorbereiten …

Unter Servierarten versteht man die Organisationsform des Servierens.

2.1 Bankettservice

Eine feststehende Personenanzahl bestellt zu einem bestimmten Zeitpunkt an einem bestimmten Platz ein bestimmtes Menü zu einem bestimmten Preis. Hier erfolgt die Festlegung durch den Gast, während beim Table-d'Hôte-Service der Betrieb die Vorgabe macht.

2.2 Table-d'Hôte-Service

Table-d'Hôte-Service,
das Service mit den 5 „b"
Eine **b**estimmte Personenanzahl erhält zu einer **b**estimmten Zeit an einem **b**estimmten Platz ein **b**estimmtes Menü zu einem **b**estimmten Preis.

Table-d'Hôte-Service wird gerne bei Reisegesellschaften, in Kurhotels, Rehabilitationszentren und Gästehäusern angewendet.
- Bei dieser Servierart wird einer größeren Anzahl von Personen zur gleichen Zeit die gleiche Speisenfolge serviert.
- Vorteil: geringerer Personalaufwand, sowohl im Service als auch in der Küche.

💡 Hat der Gast die Möglichkeit die Essenszeit zu variieren bzw. selbst zu bestimmen, spricht man von **À-part-Service.**

2.3 À-la-carte-Service

Die „unbestimmte Form" des Service. Man kennt weder Personenanzahl und Zeitpunkt der Einnahme des Essens noch für welches Menü sich der Gast entscheidet und zu welchem Preis.

? Aufgabenstellungen – „Servieren von Speisen"

1. Der Vorteil des Table-d'Hôte-Service liegt im geringen Personalaufwand. Welchen Nachteil hat diese Servierart Ihrer Meinung nach?

2. Zählen Sie Speisen und Getränke auf, die dem Gast dargeboten werden.

3. Erklären und demonstrieren Sie Ihren Kolleginnen/Kollegen die Vorlegetechniken der einzelnen Serviermethoden. Wo liegen die Unterschiede? Was ist zu beachten?

2.4 Der Etagenservice (Roomservice)

Der Etagenservice ist dem À-la-carte-Service sehr ähnlich, der Unterschied ist nur, dass ich als Servicemitarbeiter/in zum Gast hin gehe. Der Roomservice ist ein sehr individueller Service, bei dem die Privatsphäre der – häufig prominenten – Gäste gewahrt wird. Es wird in mittleren oder großen Luxushotels angeboten. Die Gäste haben die Möglichkeit, die bestellten Speisen und Getränke im eigenen Zimmer, in angenehmer, ruhiger Atmosphäre zu genießen.

Die Roomservice-Abteilung

Von den Mitarbeiterinnen/Mitarbeitern der Roomservice-Abteilung werden nicht nur Speisen und Getränke auf das Zimmer serviert (z. B. Etagenfrühstück, siehe Seite 139 f.), sondern auch eine Reihe anderer Dienstleistungen erledigt:

■ Bereitstellen von Obstkörben und Gastgeschenken für VIP-Gäste
■ Auffüllen und Kontrolle der Minibar
■ Betreuung der Freizeiteinrichtungen, wie Swimmingpool und Fitnessbereich

In den meisten Hotels steht den Gästen der Zimmerservice nur während der Restaurantbetriebsstunden zur Verfügung. Besonders arabische und nordamerikanische Gäste nehmen diesen Service gerne rund um die Uhr in Anspruch.

Die Roomservice-Abteilung in Klein- und Mittelbetrieben	
Chef d'Étage	**Commis d'Étage**
■ Vertrauensposition, die vor allem Gewissenhaftigkeit, Fachwissen und Fremdsprachenkenntnisse voraussetzt ■ Durchführung des VIP-Service ■ Entgegennahme der telefonischen Bestellungen ■ Abwicklung des Service ■ Kontrolle der Mise-en-place-Arbeiten ■ Ausstellung der Rechnungen ■ Eventuell Kontrolle der Minibars	■ Unterstützung des Chef d'Étage ■ Durchführung der Mise-en-place-Arbeiten (Vorbereiten von Schlitten und Roomservice-Trolleys) ■ Service der Bestellungen ■ Abservieren der Schlitten und Roomservice-Trolleys

Die Roomservice-Abteilung in Großbetrieben

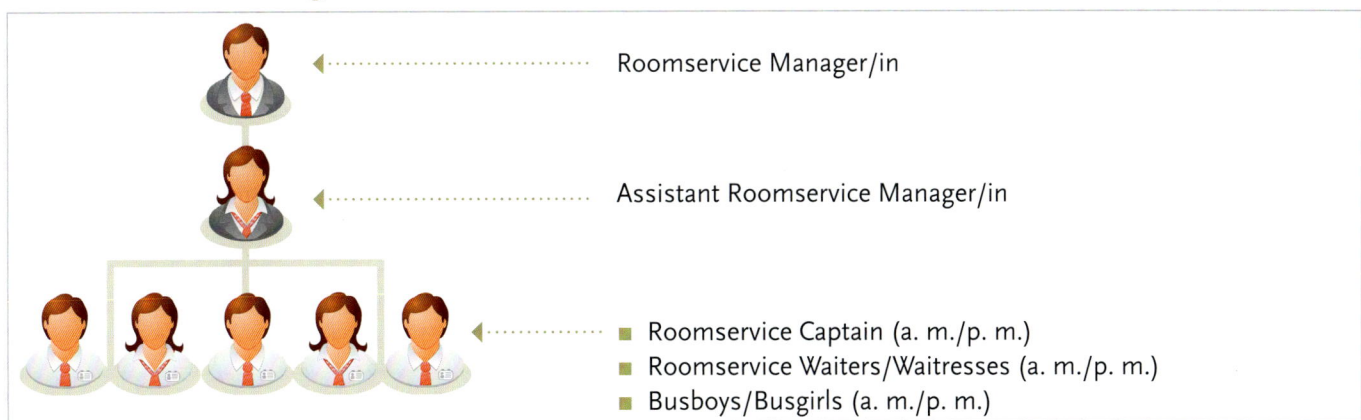

Roomservice Manager/in

Assistant Roomservice Manager/in

- Roomservice Captain (a. m./p. m.)
- Roomservice Waiters/Waitresses (a. m./p. m.)
- Busboys/Busgirls (a. m./p. m.)

Aufgaben der Roomservice-Mitarbeiter/innen

Der zentrale Arbeitsbereich für den Etagenservice ist das Roomservice-Office. Es ist meist in der Nähe der Hauptküche und verfügt über verschiedene technische Einrichtungen: Telefon und Gegensprechanlage, Kasse, Aufzüge, Kücheneinrichtungen, vor allem Kaffeemaschine sowie Serviergegenstände.

Das richtige Verhalten bei der Bestellungsaufnahme

- Lassen Sie das Telefon nicht zu lange läuten, – maximal zwei- bis dreimal klingen lassen.
- Begrüßen Sie den Gast.
- Sprechen Sie den Gast (nach Möglichkeit) mit dem Namen an.
- Notieren Sie zuerst die Zimmernummer.
- Weisen Sie auf eventuelle Zubereitungszeiten bzw. Wartezeiten hin.
- Wiederholen Sie abschließend die Bestellung.
- Geben Sie dem Gast die Möglichkeit, den Hörer zuerst aufzulegen.

Worauf es beim Etagenservice ankommt

Verwenden Sie, wenn möglich, einen Roomservice-Trolley, da sich die Speisen und Getränke darauf sicherer transportieren lassen als auf einem Schlitten.

Überprüfen Sie jede Bestellung vor dem Servieren auf Vollständigkeit. Ihre Vergesslichkeit bedeutet eine zusätzliche Störung des Gastes sowie den Verlust Ihrer wertvollen Arbeitszeit.

Nehmen Sie für Speisen, die mit Schlitten auf das Zimmer gebracht werden, ein separates Tischtuch zum Decken des Tisches mit.

Servieren Sie die Bestellung zur vorbestellten Zeit.

Klopfen Sie deutlich hörbar an, bevor Sie das Gästezimmer betreten. Grüßen Sie den Gast höflich und der Tageszeit entsprechend.

Verwenden Sie für warme Gerichte immer Cloches und Rechaudplatten. Decken Sie aus hygienischen Gründen auch kalte Gerichte mit Cloches ab.

Servieren Sie mehrere Gänge nach Möglichkeit nicht gemeinsam.

Vergessen Sie die Gästerechnung nicht! Legen Sie die Rechnung dem Gast zur Unterschrift vor.

Fragen Sie, ob der Gast sonst noch Wünsche hat. Um den Gast nicht unnötig zu stören, ersuchen Sie ihn um telefonische Mitteilung, wann das Geschirr abzuholen ist.

Verabschieden Sie sich beim Verlassen des Zimmers und schließen Sie leise die Tür.

Fragen Sie telefonisch nach, ob noch z. B. Tee oder Kaffee gewünscht wird.

Betreten Sie das Zimmer in Abwesenheit des Gastes möglichst nicht allein. Oder lassen Sie die Türe offen.

 Ziele erreicht? – „Servieren von Speisen"

KOMPETENZ-ERWERB ✓

1. Welche Speisen werden dem Gast im amerikanischen Service serviert?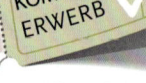

2. Lösen Sie folgende Aufgabe in Kleingruppen: Stellen Sie den Serviceablauf „Englischer Service" im Chef-de-Rang-System in einem Restaurant nach. Übernehmen Sie als Chef de Rang mit einem Commis de Rang das Anrichten einer Hauptspeise auf dem Serviertisch. Führen Sie zuerst die erforderlichen Mise-en-place-Arbeiten durch, bevor Sie mit Ihrem Commis den Serviceablauf besprechen. Tauschen Sie vor dem Anrichten der zweiten Speise die Rollen.

   Diskutieren Sie anschließend, ob der Serviceablauf in der Praxis zufriedenstellend verlaufen wäre. Notieren Sie, was funktioniert hat und was beim nächsten Mal verbessert werden muss. Stellen Sie sich dabei folgende Fragen: Wurde die Platte vor dem Anrichten dem Gast fachgerecht präsentiert?

3. Lösen Sie folgende Aufgabe in Kleingruppen: Stellen Sie in einem Rollenspiel einen französischen Service im Restaurant nach. Vier Gäste sitzen am Tisch. Bereiten Sie das erforderliche Mise en place auf dem Guéridon vor. Führen Sie den Serviceablauf durch und diskutieren Sie anschließend, ob der Service in der Praxis zufriedenstellend verlaufen wäre. Notieren Sie, was funktioniert hat und was beim nächsten Mal verbessert werden muss.

4. Beschreiben Sie drei unterschiedliche Aufgaben der Roomservice-Abteilung in einem Hotel.

Das Frühstück

Die Essgewohnheiten sind in den einzelnen Ländern sehr unterschiedlich. Nicht überall hat wie bei uns das Frühstück einen so hohen Stellenwert.

Flexibilität ist besonders wichtig. Mit zunehmender Internationalisierung des Gästekreises müssen wir diesen Umständen Rechnung tragen.

 Meine Ziele

Nach Bearbeitung dieses Kapitels kann ich

- die Bedeutung des Frühstücks nennen;
- unterschiedliche Frühstücksarten und deren Angebote beschreiben;
- unter Anleitung ein Frühstücksbuffet aufbauen;
- das Mise en place für die verschiedenen Frühstücksarten herrichten;
- über das Anrichten und Servieren von Frühstücksgerichten und von Frühstücksgetränken Bescheid geben;
- selbstständig einen Frühstücksservice durchführen.

KOMPETENZ-ERWERB

1 Die Bedeutung des Frühstücks

„Iss morgens wie ein Kaiser, mittags wie ein König und abends wie ein Bettelmann." Ist das Frühstück wirklich die wichtigste Mahlzeit des Tages? Und wenn ja, warum?

Das Frühstück ist die erste Mahlzeit des Tages und hat für den weiteren Tagesablauf des Hotelgastes große Bedeutung. Es wird meist zwischen 6:30 Uhr und 10:00 Uhr, zunehmend auch bis zur Mittagszeit und manchmal sogar ganztägig angeboten.

Im romanischen Raum (Frankreich, Italien usw.) spielt das Frühstück meist eine unbedeutende Rolle, in den angloamerikanischen Ländern genießt es den Stellenwert einer Hauptmahlzeit.

Immer mehr Gäste freuen sich, dass ihnen als Alternative zur Selbstbedienung am Frühstücksbuffet das Frühstück individuell serviert wird. Einige Hotels bieten auch eine Kombination aus Frühstücksbuffet und Frühstücksservice an.

Spezielle Angebote für Gäste mit Lebensmittelunverträglichkeiten, z. B. Laktose- und Glutenintoleranz, oder mit besonderen Ernährungsansprüchen, z. B. Veganer/innen und Vegetarier/innen sind weitere Alleinstellungsmerkmale.

Nicht in jedem Hotel ist das Frühstück im Zimmerpreis inkludiert. In der Städtehotellerie stellt das Frühstück, sei es als Early-Bird- oder Croissant-Frühstück oft ein wichtiges lukratives F&B-Segment dar.

Viele Cafés bzw. Betriebsformen der Systemgastronomie widmen sich verstärkt dem Frühstück, um den Betrieb besser auszulasten.

Alleinstellungsmerkmal = herausragendes Leistungsmerkmal, durch das sich ein Angebot deutlich von dem eines Mitbewerbers unterscheidet.

Aufgabenstellung – „Die Bedeutung des Frühstücks"

■ Welche Bedeutung hat das Frühstück für Sie? Worauf legen Sie besonderen Wert?

_____

_____

_____

_____

_____

_____

_____

Tipps für einen perfekten Frühstücksservice

Starten Sie Ihren Tag bzw. Frühdienst voller Schwung, gut gelaunt und gepflegt.

Achten Sie auf ein gutes Mise en place. Sie ist die Voraussetzung für einen reibungslosen Serviceablauf.

Seien Sie dem Gast gegenüber besonders aufmerksam. Vergessen Sie keine Bestellungen oder Sonderwünsche, da viele Gäste speziell am Morgen sehr sensibel reagieren.

Achten Sie auf einen raschen, freundlichen Service, da der Frühstücksgast nicht immer genügend Zeit und Geduld aufbringt. Servieren Sie das Heißgetränk bzw. den Frucht- oder Gemüsesaft schnell.

Bieten Sie dem Gast Ihre Hilfe beim Buffet an. Sofern er es wünscht, erklären Sie ihm den Aufbau und das Angebot des Frühstücksbuffets, z. B. wo er die Zerealien und den Joghurt für sein Müsli findet.

Kennzeichnen Sie schwer zu identifizierende Buffetangebote, z. B. laktosefreie Milch, sodass der Gast sie eindeutig von anderen Produkten unterscheiden kann.

Heben Sie nicht mehr benötigtes Geschirr sofort aus. Ausnahme: Die Tasse für das Frühstücksgetränk wird erst abgeräumt, wenn der Gast den Tisch verlässt.

Fragen Sie den Gast, ob er noch eine weitere Tasse Kaffee, Tee oder Kakao wünscht.

Halten Sie für den Gast Tageszeitungen bereit.

Gut gelaunt in den Frühdienst

 Finden Sie weitere Tipps für einen perfekten Frühstücksservice.

Angebotsformen des Frühstücks

Die Produkte eines Frühstücks können entweder offen oder verpackt angeboten werden. In der Praxis hat sich jedoch eine Mischform herauskristallisiert.

Offenes Angebot

- Die Butter wird in Scheiben oder in Rollen auf Eis in einer Butterschüssel serviert, die auf einem Mittelteller mit Serviette steht. Dazu gibt man eine Mittelgabel.
- Konfitüre und Honig werden in einer Schüssel oder in Gläsern mit Deckeln auf Mittelteller mit Papierserviette und mit einem Löffel angeboten.
- Verschiedene Brotsorten (Weiß-, Schwarz-, Spezialbrote usw.) und Frischgebäck (Brötchen, Brioche, Croissants, Salzgebäck, Vollkorngebäck u. Ä.) werden immer offen angeboten, und zwar in einer Brotschale/einem Brotkorb, in einer Stoffserviette eingeschlagen.
- Milch und Sahne werden im Kännchen serviert.
- Zucker wird im Zuckerstreuer bzw. in einem Zuckerset angeboten.
- Süßstoff wird im Süßstoffbehälter angeboten.

Positionieren Sie regionale Produkte im Vordergrund

Verpacktes Angebot

Die Produkte werden aus hygienischen und wirtschaftlichen Gründen (leichtere Kontrolle des Wareneinsatzes) oft verpackt angeboten.

■ Vorteile dieser Angebotsform: Die verpackte Frühstücksware ist hygienisch einwandfrei. Der Verbrauch lässt sich leichter kontrollieren. Weniger Besteck fällt an. Geschlossene Portionen sind wieder verwendbar.
■ Nachteile: Es fällt viel Leergut an und belastet somit die Umwelt. Das Abräumen gestaltet sich aufwendiger.

2 Frühstücksarten

Meine Freundin Nina erzählte bei unserem letzten Treffen von ihrem Urlaub in Österreich und dem tollen Frühstücksbuffet im Hotel. „Es gab Smoothies, zum Kaffee laktosefreie Milch und eine eigene Ecke mit veganen Produkten", schwärmte sie.

Was erwarten Sie sich bei einem Frühstücksbuffet. Diskutieren Sie mit Ihren Kolleginnen und Kollegen darüber.

2.1 Das Frühstücksbuffet

Es wird von vielen Gästen bevorzugt, da sie individuell aus einem größeren Speisen- und Getränkeangebot auswählen können und außerdem nicht lange auf das Frühstück warten müssen.

Grundsätzlich richten sich Angebot und Umfang eines Frühstücksbuffets nach
■ den Wünschen der Gäste,
■ der Art des Betriebes,
■ dem Preis des Frühstücks und
■ den betriebsspezifischen Erfahrungswerten.

Der Aufbau von Frühstücksbuffets ist daher sehr unterschiedlich.

Aufbau eines Frühstücksbuffets

■ Das Speisen- und Getränkeangebot soll für den Gast überschaubar sein.
■ Um das Buffet herum soll ausreichend Platz vorhanden sein, damit der Gast alle Speisen problemlos erreichen kann und der Gästefluss gewährleistet ist.
■ Speisen und Getränke sollen gut lesbar gekennzeichnet sein, vor allem Spezialprodukte wie laktosfreie Milch und dergleichen.
■ Das Buffet kann auch mit Heißgetränken in Form eines Teebuffets und einer vollautomatischen Espressomaschine erweitert werden. Kakao wird üblicherweise auf Bestellung serviert.
■ Auf die Präsentation des Buffets kurz vor Frühstücksende ist besonders zu achten. Grundsätzlich empfiehlt es sich kleinere Platten und Schüsseln zu verwenden, damit die Produkte ihre Frische und Qualität beibehalten. Meist werden die Gäste kurz vor Ende der Frühstückszeit informiert, dass das Buffet in Kürze abgeräumt wird.

An den Gästetischen wird wie für das interkontinentale Frühstück (siehe Seite 137 f.) eingedeckt.

Das Speisen- und Getränkeangebot soll für den Gast überschaubar sein

Beispiel für den Aufbau eines Frühstücksbuffets

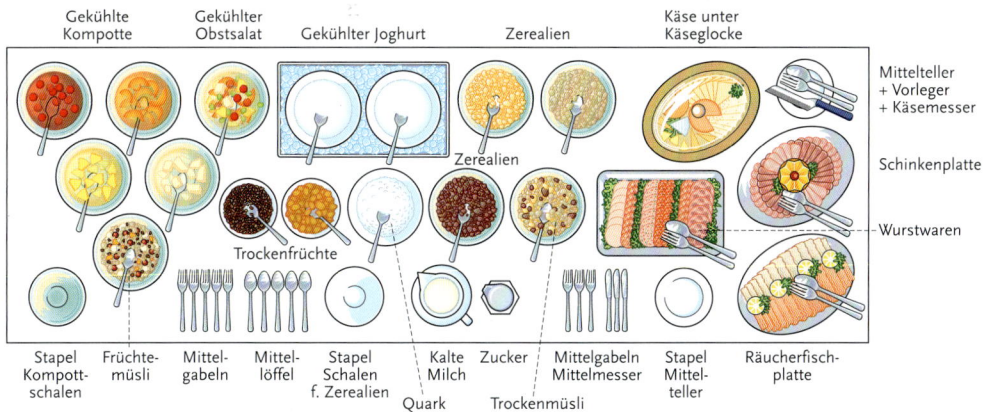

Gekühlte Kompotte · Gekühlter Obstsalat · Gekühlter Joghurt · Zerealien · Käse unter Käseglocke

Mittelteller + Vorleger + Käsemesser

Schinkenplatte

Wurstwaren

Räucherfischplatte

Stapel Kompottschalen · Früchtemüsli · Mittelgabeln · Mittellöffel · Stapel Schalen f. Zerealien · Quark · Kalte Milch · Zucker · Trockenmüsli · Mittelgabeln Mittelmesser · Stapel Mittelteller

Trockenfrüchte · Zerealien

Gehrichtung der Gäste →

Stapel Mittelteller · Mittelgabeln Mittelmesser · Halbe Grapefruits mit Unterteller und Serviette · Kleine Löffel · Puderzucker-Streuer · Sektgläser · Obst, portioniert · Tumbler · Mineralwasser, Milch, Sojamilch, Fruchtsaft, Gemüsesaft, gekühlt · Kühler + Schaumwein + Weinserviette · Stapel Servietten · Gläser · Obstplatte · Stapel Mittelteller · Mittelgabeln Mittelmesser · Früchtepyramide · Fruchtcreme in Gläsern mit Untertellern und Serviette · Mittellöffel

← Gehrichtung der Gäste

Gehrichtung der Gäste

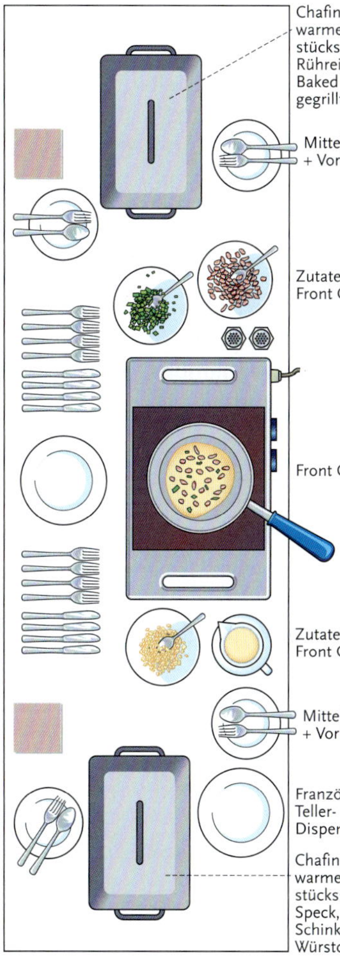

Chafingdish mit warmen Frühstücksspeisen: Rührei, Baked Beans, gegrillte Tomaten · Mittelteller + Vorleger · Stapel Servietten · Mittelteller + Vorleger · Zutaten für Front Cooking · Große Gabeln · Große Messer · Französische Teller-Dispenser · Front Cooking · Große Gabeln · Große Messer · Zutaten für Front Cooking · Stapel Servietten · Mittelteller + Vorleger · Mittelteller + Vorleger · Französische Teller-Dispenser · Chafingdish mit warmen Frühstücksspeisen: Speck, Schinken, Würstchen

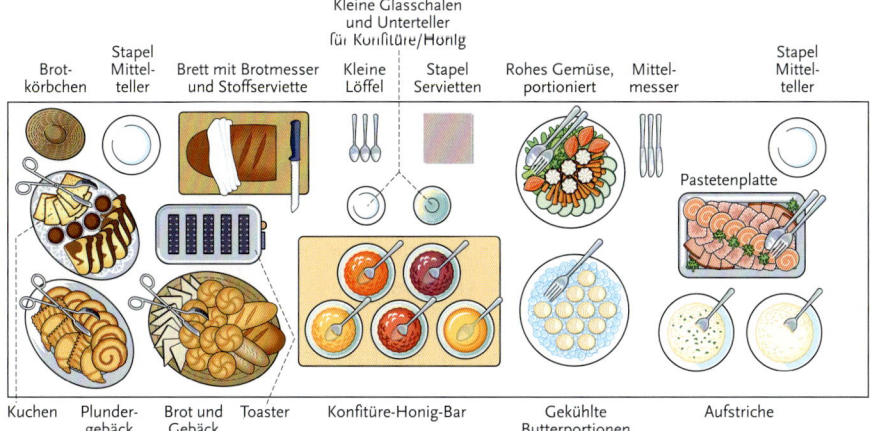

Brotkörbchen · Stapel Mittelteller · Brett mit Brotmesser und Stoffserviette · Kleine Löffel · Kleine Glasschalen und Unterteller für Konfitüre/Honig · Stapel Servietten · Rohes Gemüse, portioniert · Mittelmesser · Stapel Mittelteller · Pastetenplatte

Kuchen · Plundergebäck · Brot und Gebäck · Toaster · Konfitüre-Honig-Bar · Gekühlte Butterportionen · Aufstriche

135

Essen, was das Herz begehrt

Ersparnis beim Personal = Arbeit beschränkt sich auf den Service der Frühstücksgetränke, das Abräumen und Reinigen der Tische und eventuell das Ausstellen der Rechnung.

Entlastung der Küche = Extrabestellungen an die Hauptküche verringern sich auf ein Minimum, die Ballungen zur Hauptfrühstückszeit fallen weg.

⚠️ Sollten Gäste Verpflegung für den Strand, zum Wandern usw. vom Frühstücksbuffet mitnehmen wollen, verrechnen Sie diese Waren zu einem angemessenen Preis.

💬 **Wenn die Augen größer als der Magen sind!**
Speziell bei einem Buffet gibt es oftmals Gäste, die sich Unmengen von Lebensmitteln auf ihre Teller türmen, die das Servicepersonal kurz darauf entsorgen muss. Finden Sie dieses Verhalten korrekt? Tauschen Sie Ihre Meinungen und Erfahrungen in der Gruppe aus.

| Vor- und Nachteile für den Gast ||
+	−
■ Große Auswahl an Gerichten	■ Sollte der Gast etwas vergessen haben, muss er es vom Buffet holen
Ergänzen Sie weitere Vorteile:	Ergänzen Sie weitere Nachteile:

| Vor- und Nachteile für den Betrieb ||
+	−
■ Ersparnis beim Personal ■ Entlastung der Küche ■ Zimmerservice verringert sich	■ Erhöhter Geschirr-, Besteck- und Gläserbedarf ■ Mehr Vorbereitung in der Küche ■ Erhöhter Wareneinsatz
Ergänzen Sie weitere Vorteile:	Ergänzen Sie weitere Nachteile:

Das Luxusfrühstücksbuffet

In Hotels mit „Executive Floor" (VIP-Gäste) wird oft neben dem normalen Frühstücksbuffet ein sogenanntes Luxusbuffet in einem separaten Raum aufgebaut. Es besteht in der Regel aus exquisiten kalten und warmen Gerichten sowie einem reichhaltigen Angebot an kalten und warmen Getränken, vor allem Sekt und Champagner.

2.2 Das Frühstück à la carte

Mittlerweile wird in vielen Betrieben das Frühstück auch à la carte angeboten.

Serviceablauf

- Die Frühstückskarte präsentieren
- Die Bestellung aufnehmen
- Falls kein Gedeck vorhanden ist, gemäß der Bestellung eindecken
- Die bestellten Getränke (Heißgetränk, Frucht- oder Gemüsesaft) servieren
- In der Portionskanne servierte Heißgetränke in die Tasse gießen. Die Kanne anschließend rechts oberhalb der Tasse, mit dem Henkel nach rechts, abstellen. Milch, Sahne oder heißes Wasser stehen etwas dahinter.
- Butter, Konfitüre, Honig und Gebäck servieren. Das Gebäck kann in einem Hotel eventuell schon eingesetzt sein.
- Weitere Gerichte je nach Bestellung, z. B. Früchte, Zerealien, Schinken, Käse und Eiergerichte, servieren
- Das nicht mehr benötigte Geschirr sofort ausheben

Einfaches Frühstück (Continental Breakfast)

- Klassische Frühstücksart
- Der Serviceablauf entspricht dem des À-la-carte-Frühstücks

Gedeck-Mise-en-place auf dem Frühstückstisch

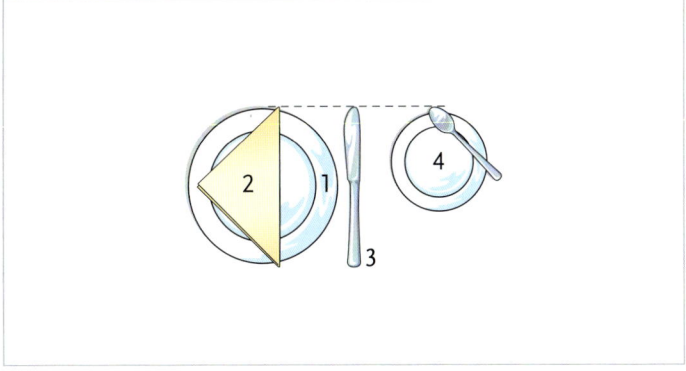

> *Befindet sich Schnittbrot im Gebäckangebot, wird noch eine Mittelgabel links vom Teller eingedeckt.*

Angebot
- Eine Portion Frühstücksgetränk wie Kaffee, Tee, Kakao, Schokoladengetränk oder Milch (mindestens zwei Tassen)
- Je eine Portion Butter, Konfitüre und Honig
- Eine Auswahl an Frühstücksgebäck

1 Mittelteller
2 Serviette
3 Mittelmesser
4 Untertasse mit kleinem Löffel

Erweitertes Frühstück

- Erweiterung des einfachen Frühstücks
- Der Serviceablauf entspricht dem des À-la-carte-Frühstücks

Gedeck-Mise-en-place auf dem Frühstückstisch

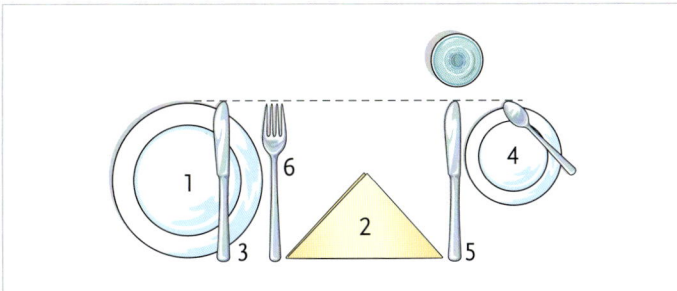

Angebot
- Einfaches Frühstück, zusätzlich ein Glas Frucht- oder Gemüsesaft, Wurst- oder Käseplatte oder Eiergerichte, Omelettes, Joghurt, Quark oder Müsli
- Der Gast kann auch seine Komponenten aufgrund eines Fixpreises bestellen

1 Mittelteller
2 Serviette
3 Mittelmesser
4 Untertasse mit kleinem Löffel
5 Mittelmesser oder großes Messer
6 Mittelgabel oder große Gabel

Interkontinentales Frühstück

Dies ist ein Sammelbegriff für das englische und das amerikanische Frühstück. Nach der Fülle des Angebotes kommt es einer Hauptmahlzeit gleich. Es besteht aus
- einem Frühstücksgetränk,
- Butter,
- Konfitüre, Jam, Honig,
- Toast, verschiedenen Brotsorten und Frischgebäck (Brötchen, Brioche, Plunderteiggebäck, Spezialgebäck usw.)

🔴 Zusätzlich kann der Gast noch verschiedene Gerichte bestellen.

Engländer/innen und Amerikaner/innen verstehen unter „marmalade" ausschließlich Marmelade bzw. Konfitüre aus Zitrusfrüchten wie z. B. Orangen. Alle anderen werden als „jam" bezeichnet. Auch Fruchtgelees (jellies) sind beliebt.

Bacon and Eggs oder Ham and Eggs sind die bekanntesten und am häufigsten verlangten Gerichte

Waffeln mit Ahornsirup

Obwohl es sich um dieselbe Sprache handelt, gibt es Begriffe, die im britischen und amerikanischen Englisch mit unterschiedlichen Vokabeln bezeichnet werden, z. B.

- Haferbrei: engl. Porridge, amerik. Oat meal
- Grießbrei: engl. Semolina, amerik. Cream of wheat

? Aufgabenstellung – „Interkontinentales Frühstück"

- Eine englischsprachige Reisegruppe bestellt beim Frühstück folgende Speisen und Getränke. Wie heißen diese Speisen und Getränke auf Deutsch?

Juice		Haddock	
Fruits		Vegetables	
Stewed fruit		Potatoes	
Cereals		Fried potatoes	
Fried eggs		Grilled tomatoes	
Scrambled eggs		Sauted mushrooms	
Poached eggs		Baked beans	
Soft boiled egg		Ham and eggs	
Omelette		Bacon and eggs	
Ham		Pancake	
Cheese		Waffle	
Bacon		Maple syrup	
Pork sausages		Black tea	
Black pudding		Herbal tea	
Smoked salmon		Fruit tea	
Kippered herring		Hot chocolate	

Was englische und amerikanische Gäste beim Frühstück bevorzugen

Der englische Gast	Der amerikanische Gast
■ Kein Eiswasser ■ Tee mit Milch oder Sahne, Fruchtsäfte, Toast, Kompotte, Eier- und Fischgerichte sowie Bohnen in Tomatensauce ■ Kalte und warme Zerealien	■ Eiswasser ■ Kaffee mit Sahne, Frucht- und Gemüsesäfte, frische Früchte, kalte und warme Zerealien, Spiegeleier, Rühreier und Omeletts sowie kleine Fleischgerichte ■ Weißbrot, Bagels, Plunderteiggebäck, Donuts und Blueberry Muffins

Mise en place für das interkontinentale Frühstück

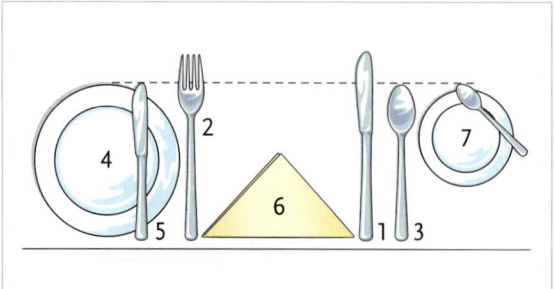

1. Großes Messer
2. Große Gabel
3. Mittellöffel oder großer Löffel
4. Mittelteller
5. Mittelmesser
6. Serviette
7. Untertasse mit kleinem Löffel

Early Morning Tea

Hauptsächlich in Großbritannien wird den Gästen noch vor dem Frühstück der sogenannte **Early Morning Tea** im Zimmer serviert. Er besteht meist aus einer Portion Tee mit kalter Milch oder Sahne und eventuell einigen Biskuits (Keksen). Es empfiehlt sich den Gast nach der gewünschten Teeart und der Ziehdauer zu fragen.

1. Rundes Tablett mit Stoffserviette
2. Mittelteller mit Plätzchen
3. Papierserviette
4. Untertasse, Teetasse, kleiner Löffel
5. Zucker (offen oder verpackt)
6. Teekanne
7. Aufgusswasserkanne
8. Milch- oder Sahnekännchen
9. Ablageteller für Teebeutel

---

⑦ Aufgabenstellungen – „Besondere Frühstücksgepflogenheiten"

1. Ein englischsprachiger Gast bestellt für sich ein Spiegelei „sunny side up" und für seine Freundin ein Spiegelei „turned over well". Wie möchten die beiden ihr Spiegelei gebraten haben? Finden Sie es heraus!

2. Ein besonderes Frühstück in Bayern ist das sogenannte Weißwurstfrühstück. Es besteht aus Weißwürsten mit süßem Senf und Laugenbrezen. Dazu wird ein Bier, vorzugsweise ein Weißbier bestellt. Recherchieren Sie, bis zu welcher Uhrzeit typischerweise das bayerische Frühstück eingenommen wird.

2.3   Das Etagenfrühstück

Das Etagenfrühstück wird in vielen guten Hotels angeboten.
- Bestellung telefonisch beim Zimmerservice oder am Abend bzw. in der Nacht beim Portier (Concierge). Er schreibt die Bestellung in ein Buch, das er dem Zimmerservice übergibt.
- Bestellung mit Türhänger, auf dem der Gast die gewünschten Speisen und Getränke, ihre Anzahl sowie die gewünschte Servierzeit ankreuzt und unterschreibt.

Es wird auf einem Schlitten, einem Roomservice-Trolley oder auf dem Zimmertisch serviert.

Roomservice-Trolley mit aufgeklappten Seitenteilen

⑦ Aufgabenstellung – „Das Etagenfrühstück"

- Üben Sie das Tragen eines Schlittens. Worauf müssen Sie besonders achten?

Servierbereites Frühstück auf einem Schlitten für eine Person

Der Schlitten wird als Gedeck auf den Tisch gestellt.

1 Mittelteller
2 Serviette
3 Mittelmesser
4 Untertasse mit Kaffeetasse und kleinem Löffel
5 Kaffee-/Thermokanne
6 Milch- oder Sahnekännchen
7 Zucker
8 Konfitüre und Honig auf Mittelteller mit Serviette und kleinem Löffel
9 Mittelteller mit Serviette, Glasschüssel mit Butter auf Eis und Mittelgabel
10 Brotkorb mit Serviette und Gebäck
11 Glas mit Fruchtsaft

Frühstück auf einem Schlitten für zwei Personen

Das Frühstück wird auf dem Schlitten vorbereitet und der Tisch im Gästezimmer gedeckt.

1 Mittelteller mit Serviette, darauf Untertasse mit Kaffeetasse
2 Mittelmesser
3 Kleiner Löffel
4 Glas mit Fruchtsaft
5 Kaffee-/Thermokanne
6 Milch- oder Sahnekännchen
7 Eierbecher auf Untertasse mit Underliner und Eierlöffel
8 Zucker
9 Tischtuch
10 Brotkorb mit Serviette und Gebäck
11 Konfitüre und Honig auf Mittelteller mit Serviette und kleinen Löffeln
12 Mittelteller mit Serviette, Glasschüssel mit Butter auf Eis und Mittelgabel

Servierbereites Frühstück auf dem Roomservice-Trolley für zwei Personen

1 Mittelteller
2 Serviette
3 Mittelmesser
4 Eierbecher auf Untertasse mit Underliner und Eierlöffel
5 Untertasse mit Kaffeetasse und kleinem Löffel
6 Kaffee-/Thermokanne
7 Milch- oder Sahnekännchen
8 Konfitüre und Honig auf Mittelteller mit Serviette und kleinen Löffeln
9 Zucker
10 Mittelteller mit Serviette, Glasschüssel mit Butter auf Eis und Mittelgabel
11 Brotkorb mit Serviette

2.4 Der Brunch

Diese Bezeichnung stammt aus dem Amerikanischen und setzt sich aus den Wörtern **Br**eakfast und **Lunch** zusammen. Damit ist auch bereits der Charakter dieser Mahlzeit zwischen 11:00 Uhr und 14:00 Uhr erklärt.

Viele Betriebe bieten speziell am Sonntag und an Feiertagen Brunchbuffets mit kalten und warmen Gerichten an. Die warmen Gerichte werden in Chafingdishes warm gehalten und von einer Köchin/von einem Koch oder einer Servicemitarbeiterin/einem Servicemitarbeiter am Buffet auf heißen Tellern angerichtet.

An Speisen und Getränken wird alles angeboten, was auch auf dem Frühstücksbuffet zu finden ist. Dazu kommen kalte Vorspeisen, Salate, Suppen, Fleisch- und Fischgerichte sowie kalte und warme Desserts. Der Gast bezahlt einen Fixpreis. Die Frühstücksgetränke und Schaumweine sind im Preis enthalten, nicht jedoch Wein und Bier.

3 Anrichten und Servieren von Frühstücksgerichten

Speisen	Besteck	Anrichteweise	Anmerkungen
Eiergerichte	Großes Messer und große Gabel	Warmer französischer Teller	Eventuell Pfeffermühle einstellen Bei süßen Eiergerichten gegebenenfalls Messer gegen Löffel tauschen
Gekochtes Ei	Eierlöffel	Eierbecher, Papierserviette, Brotteller	Kein Silberlöffel!
Ei im Glas	Kleiner Löffel	Eiereinschlagglas, Papierserviette, Brotteller	Kein Silberlöffel! Aufgrund der Salmonellengefahr sind Eier im Glas in Frage zu stellen!
Kalte Speisen (Schinken, Wurst, Pasteten, geräucherter Fisch, Käse etc.)	Mittelgabel und Mittelmesser	Französischer Teller	Zum geräucherten Schinken Pfeffermühle eindecken
Zerealien, Müsli	Großer Löffel oder Mittellöffel	Tiefer Teller oder Porzellanschälchen, Papierserviette, passender Trageteller	Mit kalter, eventuell auch mit warmer Milch oder Sahne im Kännchen oder mit Buttermilch und (Frucht-)Joghurt servieren
Joghurt	Kleiner Löffel	Kompottschälchen, Porzellanschälchen oder Coupeglas, Papierserviette, Mittelteller	Joghurt mit Früchten kann auch im tiefen Teller auf französischem Teller mit Papierserviette serviert werden. Dazu wird ein großer Löffel eingedeckt. Zum Naturjoghurt kann eventuell Honig serviert werden.
Fleischgerichte	Großes Messer und große Gabel	Warmer französischer Teller	Eventuell Pfeffermühle einstellen
Kalte und warme Fischgerichte	Fischmesser und Mittelgabel	Französischer Teller	Bei geräucherten oder gebeizten Fischen Mittelbesteck eindecken
Toast		Stoffserviette, passender Teller, Toastständer(-rack)	Den Toast zum Warmhalten in die Stoffserviette einschlagen

Brot und Gebäck		Serviette, Brotkörbchen	
Frisches Obst	Mittelmesser und Mittelgabel	Mittelteller	
Melonen, Ananas, Kiwis, Pfirsiche, Mangos usw.	Mittelgabel und Mittellöffel, Mittelmesser und Mittelgabel	Mittelteller oder Platten	Halbe Melonen auf Eis mit Mittellöffel und Mittelgabel servieren; für Melonenschiffchen Mittelmesser und -gabel eindecken
Halbe filetierte Grapefruit	Kleiner Löffel	Mittelteller oder Coupeglas oder Porzellanschale, Papierserviette, Mittelteller	
Fruchtsalat und Kompotte	Mittellöffel und Mittelgabel	Kompottschüssel oder Porzellanschale, Papierserviette, Mittelteller, tiefer Teller mit Trageteller	
Beerenobst	Kleiner Löffel, Kuchengabel	Coupeglas oder Porzellanschale, Papierserviette, Mittelteller	Puderzucker einstellen

4 Anrichten und Servieren von Frühstücksgetränken

Kaffeegetränke

Anrichten

Kaffeetassen, Gläser, Portionskannen

Service
- Vorgewärmte Tassen, Gläser und Portionskannen verwenden
- Zuckerauswahl und Süßstoff anbieten
- Frische Sahne und frische Milch für die Zubereitung verwenden bzw. à part im Kännchen servieren

Informieren Sie sich im digitalen Zusatzpaket über den Service von Kaffeespezialitäten mit und ohne Alkohol.

Tee oder Kaffee?
Welche Heißgetränke bevorzugen Sie? Sind Sie Kaffee- oder Teetrinker/in? Zu welcher Tageszeit konsumieren Sie diese Getränke und in welcher Menge? Tauschen Sie Ihre Erfahrungen in der Gruppe aus.

Teegetränke

Anrichten

Teetassen, -gläser, Portionskannen (eventuell auf passendem Trageteller), Ablage für Teebeutel

Service
- Vorgewärmte Tassen, Teegläser und Portionskannen verwenden
- Zuckerauswahl, Kandiszucker und Süßstoff anbieten
- Für Schwarztees frische, kalte Milch oder Sahne im Kännchen à part einsetzen
- Zitrone, Rum u. Ä. nur auf Wunsch des Gastes servieren

Kakao- und Schokoladengetränken

Anrichten

Kakao- oder Schokoladentassen, Portionskannen

Service

- Vorgewärmte Tassen und Portionskannen verwenden
- Zuckerauswahl und Süßstoff anbieten
- Frische Milch für die Zubereitung verwenden
- Auf Wunsch mit geschlagener Sahne garnieren

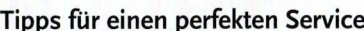

Tipps für einen perfekten Service

- Fassen Sie die Kaffeetassen am Henkel und die Kaffeelöffel immer am Griff an. Henkel und Löffel zeigen beim Einsetzen im 45-Grad-Winkel nach rechts.
- Servieren Sie immer ein Glas Wasser zum Kaffee.
- Verwenden Sie Tassensets (Underliner).
- Kaffeebeigaben wie Plätzchen und Pralinen werden immer geschätzt.
- Halten Sie die Ziehzeit der verschiedenen Teesorten ein.
- Servieren Sie heißes Wasser im Kännchen zum Nachgießen.
- Setzen Sie Ablageschalen für Teesieb und Teebeutel ein.
- Verwenden Sie zum Warmhalten des Tees in Portionskannen Stövchen.
- Bieten Sie beim Service von Kakaogetränken in Portionskannen geschlagene Sahne à part in einem Schälchen an.
- Servieren Sie Tumbler auf einem Trageteller mit Underliner.

Für Frühstückbuffets und Seminarveranstaltungen wird heißes Wasser in einem Samowar (Wasserkocher) bereitgestellt

Sonstige Getränke	Anrichteweise	Anmerkungen
Fruchtsäfte	Tumbler oder Stielglas	In erstklassigen Betrieben auch auf Brotteller mit Papierserviette und kleinem Löffel
Gemüsesäfte	Tumbler oder Stielglas	Zu Tomatensaft Zitronenspalte, Pfeffermühle, Tabasco, Worcester(shire)sauce, zu Karottensaft Oliven- oder Distelöl servieren. Etwas zum Umrühren mitservieren.
Eiswasser	Wasserkrug mit Unterteller, Papierserviette, Wasserglas	Es ist nur beim amerikanischen Frühstück üblich

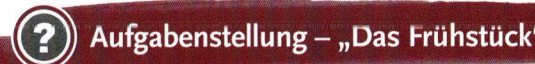

? Aufgabenstellung – „Das Frühstück"

- Aus einem Foodblog: „Die Lieblingsbeschäftigung der Berliner am Wochenende ist Frühstücken und Brunchen zu gehen. Es gibt aber auch wirklich nichts Schöneres, als sonntags am Kaffee zu Nippen, mit Brötchen rumzukrümeln, Zeitung zu lesen und sich mit den Lieblingsmenschen zu unterhalten." Diskutieren Sie über den Text. Was bedeutet dieser Trend für die Gastronomie?

Ziele erreicht? – „Das Frühstück"

1. Begründen Sie, warum sich viele gastronomische Betriebe verstärkt dem Frühstück widmen. 😊 😐 ☹

2. Zählen Sie Vor- und Nachteile von verpackten Frühstücksprodukten auf. 😊 😐 ☹

3. Erklären Sie den Begriff „Early Morning Tea". 😊 😐 ☹

4. Schildern Sie, worauf beim Service eines englischen Frühstücks zu achten ist. 😊 😐 ☹

5. Beschreiben Sie die Vorbereitungsarbeiten für ein Etagenfrühstück. 😊 😐 ☹

6. Erläutern Sie, worauf es beim Aufbau eines Frühstücksbuffets ankommt. 😊 😐 ☹

7. Lösen Sie folgende Aufgabe in Kleingruppen: Stellen Sie in einem Rollenspiel einen Etagenservice in 😊 😐 ☹
einem Hotel nach. Die Gäste bestellen ein erweitertes Frühstück (für zwei Personen). Diskutieren Sie
anschließend, ob der Service in der Praxis zufriedenstellend verlaufen wäre. Notieren Sie, was funktioniert hat und was beim nächsten Mal verbessert werden muss. Stellen Sie sich dabei folgende Fragen:
Haben Sie die Bestellung vor dem Servieren auf Vollständigkeit überprüft? Haben Sie vor dem Eintre-
ten deutlich hörbar geklopft? Wurde der Gästetisch fachgerecht gedeckt? Hatten Sie die Gästerechnung mit dabei?

8. Beschreiben Sie das Speisen- und Getränkeangebot eines einfachen und eines erweiterten Frühstücks. 😊 😐 ☹

9. Definieren Sie den Begriff „interkontinentales Frühstück". Welche Gerichte kann der Gast zusätzlich 😊 😐 ☹
bestellen?

10. Beschreiben Sie das Anrichten und Servieren von kalten Speisen, Eiergerichten und Fleischgerichten. 😊 😐 ☹

11. Zählen Sie Speisen und Getränke auf, die beim Brunch angeboten werden. 😊 😐 ☹

12. Notieren Sie jeweils drei typische Gerichte sowie das übliche Heißgetränk zu folgenden internationalen 😊 😐 ☹
Frühstücksarten:

Französisches Frühstück

_____

_____

Deutsches Frühstück

_____

_____

Englisches Frühstück

_____

_____

Amerikanisches Frühstück

_____

_____

Skandinavisches Frühstück

_____

_____

Getränkeservice

In der Gastronomie sind die Getränke meist die wichtigsten Umsatzbringer. Mit ihnen werden im Vergleich zu Speisenumsätzen höhere Gewinne erzielt. Getränke werden abhängig vom Betriebstyp den ganzen Tag über serviert und der Aufwand beim Service ist relativ gering.

Die Sommelière/Der Sommelier ist oft für alle Getränkeempfehlungen von Aperitif bis Digestif zuständig, dem Wein gehört jedoch die größte Aufmerksamkeit. Spezielle Arbeiten, wie zum Beispiel das Dekantieren von alten Rotweinen, erfordern viel Übung und sind Teil einer gehobenen Wein- und Servicekultur.

 Meine Ziele

Nach Bearbeitung dieses Kapitels kann ich

- alkoholfreie Getränke, Bier, Wein und Spirituosen mit der korrekten Trinktemperatur im passenden Glas servieren;
- Getränke nennen, die zu den klassischen Aperitifs und Digestifs zählen;
- den Ausschank und den Service von offenen Getränken schildern und in der Praxis anwenden;
- den Ablauf des Getränkeservice für Getränke in Flaschen wiedergeben;
- einen Flaschenweinservice unter Anleitung professionell durchführen.

Bei glasweisem Ausschank von Getränken dürfen nur Gläser mit Füllstrich verwendet werden. Dieser bestimmt die auszuschenkende Flüssigkeitsmenge.

KOMPETENZ-ERWERB

1 Die ideale Trinktemperatur

Melina soll ihren Gästen eine Flasche Rotwein servieren. Sie weiß, dass Rotwein nur mit der richtigen Temperatur sein Bukett und Aroma entfaltet. Welche Temperatur soll der Wein haben, den Melina ihren Gästen serviert? Finden Sie es heraus!

Beim Getränkeservice ist es wichtig, die ideale Servier- und Trinktemperatur, vor allem beim Wein, zu kennen. Viele Getränke entfalten ihren vollen Geschmack erst, wenn sie richtig temperiert sind.

Alkoholfreie Getränke

Die ideale Trinktemperatur von Mineralwässern, Fruchtsäften und anderen Erfrischungsgetränken liegt bei ca. 8 bis 10 °C. Ausnahmen: Cola- und Malztrunke (alkoholfreies Bier) bei ca. 6 °C sowie Heilwässer bei ca. 18 °C.

Bier

Die ideale Trinktemperatur liegt bei ca. 8 °C, bei Bockbieren bei etwa 10 °C. Beim Ausschenken des Bieres sind hohe Temperaturschwankungen zu vermeiden, da diese zu Kohlensäureverlust führen.

- Zu warmes Bier schäumt beim Zapfen stark, dadurch geht die erfrischende Kohlensäure verloren und das Bier schmeckt schal.
- Zu kaltes Bier wird trüb, verliert den natürlichen Glanz, hält den Schaum nicht und wird daher unansehnlich.

Wein

Damit der Wein sein Bukett und Aroma, seinen Sortencharakter und Geschmack optimal entfalten kann, bedarf es nicht nur der idealen Gläser, sondern auch der richtigen Temperatur. Die besten und verlässlichsten Auskünfte darüber erhält man nach wie vor vom Erzeuger.

Beim Temperieren von Wein ist zu beachten, dass Weine durch zu rasches Kühlen (z. B. im Tiefkühlschrank) oder durch zu rasches Erwärmen (z. B. unter fließendem Heißwasser) „geschockt" werden. D. h., zum Kühlen und Erwärmen benötigen Weine entsprechend Zeit.

Zum richtigen Temperieren von Weiß-, Rosé-, Rot- und Schaumweinen sind Weinklimaschränke ideal, da sie über verschiedene Klimazonen verfügen.

Spirituosen

Für Spirituosen gibt es keine einheitlichen Serviertemperaturen. Die ideale Trinktemperatur ist abhängig von der Spirituosengruppe sowie der Qualität der Produkte (einfache oder gereifte Qualitäten). Des Weiteren sind Trends und individuelle Trinkgewohnheiten (z. B. mit oder ohne Eis) sowie Angaben der Erzeuger zu berücksichtigen.

⚠️ Berücksichtigen Sie neben den Temperaturempfehlungen der Getränkeproduzenten die individuellen Trinkgewohnheiten der Gäste. Viele Gäste trinken beispielsweise ihr Mineralwasser lieber ungekühlt.

Schal = abgestanden; ohne erfrischenden Geschmack.

Schwere, alte körperliche Rotweine

Körperreiche Rotwein

Leichte junge Rotweine

Gereifte, gehaltvolle, körperreiche Weißweine Prädikatsweine, beste Jahrgangschampagner

Junge, frische Weißweine und Roséweine, trockene und hochwertige Schaumweine

Halbtrockene und süße Schaumweine, Obstweine/Obstschaumweine

Trinktemperaturen von Wein

Spirituosen		Ideale Trinktemperatur
Weindestillate	Cognac, Armagnac, Brandy, Weinbrände ...	18 °C
Grappa/ Tresterbrände	Einfache Qualitäten	8–10 °C
	Fassgereifte Qualitäten	18 °C
Obstdestillate	Einfache Qualitäten	8–10 °C
	Fassgereifte Qualitäten (Edelbrände)	18 °C
Whisk(e)y		18 °C, auf Wunsch mit Eis
Gin		Pur auf Eis (selten ohne Eis)
Wodka		Eisgekühlt
	Premium Wodka	18 °C
Rum	Weiße, einfache Qualitäten	8–10 °C, auf Wunsch mit Eis
	Dunkle, fassgereifte Qualitäten	18 °C
Tequila	Einfache Qualitäten (jung, klar)	8–10 °C
	Alte, fassgereifte Qualitäten	18 °C
Liköre	Einfache Liköre, Emulsionsliköre	Leicht gekühlt oder auf Eis
	Edelliköre, Bitterliköre	18 °C

Whisk(e)y on the rocks

Trinktemperatur ≠ Serviertemperatur

Die Trinktemperatur ist nicht gleich der Serviertemperatur. Die empfohlene Trinktemperatur ist etwa ein bis zwei Grad höher als die Serviertemperatur. Diese Temperaturdifferenz ist beim Einfüllen der Getränke in nicht gekühlte Gläser oder Karaffen und beim Transport der Getränke zum Gast zu berücksichtigen.

Da im Winter die Menschen ein verändertes Temperaturempfinden haben, das sich auch auf die Trinktemperatur auswirkt, erhöhen manche Betriebe die Temperatur der Kühlung.

Worauf es beim Getränkeservice ankommt

- Halten Sie alkoholfreie Getränke auch ungekühlt bereit, speziell Wässer, da viele Gäste ihre Getränke bei Raumtemperatur trinken.
- Beachten Sie die Angabe der empfohlenen Trinktemperatur der Getränkeproduzenten.
- Vergewissern Sie sich, dass die Kühltemperatur konstant ist.
- Je trockener die Schaumweine, umso wärmer werden sie serviert – je süßer die Schaumweine, umso kälter werden sie serviert.
- Je fülliger und gehaltvoller der Wein, desto höher ist die Trinktemperatur.

❓ Aufgabenstellungen – „Die ideale Trinktemperatur"

1. Ergänzen Sie in der Tabelle die ideale Trinktemperatur der angeführten Getränke:

Getränke	TT °C	Getränke	TT °C
Cognac, Armagnac	°C	Edelliköre	°C
Dunkle, fassgereifte Rumqualitäten	°C	Obstdestillate: einfache Qualitäten	°C
Bier	°C	Limonaden	°C
Mineralwässer	°C	Wodka	°C

2. Was passiert, wenn Sie zu warmen Rotwein zum Temperieren kurz in den Tiefkühlschrank legen?

2 Service von Aperitif und Digestif

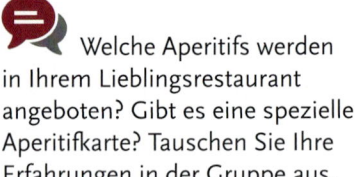

Aperitif, Digestif, worin liegt der Unterschied?
- *Die französische Bezeichnung Aperitif leitet sich vom lateinischen Wort „aperire" ab und bedeutet „öffnen", ein Magenöffner also.*
- *Der ebenfalls französische Begriff Digestif heißt übersetzt „verdauungsfördernd" und ist somit das genaue Gegenstück zum Aperitif. Ganz einfach, oder?*

2.1 Aperitifs

Welche Aperitifs werden in Ihrem Lieblingsrestaurant angeboten? Gibt es eine spezielle Aperitifkarte? Tauschen Sie Ihre Erfahrungen in der Gruppe aus.

Aperitifs sind in der Regel alkoholische Getränke. Sie werden zur Anregung des Appetits vor dem Essen serviert und dienen als Einstimmung auf kommende Genüsse. Aperitifs können trocken, fruchtig, aber auch zartbitter sein.

In vielen Ländern ist es üblich, den Aperitif vor dem Essen an der Bar einzunehmen (England, USA, Italien). Bei uns wird der Aperitif meist am Tisch konsumiert. Als Verkaufshilfe dient eine Aperitifkarte. Noch besser ist ein gut bestückter Aperitifwagen. Der Gast kann das Angebot sehen und das „rollende Aperitifbuffet" ermöglicht optimale Beratung sowie einen raschen Service.

Klassische Aperitifs

Trockene Schaumweine	Champagner Brut oder Rosé, trockener Sekt – oft mit Fruchtsäften, Fruchtmark, Holundersirup oder Crème de Cassis (Kir Royal) gemischt; Prosecco mit Aperol als Aperol Sprizz; Rosato Sprizz
Bitteraperitifs	Cynar, Aperol, Campari auf Eis, mit Sodawasser, Orangensaft oder Maracujasaft
Likörweine	Sherry (Fino, Manzanilla oder Amontillado), White Port pur oder als Port Tonic mit Eis im Tumbler
Weinhaltige Aperitifs	Wermut trocken oder extra dry, Dubonnet, Lillet …
Anisées	Pastis, Pernod, Ouzo; klassisch auf Eis mit kaltem Wasser serviert oder auch mit Fruchtsäften
Alkoholfreie Aperitifs	Orangen- und Grapefruitsaft (am besten frisch gepresst), Tomatensaft, Kombucha; Bitter Lemon und Tonicwater (auch in Verbindung mit Wodka und Gin)

Mit Aperitifs lassen sich auch Wartezeiten auf einen freien Tisch überbrücken

Aperitifgläser siehe Seite 33.

Amerikanische Gäste bevorzugen vor dem Essen sogenannte Before-(Pre-) Dinner-Cocktails (siehe Seite 216 f.) wie Martini Cocktail, Manhattan, Manhattan Perfect oder Americano.

2.2 Digestifs

Der Digestif ist gewissermaßen der harmonische Abschluss eines schönen Essens. Oft wird er in Verbindung mit Kaffee, manchmal auch mit einer Zigarre genossen. Digestifs erfreuen sich steigender Beliebtheit, dazu tragen auch die besonders hohen Qualitäten der in Deutschland erzeugten Obstdestillate bei.

Um dem Gast die ganze Vielfalt der Digestifs perfekt präsentieren zu können, empfiehlt es sich, mit einem **Digestifwagen** zu arbeiten. Der Digestifwagen bietet dem Gast einen hervorragenden Überblick über das gesamte Digestifsortiment. Wichtig ist, dass die Flaschen mit den Etiketten zum Gast zeigen.

Die Flaschen müssen mit dem Etikett zum Gast zeigen

Klassische Digestifs

Likörweine	Sherry (Cream Sherry oder P. X.), Portwein (Tawny oder Vintage Ports, Late Bottled Vintage Ports) u. a.
Internationale Spirituosen	Cognac, Armagnac, Calvados, Whisk(e)y, Wodka, Rum (fassgereift), Grappa
Edelliköre Bitter-/Kräuterliköre	Grand Marnier, Cointreau, Drambuie, Tia Maria, Fernet Branca, Bénédictine D. O. M., Jägermeister u. a.
Obstdestillate	Edelbrände aus: ■ Steinobst, z. B. Aprikosenbrand ■ Kernobst, z. B. Quitten-, Apfelbrand, Williams-Birnen-Brand, Kirschwasser ■ Beerenobst, z. B. Holunder-, Himbeergeist ■ Wildfrüchten, z. B. Vogelbeerenbrand (Eberesche)

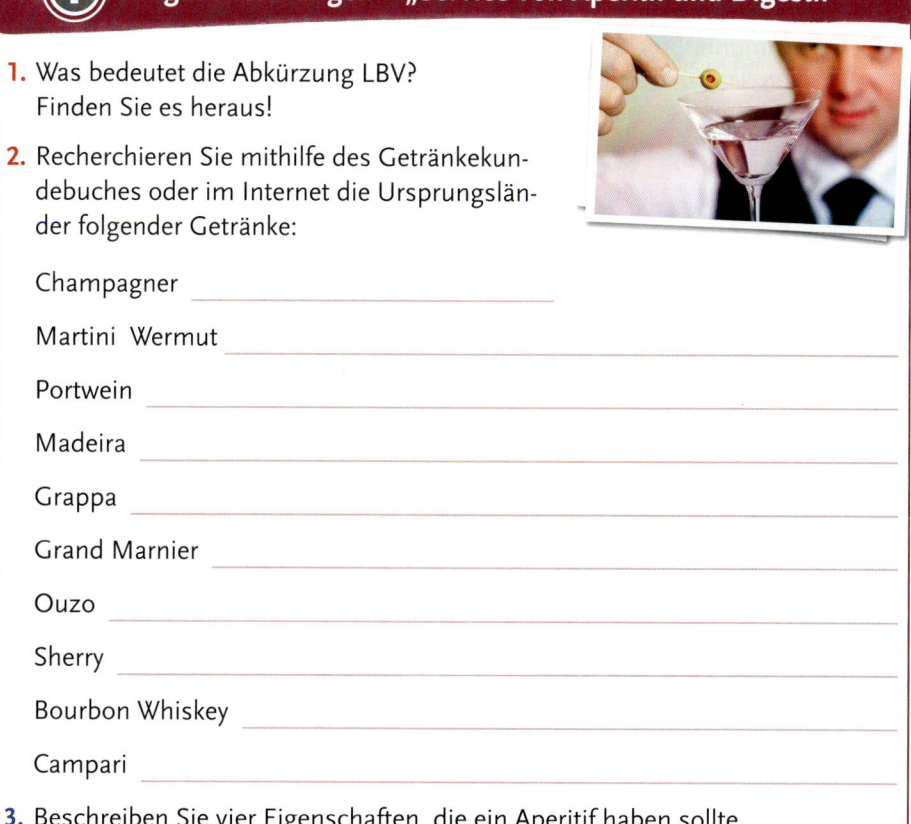

(?) Aufgabenstellungen – „Service von Aperitif und Digestif"

1. Was bedeutet die Abkürzung LBV? Finden Sie es heraus!

2. Recherchieren Sie mithilfe des Getränkekundebuches oder im Internet die Ursprungsländer der folgender Getränke:

Champagner _____

Martini Wermut _____

Portwein _____

Madeira _____

Grappa _____

Grand Marnier _____

Ouzo _____

Sherry _____

Bourbon Whiskey _____

Campari _____

3. Beschreiben Sie vier Eigenschaften, die ein Aperitif haben sollte.

Cognac, ein klassischer Digestif

3 Ausschank und Service von offenen Getränken

Melina nimmt die Bestellung der Getränke an einem Tisch entgegen. Ein Gast bestellt ein frisch gezapftes Pils, ein Gast ein Glas Roséwein und zwei Gäste einen Aperol Sprizz. Sie überlegt, in welcher Reihenfolge sie die bestellten Getränke herrichtet.

§ Nach dem **Meß- und Eichgesetz** müssen die Schankgefäße mit einem Füllstrich, mit der Bezeichnung der Inhaltsmenge und dem Litermaß versehen sein. Strich und Bezeichnung müssen durch Schnitt, Schliff oder Brand angebracht und leicht erkennbar sein.

Unter offenen Getränken versteht man alle alkoholfreien und alkoholischen Getränke, die dem Gast nicht in der Originalflasche serviert werden. Die Getränke werden in geeichte Karaffen bzw. Krüge gefüllt oder direkt in Gläser mit Füllstrich eingeschenkt bzw. mittels Schankanlage portioniert und so zum Tisch des Gastes gebracht.

Glasweiser Ausschank von Wein

Glasweise werden auch Schaum- und Qualitätsweine angeboten. Der Wein kann am Getränkebuffet in das Glas oder die Karaffe gefüllt werden oder er wird zuerst dem Gast beim Tisch präsentiert und anschließend in die eingestellten Gläser gefüllt. Dieser Getränkeservice kann auch bei Spirituosen angewendet werden.

Vor allem Gäste, die keine ganze Flasche Wein zum Gericht genießen wollen, schätzen den glasweisen Ausschank sehr

Ausschank von offenem Bier

Die Voraussetzungen für einen guten Bierservice:
- Optimale Lagerung der Fässer: kühl, ruhig und lichtgeschützt (Sonnenbestrahlung im Freien vermeiden)
- Richtiger, ununterbrochener gleichmäßiger Kohlensäuredruck
- Peinlichste Sauberkeit aller Schankutensilien, wie z. B. Fassarmatur, Zapfhähne, Bierleitungen und Gläser

Tipps für perfektes Bierzapfen
- Spülen Sie das Bierglas gründlich mit der Gläserdusche.
- Zapfen Sie das Bier in drei Schritten, die Zapfdauer beträgt maximal drei Minuten.

Setzen Sie dem Bier die „Haube" auf!
- Halten Sie das Glas schräg und füllen Sie es zügig, bis der Schaum etwa zur Hälfte im Glas steht.
- Zapfen Sie anschließend nach.
- Setzen Sie in einem dritten Schritt die Schaumkrone auf.

? Warum soll man in Biergläsern keine anderen Getränke, vor allem keine Milch ausschenken?

- Servieren Sie das Bier rasch, versehen mit einer Glasmanschette oder einem Underliner.
- Das erste gezapfte Glas des Tages, das sogenannte Leitungsbier, muss weggegossen werden, da es schal und abgestanden ist.

(?) Aufgabenstellung – „Zapfstörung"

■ Notieren Sie jeweils drei mögliche Ursachen für folgende Zapfstörungen:

Bier läuft nicht

Bier läuft trüb

Bier schäumt zu viel

Bier schäumt zu wenig

Ausschankmenge von offenen Getränken

Mit dem neuen Meß- und Eichgesetz gibt es seit 1. Januar 2015 folgende Regelungen:

■ Ausschankmaße sind 1 cl, 2 cl, 4 cl, 5 cl und 10 cl sowie 0,1l, 0,15l, 0,2l, 0,25l, 0,3l, 0,33l, 0,4l, 0,5l sowie 1 Liter, 1,5 Liter, 2, 3, 4 und 5 Liter

■ Ausnahmen sind die Heißgetränke, wie Kaffee, Tee und Kakao; diese müssen nicht in geeichten Gefäßen serviert werden

■ Bei Ton- und Keramikkrügen muss auf Verlangen die Füllmenge mit einem Umfüllmaß geprüft werden

■ Die Gläser müssen in der Nähe des Eichstrichs das EU-spezifische „CE"-Zeichen mit Herstellungsjahr und Nummer der Konfirmitätsbewilligungsstelle haben, die das Ausschankbehältnis zertifiziert hat

Ausschankmenge	Getränkeart
2 cl	Digestifs (Spirituosen zwischen 15 Vol.-%, wie Eierlikör, und 45 Vol.-%)
4 cl	Spirituosen doppelt
5 cl	Aperitifs, z. B. Likörweine (ca. 15–20 Vol.-%), wie Sherry, Portwein, Madeira Digestifs, z. B. Likörweine, Grappa
0,1 l	Aperitifs, Kir Royal, Sekt und andere Schaumweine
0,15 l	Bier
0,2 l	Wein, kleines Bier, Softgetränke
0,25 l	Wein, kleines Bier, Softgetränke
0,3 l	Bier, Softgetränke
0,33 l	Bier
0,4 l	Bier, Softgetränke
0,5 l	Bier
1 l	Bier (groß)

Die Ausschankmenge von Likörweinen (Sherry, Port, Madeira ...) beträgt 5 cl

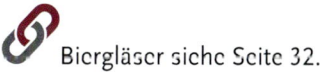 Biergläser siehe Seite 32.

Das Serviertablett wird für den Bierservice in Biergärten, aber auch in Gasthausbetrieben verwendet.

Um einen reibungslosen Getränkeservice zu gewährleisten müssen rutschfeste Serviertabletts verwendet werden

Mise en place für den Getränkeservice

- Rutschfestes Serviertablett
- Nicht beschädigte Karaffen, Krüge und Gläser mit Füllstrich
- Trinkhalme (für Kinder), Eis, Zitronenscheiben, gepresste Säfte …

Ablauf des Getränkeservice

- Beim Service von Getränken in Karaffen und Krügen setzen Sie zuerst das leere Glas dem Gast von der rechten Seite ein. Anschließend wird das Getränk aus der Karaffe bzw. dem Krug eingeschenkt.
- Füllen Sie das Glas maximal bis zu zwei Drittel mit dem Getränk. Platzieren Sie die Karaffe oder den Krug oberhalb des Glases.
- Wurde das Glas bereits am Getränkebüffet befüllt, wird es über der Messerspitze eingesetzt.
- Haben Gläser Vignetten, müssen diese zum Gast zeigen.
- Achten Sie darauf, dass schwere Karaffen, Gläser und Flaschen beim Tragen des Tabletts immer beim Körper sind.
- Stellen Sie Bier und Kaffee zuletzt auf das Tablett, damit die Schaumkrone des Bieres und die Crema des Kaffees erhalten bleiben.

? Aufgabenstellungen – „Service von offenen Getränken"

1. Ergänzen Sie in der Tabelle die Ausschankmenge der angeführten Getränke sowie das passende Glas, in dem das Getränk serviert wird.

Getränk	Ausschankmenge	Glas
Limonade		
Bier		
Wermut		
Schaumwein		
Portwein/Sherry		
Whisk(e)y		
Beerenauslese		
Aprikosenbrand		
Likör		
Schankwein		

2. Beschreiben Sie das Mise en place für den Getränkeservice.

3. Lesen Sie die Broschüre „Perfekt gezapft" vom Deutschen Brauer-Bund und fassen Sie die Aussagen zusammen. Bereiten Sie eine Präsentation vor.

UNSER REINHEITSGEBOT
500 Jahre

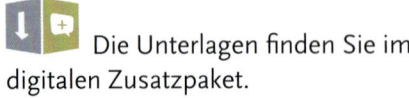 Die Unterlagen finden Sie im digitalen Zusatzpaket.

4. Beschreiben Sie, wie ein Bierkeller auszusehen hat.

4   Service von Getränken in Flaschen

> *In Lukas Betrieb werden verschiedene Mineralwässer, Fruchtsäfte, Limonaden und andere Erfrischungsgetränke, aber auch Biere in der Originalflasche serviert. Worauf muss Lukas beim Service dieser Getränke achten?*

4.1   Ablauf des Getränkeservice

- Stellen Sie nur saubere Flaschen auf das mit einer Stoff- oder Papierserviette belegte Serviertablett.
- Stellen Sie zu den Flaschen passende Gläser auf das Tablett.
- Stellen Sie zuerst das Glas von der rechten Seite oberhalb der Messerspitze oder neben dem Standglas ab.
- Stellen Sie die Flasche rechts oberhalb vom Glas ab oder füllen Sie das Glas zu ca. zwei Drittel mit dem Getränk.
- Legen Sie beim Einschenken den Flaschenhals nicht auf den Glasrand.
- Nehmen Sie beim Einschenken des Bieres aus der Flasche das Bierglas in die linke Hand, halten Sie es schräg und schenken Sie vorsichtig aus der Flasche ein.
- Stellen Sie Gläser und Flaschen immer so ein, dass das Logo des Glases und das Flaschenetikett zum Gast zeigen.
- Vergessen Sie nicht, Säfte und Nektare vor dem Öffnen zu schütteln.
- Räumen Sie die Flaschen nach dem **FiFo-Prinzip** (First in – First out) in die Kühlladen, wischen Sie die Flaschen vorher ab.

Halten Sie das Bierglas beim Einschenken schräg. Dadurch verhindern Sie, dass Kohlensäure verloren geht und sich zu viel Schaum (speziell bei Weizenbier) bildet.

4.2 Flaschenweinservice

Stimmen Sie den Weinservice auf die Gästefrequenz ab und führen Sie den Service rasch und unkompliziert durch.

Klassischer Weinservice (mit Korken)

Mise en place auf dem Guéridon

- Weinflasche
- Gebrochene Handserviette
- Brotteller zum Präsentieren des Korkens
- Brotteller als Ablageteller für die Kapsel
- Zwei Papierservietten zum Reinigen des Flaschenmundes und -halses sowie zum Herausdrehen des Korkens
- Ein Reserve-/Kostglas, falls beim Einschenken des Probeschlucks Korkbrösel in das Gästeglas gelangen bzw. wenn der/die Servicemitarbeiter/in oder Sommelier/Sommelière den Wein verkostet
- Hebelkorkenzieher mit Messer. Der Korkenzieher sollte einen Hebel mit zwei Hebelansätzen aufweisen, mit deren Hilfe der Korken in zwei Stufen herausgezogen wird. Dadurch lassen sich auch sehr lange Korken mühelos entfernen.
- Weinkühler (nur für den Weißweinservice)

Serviceablauf beim klassischen Weinservice

1 Die Flasche mit der gebrochenen Handserviette auf der linken Hand liegend der Bestellerin/dem Besteller von links präsentieren, die rechte Hand unterstützt. Etikett und geschlossene Seite der Handserviette zeigen zum Gast.

2 Die Flasche auf dem Guéridon abstellen, das Etikett schaut dabei zum Gast

3 Die Kapsel mit einem T-Schnitt entfernen (die Flasche dabei nicht drehen)

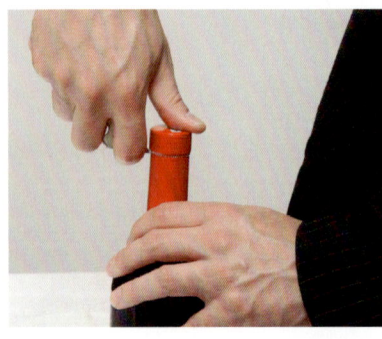

4 Die Kapsel abheben und auf den Ablageteller legen. Die linke Hand fixiert dabei die Flasche.

5 Den Flaschenmund und den Korken mit einer Papierserviette reinigen

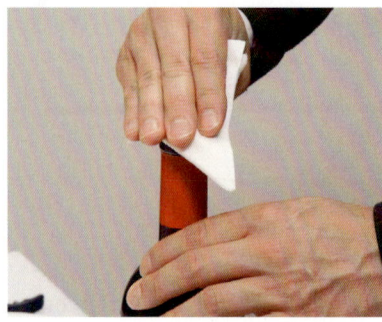

6 Die Spitze des Korkenziehers in der Mitte des Korkens schräg ansetzen und bis zur letzten Windung gerade hineindrehen

Der Korken soll nicht durchbohrt werden, da sonst Korkbrösel in den Wein fallen.

7 Den Hebel am Flaschenhals ansetzen, den Korken anheben und geräuschlos langsam herausziehen. Dabei den Hebel mit der linken Hand am Flaschenhals fixieren, um ein Abrutschen zu vermeiden.

Gegebenenfalls für das letzte Stück den Korken mit einer Papierserviette umfassen und mit einem leicht

„schmatzenden" Geräusch aus der Flasche entfernen

8 Der Naturkorken kann von der Servicemitarbeiterin/vom Servicemitarbeiter oder Sommelière/Sommelier auf Aussehen und Geruch kontrolliert werden

9 Den Korken zusammen mit der Flasche der Bestellerin/dem Besteller präsentieren. Der Korkbrand zeigt zum Gast.

10 Den Flaschenmund mit einer Papierserviette reinigen

11 Die Handserviette nochmals brechen und in der linken Hand halten, um etwaige Tropfen nach dem Einschenken vom Flaschenhals zu entfernen

12 Der Bestellerin/dem Besteller von rechts einen Probeschluck einschenken. Während der Gast probiert, eventuell nochmals die Flasche präsentieren.

13 Wird der Wein akzeptiert, zuerst den Damen, dann den Herren und zuletzt der Bestellerin/dem Besteller einschenken

14 Die Flasche auf den Guéridon bzw. in den Weinkühler zurückstellen

15 Den Guéridon aufräumen

16 Vergessen Sie nicht nachzuschenken

Eventuell ist ein Chambrieren, also das Auf-Trinktemperatur-Bringen eines Rotweines notwendig.

Weinservice beim Dreh- und Glasverschluss

Der Weinservice von Weinflaschen mit Dreh- und Glasverschluss unterscheidet sich nur beim Öffnen. Dreh- und Glasverschlüsse werden der Bestellerin/dem Besteller nicht präsentiert, sondern auf einen Ablageteller gelegt. Ein zusätzlicher Teller für den Korken ist daher nicht erforderlich.

Öffnen von Weinflaschen mit Drehverschluss

1. Bei Verschlüssen mit Folie, die Folie vor dem Aufdrehen entfernen und auf den Ablageteller legen.
2. Den Verschluss aufdrehen, abheben und ablegen.
3. Den Flaschenmund mit einer Papierserviette reinigen.
4. Die weiteren Schritte erfolgen wie beim klassischen Weinservice.

Öffnen von Weinflaschen mit Glasverschluss

1. Die Kapsel durch Drehen von der Flasche entfernen und auf den Ablageteller legen.
2. Anschließend den Glaspfropfen mit dem rechten Daumen vorsichtig rausdrücken und ablegen.
3. Den Flaschenmund mit einer Papierserviette reinigen.
4. Die weiteren Schritte erfolgen wie beim klassischen Weinservice.

Gästen, die Interesse am Glasverschluss zeigen, kann dieser auf einem Teller präsentiert werden.

Dekantieren von Rotwein

Dekantieren ist das Trennen des Weines vom Depot. Nach Jahren der Reife bzw. der Lagerung von Rotweinen setzen sich Sedimente (Gerb- und Farbstoffe) in der Flasche ab. Deswegen wird der Wein von der Originalflasche in eine Dekantierkaraffe umgefüllt, wobei das Depot in der Flasche zurückbleiben muss.

Mise en place auf dem Guéridon

- Rotweinflasche in einem mit einer Stoffserviette ausgelegten Dekantierkorb
- Dekantierkaraffe
- Gebrochene Handserviette
- Brotteller zum Präsentieren des Korkens
- Brotteller als Ablageteller für die Kapsel
- Zwei Papierservietten zum Reinigen des Flaschenmundes und -halses sowie zum Herausdrehen des Korkens
- Kerzenständer mit einer weißen Kerze und Streichhölzer
- Reserve-/Kostglas
- Hebelkorkenzieher mit Messer

Serviceablauf beim Dekantieren von Rotwein

1. Die Flasche vorsichtig aus dem Regal nehmen, mit dem Etikett nach oben im Dekantierkorb zum Guéridon tragen.

2. Die Rotweinflasche im Dekantierkorb von rechts präsentieren.

3 Den Dekantierkorb auf den Guéridon zurückstellen, der Flaschenhals zeigt nach rechts

4 Die Kerze anzünden, um einen später störenden Schwefelgeruch im Wein zu vermeiden

5 Die Kapsel mit einem T-Schnitt anschneiden. Dabei werden die Flasche und der Dekantierkorb mit der linken Hand gehalten.

Die Flasche darf sich nicht drehen

6 Die ganze Kapsel entfernen und auf den Teller ablegen

7 Mit der Papierserviette den Flaschenmund und den Korken reinigen

8 Flasche und Korb mit der linken Hand halten, den Korkenzieher in der Mitte ansetzen und die Spindel bis zur letzten Windung hineindrehen

9 Den Hebel am Flaschenhals mit der linken Hand fixieren und den Korken vorsichtig herausziehen

Gegebenenfalls für das letzte Stück den Korken mit einer Papierserviette umfassen und mit einem leicht „schmatzenden" Geräusch aus der Flasche entfernen

10 Der Naturkorken kann von der Servicemitarbeiterin/vom Servicemitarbeiter oder Sommelière/Sommelier auf Aussehen und Geruch kontrolliert werden

11 Korken auf dem Brotteller der Bestellerin/dem Besteller präsentieren. Der Korkbrand zeigt zum Gast. Flasche im Dekantierkorb dabei präsentieren.

12 Den Flaschenmund mit der Papierserviette reinigen

13 Das Rotweinglas der Bestellerin/des Bestellers mit der linken Hand ausheben und einen Probeschluck eingießen. Vor dem Einsetzen das Glas eventuell schwenken.

14 Wird der Wein akzeptiert, den Flascheninhalt behutsam in die Karaffe leeren. Dabei den Dekantierkorb und die Flasche mit der rechten Hand fest umfassen und die Karaffe in der linken Hand schräg halten. Der Flaschenhals befindet sich vor dem Lichtschein der Kerzenflamme. Somit erkennt man, wann das Depot in den Flaschenhals kommt und der Dekantiervorgang unterbrochen werden muss.

15 Die Weinflasche im Dekantierkorb auf dem Guéridon abstellen

16 Die Flamme löschen, indem man den Docht mit dem gebrauchten Zündholz in das flüssige Wachs taucht. Den Docht anschließend sofort wieder aufrichten.

17 Den Wein nach der klassischen Reihenfolge einschenken. Dazu kann das Glas ausgehoben werden. Das Glas wieder einstellen und etwaige Tropfen am Karaffenhals mit der Serviette entfernen.

18 Dekantierkaraffe auf dem Guéridon abstellen und die Handserviette danebenlegen

19 Den Guéridon aufräumen

Beim Dekantieren sollte der Wein langsam an der Innenwand der Karaffe entlangfließen und nicht direkt auf den Boden gelangen.

Vergessen Sie nicht nachzuschenken.

Schaumweinservice

Mise en place auf dem Guéridon

- Schaumweinkühler mit Wasser, Eis und Schaumweinflasche auf passendem Teller oder Standschaumweinkühler
- Handserviette liegt gebrochen über dem Kühler
- Brotteller zum Präsentieren des Korkens
- Brotteller als Ablageteller für Kapsel und Agraffe
- Reserve-/Kostglas
- Papierserviette zum Reinigen des Flaschenhalses

Serviceablauf beim Schaumweinservice

1. Die Schaumweinflasche aus dem Kühler heben und auf der Handserviette auf der linken Hand liegend der Bestellerin/dem Besteller von rechts präsentieren. Die geschlossene Seite der Handserviette zeigt dabei zum Gast.

2. Die Flasche mit dem Etikett zum Gast auf die Handserviette stellen, um Abdrücke auf dem Guéridon zu vermeiden. Die Flasche kann auch im Kühler geöffnet werden.

3. Die Kapsel wird mithilfe des Aufreißverschlusses entfernt

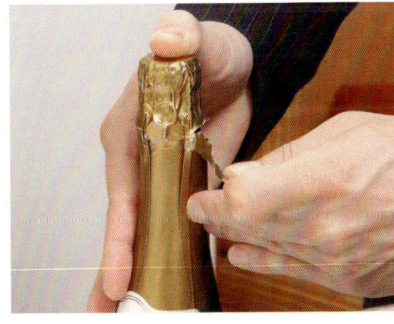

4. Die Agraffe öffnen, dabei den Korken unbedingt mit dem Daumen fixieren

5. Die Agraffe abheben und den Daumen sofort wieder auf den Korken drücken. Durch den Kohlensäuredruck in der Flasche muss der Korken gesichert werden.

6. Die Agraffe auf den Ablageteller legen

7. Mit der Handserviette den Korken umfassen und mit der zweiten Hand die Flasche am Flaschenboden fixieren. Langsam drehen, bis der Korken (ohne Knall!) herauskommt.

8. Die Flasche beim Öffnen schräg halten (nicht auf die Gäste gerichtet!)

9. Den Korken auf Aussehen und Geruch kontrollieren und auf den Brotteller legen

10. Den Flaschenmund mit der Papierserviette reinigen

11. Die Handserviette kommt gebrochen auf die rechte Hand und die Flasche wird daraufgelegt. Oder die Flasche wird in die Serviette eingeschlagen. Das Etikett muss dabei sichtbar bleiben.

12. Das Glas ausheben, schräg halten und einen Probeschluck einschenken

13. Den Schaumwein nach der klassischen Reihenfolge einschenken. Dazu werden die Gläser ausgehoben und schräg gehalten, um ein Überschäumen zu verhindern. Zusätzlich bleibt die Kohlensäure erhalten und das Einschenken geht schneller.

14. Die Flasche in den Kühler zurückstellen und die Handserviette darüberlegen

15. Den Guéridon aufräumen

Frappieren

Frappieren heißt kühlen. Zum Frappieren benötigt man einen Weinkühler, Eis, Wasser und grobes Kochsalz. Frappiert wird ausschließlich im Office, und zwar Schaumweine sowie Weiß- und Roséweine, die nicht die gewünschte Trink- bzw. Serviertemperatur aufweisen.

Arbeitsablauf beim Frappieren

- Geben Sie einige Eiswürfel auf den Boden des Kühlers.
- Setzen Sie die Schaumweinflasche gerade darauf und umgeben Sie die Flasche ca. 10 cm hoch mit Eis.
- Streuen Sie eine Handvoll grobes Salz über das Eis. Wiederholen Sie diesen Vorgang bis zum Rand des Kühlers.
- Füllen Sie ca. 0,5 l Wasser ein – es bildet sich eine Sole.
- Drehen Sie die Flasche vorsichtig so lange, bis sich an der Außenwand des Kühlers eine dünne Eisschicht gebildet hat.

 ## Ziele erreicht? – „Getränkeservice"

1. Führen Sie die ideale Trinktemperatur von Cognac, Champagner und körperreichem Rotwein an.

Getränk	Ideale Trinktemperatur
Coganc	
Champagner	
Körperreicher Rotwein	

2. Lösen Sie folgende Aufgabe in Kleingruppen: Stellen Sie in einem Rollenspiel den Service von offenen Getränken in einem Restaurant nach. Bereiten Sie das Mise en place auf dem Serviertisch oder Guéridon vor: diverse mit Wasser gefüllte Portionsflaschen und Karaffen, zum Getränkeangebot passende Gläser, Serviertabletts. Nehmen Sie die Bestellung an einem Tisch für vier Personen entgegen und servieren Sie die Getränke fachgerecht.

Diskutieren Sie anschließend, ob der Service in der Praxis zufriedenstellend verlaufen wäre, und notieren Sie, was funktioniert hat und was beim nächsten Mal verbessert werden muss.

3. Zählen Sie verschiedene klassische Aperitifs auf.

4. Nennen Sie Getränkearten, die zur Gruppe der klassischen Digestifs gehören.

5. Geben Sie Tipps für ein perfektes Bierzapfen und einen perfekten Bierservice.

6. Erklären Sie das FiFo-Prinzip.

7. a) Finden Sie in dem Buchstabenrätsel zehn Fachbegriffe, die mit dem Servieren von Weinen und Schaumweinen in Zusammenhang stehen.

N	D	J	B	Z	K	X	E	V	O	C	K	D	V	K
E	D	Q	T	W	T	F	D	S	H	C	V	E	L	C
R	P	Z	I	D	F	V	K	A	U	Y	F	K	L	E
E	O	U	W	A	D	O	M	L	U	D	P	A	R	T
I	B	W	R	Q	J	B	H	T	H	C	Y	N	Q	S
P	R	G	E	L	R	C	O	Z	T	D	X	T	Z	E
P	A	B	M	I	S	G	W	V	I	N	B	I	K	B
A	G	C	E	E	N	N	W	M	W	G	Q	E	X	R
R	Y	R	B	O	A	K	W	W	O	C	P	R	V	E
F	E	O	I	E	O	P	U	I	J	U	C	E	S	N
N	R	F	L	A	S	C	H	E	N	M	U	N	D	L
P	D	E	P	O	T	R	I	D	H	X	R	Y	N	L
D	B	Y	L	R	O	I	B	A	G	L	D	E	L	E
N	E	K	R	O	K	R	U	T	A	N	E	A	D	K
M	R	D	U	W	Y	I	F	V	K	X	S	R	P	L

Tragen Sie hier die Begriffe ein

_____

_____

_____

_____

_____

_____

_____

_____

_____

_____

 b) Erklären Sie die Fachbegriffe gastgerecht. Die Lösung des Buchstabenrätsels finden Sie im digitalen Zusatzpaket.

Spezialgedecke

Spezielle Gedecke werden für eine ganze Reihe von Gerichten eingedeckt, die mit herkömmlichen Besteckteilen nicht oder nur sehr schwer gegessen werden können. Auch für deren Präsentation werden spezielle Utensilien und Serviergegenstände verwendet, die sonst kaum benötigt werden. Die Palette dieser Speisen reicht von feinen Gemüsegerichten über Weich-, Schal- und Krustentiere bis zu Gänseleberpastete und Kaviar.

Voraussetzungen für den richtigen Service sind gute Kenntnisse der einzelnen Produkte sowie das Fachwissen über die Zubereitungsmöglichkeiten, die passenden Beigaben, die Anrichteweise und die korrespondierenden Getränke.

KOMPETENZ-ERWERB

Meine Ziele

Nach Bearbeitung dieses Kapitels kann ich

- die Zubereitungs- und Anrichtearten von exklusiven Gerichten beschreiben;
- zu den Gerichten passende Beigaben und im aktiven Verkaufsgespräch entsprechende korrespondierende Getränke empfehlen;
- verschiedene Spezialgerichte fachlich korrekt eindecken;
- die Gerichte professionell präsentieren und servieren.

1 Schnecken (Weinbergschnecken)

> *Schnecken sind Weichtiere. Im Mittelalter waren Weinbergschnecken eine traditionelle Fastenspeise. Heute sind Schnecken eine Spezialität, die auf verschiedene Arten zubereitet wird. Typisch für Schneckenspeisen ist die Verwendung von Knoblauch und Kräutern.*

? Was sind Weichtiere? Welche Weichtiere außer Schnecken werden noch gegessen?

Zubereitungsarten

- **Nach Burgunder Art:** Schnecken in Kräuterbutter
- **Nach Dijoner Art:** Die gekochten Schnecken mit einer Reduktion aus Rotwein, Schalotten und Kalbsglace in die Gehäuse füllen, Gehäuse mit Schneckenbutter verschließen und im Backofen garen
- **Gebacken:** Schnecken panieren und in Fett backen; mit Messer und Gabel essen
- **Mariniert:** Schnecken in Weißwein und Essig mit Pilzen und Gewürzen kochen, erkalten lassen; mit Messer und Gabel essen

Weinbergschnecken werden bereits kochfertig angeboten. Die **Petit gris** ist eine in Frankreich beliebte Schneckenart. Sie ist kleiner und das Fleisch ist etwas dunkler.

Anrichtearten

Weinbergschnecken werden gerne als Vorspeise bestellt. Eine Portion sind in der Regel sechs, selten zwölf Stück.
- Schnecken im Gehäuse werden in der Schneckenpfanne eingesetzt,
- Schnecken ohne Gehäuse in einer Schneckentongutpfanne (Caquelon).

Beigaben und Getränke

- Weißbrot (Baguette)
- Trockene Weißweine (Weißburgunder, Chablis, Silvaner, Grauburgunder, Riesling) oder Rotweine (Spätburgunder, Blaufränkischer, Côtes du Rhône) je nach Zubereitungsart

Servierart

Einsetzen

Spezialgedeck für Schnecken im Häuschen

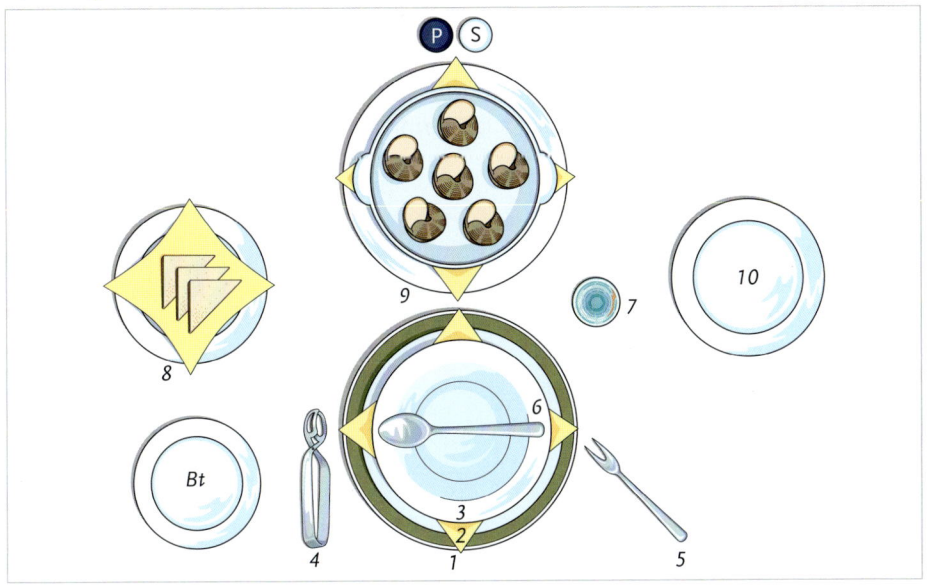

Bt = Brotteller
P = Pfeffer
S = Salz

1. Platzteller mit Underliner
2. Französischer Teller mit Serviette
3. Tiefer Teller
4. Schneckenzange
5. Schneckengabel
6. Großer Löffel oder Mittellöffel
7. Weißwein- oder Rotweinglas
8. Weißbrot auf Mittelteller mit Serviette
9. Schneckenpfanne auf Trageteller mit Serviette
10. Eventuell Mittelteller (Ablageteller)

Bt = Brotteller
P = Pfeffer
S = Salz

1 Platzteller mit Underliner
2 Französischer Teller mit Serviette und Schneckentongutpfanne
3 Schneckengabel
4 Kaffeelöffel
5 Weißwein- oder Rotweinglas
6 Weißbrot auf Mittelteller mit Serviette

💬 Haben Sie schon einmal Schnecken gegessen? Wenn ja, wie haben sie Ihnen geschmeckt? Tauschen Sie Ihre Erfahrungen in der Gruppe aus.

Muscheln sind für die Ökologie des Gewässers, in dem sie leben, von großer Bedeutung, da sie sogenannte Filtrierer sind. Sie entnehmen dem Wasser Sauerstoff und Nahrung und filtern auf diese Weise bis zu 20 Liter Wasser pro Tag.

Spezialgedeck für Schnecken ohne Häuschen

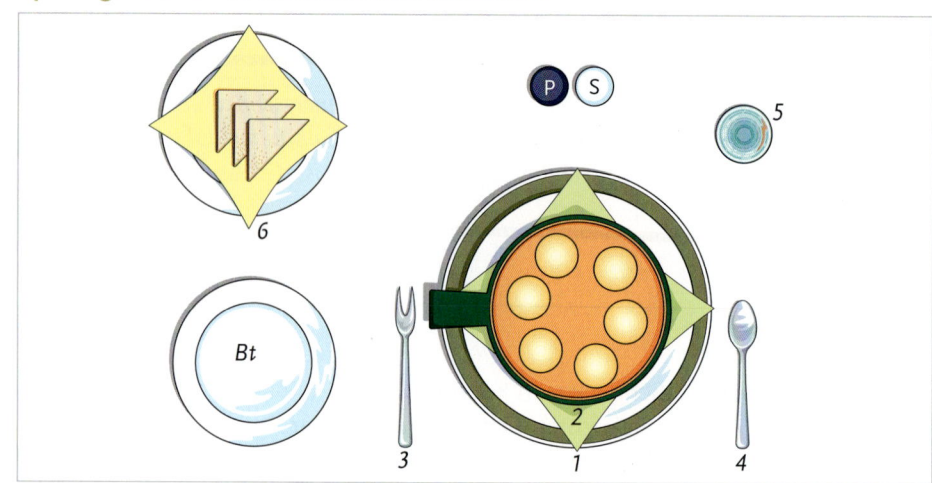

2 Muschelgerichte

> Die Mies- oder Pfahlmuschel ist eine der wichtigsten essbaren Muschelarten, die in vielen Küstengebieten gezüchtet und kultiviert wird. Sie hat eine längliche Form und eine blauviolette Schale. Am schmackhaftesten sind Muscheln übrigens in den Monaten mit einem „r" am Ende.

Muschelarten

- **Jakobsmuschel** (Capesante oder Pilgermuschel): edelste Muschelart
- **Miesmuschel** (Pfahlmuschel): bekannteste europäische Muschelart. Dazu zählt auch die kleinere, edlere französische Bouchot-Muschel.
- **Venusmuschel** (Vongola): namensgebende Zutat der Spaghetti vongole
- **Messermuschel** (Schwert- oder Seidenmuschel): Muschelart, die in Italien und Frankreich meist nur in Weißwein gedünstet verzehrt wird
- **Herzmuschel** (Cardiidae): Der Name kommt von ihrem herzförmigen Querschnitt.

Zubereitung von Miesmuscheln (Moules)

Sie werden warm zubereitet: Moules à la marinière, Moules à la bordelaise oder im Wurzelsud.

Anrichtearten

- In einer Kasserolle, Schüssel oder Terrine auf Rechaudplatte
- Im tiefen Teller

Beigaben und Getränke

- Weißbrot (Baguette)
- Trockener Weißwein, am besten der, der zur Zubereitung verwendet wurde, auch Sherry (Fino) passt ausgezeichnet zu Muschelgerichten

Servierart
Einsetzen

Spezialgedeck für Muscheln im Weißweinsud

Bt = Brotteller mit Buttermesser
P = Pfeffer
S = Salz

1. Platzteller mit Underliner
2. Französischer Teller mit Serviette
3. Tiefer Teller
4. Mittelgabel
5. Mittellöffel für Weißweinsud
6. Weißweinglas
7. Weißbrot auf Mittelteller mit Serviette
8. Suppenterrine mit Kelle auf Rechaudplatte
9. Fingerbowle
10. Mittelteller (Ablageteller)

Wie man Muscheln isst
Man hält die Muschel mit der einen Hand und löst mit der Mittelgabel das Muschelfleisch aus der Schale.

Üblicherweise benutzen Gäste anstelle der Mittelgabel die erste, leere Muschel als Zange, um das Fleisch aus allen weiteren Muscheln herauszulösen.

Woran Sie erkennen, ob Muscheln frisch und genießbar sind, finden Sie auf Seite 79.

3 Austern

Austern werden in Europa hauptsächlich als „Gourmetaustern" roh und eisgekühlt gegessen. Der Gast erwartet stets, dass frische Austern noch leben und will dies auch sehen. Französische Gillardeau-Austern gelten als besonders wertvoll und teuer. Die Austern entsprechen qualitativ den „Spéciales des Claires".

Austern werden großteils in Austernbänken gezüchtet. Nach drei bis fünf Jahren werden die ausgewachsenen Austern in spezielle Klärbecken, sogenannte **„claires"**, umgesiedelt.

Austernarten

- **Europäische Austern** haben eine rundliche, flache Form. Die Namen werden von den Herkunftsgebieten und den Zuchtmethoden abgeleitet.
- **Portugiesische Austern** (Felsenaustern) haben eine längliche, tiefere Form. Sie werden vor allem in Frankreich in Austernteichen gezüchtet. Sie kommen als **„Fines des Claires"** und **„Spéciales des Claires"** in den Handel.

? Austernbrot, was ist das? Finden Sie es heraus!

💡 Wird die Zitronenhälfte mit einem Gazestreifen umwickelt, fallen die Kerne nicht heraus.

Bt = Brotteller mit Buttermesser
P = Pfeffermühle

1 Platzteller mit Underliner
2 Französischer Teller
3 Austerngabel
4 Weißweinglas
5 Mittelteller (Ablageteller)
6 Fingerbowle
7 Austern auf Austernplatte oder auf tiefer Metallplatte mit Eis und zwei großen Gabeln
8 Brot auf Mittelteller mit Serviette

- **Pazifische Felsenaustern** haben eine längliche, elliptische Form. Auch sie werden nach der Zuchtmethode benannt.
- **Amerikanische Austern** haben eine rundliche Form. Sie kommen von der amerikanischen Atlantikküste, z. B. die Blue Point von Long Island.

Zubereitungsarten

- Roh (Austern nature)
- Pochiert (in Weißweinsauce)
- Geräuchert
- Mit Speck umwickelt und gebraten

Anrichteart

Austern nature werden auf einer mit gestoßenem Eis gefüllten Austernplatte oder auf einer tiefen Metallplatte auf Eis angerichtet und meist mit Algen, Seetang und Zitrone garniert.

Beigaben und Getränke

- Pumpernickel, Vollkornbrot, Austernbrot oder getoastetes Schwarzbrot mit (Knoblauch-)Butter, Chesterecken
- Austern- bzw. Weinessig
- Cocktailsauce oder Tabasco
- Frische Zitronenhälften, frischer, gemahlener Pfeffer aus der Mühle
- Trockene Weißweine, z. B. Montrachet, Chablis, Muscadet, Sauvignon blanc
- Trockener Schaumwein oder Champagner
- Oyster Stout (engl. Austernbier)

Servierart

Einsetzen

Spezialgedeck für Austern nature

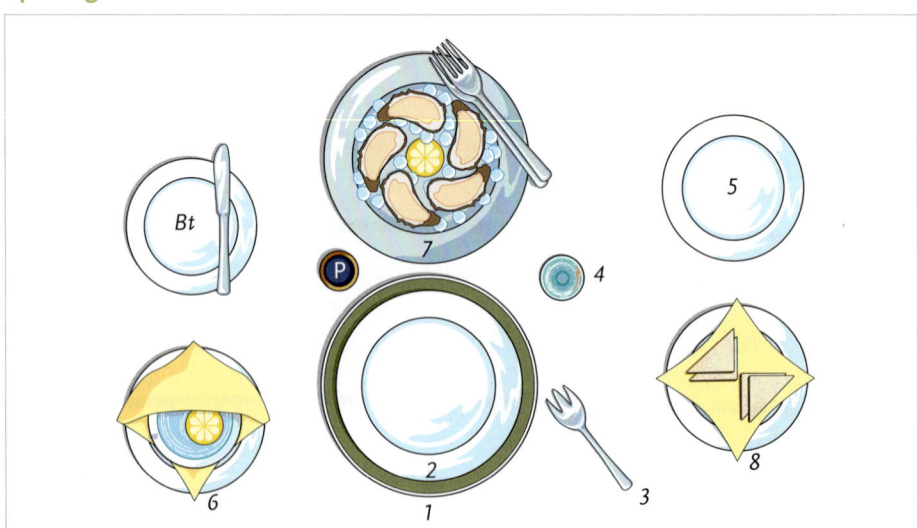

Ist für den Ablageteller nicht genügend Platz, darf man die Schalen auch auf die Platte zurücklegen.

4 Hummer, Languste und Krabbe

Hummer, Languste und Krabbe sind Krustentiere. Hummer gehört zu den ex-klusivsten Gerichten, sein Fleisch ist fest und zart zugleich und schmeckt äußerst delikat. Krustentiere isst man am besten in den Monaten ohne „r".

? Was sind Krustentiere? Finden Sie es heraus!

Wo befindet sich das Fleisch?

Hummer	Languste	Krabbe
Im Schwanzteil, in den Scheren, Armen und Beinen	Im Schwanzteil, in den Beinen	In den Beinen und Scheren

Zubereitungsarten

- Gekocht, kalt oder warm
- Hummer gegrillt
- Hummer „à la Thermidor" (halbiert und gratiniert)
- Hummer „à la Newburg" (ausgelöst und flambiert)

Anrichtearten

- Den Hummer auf einer Platte (mit oder ohne Rechaudplatte) anrichten und vor dem Gast tranchieren
- Den halbierten Hummer auf einer Platte mit den abgetrennten und aufgeschla-genen Scheren anrichten und einsetzen
- Den portionierten (ausgelösten) Hummer mit passender Beilage und Sauce an-richten und einsetzen

Beigaben und Getränke

- **Zu gekochten, kalten Krustentieren:** Saucen auf Mayonnaisebasis in Saucieren, leichte Kräutersaucen mit Olivenöl, Zitronen- und Olivenöl-Dressings oder nur frische Zitrone, Brot und Butter
- **Zu warmen Krustentieren:** zerlassene Butter, zerlassene Butter vermischt mit Zitronensaft (eventuell mit etwas Knoblauch), Sauce hollandaise, leichte Dill-schaumsauce oder nur frische Zitrone
- Trockene Weißweine, z. B. Chardonnay, Weißburgunder, Entre-Deux-Mers, Chab-lis oder Riesling
- Extra trockene Qualitätsschaumweine oder Champagner (brut)

Hummerfleisch aus den Scheren der männlichen Hummer sowie aus den Schwanzteilen der weib-lichen Hummer ist besonders beliebt

? Welche Hummerarten gibt es? Finden Sie es heraus!

Servierarten

Einsetzen oder Tranchieren und Anrichten

Bt = Brotteller mit Buttermesser
P = Pfeffer
S = Salz

❶ Platzteller mit Underliner
❷ Französischer Teller
❸ Mittelgabel
❹ Mittelmesser
❺ Hummerpike
❻ Weißweinglas
❼ Sauciere auf Mittelteller mit Saucenlöffel
❽ Platte mit halbiertem Hummer
❾ Mittelteller oder französischer Teller (Ablageteller)
❿ Fingerbowle
⓫ Brot auf Mittelteller mit Serviette

Spezialgedeck für halben Hummer (kalt) mit Cocktailsauce

Hummer und Languste werden immer halbiert auf der Platte eingestellt. Die Scheren sind beim Hummer bereits abgetrennt und aufgeschlagen. Somit kann der Gast das Fleisch einfacher auslösen. Wird der Hummer im Ganzen serviert, tranchiert die Servicemitarbeiterin/der Servicemitarbeiter den Hummer am Tisch des Gastes.

5   Kaviar

> *Kaviar ist gereinigter und gesalzener Rogen (Eier) von Fischen. Echter Kaviar wird ausschließlich vom Rogen verschiedener weiblicher Störarten gewonnen. Er zählt zu den teuersten und exklusivsten Vorspeisen.*

💡 **Iranischer Kaviar** gilt heute als der beste der Welt. Er wird von der Schweizer Firma Glattfelder angeboten.

💡 Kaviar ist ein äußerst empfindliches Lebensmittel, da der Eiweißabbau schnell einsetzt. Die Salzung dient nicht nur der Stabilisierung des Korns sondern auch der besseren Haltbarkeit.

Ein Großteil des echten Kaviars kommt aus den Ländern rund um das Kaspische Meer (Iran, Russland, Aserbaidschan, Turkmenistan und Kasachstan). Um die natürlichen Bestände an Stören nicht weiter zu gefährden, gibt es Störzuchten sowie künstliche Kaviarproduktion in Nordamerika und Europa.

Kaviar wird in Portionsgläsern zu ein, zwei und vier Unzen (eine Unze = 28,25 g) oder in Blechdosen zu 50, 100, 125, 250, 500 und 1 800 Gramm angeboten. Die Bezeichnung „Malossol" bedeutet, dass der Kaviar mit weniger Salz konserviert wurde.

Kaviarsorten

Man unterscheidet drei Sorten des Störkaviars, die nach der Störart benannt sind.

Vom Stör gewonnene Kaviarsorten		
Belugakaviar	**Ossietrakaviar** (Osietra-, Ossetra-, Ossiotrkaviar)	**Sevrugakaviar**
Blauer Dosendeckel; Kaviar von der größten Störart; hell- bis dunkelgraues Korn; feines Aroma	Ockergelber Dosendeckel; bronzefarbenes Korn; nussiges Aroma ■ Royal Black Kaviar vom jungen Ossietra-Stör; tiefschwarzes, ca. 1,5 mm großes Korn ■ Imperial Kaviar von 30 bis 40 Jahre alten Ossietra-Stören; hell goldbraun schimmerndes, ca. 2 bis 2,5 mm großes Korn	Roter Dosendeckel; Kaviar der kleinsten Störart; grau schattiertes Korn; würziges Aroma

Echter Kaviar wird auch als **„schwarzes Gold der Meere"** bezeichnet. Die Kaviarsorte Beluga kostet rund 6.000 Euro pro Kilogramm, teilweise auch mehr.

Caviar d'Aquitaine ist der Rogen von Zuchtstören. Das stahlgraue bis schwarzbraune Korn ist aufgrund der Frische eher weicher und hat einen feinen, milden, oft nussigen Geschmack, mit gelegentlich leicht erdigem Abgang. Die Gewinnung von Caviar d'Aquitaine finden Sie auf www.youtube.com/watch?v=6uBX4OvY1QI&feature=related

Des Weiteren im Handel angeboten werden:

■ **Ketakaviar** vom Ketalachs. Die Eier sind orangerot, druckempfindlich, klebrig und ca. 5 mm groß.
■ **Forellenkaviar** ist orange, klein- oder mittelkörnig.
■ **Deutscher Kaviar (Kaviarersatz)** ist der Rogen vom Seehasen. Die Eier werden schwarz gefärbt.

Anrichtearten

■ Im Originalbehälter auf gestoßenem Eis oder auf einem Eissockel
■ Im Kaviarkühler mit Kaviareinsatz

Beigaben und Getränke

■ Fein gehackte Schalotten
■ Fein gehacktes Eiweiß, fein gehacktes Eigelb
■ Weißbrottoast mit Butter
■ Zitrone
■ Blinis mit Sauerrahm
■ Trockene Weißweine, z. B. Sancerre oder Riesling
■ Trockener Sekt oder Champagner (brut)
■ Eisgekühlter Wodka

Belugakaviar mit Blini (Buchweizenplätzchen) ist eine teure Delikatessvorspeise

Servierart

Einsetzen

Bt = Brotteller mit Buttermesser
B = Mittelteller mit Serviette, Glasschüssel mit Butter auf Eis und Mittel- oder Kuchengabel
P = Pfeffer
S = Salz

1 Platzteller mit Underliner
2 Französischer Teller
3 Mittelgabel
4 Mittelmesser
5 Kaviarmesser
6 Weißwein-, Sekt- oder Wodkaglas
7 Weißbrottoast oder Blinis auf Mittelteller mit Serviette
8 Französischer Teller mit Serviette, Kaviar im Kaviarkühler auf Eis und Kaviarlöffel
9 Mittelteller mit Serviette, kleinen Glasschüsseln und Kaffeelöffeln

Spezialgedeck für Kaviar

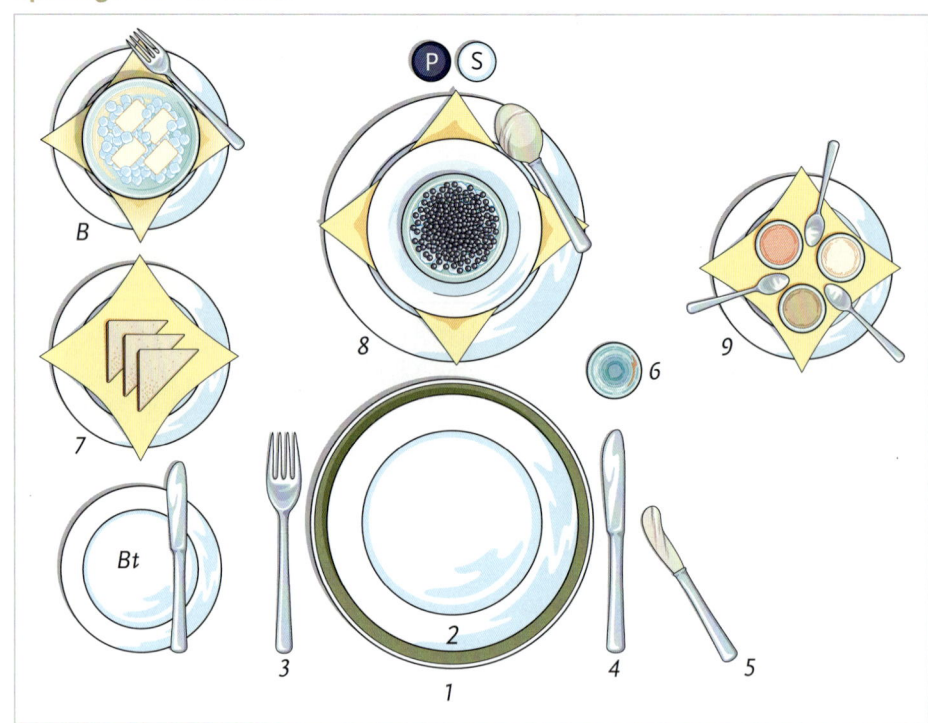

6 Fondue

> *Das Wort Fondue leitet sich von „fondre" ab und bedeutet „schmelzen". Es bezeichnete ursprünglich ein Gericht aus geschmolzenem Käse. Mittlerweile steht der Begriff für Lebensmittel, die in mundgerechte Stücke zerteilt und in heißer Flüssigkeit gegart werden.*

Das bekannteste Schweizer Gericht ist das Käsefondue. Daneben gibt es Fondues aus Fleisch, Fischen und Krustentieren sowie Schokoladenfondues.

Käsefondue

Das traditionelle schweizerische Gericht besteht aus einer Mischung von geschmolzenem Käse, Weißwein und einem Schuss Kirschwasser. Es wird je nach Geschmack mit Knoblauch und Pfeffer abgeschmeckt.

Zubereitungsart

- Eine feuerfeste Fondueschüssel mit einer Knoblauchzehe ausreiben
- In Würfel geschnittenen Gruyère oder Emmentaler hineingeben, mit trockenem Weißwein (Grauburgunder) und mit Kirschwasser schmelzen lassen
- Mit einer Holzspatel oder einem Holzlöffel so lange rühren, bis die Käsemischung sämig ist
- Mit Salz, Pfeffer und Muskatnuss würzen

Käsefondue mit Weißbrotwürfel

Beigaben und Getränke

- Weißbrotwürfel; der Gast dreht sie mit einer Fonduegabel in der Käsemasse
- Trockener Weißwein, vor allem jener, mit dem das Käsefondue zubereitet wurde

Servierart

Einsetzen

Fondue aus Fleisch, Fischen und Krustentieren

Nach der Zubereitung unterscheidet man folgende Arten:

Im Unterschied zu anderen Fleischfondues wird beim Fondue chinoise das Fleisch in Scheiben geschnitten

Zubereitungsarten	
Fondue bourguignonne	**Fondue chinoise**
Zutaten	**Zutaten**
▪ Rinderfilet	▪ Es werden die gleichen Zutaten wie beim Fondue bourguignonne verwendet
▪ Grätenarme Fische, z. B. Zander	
▪ Süßwasserkrebse, Shrimps, Scampi und Muscheln. Fische und Krustentiere werden in Bier- oder Backteig getaucht oder nur in Mehl gewälzt	**Schneideart**
	Die Zutaten werden in **Scheiben** geschnitten
Schneideart	**Garmethode**
Die Zutaten werden in **Würfel** geschnitten	Garen in heißer **Suppe (Fond)**
Garmethode	▪ Die Suppe aus der hauptsächlich verwendeten Fleisch-, Fisch-, oder Krustentierart zubereiten. Sie darf jedoch nicht zu stark gewürzt sein, da sie sich bei der Zubereitung reduziert und so das Fleisch zu scharf wird.
Garen in heißem **Öl**	
▪ Den Kessel eines Fonduesets halb mit Öl füllen und erhitzen	
▪ Eine geschälte Kartoffel hineingeben, um ein Spritzen des Öles zu verhindern	▪ Es kann auch ein Gemüsefond verwendet werden

Fondue bourguinonne

Beigaben und Getränke

- **Fondue aus Fleisch:** Sauce tartare, Sauce rémoulade, Sauce Choron, Sambalsauce oder Tabasco; Weiß- und Schwarzbrot, Senfgemüse (Pickles in Senf) und Mixed Pickles; Bier und einfache Rotweine
- **Fondue aus Fischen und Krustentieren:** Sauce vinaigrette, Sauce tartare oder warme Tomatensauce; trockene Weißweine

Servierart

Einsetzen

Fleischfondues werden auf einem speziellen Fondueteller mit großem Messer und großer Gabel gegessen

Fondue chinoise (bouilli)

Beigaben und Getränke

- Warmes gedünstetes oder gebratenes Gemüse (al dente)
- Sojakeime, Möhren, Bambusmark, Sellerie, Erbsen, Asia-Pilze
- Soja- und Sambalsauce
- Zu Rindfleisch Rotwein

- Zu Schweine-, Kalb- und Hühnerfleisch Weißwein
- Zu Fischen und Krustentieren trockene Weißweine

Servierart

Einsetzen; zusätzlich eine Suppenkelle, eine Suppentasse auf Mittelteller mit Serviette und Untertasse sowie einen Mittellöffel (zum Essen der Suppe) eindecken

Schokoladenfondue (Fondue Suchard)

Zubereitungsart

- In der Fonduepfanne aus feuerfestem Ton oder in der speziellen Schokoladenfonduegarnitur die Schokolade schmelzen
- Sahne und Milch unter ständigem Rühren beigeben, bis eine cremige Konsistenz erreicht ist
- Nach Wunsch des Gastes die Schokoladenmischung mit Jamaikarum oder Kirschwasser verfeinern

Beigaben und Getränke

- Geschnittenes frisches oder pochiertes Obst, z. B. Kiwis, Birnen, Pfirsiche, Bananen (in dicken Scheiben)
- Große Beerenfrüchte (z. B. Erdbeeren)
- In Würfel geschnittenes Biskuit
- Vanilleeis, geschlagene Sahne
- Halbtrockene bis halbsüße Schaumweine, z. B. Asti spumante
- Süßweine

Servierart

Einsetzen

Käse- und Schokoladenfondues werden in einem Keramiktopf zubereitet

---

? Aufgabenstellungen – „Spezialgedecke"

1. Woher kommen folgende europäische Austern? Finden Sie es heraus!

Bélons: _____   Limfjords: _____   Imperiales: _____   Colchesters: _____   Marennes: _____

Ostender: _____   Whitestables: _____   Royal Natives: _____   Arcachons: _____

2. Ergänzen Sie die Kaviarsorte nach der Farbe des Verschlussdeckels:

3. Kreuzen Sie an, zu welchen Gerichten Weißbrot serviert wird:

Schnecken in Kräuterbutter		Krebse	
Moules à la marinière		Kaviar	
Spargel gebacken		Schnecken Dijoner Art	
Käsefondue		Gänseleberterrine	

4. Kreuzen Sie an, zu welcher Art von Tieren Hummer, Languste und Flusskrebs gehören.

☐ Schalentiere ☐ Weichtiere ☐ Krustentiere

5. Informieren Sie sich im digitalen Zusatzpaket über folgende Spezialgerichte: Artischocken, Spargel, Schalen- und Krustentiere. Lösen Sie im Anschluss daran folgende Aufgaben.

- Welche Teile der Artischocke sind genießbar?
- Führen Sie zur Spargelsaison drei angebotene deutsche Spargelarten an.
- Wo befindet sich bei Flusskrebsen das Fleisch?
- Nennen Sie drei Zubereitungsarten für Jakobsmuscheln.
- Wo befindet sich bei Langusten das Fleisch?
- Für welche Speisen wird Krabbenfleisch hauptsächlich verwendet?

Ziele erreicht? – „Spezialgedecke"

KOMPETENZ-ERWERB ✓

1. Führen Sie zu den Spezialgerichten je zwei Zubereitungsmöglichkeiten und passende Beigaben an. Empfehlen Sie zu den Gerichten korrespondierende Getränke. ☺ ☺ ☹

Spezialgerichte	Zubereitungsmöglichkeiten	Passende Beigaben	Korrespondierende Getränke
Schnecken			
Miesmuscheln			
Austern			
Hummer			

2. Schildern Sie die Anrichte- und Servierarten von Hummer, Languste und Krabbe. ☺ ☺ ☹

3. Erklären Sie, was bei der Zubereitung von Muscheln zu beachten ist. ☺ ☺ ☹

4. Erläutern Sie, wie Sie Austern nature anrichten. ☺ ☺ ☹

5. Erklären Sie einem Gast, wozu er beim Schneckengedeck den tiefen Teller benötigt. ☺ ☺ ☹

6. Lösen Sie folgende Aufgabe in Kleingruppen: Stellen Sie in einem Rollenspiel das Aufdecken von Spezialgedecken in einem Restaurant nach. ☺ ☺ ☹

- Decken Sie die benötigen Gedeckteile für nachfolgende Spezialgerichte ein: Schnecken ohne Häuschen, Muscheln im Weißweinsud, halber Hummer (kalt) mit Cocktailsauce und Austern nature.
- Empfehlen Sie zu den Gerichten korrespondierende Getränke.
- Diskutieren Sie anschließend, ob das Aufdecken der Spezialgedecke sowie die Getränkeempfehlung in der Praxis zufriedenstellend verlaufen wären, und notieren Sie, was funktioniert hat und was beim nächsten Mal verbessert werden muss.

Arbeiten am Tisch des Gastes

Das Arbeiten vor dem Gast ist eine Dienstleistung besonderer Art, die für einen Betrieb in materieller und personeller Hinsicht einen großen Aufwand darstellt. Deshalb wird sie auch – abgesehen von ganz wenigen Ausnahmen – nur in der gehobenen Gastronomie angeboten.

Tätigkeiten, die Sie vor dem Gast ausführen, z. B. Tranchieren, Filetieren, Marinieren und Flambieren, haben für ihn viele Vorteile:

- Er kann unmittelbar am Geschehen teilnehmen.
- Seine individuellen Wünsche können berücksichtigt werden.
- Die Speisen sind frisch zubereitet.
- Zusätzlich genießt er einen gewissen Showeffekt.

Sie als Servicemitarbeiter/in benötigen für alle diese Arbeiten ein besonderes Geschick, das Sie sich nur durch intensives Üben aneignen können.

KOMPETENZ-ERWERB

Meine Ziele

Nach Bearbeitung dieses Kapitels kann ich

- Geflügel und Schlachtfleischstücke fachgerecht tranchieren;
- Fische filetieren sowie Salate und Beef tatare marinieren;
- Fleisch und Krustentiere sowie Süßspeisen und Obst unter Einhaltung der Sicherheitsmaßnahmen flambieren;
- das Käsewissen im Beratungs- und Verkaufsgespräch umsetzen, die verschiedenen Käsesorten korrekt präsentieren und servieren sowie eine entsprechende Getränkeempfehlung abgeben;
- selbstständig Arbeiten am Tisch des Gastes durchführen und dabei gezielt auf dessen Wünsche eingehen.

1 Tranchieren

Melina präsentiert dem Gast das Huhn, bevor sie es auf das Tranchier-brett legt. Gekonnt trennt sie in einem ersten Arbeitsschritt die Keulen und kurz darauf die Flügel ab. Worauf muss Melina beim Tranchieren und Anrichten des Huhns im Speziellen achten?

Beim Tranchieren ist es wichtig, den Körperbau der Tiere und die Beschaffenheit der zu tranchierenden Fleischteile genau zu kennen. Außerdem sind beste Fleisch-qualität, die richtige Vor- und Zubereitung in der Küche sowie immer gut geschlif-fene Tranchiermesser Voraussetzungen für ein exaktes Arbeiten. – Ist das Mise en place vollständig, kann mit dem Tranchieren begonnen werden.

Haben Sie schon einmal ein Huhn tranchiert? Wie ist es Ihnen dabei ergangen? Tauschen Sie Ihre Erfahrungen in der Grup-pe aus.

Mise en place auf dem Guéridon

Das Grund-Mise-en-place ist für alle zu tranchierenden Gerichte gleich.

Positionieren Sie den Guéridon so, dass jeder Gast die Möglichkeit hat, Sie zu sehen. Verwenden Sie zum Tranchieren Ihr eigenes Tranchierbesteck, weil Ihnen das Arbeiten mit vertrauten Geräten leichterfällt.

- Tranchierbrett mit Saftrinne und Saftmulde
- Tranchierbesteck (Tranchiermesser und Tranchiergabel)
- Rechaudplatten zum Warmhalten von Fleisch, Beilagen und Tellern
- Vorlegebestecke in Bestecktasche
- Ablageteller (Mittelteller) für Vorlegebesteck
- Ablageteller (Mittelteller oder französischer Teller) für die Karkasse bzw. Kno-chen
- Vorgewärmte englische Teller zum Anrichten der tranchierten Fleischteile
- Handserviette

Karkasse = Knochengerüst.

Beachtenswertes beim Tranchieren

- Heben Sie die Fleischstücke entweder mit dem Vorlegebesteck oder mit dem Tranchiermesser und der Tranchiergabel auf das Tranchierbrett. Vermischen Sie die Besteckteile dabei nicht!
- Fixieren Sie das Fleisch mit dem Gabelrücken. Stechen Sie niemals in das Fleisch, damit der Fleischsaft nicht austritt.
- Schneiden Sie das Tranchiergut je nach Fleisch senkrecht oder leicht schräg (in einem Winkel von mindestens 45 Grad), quer zur Faser.
- Arbeiten Sie rasch, damit wenig Wärme verloren geht und die Fleischqualität erhalten bleibt.

Schneiden Sie das Fleisch beim Tranchieren immer quer zur Faser

1.1 Geflügel

Beim Tranchieren von Geflügel ist zu beachten, dass man den Knochen ausweicht und die Teilung an Sehnen, Gelenken und Knorpeln durchführt. Unter keinen Um-ständen darf man eine Geflügelschere verwenden. Am Tisch des Gastes werden vor allem Hühner und Enten tranchiert, teilweise auch Gänse, Fasane und Perlhühner.

Huhn, Fasan und Perlhuhn

Bei den Hühnern gibt es verschiedene Arten, die sich zum Tranchieren vor dem Gast eignen, z. B.
- Brathuhn mit einem Idealgewicht von ca. 1 bis 1,2 kg
- Poularde/Masthuhn ab einem Gewicht von 1,2 kg (Alter: ca. 4–6 Wochen) bis zu einem Gewicht von 2,5 kg (Mastzeit: 10–12 Wochen)

Arbeitsablauf

1. Die Platte mit dem Huhn präsentieren und zum Warmhalten auf die Rechaudplatte stellen

2. Die Tranchiergabel in die Bauchöffnung des Tieres schieben, Huhn anheben und schräg halten, damit der Bratensaft ausfließen kann. Dabei kann das Brathuhn mit dem Tranchiermesser fixiert werden.

3. Anschließend das Brathuhn mit dem Rücken so auf das Tranchierbrett legen, dass der Bürzel zur Servicemitarbeiterin/zum Servicemitarbeiter zeigt

4. Die Haut an der rechten Keule einschneiden

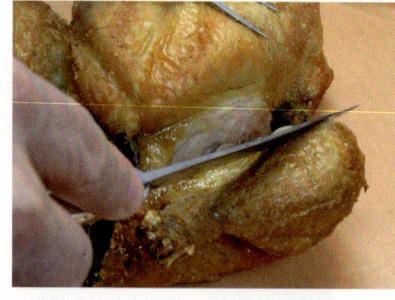

5. Die Keule nach rechts wegdrücken, bis sich der Gelenkknorpel löst

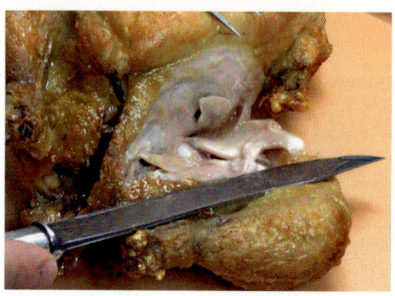

6. Neben dem Knorpel die Keule mit einem geraden Schnitt abtrennen. Die Keule soll mit der Haut nach oben zu liegen kommen, damit die Haut knusprig bleibt.

7. Das Brathuhn etwas drehen, zweite Keule auf gleiche Weise abtrennen

8. Ober- und Unterkeulen im Gelenk beim Knorpel mit einem geraden Schnitt durchtrennen

9. Das Tranchierbesteck auf den Ablageteller legen, mit dem Vorlegebesteck Ober- und Unterkeulen auf die Platte zum Warmhalten legen

10. Die Karkasse an der Stelle, wo die linke Keule abgetrennt wurde, mit der Tranchiergabel fixieren

11. Den rechten Flügel mit etwas Brustfleisch mit einem geraden Schnitt im Knorpelgelenk abschneiden

12. Das Brathuhn leicht drehen und den linken Flügel ebenfalls abtrennen

13. Die Flügel mit dem Vorlegebesteck auf der Platte anrichten

14. Ablösen der rechten Brusthälfte: Mit der Tranchiergabel die Karkasse fixieren, das Fleisch entlang des Brustknorpels und entlang des Gabelbeines bis zur Karkasse hinunter durchschneiden

15. Nun das Tranchiermesser leicht nach außen drehen und das Bruststück von den Rippen lösen

16. Das Brathuhn um 180 Grad drehen und die zweite Brusthälfte ebenso von der Karkasse lösen

17. Mit dem Vorlegebesteck die beiden Brusthälften auf der Platte anrichten

18. Die Karkasse mit dem Vorlegebesteck auf die Seite drehen, da im hinteren Teil die kleinen Filets (Austern, Nüsse) liegen

19. Mit dem Vorlegelöffel die Filets herausschälen

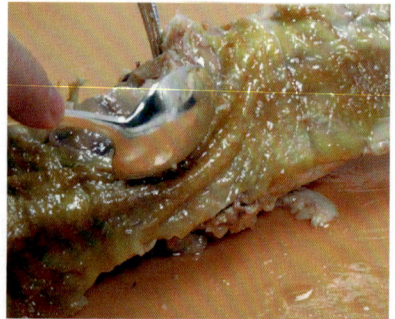

20 Die Filets auf der Platte anrichten

21 Die Karkasse auf den Ablageteller legen

22 Anschließend das Tranchierbrett mit dem Vorlegebesteck von groben Fleischresten säubern

23 Jede Brusthälfte je nach Größe in zwei oder mehrere schräge Tranchen schneiden

24 Auf den heißen englischen Tellern mit den Beilagen wie folgt anrichten:
  - Entweder die ganze Brust und ein Filet oder
  - das mittlere Bruststück (ohne Anschnitte), das fleischige Keulenstück und ein Filet.

25 Die restlichen Stücke auf der Platte sowie die Beilagen für den Nachservice auf der Rechaudplatte warm halten

Beilagen

- **Zu Huhn:** (Erbsen-)Reis, Kartoffelbeilagen, Gemüse- und Salatbeilagen
- **Zu Fasan und Perlhuhn:** Kartoffelkroketten, Rotkohl, Speckbohnen (grüne Bohnen im Speckmantel), pochierte, mit Preiselbeeren oder Maronenpüree gefüllte Birnenhälften, glacierte Maronen und Sauce

Enten und Gänse

Enten haben ein Idealgewicht von 2 bis 3 kg, Gänse (Weidegänse) 4 bis 5 kg. Zum Unterschied von den bisher beschriebenen Geflügelarten haben Enten und Gänse nur dunkles Fleisch.

Zum Tranchieren eignen sich besonders
- gemästete Enten (z. B. aus Polen),
- Barbarie-Enten (aus Frankreich).

Arbeitsablauf

Der Arbeitsablauf ist bis zum Ablösen der Brust gleich wie beim Brathuhn.

1 Die Platte mit der durchgebratenen Ente (Gans) den Gästen präsentieren

2 Die Ente mit dem Tranchierbesteck abheben, schräg halten und abtropfen lassen

3 Mit dem Rücken auf das Tranchierbrett legen

4 Die Keulen ablösen und trennen. Nicht durchgebratene Keulen zum Fertiggaren in die Küche bringen.

5 Die Flügel abtrennen und die Fleischstücke auf die Platte zurücklegen

6 Die Bruststücke ablösen und mit der Fleischseite auf das Brett legen

7 Die Brust in Längstranchen schneiden und zum Warmhalten auf die Platte zurücklegen

8 Die Rückenfilets auslösen (siehe Brathuhn)

9 Je ein Stück Keule und ein Stück Brust mit den passenden Beilagen auf den heißen englischen Tellern anrichten

Beilagen und Saucen

- Kartoffel-, Semmel-, Serviettenklöße und Kartoffelkroketten
- Rotkraut, Weinkraut, warmer Krautsalat und Bratäpfel
- Orangensauce und Bratensaft

Sie können den Bratensaft zu Geflügel à part in einer Sauciere servieren.

Beachten Sie beim Tranchieren von Enten und Gänsen, dass die Gelenke tiefer im Körper liegen als beim Huhn und auch fester sind.

Das Brustfleisch von Enten und Gänsen wird immer in Längstranchen geschnitten. Die Tranchen bezeichnet man in der Fachsprache als **Aiguilletten.**

(?) Woher kommt der Begriff Entrecôte double? Was wird als Chateaubriand bezeichnet? Finden Sie es heraus!

Ein Entrecôte double (doppeltes Rumpsteak wird neben den zwei Anschnittstücken in sechs Tranchen geschnitten, ein Chateaubriand in zwei Anschnitte und vier Tranchen

Filet und Rumpsteak vom Knochen lösen

1.2 Entrecôte double, Chateaubriand, T-Bone-Steak und Porterhousesteak

Arbeitsablauf

1. Die Platte mit dem Entrecôte double oder Chateaubriand und den Beilagen den Gästen präsentieren und wieder auf der Rechaudplatte warm stellen

2. Mit dem Vorlegebesteck das Steak so auf das Tranchierbrett legen, dass die Faser des Fleisches quer verläuft

3. Mit dem Rücken der Tranchiergabel das Fleisch fixieren. Das Fleisch schräg (in einem 45°-Winkel), quer zur Faser, von rechts nach links (Schnittrichtung unter die Gabel), in ein bis zwei Zentimeter dicke Tranchen schneiden.

4. Mit dem Tranchiermesser die Tranchen anheben und mithilfe der Tranchiergabel auf die Platte zurücklegen

5. Eventuell den Fleischsaft, der sich in der Saftmulde gesammelt hat, auf die Anrichteplatte neben das Fleisch gießen

6. Das Tranchierbrett und Tranchierbesteck abräumen

7. Mit dem Vorlegebesteck je zwei Tranchen mit Beilagen auf den heißen englischen Tellern anrichten. Das Fleisch mit der Sauce nappieren oder die Sauce daneben anrichten. Auf Wunsch des Gastes kann mit Pfeffer und Salz aus der Mühle nachgewürzt werden.

8. Die Fleischanschnitte immer als Nachservice reichen

Tranchieren von T-Bone-Steak und Porterhousesteak

Es unterscheidet sich vom Tranchieren des Entrecôte double und Chateaubriand dadurch, dass zuerst das Filet und das Rumpsteak vom Knochen geschnitten werden. Da sich T-Bone-Steak und Porterhousesteak neben unterschiedlichen Filetanteilen nur in Größe und Dicke unterscheiden, werden sie gleich tranchiert.

- Den freigelegten Knochen mit dem Vorlegebesteck auf die Platte zurücklegen
- Beide Fleischstücke in Tranchen schneiden und diese mithilfe des Tranchierbestecks auf die ursprüngliche Stelle zum Knochen auf die Platte zurücklegen
- Zwei Rumpsteaktranchen und ein Stück vom Filet anrichten
- Das restliche Fleisch auf der Platte für den Nachservice auf der Rechaudplatte warm halten

Beilagen

- Bratkartoffeln, Pommes frites, Waffel- und Ofenkartoffeln (Folienkartoffeln)
- Gekochtes, glaciertes Gemüse
- Aufgeschlagene Buttersauce, z. B. Béarner Sauce (Sauce béarnaise)

 Aufgabenstellungen – „Tranchieren"

1. Worauf müssen Sie grundsätzlich beim Tranchieren achten?
2. Wie bezeichnet man die kleinen Filets beim Huhn?
3. Wie schneiden Sie das Brustfleisch von Ente und Gans?
4. Führen Sie zu Ente und Gans passende Beilagen und Saucen an.

2   Filetieren

Lukas soll für einen Gast eine Grapefruit filetieren. Welches spezielle Schneidewerkzeug benötigt er dafür?

Haben Sie schon einmal Fische oder Obst filetiert? Tauschen Sie Ihre Erfahrungen in der Gruppe aus.

Filetieren ist das Portionieren und Entgräten von Fischen sowie das Schälen und Schneiden von Obst.

2.1   Fische

Es können alle Portionsfische (ca. 250–300 g), aber auch große Fische, die im Ganzen pochiert, gekocht, gebraten oder gegrillt sind, verwendet werden.

In der Gastronomie werden hauptsächlich Forellen, Felchen, Saiblinge, Lachstranchen, Seezungen und Steinbutte filetiert.

Seezungen

Mise en place auf dem Guéridon

- Fischplatte oder Plat russe für gebratene oder gegrillte Fische
- Fischwanne mit Gittereinsatz (bleibt zum Garziehenlassen bzw. Warmhalten von Fischen auf dem Guéridon)
- Fisch- und Vorlegebesteck in Bestecktasche
- Ablageteller (Mittelteller) für Besteck
- Rechaudplatte zum Warmhalten des Fisches, der Beilagen und Teller
- Ablageteller (Mittelteller oder französischer Teller) für Haut, Gräten, Kopf und Flossen
- Handserviette
- Beilagen, Sauciere oder Butterwärmer für diverse Saucen und zerlassene Butter aus der Küche
- Vorgewärmte Fisch- oder französische Teller zum Anrichten der filetierten Fische

Forelle blau

Arbeitsablauf

1. Den Deckel der Fischwanne abheben und die Forelle dem Gast präsentieren

2. Den Gittereinsatz mit dem Fisch mit beiden Gabeln herausheben und das Gitter am Wannenrand mit den Bügeln verankern. Die Forelle liegt dabei mit der Bauchöffnung zur Servicemitarbeiterin/ zum Servicemitarbeiter, der Kopf zeigt nach links

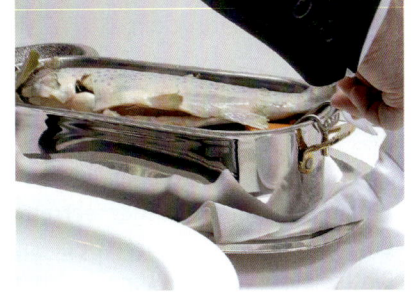

3. Die Rücken-, Seiten- und Afterflossen durch Wegdrücken mit

dem Fischmesser entfernen und auf den Ablageteller legen

④ Mit der Spitze des Fischmessers die Haut zuerst hinter dem Kopf und vor der Schwanzflosse von oben nach unten einschneiden

⑤ Beim Kopf beginnend die Haut den Rücken entlang bis zur Schwanzflosse von vorne nach hinten durchtrennen

⑥ Wiederum beim Kopf beginnend die Haut vom Rücken zum Bauch vollständig ablösen und auf den Ablageteller legen. Eventuell die Haut mithilfe der Gabel „abrollen".

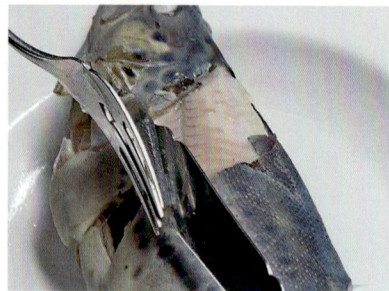

⑦ Entlang der gegebenen Linie zwischen Rücken- und Bauchfilet mit der Spitze des Fischmessers bis zur Hauptgräte vorsichtig durchdrücken, und zwar vom Kopf zur Schwanzflosse. Dabei werden Bauch- und Rückenfilet getrennt.

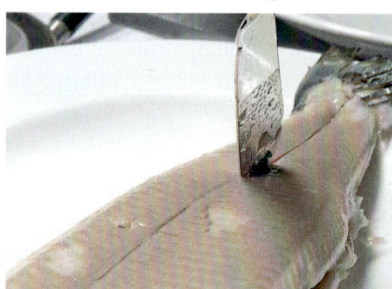

⑧ Das Rückenfilet mit dem Fischmesser in Richtung der natürlichen Grätenstellung wegdrücken, dabei beim Kopf beginnen

⑨ Das Bauchfilet ebenso vorsichtig lösen und wegdrücken

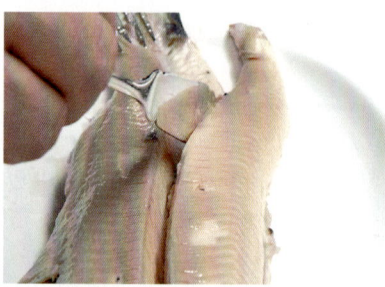

⑩ Grätenkontrolle durchführen: Wenn feine Gräten am Bauchfilet verbleiben, werden sie mit der Messerspitze gelöst und entfernt.

⑪ Die filetierten Hälften des Fisches in der ursprünglichen Form auf dem warm gehaltenen Teller anrichten

⑫ Mit der Spitze des Fischmessers die Haut über der Wange (Kiemenbacke) ablösen, die Bäckchen mit der Messerspitze herausheben und ebenfalls auf dem warmen Teller anrichten

⑬ Die Forelle wenden, mit der zweiten Seite ebenso verfahren

⑭ Guéridon abräumen

Beilagen

- Salz-, Butter- und Petersilienkartoffeln
- Zerlassene Butter, Sahnemeerrettich
- Entkernte Zitronenhälften oder Zitronenspalten
- Blattsalate mit Sauce Vinaigrette, Gurkensalat

Die Forelle mit den Beilagen anrichten und servieren

Forelle nach Müllerinart

Arbeitsablauf

Die gebratene Forelle wird auf der Platte mit Fischmesser und Fischgabel filetiert.

1 Die Forelle auf der Platte präsentieren. Die Platte so auf die Rechaudplatte auf dem Guéridon zurückstellen, dass die Bauchöffnung zur Servicemitarbeiterin/zum Servicemitarbeiter zeigt und der Kopf nach links.

2 Die Rücken-, Seiten- und Afterflossen durch Wegdrücken mit dem Fischmesser entfernen und auf den Ablageteller legen

3 Vor dem Kopf und der Schwanzflosse bis zur Hauptgräte einschneiden

4 Die Haut vorsichtig mit dem Fischmesser entlang des Rückens vom Kopf bis zur Schwanzflosse einschneiden

5 Von oben, beim Schwanzstück beginnend, das obere Filet vorsichtig lösen und mit der Haut nach unten auf die Platte legen

6 Grätenkontrolle durchführen: Wenn feine Gräten am Bauchfilet verbleiben, werden sie mit der Messerspitze gelöst und entfernt.

7 Das Bäckchen mit der Spitze des Fischmessers herausheben und auf dem warmen Teller anrichten

8 Die Schwanzflosse mit der Fischgabel fixieren und in Richtung Kopf abheben, dabei die Bauchgräten mit dem Fischmesser lösen

9 Die Hauptgräte mit dem Kopf auf den Ablageteller legen

10 Grätenkontrolle durchführen und das zweite Filet auf das erste legen. Anschließend das Filet auf dem warmen Teller anrichten. Das Bäckchen nicht vergessen!

11 Guéridon abräumen

Beilagen

- Butter- und Petersilienkartoffeln
- Zerlassene (Mandel-)Butter
- Entkernte Zitronenhälften oder Zitronenspalten
- Marinierte Blattsalate

Seezunge nach Müllerinart (gebratene Seezunge)

Arbeitsablauf

Die gebratene Seezunge wird auf der Fischplatte oder in der Plate russe mit dem Fischmesser und der Fischgabel filetiert.

1 Die Seezunge auf der Fischplatte präsentieren. Die Platte so auf die Rechaudplatte zurückstellen, dass die Bauchseite zur Servicemitarbeiterin/zum Servicemitarbeiter zeigt und der Kopf nach links.

2 Die Seezunge mit dem Rücken der Fischgabel fixieren und den Flossensaum mit dem Fischmesser entlang der Außenseite des Filets wegdrücken

3 Den abgetrennten Grätenkranz mit dem Vorlegebesteck auf den Ablageteller geben

4 Mit dem Fischmesser entlang der Hauptgräte vom Kopf zum Schwanz zwischen den beiden Filets einschneiden, um die oberen Filets zu trennen

5 Die beiden oberen Filets mit dem Fischmesser vom Kopf zur Schwanzflosse entlang des

Rückgrates lösen und auf dem Teller anrichten

6 Mit der Fischgabel die Hauptgräte am Schwanzende fixieren, in Richtung Kopf abheben und auf den Ablageteller legen

7 Die unteren Filets auf der Platte umdrehen und in der ursprünglichen Fischform auf die oberen Filets legen. Oder beim Nachservice mit den Beilagen auf dem zweiten Teller servieren.

8 Den Teller mit den Beilagen ergänzen und dem Gast einsetzen

9 Guéridon abräumen

Beilagen

- **Zu Seezunge nach Müllerinart:** Butter- oder Petersilienkartoffeln, zerlassene Butter, Sahnemeerrettich, Zitronenhälften oder Zitronenspalten und marinierte Blattsalate
- **Zu gebackener Seezunge:** Salzkartoffeln, Sauce rémoulade oder Sauce tartare und marinierte Blattsalate
- **Zu gegrillter Seezunge:** Kräuterbutter

Die Seezunge mit den Beilagen anrichten und servieren

2.2 Obst

In der gehobenen Gastronomie ist es üblich, dem Gast verschiedene Früchte fachgerecht herzurichten bzw. zu filetieren. Dazu eignen sich Ananas, Bananen, Äpfel, Birnen, Orangen, Kiwis, Grapefruits und Zuckermelonen.

So wie Fische können auch die verschiedenen Obstarten auf unterschiedliche Weise filetiert werden.

Mise en place auf dem Guéridon

- Obstkorb, Obstschale oder Etagere
- Schneidebrett mit Saftrinne
- Verschiedene Schneidewerkzeuge, z. B. scharfes Obstfiletiermesser, eventuell Officemesser, Tranchierbesteck, für Grapefruits Grapefruitfiletiermesser
- Vorlegebesteck und Mittelgabel in Bestecktasche
- Ablageteller (Mittelteller) für Vorlegebesteck, Gabel und Messer
- Mittelteller oder französischer Teller für Schalen, Kerngehäuse etc.
- Handserviette
- Diverse Teller bzw. Schalen zum Anrichten der filetierten Früchte
- Kleiner Löffel, wenn die Früchte mit Alkohol mariniert werden

Ananas

Arbeitsablauf

1 Die Ananas präsentieren

2 Die Ananas auf das Schneidebrett legen und mit dem Tranchiermesser den Blütenansatz abschneiden

3 Die Ananas senkrecht aufstellen, beim Strunk halten oder besser mit der Tranchiergabel von oben einstechen und von oben nach unten dünn schälen – es sollen keine „Augen" mehr sichtbar sein. Die Schalenstücke auf den Ablageteller legen. Eventuell verbliebene Augen mit dem Officemesser schräg herausschneiden.

4 Die geschälte Ananas auf das Schneidebrett legen und den Blattansatz entfernen. Dann die Ananas halbieren und nochmals vierteln.

5 Die Ananasviertel aufstellen, den Strunk durch einen senkrechten Schnitt mit dem Obstfiletiermesser entfernen. Der Strunk kann auch liegend entfernt werden.

6 Die Ananasviertel in 15 mm breite Stücke schneiden

7 Die Ananasstücke mit dem Vorlegebesteck vom Schneidebrett heben und auf einem Dessertteller anrichten. Besonders dekorativ wirken die Ananasstücke, wenn man sie versetzt anordnet.

Bananen

Arbeitsablauf

1 Die Banane präsentieren

2 Die Banane auf das Schneidebrett legen. Die Obst- oder Mittelgabel in die linke Hand nehmen und die Banane mit dem Gabelrücken fixieren.

Mit dem Obstfiletier- oder Office-messer beide Enden kappen

3 Die Schale der Länge nach auf beiden Seiten der Frucht ein-schneiden, ohne dabei auf das Fruchtfleisch zu kommen

4 Die Gabel in die rechte Hand neh-men, das Messer in die linke Hand und mit der Breitseite der Klinge die Frucht niederhalten. Eine Zinke der Gabel an einem Ende der Banane durch die Schale stechen, ohne dabei das Fruchtfleisch zu verletzen. Vorsichtig die Gabel nach links drehen, sodass sich die Schale auf der Gabel aufrollt.

Die Schale auf den Ablageteller legen. **Für Obstsalat** die Banane in der Schale in Scheiben schneiden und mit einem Vorlegebesteck in die Schüssel geben.

5 **Für flambierte Bananen** die Gabel in die linke Hand wechseln, Messer in die rechte Hand. Die verbleibende Schale mit der Gabel fixieren, mit dem Messer die Ba-nane der Länge nach halbieren, ...

... Bananenhälfte mit dem Vorlegebesteck abheben und mit der Rundung nach oben auf einen bereitgestellten Teller legen.

6 Die zweite Hälfte der Banane umdrehen, die Schale wie oben beschrieben aufrollen und das zweite Stück auf den Teller dazu-legen

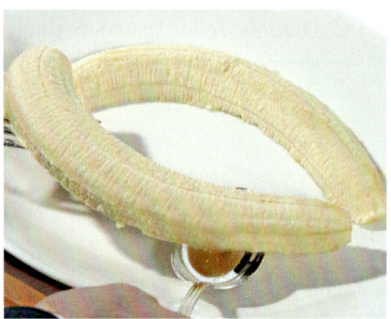

7 Flambieren (siehe Seite 194)

Äpfel und Birnen

Arbeitsablauf

1 Den Apfel präsentieren

2 Den Apfel auf das Schneidebrett legen und mit dem Obstfiletier-messer das obere und untere Ende des Apfels kappen

3 Den Apfel durch Einstechen der Obst- oder Mittelgabel in der Mitte (Strunk) fixieren.

Mit dem Messer von oben nach unten dünn schälen, dabei die Frucht mit der Gabel weiterdrehen.

4 Die Schalenstücke auf den Ablage-teller legen

5 Die Frucht von oben nach unten vierteln, große Früchte achteln

6 Die Apfelspalte mit der Gabel fixieren. Das Kerngehäuse durch einen geraden Schnitt von den Spalten entfernen und auf den Ablageteller legen.

7 Die Apfelspalten auf einem fran-zösischen Teller anrichten

3 Marinieren

Ein Gast bestellt einen großen Salatteller mit Blattsalaten. Welche Marinaden und Dressings kann Melina ihm anbieten?

Marinieren ist eine Tätigkeit, bei der man ein oder mehrere Grundmaterialien wie Salate, Fleisch, Fisch oder Gemüse durch Zutaten wie Essig, Öl, Salz, Pfeffer und andere Gewürze geschmacklich verändert. Aus diesen Zutaten bereitet man sogenannte Marinaden oder Dressings.

Die meisten Marinaden und Dressings kommen in Dressingbehältern oder Saucieren fertig aus der Küche. Selbstverständlich kann auch jede gewünschte Marinade am Tisch des Gastes zubereitet werden.

Haben Sie schon einmal Fleisch, Gemüse oder Fisch mariniert? Wie hat das fertige Gericht geschmeckt? Tauschen Sie Ihre Erfahrungen in der Gruppe aus.

3.1 Salate

Salate haben in der Gastronomie einen hohen Stellenwert. Sie werden nicht nur als Beilage, sondern auch als Vorspeise und Hauptgericht angeboten.

Mise en place auf dem Guéridon

- Glasschüssel mit Trageteller und Serviette zum Anrühren der Marinade
- Vorlege- und Salatbesteck in Bestecktasche
- Ablageteller (Mittelteller) für Vorlegebesteck
- Handserviette
- Karaffen und Krüge für flüssige Zutaten wie Essig und Öl
- Schüsseln für feste Zutaten, z. B. Gewürze, Kräuter
- Saucieren für Mayonnaise, Sauerrahm, Joghurt usw.
- Französischer oder tiefer Teller zum Anrichten des fertigen Salates

Flüssige und feste Zutaten

Zutaten	Beispiele	Bedeutung
Säure	- Rotwein-, Weißwein-, Himbeer-, Apfel-, Kräuter-, Sherryessig, Aceto balsamico - Zitronensaft, Orangensaft - Sauerrahm, Crème fraîche, Joghurt	- Erfrischende Wirkung - Würzig-pikanter Geschmack
Fett	- Oliven-, Maiskeim-, Sonnenblumen-, Kürbiskern-, Nuss-, Traubenkern-, Distel-, Raps- und Trüffelöl - Mayonnaise - Sahne	- Zur Geschmacksentfaltung - Verbessert die Aufnahme von fettlöslichen Vitaminen im Körper - Sorgt für Gleitfähigkeit beim Schlucken

Kräuter	<ul><li>Koch-, Meersalz (aus der Mühle) und Kräutersalz</li><li>Weißer Pfeffer, schwarzer Pfeffer (aus der Mühle) und Cayennepfeffer</li><li>Würzkräuter (Schnittlauch, Petersilie, Dill, Kerbel, Basilikum, Estragon, Kresse)</li><li>Estragon- und französischer Senf</li><li>Zwiebel, Schalotten und Knoblauch (fein geschnitten)</li><li>Tabasco, Worcester(shire)-, Chilisauce, Chutney und Ketchup</li></ul>	<ul><li>Verleiht Speisen eine spezielle Geschmacksnote (Schmackhaftigkeit)</li><li>Trägt zur vollwertigen Ernährung bei</li><li>Als Garnierung</li></ul>
Weitere Zugaben	<ul><li>Kristall- oder Puderzucker</li><li>Kapern, Oliven, Kirschtomaten</li><li>Weiß- und Schwarzbrotcroûtons</li><li>Speck, Käsewürfel, Nüsse etc.</li></ul>	<ul><li>Optik</li><li>Trägt zur vollwertigen Ernährung bei</li><li>Erhöht das Sättigungsgefühl</li><li>Hochwertige Speisenzubereitung</li></ul>

Salatsorten

Gemüsesalate		Blattsalate
Roh (Rohkost)	Gekocht	
Tomaten, Gurken, Zucchini, Möhren, Knollensellerie, Fenchel, Radieschen, Stangensellerie, Rot-, Weißkohl, Zwiebeln, Avocado, Kohlrabi, Rettich, Paprika	Blumenkohl, Rote Bete, weiße und grüne Bohnen, Artischocken, Spargel, Brokkoli, Linsen, Mais	Kopf-, Eisberg-, Eichblatt-, Endivien-, Feld-, Friséesalat, Radicchio, Rapunzel, Chicorée, Rucola, Chinakohl, Lollo rosso, Spinat, Mangold, Römischer Salat, Sauerampfer

Marinaden und Dressings

- Marinaden und Dressings unterscheiden sich nur in ihrer Konsistenz. Marinaden sind flüssige, Dressings hingegen gebundene, cremige Salatsaucen.
- Die Salate werden nur kurz durch die Marinade gezogen, mit Dressings werden Salate meist nappiert, jedoch nicht durchgemischt.
- Der zu marinierende Salat muss trocken und frisch sein.

Worauf es bei der Herstellung von Marinaden ankommt

- Vermengen Sie die Zutaten in der Reihenfolge Würzmittel, Säuerungsmittel und Öl. Und zwar deshalb, weil Salz sich in Essig besser löst als in Öl.
- Achten Sie auf das richtige Verhältnis von Säuerungsmittel und Öl. Empfehlenswert sind zwei Teile Öl und ein Teil Essig oder Zitrone.

Nasse Salatblätter stoßen die Marinade ab und sind deshalb geschmacklos

Rezepte (für zwei Portionen)

Sauce Vinaigrette

- Salz, Pfeffer, Kräuter, ein Teil Essig, zwei Teile Öl (eventuell eine Prise Zucker), Zwiebelbrunoise
- Für Blatt- und Gemüsesalate

Essig-Öl-Knoblauch-Marinade

- Salz, Pfeffer, ein Teil Essig, zwei Teile Öl, fein gehackter Knoblauch
- Für Blattsalate

Zitronenmarinade

- Meersalz, Pfeffer, eventuell Puderzucker, ein Teil Zitronensaft, drei Teile Oliven- oder Sonnenblumenöl
- Für Blattsalate

Italian Dressing

- Salz, Pfeffer, milder Senf, ein Teil Rotweinessig, drei Teile Olivenöl (eventuell eine Prise Zucker), gepresster Knoblauch, Oregano, Basilikum
- Für Blattsalate

French Dressing

- Salz, Pfeffer, französischer Senf, Zitronensaft, ein Teil Essig, drei Teile Öl (eventuell eine Prise Zucker), Knoblauchzehe
- Für Blatt- und Gemüsesalate

Cäsar-Dressing

- Ein Teil Essig, etwas Zitronensaft, Salz, Pfeffer (eventuell eine Prise Zucker), milder Senf, eventuell etwas Brühe, fein gehackter Knoblauch, fein gehacktes Eigelb, Sardellenfilets, Parmesan, drei Teile Olivenöl
- Für den klassischen Cäsarsalat oder Blattsalate

Joghurtdressing

- Zwei Teile Joghurt, ein Teil Sahne, 2 EL Orangensaft, 1 EL Zitronensaft, eventuell etwas Öl, Salz, weißer Pfeffer, Kräuter
- Für Blatt- und Gemüsesalate

Roquefortdressing

- 3 EL Sahne oder Joghurt, je 1 EL Weißwein, Zitronensaft und Öl, passierter Roquefort (5 g), Pfeffer, eventuell etwas Salz
- Zum Nappieren
- Für Blatt- und Gemüsesalate

Thousand-Islands-Dressing

- Dünn gehaltene Mayonnaise, Sahne und/oder Joghurt, Chilisauce, Ketchup, in feine Würfel geschnittene grüne und rote Paprika sowie Schalotten, Salz, Pfeffer, Paprikapulver
- Zum Nappieren

Anstelle von Roquefort kann auch jeder andere Edelschimmelkäse, wie z. B. Danablue und Gorgonzola, verwendet werden.

Haben Sie schon eine der nebenstehenden Marinaden oder eines der Dressings zubereitet? Tauschen Sie Ihre Erfahrungen in der Gruppe aus.

3.2 Beef tatare

In guten Betrieben ist es üblich, ein Beef tatare am Tisch des Gastes zu marinieren und anzurichten. Der Gast sieht, welche Zutaten zur Herstellung des Tatars verwendet werden, kann den Geschmack weitgehend selbst bestimmen und das Gericht kosten.

Haben Sie schon einmal ein Beef tatare zubereitet? Tauschen Sie Ihre Erfahrungen in der Gruppe aus.

Wegen der Salmonellengefahr wird für die Zubereitung von Beef tatare pasteurisiertes Vollei bzw. Eigelb verwendet.

Mise en place auf dem Guéridon

- Tiefer Teller mit Trageteller und Serviette zum Anrühren des Tatars
- Vorlegebesteck (eventuell zweite Gabel zum Vermengen des Fleisches) in Bestecktasche
- Ablageteller (Mittelteller) für Vorlegebesteck
- Diverse kleine Löffel
- Brotteller mit Kuchengabel für die Kostprobe
- Handserviette
- Karaffe oder kleiner Krug für das Öl
- Platte mit Schüsseln für die festen Zutaten, wenn sie nicht zusammen mit dem Fleisch auf einer Platte angerichtet werden
- Würzmittel (Salz, Pfeffer usw.)
- Kalter französischer Teller zum Anrichten

Zutaten

- 150 g geschabtes oder gehacktes Rinderfilet oder Rinderfiletspitzen
- 20 g pasteurisiertes Eigelb oder Trockeneigelb
- Salz, Pfeffer aus der Mühle (eventuell Cayennepfeffer)
- Öl
- Edelsüßes Paprikapulver
- Tabasco und Worcester(shire)sauce
- Je ein halber kleiner Löffel Senf und Ketchup
- Fein gehackte Sardellenfilets oder Sardellenpasta, fein gehackte Kapern, eventuell Essiggurken, klein gehackte Zwiebeln und Petersilie
- Eventuell etwas Weinbrand, Cognac, Calvados oder Bierschaum zum Abrunden des Geschmacks
- Garnitur: Zwiebelringe, gehackte Petersilie, Paprikapulver, Salatblätter usw.

Arbeitsablauf

Fragen Sie den Gast, bevor Sie mit der Zubereitung des Tatars beginnen, welche Geschmacksrichtung er vorzieht – mild, pikant oder scharf – und welche Zutaten gewünscht oder abgelehnt werden.

1 Sardellenfilets zerstreichen, Kapern zerdrücken

2 Salz und Pfeffer in die Schüssel geben, Eigelb und Öl hinzufügen und mit der Gabel zu einer Grundsauce verrühren

3 Senf, Ketchup, Tabasco und Worcester(shire)sauce mit der Grundsauce verrühren

4 In die Grundsauce die festen Zutaten (mit Ausnahme des Fleisches und der Zwiebel) geben und gut vermengen

5 Fleisch zur Sauce geben und mit dem Vorlegebesteck oder zwei Gabeln intensiv vermengen. Während des Mischens die gehackten Zwiebeln untermengen.

6 Auf Wunsch des Gastes das Tatar mit einigen Tropfen Weinbrand,

Cognac, Calvados oder Bierschaum geschmacklich abrunden

7 Anschließend dem Gast eine Kostprobe auf dem Brotteller mit der Kuchengabel reichen

8 Entspricht das Tatar dem Geschmack des Gastes, das Tatar zu einem Laibchen formen und auf dem vorbereiteten kalten Teller anrichten

8 Mit Zwiebelringen, Gurkenfächern, Petersiliensträußchen, eventuell Ei- und Tomatenscheiben garnieren und dem Gast einsetzen

⚠ Das Beef tatare muss immer eine feste, fleischige Konsistenz haben.

Wird dem Beef tatare ein kleiner Löffel **schwarzer Kaviar** beigegeben, dann heißt das Gericht **Beef lucullus.**

Beilagen und Getränke

- Weiß- oder Schwarzbrottoast und Butter
- Bier, trockener, kräftiger Weißwein (z. B. Grüner Veltliner), Roséwein und trockener Sekt

(?) Aufgabenstellungen – „Marinieren"

1. Zählen Sie einige Marinaden und Dressings auf. Erklären Sie, welche Salatsorten damit mariniert oder nappiert werden.

2. Erklären Sie, in welcher Reihenfolge die Zutaten bei der Herstellung einer Marinade vermengt werden.

3. Wie bezeichnet man ein Beef tatare, dem ein kleiner Löffel schwarzer Kaviar beigegeben wird?

4. Begründen Sie die Verwendung von pasteurisierten Eiprodukten bei der Zubereitung eines Beef tatare.

4 Flambieren

Ein prüfender Blick auf den Guéridon bestätigt Lukas, dass das Mise en place vollzählig ist. Kurz darauf beginnt er mit der Zubereitung des Steaks. Der Gast möchte das Steak englisch gebraten. Worauf muss Lukas bei der Zubereitung achten, damit das Steak die gewünschte Garstufe hat?

💡 Alle Flambeegerichte
- erfordern Zeit,
- eine erstklassige Qualität der Grundmaterialien und
- gut funktionierende Flambiergeräte.

Flambieren ist ein Kochverfahren, bei dem die Servicemitarbeiterin/der Servicemitarbeiter die Speisen vor dem Gast vollendet. Der Zweck des Flambierens besteht darin, die Gerichte durch Aroma- und Geschmacksstoffe von Spirituosen geschmacklich zu verfeinern, wobei der unerwünschte Alkohol verbrennt.

Diese Tätigkeit verlangt von der Servicemitarbeiterin/vom Servicemitarbeiter ein besonderes Geschick und Routine. Flambieren ist aber auch eine besondere Attraktion in jedem Restaurant.

4.1 Fleisch und Krustentiere

Mise en place auf dem Flambierwagen oder Guéridon

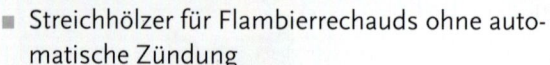

- Flambierwagen mit Gaskartusche, mit einer oder zwei Flammen
- Flambierrechaud mit Gaskartusche zum Flambieren auf dem Guéridon
- Streichhölzer für Flambierrechauds ohne automatische Zündung
- Flambierpfannen
- Cocotte mit Deckel zum Warmstellen des flambierten Fleisches
- Vorlegebesteck in Bestecktasche
- Ablageteller (Mittelteller) für Vorlegebesteck
- Handserviette
- Karaffen, Krüge und Kännchen für flüssige Zutaten wie Öl, Wein und Sahne
- Schüsseln (auf Platte mit Serviette) für feste Zutaten
- Saucieren für diverse Saucen aus der Küche
- Messgläser oder eine kleine Kelle zum Messen oder Portionieren der zum Flambieren verwendeten Spirituosen
- Gourmet- oder kleiner Löffel auf Mittel- oder Brotteller zum Verkosten der Sauce
- Rechaudplatten zum Warmhalten von Speisen und Tellern
- Vorgewärmter französischer oder englischer Teller zum Anrichten des Flambeegerichtes

Flambierwagen mit einer Flamme

Zutaten

- Grundmaterialien: portionierte Fleischstücke oder ausgelöste Krustentiere
- Würzmittel: Salz, Pfeffer, Pfefferkörner, Paprikapulver, Currypulver, Chilipulver, Senf und Ketchup
- Speise- und Olivenöl
- Würzsaucen: Worcester(shire)sauce, Tabasco, Chutneys usw.

- Kräuter: Petersilie, Schnittlauch, Estragon, Kerbel, Rosmarin, Thymian, Basilikum und Dill
- Milchprodukte: Sahne, Sauerrahm, Crème fraîche und Butter
- Pickles: Oliven, Perlzwiebeln, Gewürzgurken usw.
- Zwiebel, Schalotten, Knoblauch, Pilze usw.
- Saucen aus der Küche: Sauce demi-glace, Jus de veau und Glace de viande
- Weine: Weiß- oder Rotweine zum Ablöschen
- Spirituosen: Am häufigsten verwendet man Cognac oder Weinbrand, aber auch Grappa, Gin, Wodka und Calvados

Sicherheitsmaßnahmen beim Flambieren

- Halten Sie beim Flambieren einen Sicherheitsabstand von einem Meter zu den Gästen oder zu leicht entzündbaren Gegenständen, da beim raschen Anbraten von Fleisch in Öl große Hitze entsteht,
- Alkohol, der zu rasch in die heiße Pfanne gegossen wird, eine Stichflamme auslösen kann (Unfallgefahr). Nehmen Sie daher die Pfanne von der Flamme, bevor Sie die Spirituose hineingießen.
- Wenn der Pfannengriff nicht isoliert ist, verwenden Sie zum Halten des Stiels die Handserviette.
- Binden Sie Ihre Haare zusammen.

Arbeitsablauf

Im Großen und Ganzen ist der Arbeitsablauf bei Fleischflambees immer gleich.

1. Das Fleisch oder die Krustentiere würzen
2. In Butter oder Öl anbraten
3. Das Fleisch mit der gewünschten Spirituose übergießen und flambieren
4. Das Fleisch in der Cocotte auf der Rechaudplatte warm stellen
5. Die Sauce zubereiten
6. Eventuell das Fleisch in die Sauce geben (je nach Rezept)
7. Eventuell dem Gast eine kleine Kostprobe reichen
8. Auf französischen Tellern mit den Beilagen und Garnituren anrichten

Bei Fleischgerichten werden die Speisen vor der Zubereitung der Sauce flambiert, bei Süßspeisen wird zuerst die Sauce zubereitet und abschließend das fertige Gericht flambiert.

Rezepte (für eine Portion)

Bœuf Stroganoff

140–160 g in Streifen geschnittenes Rinderfilet
Salz, Pfeffer
Ca. 2 cl Öl
2 cl Cognac oder Weinbrand (bei Verwendung von Rotwein) oder Wodka (bei Verwendung von Weißwein)

⚠ Schneiden Sie das Fleisch für Bœuf Stroganoff nicht zu dünn, da es sonst sofort durchgebraten ist und Flüssigkeit abgibt. Berücksichtigen Sie auch, dass das Fleisch beim Warmhalten noch durchzieht.

Sauce

20 g Butter
20 g fein geschnittene Zwiebeln oder Schalotten
20 g feinblättrig geschnittene Champignons
Salz, Pfeffer, 1/2 KL edelsüßes Paprikapulver
6 cl Rot- oder Weißwein
8 cl Sauce demi-glace

3 cl Sahne (auf Wunsch Sauerrahm oder Crème double)
20 g in Julienne geschnittene Gewürzgurken
1 KL Senf
20 g geschälte, in Würfel geschnittene Tomaten
Eventuell gehackte Petersilie

⚠️ Innereien vor dem Anbraten nicht salzen, da sie sonst hart werden.

⚠️ Sauerrahm vor dem Einrühren gut verrühren, da er sonst ausflockt.

Zubereitung

1 Öl in der Pfanne erhitzen

2 Die Rinderfiletstreifen salzen, pfeffern und im heißen Öl kurz und scharf anbraten

3 Mit Cognac oder Wodka flambieren ...

... und das Fleisch in der Cocotte zugedeckt auf der Rechaudplatte warm stellen

4 Butter in der Flambierpfanne erhitzen, Zwiebeln beigeben und glasig anrösten

5 Die Champignons, Gewürzgurken und Tomatenwürfel beigeben, sautieren, Senf dazugeben, salzen und pfeffern

6 Das Paprikapulver nur kurz mitrösten, damit es nicht bitter wird

7 Mit Rot- oder Weißwein ablöschen und die Flüssigkeit reduzieren lassen

8 Sauce demi-glace beigeben und etwas reduzieren lassen

9 Das Fleisch dazugeben und nach Wunsch mit Sahne, Sauerrahm oder Crème double vollenden

10 Eventuell den Gast die Sauce verkosten lassen

10 Das Gericht mit Sauerrahm, Gewürzgurkenstreifen und Paprikapulver garnieren und mit den vorgesehenen Beilagen anrichten

Beilagen

Reis, Spätzle, Bandnudeln u. Ä., Kroketten, Waffel- oder Strohkartoffeln sowie glaciertes Gemüse oder Salate

Steaks

Damit der Gast mit dem Steak zufrieden ist, gilt es folgende Tipps bei der Zubereitung zu beachten:

- Fragen Sie den Gast bei der Bestellung, in welcher Garstufe er das Steak wünscht.
- Steaks ziehen in der Cocotte noch etwas durch. Wünscht der Gast sein Steak „medium", sollte es daher blutig gebraten werden.

- Falls die gewünschte Garstufe noch nicht erreicht ist, legen Sie das Steak zum Durchziehen in die Sauce.
- Wurde das Steak bereits in der Küche vorgebraten, wird es im Restaurant nur mehr flambiert und die Sauce zubereitet.

Pfeffersteak auf Pariser Art (mit schwarzem Pfeffer)
Für eine Portion rechnet man 160–180 g Fleisch.
- Das Filetsteak mit geschroteten schwarzen Pfefferkörnern bestreuen, Körner gut in das Fleisch drücken. Das Fleisch salzen und in der Flambierpfanne in ca. 2 cl Öl scharf anbraten
- Das Steak mit 2 cl Cognac (Weinbrand) flambieren und in der Cocotte auf der Rechaudplatte warm stellen
- Die Bratenrückstände mit 20 g Butter vom Boden der Pfanne lösen, mit 4 cl Rotwein (Merlot, Burgunder ...) ablöschen und etwas reduzieren lassen
- Die Sauce mit Salz, Pfeffer, Worcester(shire)sauce und Sahne fertigstellen
- Das Steak mit den Beilagen auf dem heißen englischen Teller anrichten und mit der Sauce nappieren

Pfeffersteak Madagaskar (mit grünem Pfeffer)
- Das Filetsteak salzen, in den gestoßenen grünen Pfeffer drücken und mit der gewürzten Seite in 2 cl Öl scharf anbraten
- Die gewünschte Bratstufe beim Gast erfragen
- Die zweite Seite vor dem Wenden ebenfalls salzen und pfeffern
- Wenn die Steaks fertig gebraten sind, das Bratöl abschöpfen
- Das Steak mit 2 cl Cognac (Weinbrand) übergießen, flambieren und mit dem Fond in einer Cocotte auf der Rechaudplatte warm stellen

Sauce
- In der Flambierpfanne 10 g Butter zergehen lassen, 20 g fein geschnittene Zwiebeln beigeben und glasig anrösten
- Mit 6 cl Rotwein ablöschen und reduzieren lassen
- 1/2 EL grüne Pfefferkörner und einen Spritzer Worcester(shire)sauce beigeben
- 8 cl Sauce demi-glace hinzufügen, kurz aufkochen lassen, salzen und abschmecken
- Die Sauce mit ca. 2 cl Sahne vollenden
- Das Fleisch in die Sauce geben, einmal wenden und auf dem heißen englischen Teller anrichten
- Mit Sauce nappieren, mit etwas gehackter Petersilie bestreuen und mit der Beilage servieren.

Beilagen
Kartoffelkroketten, frittierte Kartoffeln, Folienkartoffeln, überbackene Kartoffeln, glaciertes Gemüse und Salate

Mögen Sie Steaks? Wenn ja, in welcher Garstufe? Tauschen Sie Ihre Erfahrungen in der Gruppe aus.

Garstufen siehe Speisen- und Menükunde, Seite 87.

Pfeffersteak Madagaskar

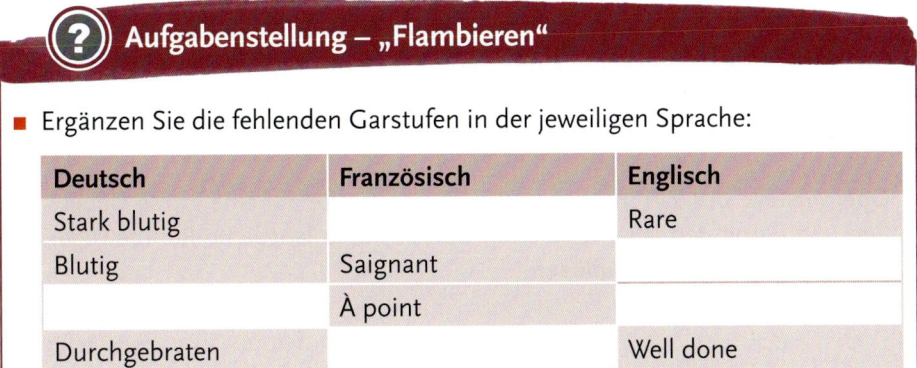

? Aufgabenstellung – „Flambieren"

- Ergänzen Sie die fehlenden Garstufen in der jeweiligen Sprache:

Deutsch	Französisch	Englisch
Stark blutig		Rare
Blutig	Saignant	
	À point	
Durchgebraten		Well done

4.2 Süßspeisen und Obst

Mise en place auf dem Flambierwagen oder Guéridon

- Flambierwagen mit einer oder zwei Flammen
- Flambierrechaud zum Flambieren auf dem Guéridon
- Streichhölzer für Flambierrechauds ohne automatische Zündung
- Flambierpfannen
- Vorlegebesteck in Bestecktasche
- Ablageteller (Mittelteller) für Vorlegebesteck
- Handserviette
- Karaffen, Krüge und Kännchen für flüssige Zutaten (Säfte, Sahne)
- Schüsseln für feste Zutaten
- Messgläser oder kleine Kelle zum Messen oder Portionieren der zum Parfümieren und Flambieren verwendeten Spirituosen
- Flambierkelle (Louche)
- Rechaudplatte zum Warmhalten der Teller
- Vorgewärmter französischer Teller zum Anrichten des Flambeegerichtes

Zutaten

- Grundmaterialien, z. B. Crêpes oder Früchte
- Gewürze: z. B. Zimt, Nelken, Pfeffer (grün, rosa, schwarz) für Pfeffererdbeeren
- Zucker: Würfel-, Kristall- und Puderzucker
- Schokolade: geriebene Bitterschokolade, Schokoladensauce
- Fruchtsäfte und sonstige Zutaten von Früchten: frisch gepresste Säfte, z. B. Orangen- und Zitronensaft; entkernte, ungespritzte Zitronenhälften zum Verrühren der Sauce, Orangen- und Zitronenzesten, Fruchtmark, Orangenfilets
- Milchprodukte: Sahne und Butter
- Spirituosen: Cognac, Weinbrand, Rum, Grand Marnier, Cointreau, Obstdestillate usw.
- Garnituren: Mandelstifte und -blättchen, geriebene Haselnüsse, Eiscreme usw.

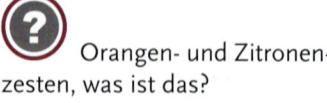 Orangen- und Zitronenzesten, was ist das?

Arbeitsablauf

Zubereitung der Grundsauce

(z. B. für Crêpes und Früchte)

- Zucker in der Pfanne goldbraun karamellisieren. Vorsicht, nicht mit dem Vorlegebesteck umrühren, da sonst der Karamell am Besteck haften bleibt.
- Butter hinzufügen und zergehen lassen
- Mit Orangensaft und eventuell etwas Zitronensaft ablöschen. Dabei beim Einlaufenlassen des Orangensaftes die Pfanne leicht schräg halten, um ein Spritzen zu vermeiden.
- Oder anstelle des Zitronensaftes die Zitronenhälfte auf eine große Gabel spießen und damit den karamellisierten Zucker durch langsame Rührbewegungen im heißen Orangensaft auflösen
- Sauce reduzieren lassen

Damit die Bitterstoffe der Schale nicht in die Sauce gelangen, wird von der Zitrone ein ca. 1/2 Zentimeter breiter Schalenstreifen geschnitten

Fertigstellung

- Die Crêpes oder Früchte in die Sauce legen
- Aromatisieren und das Gericht erhitzen
- Sauce kurz reduzieren lassen
- Flambieren:
  - ▶ Die Pfanne etwas neben die Flamme ziehen
  - ▶ Spirituose in der Flambierkelle über der Flamme erhitzen, bis sich der Alkohol entzündet
  - ▶ Die Pfanne wieder auf die Hitzequelle ziehen
  - ▶ Vorsichtig die brennende Spirituose über dem Flambiergut gleichmäßig verteilen, dabei die Pfanne leicht bewegen
- Nach dem Erlöschen der Flamme das Gericht anrichten und garnieren

Sie können bereits die Grundsauce mit Likör aromatisieren.

Rezepte (für eine Portion)

Crêpes Suzette

30 g Feinkristallzucker
20 g Butter
10 cl Orangensaft
1/2 entkernte Zitrone
2 cl Grand Marnier

2 bis 3 Stück Crêpes
3 g Orangenzesten
2 cl Cognac oder Weinbrand
30 g Orangenfilets

Zubereitung

1 Die Grundsauce zubereiten und mit Grand Marnier aromatisieren

2 Crêpes einzeln in die Sauce legen: Die erste Crêpe mit der Gabelspitze fixieren, einrollen, mit dem Vorlegelöffel in die Pfanne heben ...

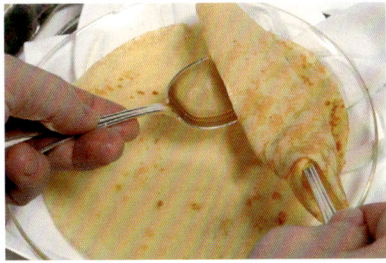

... und wieder ausrollen, mit der Sauce übergießen und zu einem Halbkreis falten

Mit der zweiten Crêpe ebenso verfahren

3 Die beiden Crêpes zu Dreiecken zusammenlegen

4 Die Orangenzesten beigeben

5 Den Cognac in der Flambierkelle bis zum Entzünden erhitzen

6 Brennend über die Crêpes gießen und flambieren

7 Die Orangenfilets in die heiße Sauce legen und wenden

8 Crêpes mit dem Vorlegebesteck auf dem vorgewärmten französischen Teller anrichten, garnieren und mit der Sauce nappieren

Erdbeeren mit Pfeffer aus der
Mühle bestreuen

Flambierte Pfeffererdbeeren

30 g Feinkristallzucker
20 g Butter
10 cl Orangensaft
1/2 entkernte Zitrone
2 cl Grand Marnier
50 g frische, feste Erdbeeren

Grüner, schwarzer oder rosa Pfeffer
aus der Mühle
2 cl Cognac oder Weinbrand
(wahlweise Tequila)
1 Kugel Vanilleeis

Zubereitung

- Die Grundsauce (siehe Arbeitsablauf Seite 192) zubereiten
- Die halbierten oder geviertelten Erdbeeren beifügen
- Erdbeeren mit Grand Marnier aromatisieren und mit Pfeffer bestreuen
- Mit Cognac flambieren
- Die Erdbeeren mit dem Vorlegebesteck auf dem vorgewärmten Teller anrichten, mit der Sauce nappieren und mit Vanilleeis garnieren

Mise en place

Bananenflambee

30 g Feinkristallzucker
Eventuell etwas Zitronensaft, je nach
Säuregehalt der Banane
20 g Butter
10 cl Orangensaft

1/2 entkernte Zitrone
2 cl Cointreau
2 Bananenhälften (feste Früchte)
2 cl Cognac, Weinbrand oder Rum
geschlagene Sahne zum Garnieren

Zubereitung

- Die Grundsauce (siehe Arbeitsablauf Seite 192) zubereiten
- Mit Cointreau aromatisieren
- Bananenhälften mit der runden Seite nach unten in die Sauce legen und wenden
- Beide Hälften mit der Sauce übergießen. Die Bananenhälften dürfen nicht zu weich werden!
- Anschließend mit Cognac flambieren
- Die Bananenhälften auf dem vorgewärmten Teller anrichten, mit der Sauce nappieren und mit geschlagener Sahne garnieren

Bananenhälften mit der Sauce
nappieren

5   Käseservice

Melina soll für einen Gast verschiedene Käsesorten auf einem Teller anrichten. Worauf muss sie dabei achten?

Welche Käsesorten schmecken Ihnen am besten? Milde oder würzige? Tauschen Sie Ihre Erfahrungen in der Gruppe aus.

Früher war Käse vor allem ein Produkt einer bestimmten Region oder eines bestimmten Landes. Heute werden in vielen gastronomischen Betrieben nicht nur regionale bzw. landestypische Käsesorten angeboten, sondern eine große Auswahl an nationalen und internationalen Käsespezialitäten.

In Betrieben mit gelebter Käsekultur wird von den Gästen eine entsprechende fachliche Beratung geschätzt und auch erwartet. Für die Servicemitarbeiter/innen ist es daher wichtig, sich auch mit dem Thema Käse auseinanderzusetzen und entsprechende Schulungen zu absolvieren.

Das Käsewissen einer perfekten Servicemitarbeiterin/eines perfekten Servicemitarbeiters umfasst

- Käsearten
- Einkauf
- Lagerung und Pflege
- Reifung
- Präsentationstechniken
- Schnitttechniken
- Beigaben
- Korrespondierende Getränke

Käseherstellung

- Die Rohmilch wird geprüft, gereinigt und der erwünschte Fettgehalt je nach Käseart eingestellt. Dann wird die Milch pasteurisiert.
- Wird die Milch durch Lab (Enzym) zum Gerinnen gebracht, erhält man Labkäse. Geschieht dies durch Milchsäurebakterien, erhält man zunächst Quark und nach dem Reifen Sauermilchkäse.
- Um die Molke von der Käsemasse zu trennen, wird diese mit der Käseharfe zerschnitten. Je mehr, desto fester wird der Käse.
- Beim Reifen entwickelt sich das Aroma des Käses. Wurden der Milch auch unschädliche Schimmelpilzkulturen zugesetzt, so bildet sich an der Oberfläche ein Schimmelrasen. Der Schimmel kann sich auch als Äderung durch den ganzen Käse ziehen.

? Pasteurisieren, was bedeutet das? Finden Sie es heraus!

Faustregel zur Berechnung des Fettgehaltes
Frischkäse:
F.-i.-Tr.-Angabe x 0,3
Weichkäse:
F.-i.-Tr.-Angabe x 0,4
Schnittkäse:
F.-i.-Tr.-Angabe x 0,5
Hartkäse:
F.-i.-Tr.-Angabe x 0,6

Käsezusammensetzung

Käse setzt sich aus der Trockenmasse und Wasser zusammen. Je mehr Trockenmasse ein Käse enthält, desto härter, je weniger, desto weicher ist er.

Fett in der Trockenmasse – F. i. Tr.

Während der Käsereifung verdunstet laufend Wasser. Das Gewicht des Käses ändert sich. Die Trockenmasse bleibt annähernd gleich. Aus diesem Grund wird der Fettgehalt des Käses in Prozent der Trockenmasse angegeben.

Käsearten nach dem Wassergehalt

Hartkäse	Schnittkäse	Halbfester Schnittkäse	Sauermilchkäse	Weichkäse	Frischkäse
Bis zu 56 % Wassergehalt	54–63 % Wassergehalt	61–69 % Wassergehalt	60–73 % Wassergehalt	Mehr als 67 % Wassergehalt	Mehr als 73 % Wassergehalt
Emmentaler, Bergkäse, Greyerzer und Sbrinz (CH), Chester (GB), Parmesan und Pecorino (I)	Gouda, Edamer, Tilsiter, Käse nach Holländer Art, Bierkäse, Trappistenkäse, Geheimratskäse, Mozzarella, Cheddar	Butterkäse, Steinbuscher, Weißlacker, Edelpilzkäse – halbfeste Blau- und Grünschimmelkäse, wie Gorgonzola und Roquefort, Käse mit Rotschmiere wie (Schimmel-) Romadur	Harzer Käse, Handkäse, Olmützer Quargel, Kochkäse, Milbenkäse aus Würchwitz, Tiroler Graukäse	Limburger, Schlosskäse, Klosterkäse, Weißschimmelkäse (Camembert, Brie), Weiß-Blau-Schimmel-Käse (Bavaria Blue, Dolce Latte), Rot-Weiß-Schimmel-Käse (Rougette)	Quark, Gervais, Hüttenkäse (Cottage-Cheese), Brimsen (Schafkäse aus der Slowakei), Mascarpone, Riccotta, Philadelphia

Ein Emmentalerlaib hat rund 1 000 Löcher!
Diese Löcher entstehen durch Gase, die sich durch die Aktivitäten der Bakterien in der Käsemasse bilden. Und je mehr Bakterien die Rohmilch aufweist, desto mehr Löcher entstehen. Es ist also nicht so, wie böse Zungen behaupten, dass die Löcher im Emmentaler von besonders fleißigen Schweizern gebohrt würden.

Käse muss reifen

Käse benötigt Zeit, um sich für seine Fans zu erwärmen

Einkauf und Lagerung

Käse sollte kühl, verpackt und dunkel lagern. Der Reifeprozess kann durch wärmere Lagerung beschleunigt, durch kühlere Lagerung (4–6 °C) jedoch verzögert werden. Temperaturen unter 6 °C hemmen die Aromabildung.

- Frischkäse hält in ungeöffneter Packung bei 4 °C bis zu vier Wochen, angebrochen wenige Tage.
- Schnittkäse lagert am besten in einer Verbund- oder Mehrschnittfolie mit geringer Kohlendioxiddurchlässigkeit. Er entfaltet so sein typisches Aroma besser und trocknet auch nicht so leicht aus.
- Sauermilchkäse lagert am besten in einer Verpackung mit hoher Kohlendioxiddurchlässigkeit, z. B. in einer Polypropylenfolie.
- Geriebener Käse sollte rasch verbraucht werden.

Alle Käsesorten – außer Frischkäse – sollen eine halbe Stunde vor dem Verzehr aus dem Kühlschrank genommen und bei Zimmertemperatur erwärmt werden, damit sich der Geschmack besser entwickeln kann.

 Aufgabenstellungen – „Käseservice"

1. Was bedeutet die Angabe Fett in der Trockenmasse?

2. Warum wird beim Käse der Fettgehalt in der Trockenmasse und nicht der absolute Fettgehalt angegeben?

3. Berechnen Sie den absoluten Fettgehalt von 150 Gramm Emmentaler mit 45 % Fett i.Tr. und einem Wassergehalt von 30 %.

4. Recherchieren Sie, z. B. mithilfe des Internets, Lagertemperatur und Lagerdauer der in der Tabelle angeführten Käsesorten (ein Beispiel ist vorgegeben).

Käsesorte	Temperatur	Lagerdauer
Frischkäse	4 °C	bis zu 4 Wochen
Sauermilchkäse		
Hartkäse		
Schnittkäse		
Weichkäse		
Schmelzkäse		

Mise en place

Käsewagen	Käseglocke	Käsebrett

■ Die beste Art, um Käse am Tisch des Gastes perfekt zu präsentieren ■ Auf dem Wagen befindet sich das gesamte Mise en place (z. B. Schneidewerkzeug, Löffel)	■ Die Käseglocke wird entweder auf dem Guéridon am Tisch des Gastes präsentiert oder am Buffet verwendet	■ Eine traditionelle Art der Käsepräsentation ■ Die Bretter sind speziell beschichtet, damit der Käse nicht festklebt

Kennen Sie einen Betrieb mit gelebter Käsekultur? Welche Käsesorten werden angeboten? Gibt es eine Käsesommelière/ einen Käsesommelier? Tauschen Sie Ihre Erfahrungen in der Gruppe aus.

Schneidewerkzeuge

Eingriffmesser

Mit geätzter Klinge; zum Zerteilen von kleinen Käseblöcken und Käselaiben

Käsehobel

Für Hartkäse

Weichkäsemesser

Mit versetztem Griff in verschiedenen Farben:
- ■ Weißer Griff: Weißschimmelkäse
- ■ Roter Griff: Rotkulturkäse
- ■ Blauer Griff: Blau- und Grünschimmelkäse

Parmesanstecher

Zum Herausstechen kleiner Stücke von ganzen Parmesanlaiben oder Stücken

Girolle

Ein Holzteller mit einer Klinge, die in Kreisen über den Käse geführt wird; zum Abschaben von Tête de Moine (Mönchskopfkäse)

Käseharfe

In verschiedenen Größen; damit erhalten Frischkäserolle, Blau- und Grünschimmelkäse eine glatte Schnittfläche

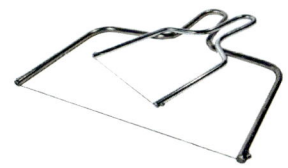

Arbeitsablauf

Damit Käse sein Aroma entfalten kann, sollte er mindestens eine Stunde vor dem Service aus dem Kühlschrank genommen werden.

1 Die Käseauswahl präsentieren und beschreiben

2 Den Käse fachgerecht, entsprechend der Käseform schneiden

Schneiden von Frischkäserollen

Schneiden von Weichkäse in Ringform

Schneiden von Weichkäsetorten

Schneiden von Käsezylindern

Schneiden einer Schnittkäsetorte

Schneiden von Käseblöcken

3 Die Käsestücke nach der sogenannten **Käseuhrmethode** auf französischen Tellern anrichten. Das heißt, die Käsestücke im Uhrzeigersinn auflegen, beginnend mit dem mildesten Käse auf „6.00 Uhr". Der Tellerrand muss dabei frei bleiben.
Oder Sie platzieren den mildesten Käse in der Mitte des Tellers und fahren auf 6:00 Uhr mit dem nächsten Käse fort.

Auf diese Weise inszenieren Sie die Käsesorten von mild-fein über vollmundig bis würzig-kräftig. Wichtig ist, dass Sie dem Gast den Teller richtig einsetzen.

⚠ Cracker und Salzstangen eignen sich nicht zum Garnieren, da sie durch die im Käse enthaltene Feuchtigkeit pappig werden.

🔗 Tipps für ein erfolgreiches Verkaufsgespräch finden Sie auf Seite 101.

Beigaben

Sie sollten den Eigengeschmack des Käses nicht in den Hintergrund drängen. Zu üppige Dekorationen bzw. Beigaben verändern den Geschmack des Käses.

- Brotauswahl: Roggen- und Weizenmischbrote sowie Vollkornbrote, Stangenweißbrot, Ciabatta, Nuss-, Sonnenblumen-, Kürbiskernbrot, Mini-Brötchen und Cracker
- Obst: Weintrauben, Äpfel, Birnen und Datteln
- Essbare Blumen: Begonien, Veilchen, Schlüsselblumen, Gänseblümchen usw.
- Nüsse: Walnüsse
- Kerne: geröstete Kürbiskerne und Pinienkerne
- Gemüse: Radieschen, Tomaten und Oliven
- Sonstiges: Quittengelee, Trüffelhonig, Akazienhonig, Feigensenf- und Birnensenfsaucen, Aprikosen-Balsamico-Konfitüre, Chutneys usw.
- Butter und eventuell Pfeffer aus der Mühle werden auf Wunsch des Gastes eingesetzt

Korrespondierende Getränke

Mineralwässer	Bier	Wein
Milde kohlensäurearme Sorten	Zu kräftigem Rotkulturkäse	Je nach Käseart

Ziele erreicht? – „Arbeiten am Tisch des Gastes"

1. Lösen Sie folgende Aufgabe in Kleingruppen: Stellen Sie in einem Rollenspiel das Tranchieren eines Brathuhns am Tisch des Gastes nach. Bereiten Sie zuerst das Grund-Mise-en-place auf dem Guéridon vor. Tranchieren Sie anschließend das Brathuhn und erklären Sie dabei die einzelnen Teile. Diskutieren Sie im Anschluss daran, ob das Tranchieren in der Praxis zufriedenstellend verlaufen wäre, und notieren Sie, was funktioniert hat und was beim nächsten Mal zu verbessern ist. Stellen Sie sich dabei folgende Fragen: War das Mise en place fachgerecht vorbereitet? Wurde das Huhn dem Gast vor dem Zerteilen präsentiert? Wurde die Reihenfolge beim Tranchieren eingehalten?

2. Führen Sie die verschiedenen Garstufen des Steaks auf Englisch an.

3. Erklären Sie, worauf Sie beim Tranchieren von ganzen Fleischstücken achten müssen.

4. Erläutern Sie, wofür der Begriff „Filetieren" verwendet wird.

5. Bereiten Sie das Grund-Mise-en-place für das Filetieren von Fischen vor.

6. Erklären Sie, worin der Unterschied zwischen einer Marinade und einem Dressing besteht.

7. Zählen Sie die Zutaten für ein Bœuf Stroganoff auf. Welches Fleisch wird für die Zubereitung verwendet?

8. Nennen Sie Speisen, die bevorzugt flambiert werden.

9. Bereiten Sie das Grund-Mise-en-place auf dem Guéridon für das Flambieren von Crêpes Suzette vor.

10. Zählen Sie fünf verschiedene Kriterien auf, nach denen sich Käse unterscheiden lässt und nennen Sie jeweils ein Beispiel.

11. Zählen Sie verschiedene Möglichkeiten auf, wie Sie Käse perfekt präsentieren können.

12. Erklären Sie, welche Kriterien die Beigaben zu Käse erfüllen sollen.

13. Verkosten Sie verschiedene Käsesorten und richten Sie diese dann auf dem Gästeteller nach der Käseuhrmethode an.

Die Bar

Mit der Entwicklung des Fremdenverkehrs kam die Bar von Amerika nach Europa und somit nach Deutschland. Um die Wende vom 19. zum 20. Jahrhundert wurden in den Großhotels die ersten Bars eröffnet. Sie stellen ein Kommunikationszentrum dar, in dem häufig auch geschäftliche Besprechungen stattfinden. Heute erfreuen sich Cocktailbars auch bei jüngeren Gästen einer großen Beliebtheit.

KOMPETENZ-ERWERB

Meine Ziele

Nach Bearbeitung dieses Kapitels kann ich

- verschiedene Bararten charakterisieren;
- die Positionen eines Barstaff und die damit verknüpften Tätigkeiten wiedergeben;
- spezielle, in der Bar eingesetzte Geräte, Utensilien und Gläser benennen und sie fachgerecht verwenden;
- verschiedene Zubereitungsmethoden für Cocktails erklären;
- Cocktails nach Standardrezepten fachgerecht zubereiten und servieren;
- selbstständig alkoholfreie Longdrinks kreieren und zubereiten.

1 Barkunde

Bartender oder Barkeeper? Melina will wissen, worin sich die beiden Begriffe unterscheiden. In einem Fachbuch findet sie folgende Erklärung: Unter Bartender versteht man im angloamerikanischen Raum den Besitzer oder Pächter einer Bar (to tend a bar = eine Bar führen), in Europa ist der Begriff gleichbedeutend mit Barkeeper, Barman, Mixer und Chef de Bar.

1.1 Geschichte der Bar

In den Zeiten der Kolonalisierung trafen sich die Einwanderer Amerikas in primitiven Bretterbuden, sogenannten Drugstores, um Lebensmittel zu kaufen und ihre Erlebnisse auszutauschen. Bei der Gelegenheit nahmen sie auch ein paar Drinks, meist einfachen Branntwein, zu sich.

Als Schutz vor streitlustigen oder alkoholisierten Menschen errichteten die Besitzer der Drugstores mindestens eine Armlänge von ihren Regalen entfernt Barrieren, hinter denen sie sich ducken konnten. Gleichzeitig wurde damit auch verhindert, dass sich die Gäste selbst am Sortiment bedienten. Mit dicken, meist aus Holz gefertigten Brettern wurden diese zu dem, was man heute unter „Bar" versteht. Die knapp unter dem als Ablage dienendem Querbrett angebrachte Stange diente den stehenden, zum Teil stark angetrunkenen, Gästen zum Halten.

Im Laufe der Zeit entwickelten sich aus der ursprünglichen Form der American Bar viele unterschiedliche Typen. Ihre Bezeichnungen beinhalten im zweiten Teil den Begriff „Bar". Einerseits weisen sie damit auf ihren Standort hin, wie z. B. Restaurant-, Hotel- oder Poolbar, andererseits tragen sie Namen von Getränken, die man dort hauptsächlich erhält, z. B. Bier-, Milch-, Saft- und Espressobar.

Tagesbars haben tagsüber geöffnet und sind in angloamerikanischen Ländern häufig Treffpunkt für Geschäftsleute. Eine Tanzbar (Diskothek) lädt neben dem Trinkgenuss zum Tanz ein und die Minibar ist längst etablierter Bestandteil etlicher Hotelzimmer.

Saloon Black Hawk, Colorado, 1897

Charlie's Tavern, New York, 1946

1.2 Bararten

American Bar (Cocktailbar)

Sie ist die Urform und zugleich die heute am weitesten verbreitete Barform. Die Blütezeit der American Bars hing stark mit der Entstehung größerer Städte in Amerika zusammen und endete vorerst mit der Prohibition um 1920.

Mittelpunkt der American Bar ist die Bartheke, an der der Großteil der Konsumation stattfindet. Zur Einrichtung gehören jedoch auch gemütliche Sessel und Tische. Das Hauptaugenmerk liegt auf der Zubereitung von Cocktails. Es werden aber auch Snacks und Sundries offeriert.

Merkmale guter American Bars sind die oft aufwendig gestalteten und wechselnden Cocktailkarten, ein Signature Drink und bestens ausgebildete Fachkräfte.

American Bar

Hotelbar (Lobbybar)

Hotelbar (Lobbybar)

Die Hotelbar ist sehr oft wie eine American Bar ausgestattet und dient vor allem den Hausgästen als Kommunikationszentrum. Sie ist daher für das Hotelmanagement eine gute Informationsquelle, um die Gästezufriedenheit festzustellen.

Im Gegensatz zur American Bar können die Gäste aus dem gesamten Getränkeangebot inklusive Heißgetränke wählen und auch kleine Speisen konsumieren. Oftmals ist auch die Möglichkeit zum Tanzen gegeben oder es gibt zumindest Musikuntermalung (kleine Jazzgruppen, Pianomusik).

Die Hotelbar ist ein beliebter Treffpunkt, um den Abend mit einem Aperitif zu beginnen und/oder ihn mit einem Digestif ausklingen zu lassen.

Restaurantbar

Restaurantbar

Die Gäste haben hier die Möglichkeit, einen Aperitif bzw. Digestif zu konsumieren und auch eventuelle Wartezeiten auf einen Tisch zu überbrücken. Die Gäste nehmen vorab Einsicht in die Speisen- und Getränkekarten.

Die Restaurantbar hat jedoch auch den Zweck, Treffpunkt für Tischgesellschaften vor dem Essen zu sein bzw. zum gemütlichen Zusammensitzen nach dem Essen zu animieren.

Tagesbar

Tagesbar

Sie ist in England und Amerika besonders häufig anzutreffen und wird vor allem von Geschäftsleuten als Kommunikationszentrum genutzt. Tagesbars haben keine Musik.

Tanzbar

Tanzbars sind eher selten vertreten, außer in Wintersportorten von Österreich und der Schweiz, wo ihre Funktion großteils von der Hotelbar übernommen wird. Der Schwerpunkt liegt auf der Unterhaltung (Tanz, [Live-]Musik) und erst in zweiter Linie auf den Getränken.

Diskothek

Diskothek

Eine Diskothek ist ein gastronomischer Betrieb, in dem das Tanzen und die Musik im Vordergrund stehen. Das Getränkeangebot besteht aus einfachen Bargetränken, alkoholfreien Drinks und Trendgetränken wie Energydrinks, Alkopops und Shooters.

Großraumdiskotheken und Szenebars beinhalten oft mehrere gastronomische Bereiche, z. B. Restaurants, Cocktailbars und Lounges.

Würden Sie gerne in einer Diskothek arbeiten? Diskutieren Sie mit Ihren Kolleginnen/Kollegen Vor- und Nachteile dieser Betriebsart.

Nachtklub

Der Schwerpunkt liegt bei diesen Bars auf dem Unterhaltungssektor, wie z. B. Show-, Varieté-, Kabarettdarbietungen. Eine Reihe von alkoholischen Getränken wird angeboten, z. B. Champagner.

Mobile Bar

Für Hochzeiten, Geburtstage, andere private und auch geschäftliche Anlässe bieten zwischenzeitlich einige selbstständige Barkeeper/innen ein mobiles Barcatering an. Solche Cateringbars sind einfach auf- und abzubauen oder sind in speziellen Kraftfahrzeugen untergebracht.

Die Auswahl an Mixgetränken reicht von Klassikern bis hin zu alkoholfreien Mixgetränken. Sogar das Equipment, wie Barutensilien, Gläser, Eis und Dekoration werden mitgebracht. Abhängig von der Größe eines Events kann der/die Gastgeber/in bzw. Veranstalter/in eine Barkeeperin/einen Barkeeper oder auch mehrere dazu engagieren. Für Incentives werden auch Cocktailkurse angeboten.

Mobile Bar

Sonstige Bartypen

Darunter fallen Bartypen, die sich auf bestimmte Getränke spezialisiert haben oder an bestimmten Standorten vertreten sind. Beispiele dafür sind:

- Bierbar
- Espressobar
- Milchbar
- Schirmbar
- Eisbar
- Snack- oder Strandbar
- Poolbar

Espressobar

1.3 Mitarbeiter/innen in der Bar (Barstaff)

Das Berufsbild der Barkeeperin/des Barkeepers ist nicht klar umrissen. Viele Barkeeper/innen, vor allem in der gehobenen Gastronomie und Hotellerie, verfügen über eine professionelle Ausbildung und langjährige Berufspraxis. Häufig jedoch arbeiten gelernte Restaurantfachkräfte nach ihrer Schul- oder Berufsausbildung in einer Bar. Als eine Weiterbildungsmaßnahme kann man Kurse oder Seminare an Barschulen besuchen, wie beispielsweise an der Barschule Rostock.

(?) Informieren Sie sich auf der Homepage der **Deutschen Barkeeper-Union (DBU)** www.dbuev.de über die Aus- und Fortbildung zur Barkeeperin/zum Barkeeper.

Barstaff

Der Begriff „Barstaff" bezeichnet die Gesamtheit aller Mitarbeiter/innen in einer Bar. Je nach Größe und Ausstattung einer Bar gibt es folgende Mitarbeiter/innen:

Positionen	Aufgaben
Barmanager/in, Assistant Barmanager/in	■ Diese Position findet man nur in Großbetrieben mit mehreren Bars ■ Diensteinteilung, Urlaubsplanung, Kontrolle (Wareneinkauf und -verkauf, Abrechnung, Inventuren), Kalkulation, Erstellung von Barkarten, Organisation von Sonderveranstaltungen und innerbetriebliche Ausbildung
Barsupervisor/in	■ Verbindungsglied zwischen den Barmitarbeiterinnen/Barmitarbeitern und der Führungsebene ■ Unterstützung des/der (Assistant) Barmanagers/Barmanagerin, Kontrolle der Barmitarbeiter/innen, Anlaufstelle bei Problemen von Barmitarbeiterinnen/Barmitarbeitern und Gästen, Dokumentation und Weiterleitung der Probleme an die Vorgesetzte/den Vorgesetzten

Wussten Sie, dass ...

der Schutzpatron der Barkeeper/innen der Heilige Bernhard von Clairvaux ist? Sein Fest wird jährlich am 20. August begangen.

Barchef/in (Chef de Bar)	■ Übernimmt in kleineren Betrieben die Aufgaben der Barmanagerin/des Barmanagers ■ Aus- und Weiterbildung der Barmitarbeiter/innen, Kontrolle (Warenbestellung, Abrechnung, Inventuren), Gästebetreuung, Verantwortung für den gesamten Getränkeservice sowie Mitverantwortung bei der Organisation von Veranstaltungen
Barkeeper/in (Bartender/in, Barman[n]/ Barmaid)	■ Ausgebildete Restaurantfachkräfte, die sich die Kenntnisse für diese Position zusätzlich angeeignet haben ■ Bereitstellung des Mise en place, Zubereitung der Mixgetränke, Gästebetreuung und -beratung sowie Rechnungslegung
Barwaiter/ Barwaitress	■ Ist ausschließlich für den Service an den Tischen zuständig ■ Gästeberatung, Getränkeservice und Rechnungslegung
Commis de Bar	■ Gehilfin/Gehilfe der Barkeeperin/des Barkeepers ■ Bar-Mise-en-place, Ergänzung des Barstocks, bei Bedarf auch Service an den Tischen, Abräumen und Reinigen der Tische

2 Arbeitsplatz Bar

Lukas soll kurzfristig eine Kollegin in der Bar vertreten. Um sich vor den Gästen keine Blöße zu geben, informiert er sich vorab, welche Aufgaben er als Barmitarbeiter zu erfüllen hat bzw. wodurch sich diese von seiner bisherigen Servicetätigkeit im Restaurant unterscheiden.

2.1 Bar-Mise-en-place

Um einen reibungslosen Ablauf in der Bar zu gewährleisten, müssen verschiedenste Vor- und Nachbereitungsarbeiten durchgeführt werden.

Vorbereitungsarbeiten

- Den Barstock auf Vollzähligkeit überprüfen
- Alle Bargeräte, Flaschen, Eiswannen usw., die Bartheke, Barhocker und sonstige Arbeitsflächen (z. B. Speed-Rail) auf Sauberkeit kontrollieren
- Die Funktion der Arbeitsgeräte und Maschinen überprüfen
- Die Gläser kontrollieren und polieren: angeschlagene Gläser aussortieren und ersetzen
- Bar- und Getränkekarten kontrollieren: eingerissene Karten entfernen, abwaschbare Karten feucht reinigen
- Alle Arbeitsgeräte und Arbeitswerkzeuge vorbereiten
- Die Eisbehälter füllen
- Die Sundries, z. B. Nüsse und Mandeln, vorbereiten
- Abschließend sämtliche Bereiche inklusive Beleuchtung kontrollieren

Servieren Sie Sundries immer mit einem kleinen Löffel

Nachbereitungsarbeiten

- Getränke und Garnituren verräumen
- Arbeits- und Gästebereich säubern
- Arbeitsgeräte und Arbeitswerkzeuge, Gläser, Teller usw. reinigen und verräumen
- Barstock nachbestellen
- Müll und Leergut entsorgen

2.2 Barstock

Sämtliche in der Bar benötigten Getränke sowie frische Früchte, Sahne, Sundries usw. müssen kontrolliert, ergänzt und abgerechnet werden, sodass der benötigte Barstock immer vorhanden ist.

Der Umfang des Barstocks hängt von der Betriebsgröße, vom Bartyp und vom Gästekreis ab. Eine internationale Bar hat einen größeren Barstock als eine Bar, die nur regionale Bedeutung hat. Aber auch mit einem kleinen, gut sortierten Angebot an Getränken kann eine Fachkraft eine Fülle von gängigen Mixgetränken zubereiten.

Gliederung eines Barstocks

Basisspirituosen

Cognac	Martell, Rémy Martin, Courvoisier, Hennessy u. a.
Weinbrand	Asbach Uralt, Carlos I, Vecchia Romagna u. a.
Whisk(e)ys	<ul><li>**Single Malt Whisky:** z. B. Glenlivet, Macallan, Laphroaig</li><li>**Blended Malt Scotch Whisky:** z. B. Ballantine's Finest</li><li>**Canadian Whisky:** z. B. Canadian Club</li><li>**Irish Whiskey:** z. B. Jameson, Tullamore Dew</li><li>**American Whiskey (Bourbon):** Kentucky: z. B. Jim Beam Black Label, Tennessee: Jack Daniel's, George Dickel</li><li>**Deutsche Whiskys:** z. B. Slyrs, Sloupisti, Spinnaker, Austrasier, Derrina® Einkorn</li></ul>
Wodka	Moskovskaya, Absolut, Grey Goose u. a., aromatisierte Wodka
Rum	Bacardi, Myers's u. a.
Gin	Hendrick's Gin, Gordon's London Dry Gin, Bombay Sapphire u. a.
Tequila, Mezcal	Cuervo 1800 Antigua Añejo, Patrón, Sauza u. a.
Cachaça	Carneiro, Pitú, Cachaça 51

 Weitere deutsche Whiskys finden Sie unter:
www.deutsche-whiskys.de

? Aufgabenstellung – „Barstock"

- *„Jeder Tequila ist ein Mezcal, aber nicht jeder Mezcal ist ein Tequila"*, sagt Charles Schumann, Barkeeper und Betreiber des Münchener Schumann's. Was ist der Unterschied zwischen Tequila und Mezcal? Finden Sie es heraus!

Zum Thema Bitters gibt es im Internet einen tollen Blog mit einer Auflistung unzähliger Produzenten: www.cocktailsoldfashioned.de/ 2009/02/bitters

Sonstige Getränke

Aromatisierte Weine	Martini Bianco, Rosso, Extra Dry, Noilly Prat Extra Dry, Dubonnet, Lillet
Bitters, Würzbitters	Angostura Bitter, Orange-Bitter, Peach-Bitter
Anisées, Absinths	Pernod, Ricard, Ouzo, Raki, Absinth 66 Abtshof
Obstdestillate	Stein-, Kern- und Beerenobst: Calvados, Slibowitz u. a.
Sonstige Spirituosen	Pimm's N° 1, Aalborg Akvavit, Pisco Capel
Liköre	Grand Marnier, Cointreau, Chartreuse, Bénédictine D. O. M; Drambuie, Curaçao u. a.; Bols-, De-Kuyper- und Monin-Liköre, Amaretto, Batida de Coco, Licor 43 u. a.
Bitterliköre	Averna, Fernet Branca, Underberg und Unicum u. a.
Schaumweine	Sekt, Champagner, Cava, Prosecco
Weine	Offene Weiß- und Rotweine, Flaschenweine
Likörweine	Portwein (Ruby, Tawny ...), Sherry (Fino, Cream ...) u. a.
Biere	Ober- und untergärige Biere sowie Biermischgetränke
Alkopops	Bacardi Breezer, Gorbatschow & Lemon, Salitos Ice u. a.
Alkoholfreie Getränke, Sirupe, Fruchtmark/-püree	Frische Fruchtsäfte: Orangen-, Zitronen-, Limetten-, Mangosaft etc.; Fillers wie Tonicwater, Bitter Lemon, Coca-Cola usw.; Zuckersirup, Grenadinesirup, Papaya- und Maracujasirup u. a., Monin Fruchtpürees

Sonstige Zutaten

Garnituren	Frische Früchte wie Orangen, Zitronen, Limetten, Ananas, Physalis, Kiwis, Karambole, Früchte und Beeren der Saison, Cocktailkirschen, Perlzwiebeln, Oliven, frische Pfefferminzblätter, Salatgurken, Rosmarinzweige u. a.
Zucker	Würfel-, Feinkristall-, Puder-, Roh- und Rohrzucker
Sonstiges	Milch und Sahne; Worcester(shire)sauce, Tabasco, Eier (frisch oder pasteurisiert), Gewürze (Muskatnuss, Salz, Pfeffer, Zimt), Schokoladespäne usw.

Sonstige Zutaten

 Aufgabenstellung – „Arbeitsplatz Bar"

■ Finden Sie in dem Buchstabenrätsel sieben Basisspirituosen einer Bar.

D	N	A	R	B	N	I	E	W	D
J	C	A	C	H	A	C	A	D	A
B	W	H	I	S	K	E	Y	L	D
W	O	D	K	A	G	G	I	Y	L
V	Y	X	Z	B	N	U	I	D	P
T	D	X	D	T	Q	M	N	N	W
G	K	P	X	E	U	D	N	B	K
T	G	R	T	R	R	Q	V	R	B

2.3 Bargeräte und Barutensilien

Stabmixer
Hamilton Beach, Blender

Zum Vermischen von schwer vermengbaren Zutaten

Barmatte
Bar-Mat

Arbeitsmatte aus Kunststoff oder Gummi mit genoppter Oberfläche; schont Gläser und Utensilien, kaschiert kleinere Missgeschicke (Verschütten) und eignet sich als Abtropffläche

Garniturpinzette
Garnish-Tongs

Barsieb
Hawthorne Strainer

Mit einer beweglichen Spirale zum Abseihen des Getränks und zum Zurückhalten von Eis aus dem Rührglas oder Shaker

Barwasserkrug
Water-Pitcher

Für Drinks, die mit Wasser getrunken werden

Dosier-Vorratsflaschen, Einschenkflaschen
Pour-, Speed-Bottles

Zur Aufbewahrung und zum praktischen Einschenken von Säften, Sahne, Milch usw.

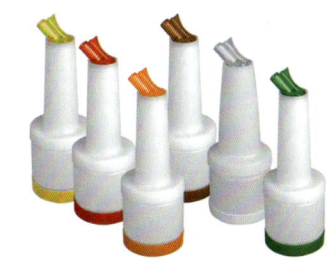

Eiskübel
Ice-Bucket

Zum Aufbewahren von verschiedenen Eisarten

Eislöffel
Ice-Spoon

Durch die Perforierung kann das Schmelzwasser abrinnen

Eisschaufel
Ice-Shovel

Zum Portionieren von Eis in das Glas oder in den Shaker

Eiszange
Ice-Tongs

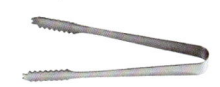

Zitronen-/Fruchtpresse
Lemon-/Fruit-Squeezer

Garniturbox
Garnish-Center

Barmesser
Bar-Knife

Garniturspieß
⌐ Garnish-Sticks

Garniturzange
⌐ Garnish-Tongs

Korkenzange
⌐ Cork-Tongs

Für fest sitzende Korken bei Sekt- und Champagnerflaschen

Messbecher
⌐ Jigger, Measure

Geeichter Messbecher aus Metall oder Glas; mit ein oder zwei Öffnungen für 2 und 4 cl

Messzylinder
⌐ Measuring-Cup

Geeichter Messzylinder (1 bis 6 cl) aus Glas, Metall oder Kunststoff

Muskatnussreibe
⌐ Nutmeg-Grater/Grander

Patent-Sektflaschenverschluss
⌐ Sparkling-Wine-Stopper

Barlöffel
⌐ Bar-Spoon

Zum Verrühren von leicht vermengbaren Ingredienzien im Rührglas oder Gästeglas oder zum Messen von kleinen Quanten sowie zum Herausnehmen von Kirschen,- Zwiebeln usw.

Rühr- oder Mixglas
⌐ Mixing-Glass

Zur Herstellung von Bargetränken aus leicht vermengbaren Ingredienzien

Shaker

Zur Herstellung von Bargetränken aus schwer vermischbaren Ingredienzien

Dreiteiliger Shaker (Cobbler-Shaker)

Standardshaker; Shaker mit integriertem Sieb

Zweiteiliger Shaker

Wird von professionellen Barkeeperinnen/Barkeepern bevorzugt; da der Shaker kein integriertes Sieb hat, ist beim Ausgießen unbedingt ein Barsieb zu verwenden

Boston-Shaker

Er besteht entweder aus einem Metall- und einem Glasteil oder aus zwei Metallteilen. Der Glasteil kann auch als Rührglas verwendet werden.

Spritzflasche
⌐ Dash-Bottle

Kleine Glasflasche mit einem sogenannten Spritzkorken, der beim Eingießen nur einige Tropfen oder Spritzer einer Flüssigkeit abgibt; für diverse Würzbitters

Untersetzer
   Underliner, Coaster

Zestenreißer
   Lemon-Zester, Channel-Knife

Zum Herstellen von Spiralen aus den Schalen von Zitrusfrüchten

Stößel
   Muddler

Zum Zerdrücken von Zitrusfrüchten, Kräutern, Früchten und Würfelzucker; aus Holz, Kunststoff oder Edelstahl

2.4 Eisarten in der Bar

Ein perfekter Cocktail verlangt nach perfekten Eiswürfeln. Das Eis ist jedoch nicht nur Eyecatcher für den Gast, es kühlt während des Mixvorganges im Shaker oder Rührglas den Drink rasch auf seine ideale Trinktemperatur.

Spezielle Eisbereiter produzieren Eiswürfel in fünf verschiedenen Größen.

Eisarten

Crushed Ice	Shaved Ice	Ice-Cubes	Fancy-Ice-Cubes	Ice-Balls
	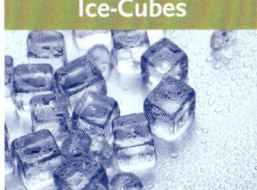			
Gestoßenes Eis mit feiner Körnung; wird in speziellen Maschinen hergestellt; gestoßenes Eis mit grober Körnung wird als **Cobbler Ice** bezeichnet	Geschabtes Eis (Schneeeis) wird frisch in der Eismühle hergestellt	Maschinell hergestellte Volleiswürfel; hohle Eiswürfel erfüllen nicht mehr die Anforderungen einer guten Bar	Eiswürfel, in die kleine Frucht-, Gemüsestücke oder Kräuter eingefroren sind; können auch aus starkem Tee oder Kaffee hergestellt werden	Diese 5–6 cm großen Eiskugeln werden in Kunststoff- oder Silikonformen hergestellt; besonders attraktiv wirken darin eingefrorene Blumen, Früchte und Kräuter

Hygienischer Umgang mit Eis

- Greifen Sie das Eis nicht mit bloßen Händen an. Entnehmen Sie das Eis mit einer Eisschaufel oder Eiszange der Maschine bzw. dem Eiskübel. Verwenden Sie dazu niemals das Mix- oder Gästeglas.
- Verwenden Sie das Eis nie zweimal.
- Bewahren Sie es in einem doppelwandigen Eiskübel oder in einem in der Bar integrierten Kühlfach (Ice-Dump) auf, um ein schnelles Schmelzen zu verhindern.

Entnehmen Sie das Eis mit einer Eiszange dem Eiskübel

2.5 Die Zubereitung von Bargetränken

Bargetränke können auf verschiedene Arten zubereitet werden. Die Zubereitung hängt im Wesentlichen von der Zusammensetzung der Ingredienzien eines Getränkes ab, die sich unterschiedlich leicht bzw. schwer miteinander verbinden.

Bestandteile von Bargetränken

Basis *Base*	Aromageber, Umwandler *Modifier*	Füllgetränk *Filler, Mixer, Chaser*	Feste Bestandteile *Additive*
	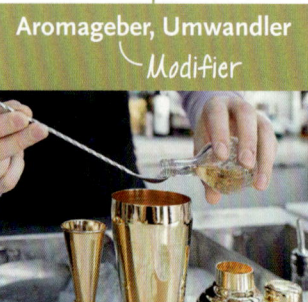		
■ Die Basis ist der Hauptbestandteil eines Getränkes, der Aroma und Geschmack des Drinks vorgibt. ■ Die Menge beträgt bei klassischen Cocktails meist mehr als 50 % des Gesamtvolumens. In der Regel handelt es sich um ein alkoholisches Getränk (eine Spirituose).	Der Modifier ist die Zutat, die dem Drink erst seinen typischen Charakter verleiht. Er macht den Alkohol der Basis weich, ohne jedoch zu dominieren. Typische Modifiers sind: ■ Likörweine, Bitter- und Kräuterliköre ■ Geschmacksverstärker wie Liköre, Zucker, alkoholfreie aromatisierte Sirupe und Würzbitter ■ Zusatzstoffe wie Eier und/oder Sahne	■ Es wird zum Auffüllen des Drinks verwendet, d. h., es gibt dem Drink das Volumen und schwächt dessen Alkoholgehalt ab. ■ Klassische Füllgetränke sind Sodawasser, kohlensäurehaltige Erfrischungsgetränke, Schaumweine, Frucht- und Gemüsegetränke usw.	■ Sie dienen entweder nur als Garnitur oder verstärken das Aroma und den Geschmack. ■ Dazu zählen alle Garnituren mit Früchten und Gemüse, Schalen von Zitrusfrüchten, Gewürze, Kräuter usw.

Harmonie und Balance eines Bargetränkes

Da wir 80 % aller Aromen mit der Nase aufnehmen, ist es wichtig, dass sämtliche Ingredienzien eines Getränkes miteinander harmonieren und eine ausgewogene Balance aufweisen. Ätherische Öle von Zitrusfrüchten, Gewürzen und Kräutern sollten im Einklang mit dem Drink stehen.

Das Wesen eines Drinks ist sein Geschmacksmittelpunkt. Ihn balanciert zu treffen, ist nur dann möglich, wenn man auf jeden Gast individuell eingeht.

Der amerikanische Gast sagt:
„A good cocktail doesn't mean a big one!"

Fazit: Nicht die Größe des Getränkes ist wichtig, sondern seine Zusammensetzung!

Zubereitungsarten

Grundlegende Techniken zur Zubereitung von Bargetränken				
Stir	**Build**	**Shake**	**Blend**	**Mix**
Im Rühr-/ Mixglas Leicht vermengbare, dünnflüssige Ingredienzien (z. B. Basisspirituosen) werden mit dem Barlöffel verrührt. Für Drinks, die klar bleiben sollen.	**Im Gästeglas** Zutaten unterschiedlicher Dichte werden vorsichtig im Gästeglas geschichtet	**Im Shaker** Schwer vermengbare Ingredienzien werden durch das Schütteln vermengt. Dabei entsteht eine Emulsion.	**Mit dem Stabmixer** Alle Getränke, die geschüttelt werden, können auch im Stabmixer hergestellt werden.	**Im Aufsatzmixer** Ganze Früchte oder Milchprodukte werden durch den Messereinsatz zerkleinert, püriert und vermengt.

Zubereitung im Gästeglas

⚠️ Füllen Sie niemals kohlensäurehaltige Getränke in den Shaker. Durch den entstehenden Druck lassen sich die Teile des Shakers nicht mehr zusammenhalten.

Zubereitung von Bargetränken

Das Wichtigste bei der Zubereitung von Bargetränken ist das exakte Abmessen aller Ingredienzien mit einem Messzylinder oder Messbecher. Nur so ist es möglich, den gleichbleibenden Geschmack eines Getränkes zu gewährleisten. Darüber hinaus hat es den Vorteil, dass sich der Gast nicht übervorteilt fühlt und die Barkalkulation auch für den Betrieb stimmt.

Das Eingießen der Ingredienzien ohne Messbecher wird als **Free Pouring** bezeichnet und ist nur absoluten Profis vorbehalten.

Free Pouring

Barmaße

Zentiliter (Centiliter) = cl
Milliliter = ml; 2 cl = 20 ml
Dash (Spritzer, Tropfen) = 0,08 cl
Barspoon (Barlöffel) = 0,5 cl
Fluid ounce = 1 fl oz = 2,8 cl;
international übliches Barmaß

Zubereitung im Shaker (shake)

1 Den Shaker vorkühlen, indem man Eiswürfel in den Shaker-Unterteil gibt

2 Das Gästeglas vorkühlen, indem man Eiswürfel in das Glas gibt

3 Schmelzwasser abgießen; Strainer vom Shaker-Unterteil abheben

4 Die Ingredienzen laut Rezept (von der preiswertesten bis zur teuersten Zutat) abmessen und einfüllen

5 Den Shaker verschließen und den Drink durch kräftiges Schütteln zubereiten

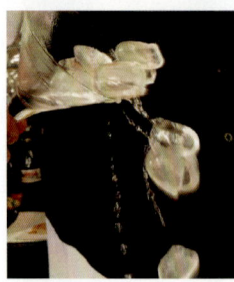

6 Eiswürfel aus dem Gästeglas entfernen

7 Den Shaker öffnen und den Drink ins Gästeglas abseihen bzw. eingießen

8 Den Drink mit der vorbereiteten Garnitur versehen und auf einer Cocktailserviette servieren

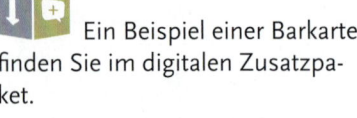 Ein Beispiel einer Barkarte finden Sie im digitalen Zusatzpaket.

2.6 Barservice

Der Service in der Bar kann direkt an der Theke oder an den davorstehenden Tischen erfolgen. Sauberkeit, eine attraktive Karte und das Verwenden von Underlinern oder Cocktailservietten sollen selbstverständlich sein.

Serviceablauf an der Theke

Die Barkeeperin/Der Barkeeper ist für die Zubereitung und den Service des Drinks zuständig.

- Die Bestellung aufnehmen
- Underliner vor dem Gast platzieren
- Die Getränke zubereiten
- Das Getränk auf den Underliner stellen
- Sundries servieren
- Auf Verlangen des Gastes die Rechnung legen und kassieren
- Den Gast verabschieden
- Die Theke reinigen und die Sundries auffüllen

Serviceablauf am Tisch

Die Barwaitress/Der Barwaiter ist für den Service an den Tischen verantwortlich.

- Die Bestellung aufnehmen und bonieren
- Die Bestellung bei der Barkeeperin/beim Barkeeper aufgeben
- Das fertige Getränk auf ein Serviertablett stellen
- Einen Underliner vor dem Gast platzieren und das Getränk daraufstellen
- Sundries einstellen, sofern diese nicht schon auf dem Tisch stehen
- Auf Verlangen des Gastes die Rechnung bringen und kassieren
- Gläser, Underliner und die Schalen mit den Sundries abräumen; eventuell liegen gelassene Rechnungen entfernen
- Die Tische reinigen und für die nächsten Gäste herrichten

Die Garnitur kann auch von der Barwaitress/vom Barwaiter auf den Drink gegeben werden

2.7 Flairbartending (Showbartending)

Darunter versteht man die Zubereitung von Mixgetränken auf künstlerische Art. Flairbartending ist auch unter den Bezeichnungen Showbarkeeping, Flairing, Freestyling oder Showmixen bekannt. Je nach Showeffekt unterscheidet man zwischen Show- und Working-Flair.

Show-Flair

Wie bereits der Name verrät, steht der Showeffekt im Vordergrund, nicht die Zubereitung der Drinks. Mithilfe von artistischen Tricks und einstudierten Bewegungsabläufen werden speziell vorbereitete Flaschen, Shaker, Gläser und sonstige Barutensilien jongliert und durch die Luft geworfen.

Der Film „Cocktail", in dem Tom Cruise die Hauptrolle spielte, gilt als inoffizieller Start des Flairbartendings

Working-Flair

Beim Working-Flair ist der Showeffekt für den Gast nicht ganz so spektakulär wie beim Show-Flair, dafür werden die Drinks nach Rezept zubereitet. Gearbeitet wird mit den herkömmlichen Bargeräten und Barutensilien. Die Bewegungsabläufe sind einfach und schnell, die Figuren jedoch nicht so waghalsig, um die Gäste nicht zu gefährden.

💡 Die Kunst des Flairbartendings verbindet faszinierende Arbeitsmethoden mit hervorragendem Service.

Flairbartending in der Praxis

Flairbartending ist mittlerweile ein fixer Bestandteil der modernen Bar. Die Techniken lassen sich mithilfe von DVDs, Videoportalen im Internet, Kursen, Schulungen an Barakademien usw. relativ leicht erlernen, müssen jedoch ständig intensiv trainiert werden.

⚠️ Sich drehende Flaschen, fliegende Shaker, mit und ohne Feuer – die Barkeeperin/der Barkeeper sollte Flairbartending nur dann praktizieren, wenn sie/er die Tricks und Bewegungsabläufe perfekt beherrscht.

2.8 Standardrezepte

Herstellen von Garnituren

Ein wichtiger Bestandteil jedes Drinks ist seine Garnitur. Obwohl viele Klassiker in Rezepten ohne Garnituren angegeben werden, entspricht dies nicht mehr dem heutigen Trend. Bedingt durch das veränderte Kaufverhalten der Gäste, sollten alle Drinks garniert werden, da einige Gäste ihre Getränkeauswahl rein nach der Optik treffen. Die Glasform, die Größe des Drinks und besonders die Garnitur verleiten oft zur spontanen Bestellung.

Neben zahlreichen Vorgaben und eigenen Kreationen gibt es klassische Mixgetränke und Mixgetränkegruppen, die stets mit der Originalgarnitur zu versehen sind.

Mixgetränke und Mixgetränkegruppen mit standardisierter Garnitur

- **Martini-Dry-Cocktail:** grüne Olive mit Stein
- **Manhattan:** Cocktailkirsche
- **Gibson:** Perlzwiebeln
- **Bloody Mary:** Stangensellerie
- **Juleps:** Minze
- **Crustas:** Zuckerrand und Zitronenspirale
- **Margarita:** Limettenachtel oder Limettenscheibe und Salzrand
- **Flips:** geriebene Muskatnuss
- **Mojito:** Minze
- **Sours:** Cocktailkirsche, Zitronen- und/oder Orangenscheibe

Spiralen

Dicke Spiralen werden mit dem Barmesser, dünne Spiralen mit dem Zestenreißer geschnitten

Beispiele: Julienne (links oben), Twist (links außen), dünne Spirale (Mitte), Zeste (rechts oben), dicke Spirale (unten)

Was ist Ihr Lieblingscocktail? Tauschen Sie Ihre Erfahrungen in der Gruppe aus.

Eine Abbildung und Beschreibung der in der Bar verwendeten Gläser finden Sie auf Seite 33 f.

Zeste = augengroßes Stück Schale einer Zitrusfrucht. Die Zeste wird in das Gästeglas gegeben.

Stellen Sie dicke und dünne Spiralen aus Zitrusfrüchten her.

Violinschlüssel

Die Schale von der Zitronen-, Limetten- oder Orangenscheibe bis auf ca. 1 cm abtrennen, formen und mit dem Stick fixieren

Limetten- oder Zitronenflag (Sour-Garnitur)

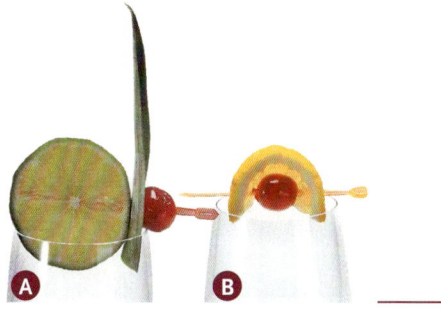

Ⓐ Limettenscheibe, Ananasblatt und Kirsche auf einen Stick spießen
Ⓑ Eine halbe Zitronenscheibe biegen, in die Mitte eine Cocktailkirsche geben und den Stick durchstecken

Ananas-Kirsch-Garnitur

Den Ananaskeil zum Aufstecken auf den Glasrand einschneiden, mit Ananasblatt und Kirsche auf einen Stick spießen

Zucker-/Salzrand

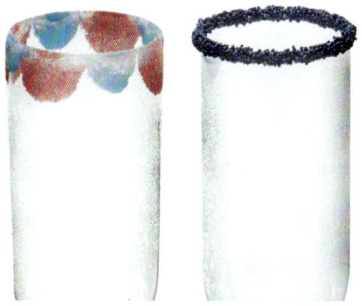

Den Glasrand mit dem Saft einer Zitronenspalte oder mit farbigem Sirup (z. B. Blue Curaçao) benetzen und anschließend in Zucker/Salz tauchen

Zucker-/Salzlippe

Einen Teil des Glasrandes auf die Schnittfläche einer Zitrone drücken und anschließend in Zucker/Salz tauchen

Going international – Simple serves

The simple serves are just that: very basic drinks such as juice, soda or spirit served either neat, straight up or on the rocks.

- Neat/Straight: the simplest of serves, straight from the bottle to the glass.
- Straight up/Classic: this is when a drink has been stirred or shaken with ice and then strained into a Martini glass.
- On the rocks/Short: this is generally associated with spirits as in "whiskey on the rocks". The drink is served in ice-filled glass. It can also be shaken then strained over ice, as with the Straight up. Essentially it's a drink on ice.
- Long: a term used for drinks served in a long drink glass over ice.

Ⓐ Üben Sie das Anbringen eines Zucker-/Salzrandes und einer Zucker-/Salzlippe an das Glas.

In Deutschland beträgt das Ausschankmaß für Cocktails 6 cl, international 6 cl bis 9 cl.

Martini Dry

IBA ist die Abkürzung für **I**nternational **B**arkeeper **A**ssociation. Eine Liste der offiziellen IBA-Cocktails finden Sie unter folgendem Link:
www.iba-world.com

Manhattan Perfect

Before-(Pre-)Dinner-Cocktails

Das sind trocken gehaltene Cocktails, die vor dem Essen gereicht werden und appetitanregend wirken sollen.

Martini Dry

Gin	5 cl	■ Glas: Cocktailglas
Wermut, weiß, trocken	1 cl	■ Zubereitung: im Rühr- oder Mixglas ■ Garnitur: grüne Olive mit Kern auf Stick

Werden als Garnitur Perlzwiebeln verwendet, heißt dieser Cocktail **Gibson.**

Martini-Perfect-Cocktail

Gin	5 cl	■ Glas: Cocktailglas
Wermut, weiß, trocken	1 cl	■ Zubereitung: im Rühr- oder Mixglas ■ Garnitur: Cocktailkirsche oder Zitronentwist
Wermut, rot	1 cl	

Margarita

Tequila, weiß	4 cl	■ Glas: Cocktailglas
Curaçao Triple Sec	2 cl	■ Zubereitung: im Shaker; Cocktailglas mit Eiswürfel kühlen, Eiswürfel herausnehmen, den Glasrand mit einem Salzrand versehen und fertiges Getränk in das Glas seihen
Limettensaft	2 cl	■ Garnitur: Salzrand

Manhattan (IBA-Standardrezept)

Canadian Whisky	4 cl	■ Glas: Cocktailglas
Wermut, rot	2 cl	■ Zubereitung: im Rühr- oder Mixglas ■ Garnitur: Cocktailkirsche auf Stick
Angostura Bitter	1 Spritzer	

Wird dieser Cocktail mit Scotch Whisky zubereitet, heißt er **Rob Roy.**

Manhattan Perfect

Canadian Whisky	4 cl	■ Glas: Cocktailglas
Wermut, rot	1 cl	■ Zubereitung: im Rühr- oder Mixglas ■ Garnitur: Cocktailkirsche und Zitronenzeste
Wermut, weiß, trocken	1 cl	

Old Fashioned (IBA-Standardrezept)

Würfelzucker	1 Stück	■ Glas: Old-Fashioned-Glas
Angostura Bitter	1 Spritzer	■ Zubereitung: im Gästeglas; Würfelzucker im Angostura Bitter und Sodawasser auflösen, dann Whiskey daraufgießen, zum Schluss das Glas mit Eiswürfeln füllen
Sodawasser oder Wasser	1 Schuss	
Bourbon Whiskey	4 cl	■ Garnitur: Cocktailkirsche, 1/2 Zitronenscheibe, 1/2 Orangenscheibe

Cosmopolitan

Wodka Citron	4 cl	■ Glas: Cocktailglas
Curaçao Triple Sec	1 cl	■ Zubereitung: im Shaker
Limettensaft oder Rose's Cordial Lime Juice	1 cl	■ Garnitur: Limettentwist
Preiselbeersaft oder Rose's Cranberry Juice	2 cl	

Cosmopolitan

Americano (IBA-Standardrezept)

Campari	3 cl	■ Glas: Tumbler, zu drei Vierteln mit Eiswürfeln füllen
Wermut, rot	3 cl	■ Zubereitung: im Gästeglas
Sodawasser auf Wunsch		■ Garnitur: Zitronen- oder Orangenscheibe

Bacardi Cocktail

Bacardi, weiß	4 cl	■ Glas: Cocktailglas
Zitronensaft	2 cl	■ Zubereitung: im Shaker
Grenadinesirup	1 cl	■ Garnitur: keine

Negroni (IBA-Standardrezept)

Gin	2 cl	■ Glas: Old-Fashioned-Glas, zu drei Vierteln mit Eiswürfeln füllen
Campari	2 cl	■ Zubereitung: im Gästeglas
Wermut, rot	2 cl	■ Garnitur: halbe Orangenscheibe ins Glas

Negroni

White Lady

Gin	2 cl	■ Glas: Cocktailglas
Cointreau	2 cl	■ Zubereitung: im Shaker
Zitronensaft	2 cl	Wird anstelle des Gins die gleiche Menge Weinbrand verwendet, heißt der Cocktail **Side Car.**

After-Dinner-Cocktails

After-Dinner-Cocktails werden nach dem Essen gereicht. Sie sind in der Regel süßer, d. h. mit mehr Likör zubereitet als die Before-(Pre-)Dinner-Cocktails.

Alexander (IBA-Standardrezept)

Weinbrand oder Cognac	2 cl	■ Glas: Cocktailschale
Crème de Cacao, braun	2 cl	■ Zubereitung: im Shaker
		■ Garnitur: geriebene Muskatnuss
Sahne	2 cl	Wird anstelle des Weinbrands die gleiche Menge Gin verwendet, heißt der Cocktail **Alexandra.**

International wird der Alexander auch als Brandy Alexander bezeichnet

Grasshopper

Grasshopper		
Crème de Menthe, grün	2 cl	■ Glas: Cocktailschale ■ Zubereitung: im Shaker ■ Garnitur: Minzeblatt
Crème de Cacao, weiß	2 cl	
Sahne	2 cl	

Golden Cadillac (IBA-Standardrezept)		
Galliano	2 cl	■ Glas: Cocktailglas ■ Zubereitung: im Gästeglas ■ Garnitur: keine
Crème de Cacao, weiß	2 cl	
Sahne	2 cl	

White and Black Russian

White Russian (IBA-Standardrezept)		
Wodka	5 cl	■ Glas: Old-Fashioned-Glas ■ Zubereitung: im Gästeglas; Wodka und Likör verrühren und mit halb geschlagener Sahne toppen.
Kaffeelikör	2 cl	
Sahne	3 cl	

Ohne Sahne zubereitet, heißt der Cocktail **Black Russian.**

Bowlen (Rezepte für 16 Gläser à 150 ml)

Die „Kalte Ente" ist das ideale Getränk für heiße Sommerabende. Sie kann je nach Geschmack auch mit Sodawasser verdünnt werden.

Kalte Ente		
Naturzitronen	2 Stück	■ Glas: Bowlenglas mit Unterteller ■ Zubereitung: Zitronen heiß waschen und abtrocknen; Schale in Spiralen (siehe Seite 214) schneiden; Zitronenspiralen in das Bowlegefäß hängen; geschälte Zitronen in Scheiben schneiden (oder auspressen) und in das Bowlegefäß geben; Läuterzucker dazugeben; Zitronenspiralen mit Weißwein übergießen, ein bis zwei Stunden im Kühlschrank ziehen lassen; Zitronenspiralen entfernen; vor dem Servieren mit Sekt auffüllen ■ Garnitur: Melisseblättchen
Läuterzucker	10 cl	
Leichter, trockener Weißwein	2 Flaschen	
Trockener Sekt	1 Flasche	

Beim Schneiden der Zitronenspiralen darf die innere weiße Haut nicht mitgeschält werden, da die „Kalte Ente" sonst bitter schmeckt.

Pfirsichbowle		
Pfirsiche	1000 g	■ Glas: Bowlenglas mit Unterteller, Kaffeelöffel
Kristallzucker	200 g	■ Zubereitung: Die geschälten und klein ge-
Cognac oder Weinbrand	10 cl	schnittenen Pfirsiche mit Zucker, Zitronen-saft und Weinbrand übergießen und zu-gedeckt ca. zwei Stunden im Kühlschrank
Zitronensaft	4 cl	ziehen lassen; Weißwein hinzufügen und
Weißwein	2 Flaschen	kühl stellen; vor dem Servieren mit Sekt
Trockener Sekt	1 Flasche	auffüllen

Pfirsichbowle

Champagner- oder Sektcocktails

Champagner- oder Sektcocktails sind Spirituosen oder Fruchtsäfte, die mit Champagner oder Sekt aufgegossen werden.

Champagnercocktail (IBA-Standardrezept)		
Würfelzucker	1 Stück	■ Glas: Sektschale
Angostura Bitter	2 Spritzer	■ Zubereitung: Würfelzucker im Glas mit Angostura Bitter tränken,
Cognac oder Weinbrand	1 cl	dann mit Cognac und Champagner auffüllen
Champagner oder Sekt	9 cl	■ Garnitur: Orangenscheibe

Kir Royal		
Crème de Cassis	1 cl	■ Glas: Sektflöte
Trockener Champagner oder Sekt	9 cl	■ Zubereitung: im Gästeglas
		■ Garnitur: keine

Kir Royal

Fizzes

Fizzes gehören zur Gruppe der Longdrinks. Alle Zutaten, außer Sodawasser, werden mit Eiswürfeln so lange geschüttelt, bis sich am Shaker eine dünne Eisschicht gebildet hat. Anschließend wird der Fizz in einen großen Tumbler abgeseiht und mit Sodawasser aufgespritzt.

Gin-Fizz (IBA-Standardrezept)		
Gin	4 cl	■ Glas: großer Tumbler
Zitronensaft	2 cl	■ Zubereitung: im Shaker; mit Sodawasser auffüllen
Läuterzucker	1 cl	■ Garnitur: Zitronenscheibe; Trinkhalm
Sodawasser		

Brandy-Fizz		
Weinbrand	4 cl	■ Glas: großer Tumbler
Zitronensaft	2 cl	■ Zubereitung: im Shaker; mit Sodawasser auffüllen
Läuterzucker	1 cl	■ Garnitur: Zitronenscheibe; Trinkhalm
Sodawasser		

Gin-Fizz

Bloody Mary

💡 Es gibt auch Rezepturen, nach denen ein Sour zum Schluss mit etwas Sodawasser aufgefüllt wird.

Whiskey Sour

Caipirinha

Pick-me-ups

Die wörtliche Übersetzung von „pick me up", nämlich „heb mich auf", beschreibt genau die Charakteristik dieser Getränkegruppe. Die scharf gewürzten „Katergetränke" sollen das flaue Gefühl beenden und die Stimmung „am Tag danach" wieder heben.

Bloody Mary (IBA-Standardrezept)		
Wodka	4 cl	■ Glas: großer Tumbler
Zitronensaft	1 cl	■ Zubereitung: im Gästeglas; drei Eiswürfel ins Glas geben, alle Zutaten daraufgießen und umrühren
Tabasco	1 Spritzer	
Worcester(shire)-sauce	1 Spritzer	■ Garnitur: eventuell Glas mit Salzlippe versehen, Zitronenspalte daraufstecken; gerne werden Bloody Marys mit Stangensellerie serviert
Salz (Selleriesalz), Pfeffer		
Tomatensaft	1/8 l	Wird das Rezept ohne Wodka zubereitet, heißt das Getränk **Virgin Mary.**

Sours

Sours werden immer im Shaker zubereitet. Der Name leitet sich von einer der Hauptzutaten, dem Zitronensaft, ab. Laut Originalrezept müssen Sours mit Läuterzucker zubereitet werden.

Whiskey Sour		
Bourbon Whiskey	4 cl	■ Glas: kleiner Tumbler
Zitronensaft	2 cl	■ Zubereitung: im Shaker
Läuterzucker	1 cl	■ Garnitur: Zitronen- oder Orangenscheibe mit Cocktailkirsche auf Stick

Fancy Drinks

Das sind exotische Mixgetränke, die sich in den Bars großer Beliebtheit erfreuen.

Piña Colada (IBA-Standardrezept)		
Limette	3 cl	■ Glas: großer Tumbler
Rum, weiß	3 cl	■ Zubereitung: im Aufsatzmixer mit etwas Crushed Ice
Coconut Cream	9 cl	■ Garnitur: 1/4 Ananasscheibe am Glasrand mit Cocktailkirsche
Ananassaft		

Caipirinha		
Limette	1 Stück	■ Glas: Libbey Glas (30 cl)
Cachaça (z. B. Pitú)	5 cl	■ Zubereitung: im Gästeglas; eine geviertelte Limette mit Rohrzucker (oder braunem Zucker) im Glas mit einem Muddler zerdrücken; das Glas mit Crushed Ice auffüllen und den Cachaça darübergießen; gut verrühren; Crushed Ice nachfüllen
Rohrzucker	2–3 BL	
		■ Garnitur: dicke Trinkhalme, eventuell Limettenspalte

Non-Alcoholic Drinks (Virgin Cocktails, Mocktails)

Florida (IBA-Standardrezept)		
Orangensaft	6 cl	■ Glas: Collinsglas
Ananassaft	6 cl	■ Zubereitung: im Gästeglas
Grapefruitsaft	2 cl	■ Garnitur: Orangenscheibe, Cocktailkirsche
Zitronensaft	2 cl	und Ananasblatt auf Stick
Grenadinesirup	2 cl	

Florida

Caipirinha (alkoholfrei)		
Limette	1 Stück	■ Glas: großer Tumbler
Limettensaft	3 cl	■ Zubereitung: im Gästeglas, wie die alkoholi-
Zucker, braun	4 BL	sche Variante
Soda-, Mineral-wasser oder Ginger Ale	10 cl	■ Garnitur: Limettenspalte, Stirrer

Südseezauber		
Multivitaminsaft	6 cl	■ Glas: großer Tumbler
Ananassaft	6 cl	■ Zubereitung: im Shaker
Grenadinesirup	1 BL	■ Garnitur: Ananasstick

None-Cobbler		
Crushed Ice	1 Stück	■ Glas: Cobblerschale
Pfirsich, Erdbeeren	3 cl	■ Zubereitung: im Gästeglas; Crushed Ice in der Mitte der Cobblerschale anhäufen, in
Curaçaosirup, blau (alkoholfrei)	2 cl	Spalten geschnittene Pfirsich und Erdbeer-hälften rundherum legen; Curaçaosirup und Pfirsichnektar daraufgießen, mit Ginger Ale
Pfirsichnektar	3 cl	auffüllen
Ginger Ale	1/8 l	■ Garnitur: Pfefferminzzweig; Trinkhalm

Cobbler

2.9 Barfachausdrücke

Fachausdrücke	Bedeutung in der Bar
Back Bar	Jener Teil der Bar, der sich hinter dem Rücken der Bar-keeperin/des Barkeepers befindet, wenn diese/dieser in Blickrichtung zu den Gästen steht
Blend(ed)	Vermengen, vermischen oder auch Mischung
Build in Glass	Die Zubereitung eines Mixgetränkes erfolgt im Gästeglas
Chilled	Gekühlt, vorgekühlt; z. B. Chilled Glass = vorgekühltes Glas
Clubservice	Der Service von Spirituosenflaschen mit allem, was dazu-gehört.
Double Shake	Den Drink zuerst intensiv ohne Eis, dann mit Eis schütteln; Zubereitungsart für Drinks, die zusätzlich Eiweiß enthalten. Die Drinks erhalten dadurch eine schöne Textur.

Beispiel Clubservice
Zu einer bestellten Flasche Gin serviert man Tonicwater, einen Eiskübel mit Eiswürfeln und Eiszange, Stirrer, passende Glä-ser, einen Flaschenöffner, Ser-vietten und Zitronenscheiben.

Floaten

Speed-(Bar-)Gun

Mobile Bar mit Speed-Rail

? Wie stellt man Läuterzucker selbst her?

💡 Ein Pouring Drink wird dem Gast serviert, wenn dieser beispielsweise einen Cognac oder Whisky bestellt und keine bestimmte Marke oder Zubereitungsart wünscht.

Double Strain, Fine Strain	Doppeltes Abseihen eines Drinks. Der Drink wird zusätzlich zum Strainer durch ein feines Teesieb abgeseiht, damit sehr kleine Bestandteile wie Eisstücke, Fruchtfleisch, Gewürze usw. nicht in den Drink gelangen. Das Teesieb wird zwischen Strainer und Gästeglas gehalten.
Filler, Chaser, Mixer	Getränke, mit denen Longdrinks auf die gewünschte Menge aufgefüllt werden, z. B. Tonicwater, Limonaden
Fizzy	Perlend, schäumend; enthält CO_2
Float	Flüssigkeit, die auf den fertigen Drink gegossen wird. Je nach Zutat und Fertigungstechnik schwimmt sie oben oder sinkt auf den Boden.
Front Bar	Jener Teil der Bar, an dem der/die Barkeeper/in dem Gast zugewandt arbeitet
Frosted, Iced	Gefroren; ein Glas oder eine Flasche ist mit einem dünnen Eisfilm überzogen
Frozen	Stark geeiste Cocktails, die mit Crushed Ice im Aufsatzmixer zubereitet werden
(Hard) Liquors	Amerikanische Bezeichnung für (Basis-)Spirituosen
Läuterzucker	Zuckersirup aus einem Teil Wasser und einem Teil Zucker
Longdrink	Bargetränk, das mehr als 10 cl Inhalt aufweist
Marge	Schwund durch Schankverlust und Verschütten
Muddler	Stößel; zum Zerdrücken oder Zerstoßen von Würfelzucker, Kräutern oder Früchten etc.; wichtigstes Bargerät bei der Zubereitung des Caipirinhas
On the rocks	Bestellform für Getränke auf oder mit Eis
Peel	Schale, schälen; ein Stück Zitronen-, Orangen- oder Limettenschale in einen Drink zur Aromatisierung geben
Pick-me-ups	Scharf gewürzte „Katergetränke"
Plain	Pur, unverdünnt, unvermischt und ohne Eis
Pourer	Ausgießvorrichtung auf Flaschen
Pouring Drink	Basisgetränk, z. B. Cognac, Wodka, Rum, Gin oder Whisky, das pur serviert wird
Salt- and Sugar-Rimmer	Salz- und Zuckerumrander; Gefäß mit zitronensaftgetränktem Schaumgummi, einer Salz- und Zuckerschale
Shake	Schütteln; Zubereitung im Schüttelbecher (Shaker)
Shortdrink	Bargetränk, das maximal 6–9 cl Inhalt aufweist
Sparkling	Schäumend; Schaumweine
Speed-(Bar-)Gun	Ausgießvorrichtung in American Bars; an einem flexiblen Schlauch befestigter Getränkedispenser, der es möglich macht, → Fillers bequem einzugießen
Speed-Rail	Eine meist aus Edelstahl gefertigte Vertiefung in der Arbeitsfläche für häufig verwendete Flaschen
Squeeze	Pressen, auspressen
Stir	Rühren
Stirrer	Rührstäbchen in verschiedenen Ausführungen, Formen und Farben; dienen dem Gast zum Vermischen oder Verrühren eines Drinks

Stock	Sämtliche Ingredienzien an der Bar
Straight up, Up	Andere Bezeichnung für → Plain
Strain	Abseihen; Zurückhalten des Eises oder der Eisstücke im Shaker oder Rührglas, wenn der Drink in das Gästeglas gegossen wird
Sugar-Edge, Sugar-Lip, Sugar-Rim	Zuckerrand/-lippe auf dem Glas; als Garnitur für Crustas und Fancy Drinks. Alle Getränke mit Zucker-/Salzgarnitur sind ohne Trinkhalme zu servieren, da das Getränk über den Zucker/das Salz getrunken werden soll.
Topped	Abschließen des Drinks mit flüssiger, halb geschlagener oder geschlagener Sahne
Twist	Drehen; Drehen der Zitronen-, Orangen- oder Limettenschale über dem Gästeglas, damit die ätherischen Öle auf den Drink spritzen
Zuckersirup	→ Läuterzucker

Ziele erreicht? – „Die Bar"

KOMPETENZ-ERWERB ✓

1. Erklären Sie den Unterschied zwischen einer Cocktailbar und einer Hotelbar. ☺ ☺ ☹

2. Nennen Sie Bartypen, die sich auf bestimmte Getränke spezialisiert haben. ☺ ☺ ☹

3. Beschreiben Sie die Positionen eines Barstaff. ☺ ☺ ☹

4. Erläutern Sie, welche Mitarbeiterin/welcher Mitarbeiter für den Service vor der Theke zuständig ist. ☺ ☺ ☹

5. Schildern Sie die Vorbereitungsarbeiten, die vor Servicebeginn durchzuführen sind. ☺ ☺ ☹

6. Zählen Sie die Basisspirituosen eines Barstocks auf und nennen Sie Beispiele. ☺ ☺ ☹

7. Entwerfen Sie ein kreatives Flipchart mit den grundlegenden Techniken zur Zubereitung von Bargetränken: stir, build, shake, blend, mix. ☺ ☺ ☹

8. Ordnen Sie die Kärtchen ☺ ☺ ☹
   ■ den vorbereiteten Bargläsern,
   ■ den vorbereiteten Bargeräten und Barutensilien zu.

   Die Kärtchen für Bargläser, Bargeräte und Barutensilien finden Sie im digitalen Zusatzpaket.

9. Erklären Sie, was Sie im Umgang mit Eis beachten sollten. ☺ ☺ ☹

10. Erläutern Sie den Unterschied zwischen Crushed Ice und Shaved Ice. ☺ ☺ ☹

11. Erklären Sie, welcher Bestandteil eines Drinks ihm seinen typischen Charakter verleiht. ☺ ☺ ☹

12. Schildern Sie den Arbeitsablauf beim Zubereiten von Bargetränken. ☺ ☺ ☹

13. Zählen Sie einige klassische Cocktails auf. Welche gehören zur Gruppe der Before-(Pre-)Dinner-Cocktails? ☺ ☺ ☹

14. Erklären Sie folgende Fachausdrücke: ☺ ☺ ☹

■ Back Bar	■ Clubservice	■ Läuterzucker	■ Speed-Rail
■ Double Shake	■ Dash	■ Longdrink	■ Strain
■ Chaser	■ Float	■ Muddler	■ Zeste
■ Chilled	■ Frosted	■ Sparkling	■ Pick-me-ups

15. Kreieren Sie einen alkoholfreien Longdrink und präsentieren Sie den Drink Ihren Kolleginnen/Kollegen. ☺ ☺ ☹ Diskutieren Sie anschließend, ob das Getränk die Anforderungen an einen guten Drink – Geschmack, Farbe, Harmonie und Balance, Aussehen und kreative Garnitur – erfüllt.

Der Umgang mit dem Gast

Die Umgangsformen, mit denen Sie den Gästen entgegenkommen, sind die Visitenkarte eines Betriebes, aber auch von Ihnen selbst. Denken Sie daran, wenn Sie mit einem Gast sprechen, und seien Sie besonders höflich und zuvorkommend. Für den Gast sind Sie die Vertreterin/der Vertreter des Betriebes.

Beschränken Sie Ihre Manieren jedoch nicht nur auf den Umgang mit den Gästen. Ihre Umgangsformen prägen das Miteinander im Team genauso wie in der Begegnung mit dem Gast. Je besser die Umgangsformen aller Teammitglieder, desto spürbar besser ist die Atmosphäre im Restaurant.

? Was verstehen Sie unter guten Umgangsformen?

Meine Ziele

Nach Bearbeitung dieses Kapitels kann ich

- das korrekte Verhalten der Servicemitarbeiter/innen beschreiben, es im Umgang mit dem Gast anwenden und dadurch zur Gästebegeisterung beitragen;
- verschiedene Gästetypen und Zielgruppen charakterisieren, die Ess- und Trinkgewohnheiten internationaler Gäste beschreiben und sie im Umgang mit den Gästen berücksichtigen;
- den Arbeitsalltag der Servicemitarbeiter/innen – von der Reservierung über die Begrüßung des Gastes bis zu dessen Verabschiedung – schildern;
- verschiedene Tipps, z. B. für das Aufnehmen von Reservierungen, für die Begrüßung des Gastes, für eine optimale Gästebetreuung und für den aktiven Verkauf, in die Praxis umsetzen;
- selbstständig auf Reklamationen zur Zufriedenheit des Gastes reagieren.

1 Gastlichkeit – die Sprache des Gastes

*Bei einem Briefing für eine Veranstaltung sagte der anwesende General-direktor eines Unternehmens zu seinen Mitarbeiterinnen/Mitarbeitern: „Das Wichtigste heute Abend ist, dass Sie sich wohlfühlen, meine Damen und Herren. Nur dann fühlen sich auch unsere Gäste wohl."
Was wollte er mit dieser Aussage ausdrücken?*

Jeder Gast ist ein Individuum

Jeder Mensch, jeder Gast hat unterschiedliche Bedürfnisse. Es ist eine wichtige Fähigkeit der Servicemitarbeiter/innen, eine Beziehung zum Gast aufzubauen, aufrichtig an seinem Wohl interessiert zu sein und somit Vertrauen zu schaffen.

Ein guter Service ist für die Gästebindung ebenso wichtig wie eine gute Küche. Zeitgemäßer Service heißt auch, den Gast emotional ans Haus zu binden.

Eine alte gastronomische Weisheit lautet: „Jeder Gast muss gleich zu Beginn den Eindruck haben, er sei der einzige und wichtigste Gast."

> 💡 „Gastronomie und Hotellerie = Beziehungsmanagement". Mit dieser kurzen Formel lässt sich der Grundgedanke Dienstleistung in der Gastronomie und Hotellerie darstellen.

Kommunikation mit dem Gast

Das persönliche Gespräch ist das wichtigste Instrument im Umgang mit dem Gast. Es ist der zentrale Bestandteil unserer Kommunikation.

Wer kommuniziert, teilt seinem Gegenüber etwas mit. Dabei spielt die Beziehung der Gesprächspartner/innen eine wesentliche Rolle. Die Kommunikation mit dem Gast verläuft anders als jene zwischen Freundinnen/Freunden. In beiden Fällen werden Inhalte vermittelt, die Kommunikation zwischen Freundinnen/Freunden wird jedoch mit großer Wahrscheinlichkeit persönlicher verlaufen. Demzufolge hat jede Kommunikation einen Sach- oder Inhaltsaspekt und einen Beziehungsaspekt.

> 💡 „Miteinander reden" so lautet der Titel eines bekannten Standardwerkes der modernen Kommunikationspsychologie. Im Kommunikationsquadrat von Friedemann Schulz von Thun findet jede Botschaft auf vier Ebenen statt:
> - Sachebene,
> - Beziehungsebene,
> - Selbstoffenbarungsebene,
> - Appellebene.

Kommunikationsaspekte

Sach- oder Inhaltsaspekt	Beziehungsaspekt
Sachebene	Was ich sage
Beziehungsebene	Wie ich es sage
Aussagen, die einer Sache dienen (z. B. Fakten, Zahlen)	Die Gefühle der Gesprächspartner/innen zueinander und ihre Meinung voneinander spielen eine große Rolle

> 💡 Erfolgreich zu kommunizieren bedeutet vor allem, dem Gegenüber aktiv zuzuhören und die richtigen Fragen zu stellen.

Servicephilosophie – die Begeisterung des Gastes

Gute Gastronomie und Hotellerie sind einfach zu definieren: Wenn der Gast das Restaurant bzw. Hotel glücklicher verlässt, als er gekommen ist.

„Das Außerordentliche geschieht nicht auf glattem, gewöhnlichem Wege."
JOHANN WOLFGANG VON GOETHE

Um diesem Motto gerecht zu werden, widmen sich viele erfolgreiche Unternehmen intensiv dem Gedanken der Gästebegeisterung und stellen den Gast in den Mittelpunkt ihrer Überlegungen:

- Was erwartet der Gast?
- Wo und wie können wir seine Erwartungen übertreffen?
- Wie können wir den Gast angenehm überraschen?
- Wodurch unterscheiden wir uns positiv bzw. negativ von Mitbewerberinnen/Mitbewerbern?

In den letzten Jahrzehnten haben sich verschiedenste Branchen dem Dienstleistungsgedanken, dem „Total Quality Management" oder einer besonderen Servicephilosophie verschrieben, um sich von der Konkurrenz abzuheben und dadurch einen Wettbewerbsvorteil zu haben. Bekannte Beispiele dafür sind „Service is our success", „The moment of truth" oder „Customers come first", „We are ladies and gentlemen, serving ladies and gentlemen".

Gäste erwarten mehr als Essen und Trinken

Viele Gäste informieren sich bereits im Vorfeld im Internet auf Bewertungsportalen über das Restaurant ihrer Wahl und kommen also mit einer bestimmten Erwartungshaltung. Stimmt die Qualität der Speisen und Getränke, sind sie fürs Erste zufrieden, aber noch lange nicht begeistert. Zusätzlich erwarten sie sich
- einen freundlichen Service,
- eine rasche Bedienung,
- das Gefühl, etwas Besonderes zu sein,
- Entspannung, Urlaubsgefühle ..., – kurzum, eine Auszeit vom Alltag.

Längst entscheidet daher nicht alleine das Fachwissen der Servicemitarbeiter/innen, welches Urteil der Gast über das Restaurant abgibt, ob er wiederkommt oder es weiterempfiehlt. Genauso wichtig ist es, eine hervorragende Dienstleistung zu erbringen und sich tagtäglich von Neuem auf die verschiedenen Gäste einzustellen.

Diskutieren Sie diese Aussage: „Der Gast sollte sich dank unserer Bemühungen und der erbrachten Dienstleistungen verpflichtet fühlen, uns wieder zu besuchen."

„Kein Problem!" Wie oft haben Sie diese Phrase schon im Alltag gehört oder selber im Umgang mit Gästen verwendet? Warum sollte es überhaupt ein Problem sein, einen Gast zufriedenzustellen? Sagen Sie stattdessen: „Gerne!" oder „Selbstverständlich mache ich das für Sie."

Oft sind es nur Kleinigkeiten, die den Erfolg oder Misserfolg eines gastronomischen Betriebes ausmachen: Liebe zum Detail ist angesagt!

Der Erfolg ist Ihnen sicher, wenn Sie

- eine/ein professionelle/r, leidenschaftliche/r Gastgeber/in sind,
- Menschen gerne haben und mit ihnen gut umgehen können,
- eine positive Ausstrahlung haben,
- Freude daran haben, eine Dienstleistung zu erbringen,
- auch unangenehme Situationen ruhig und freundlich ertragen können, z. B. Gäste, die Ihnen nicht auf Anhieb sympathisch sind oder sich beschweren,
- fähig sind, im Team zu arbeiten, d. h. miteinander, nicht gegeneinander,
- den Willen haben, etwas zu verkaufen!

Miteinander, nicht gegeneinander!

Perfekter Service in nur fünf Schritten
(aus der Sicht des Gastes)

1 Schau mich an!
Der Blickkontakt drückt Ihre Anerkennung und Wertschätzung für den Gast aus.

2 Lächle mich an!
Lächeln entspannt und schafft eine gute Basis (Sympathie) für den weiteren Kontakt mit dem Gast. Ein Lächeln sollte niemals aufgesetzt wirken, sondern kommt von innen. Lächeln Sie mit Mund und Augen.

5 Danke mir!
Das effektivste Dankeschön ist immer unverzüglich, treffend und aufrichtig. Danken Sie nicht nur den Gästen, sondern auch Ihren Kolleginnen/ Kollegen. Gemeinsam mit „Bitte" eine Grundlage der persönlichen Anerkennung und Wertschätzung.

3 Hör mir zu!
Nichts beweist einem Gast das Interesse mehr, als ihm zuzuhören. Zuhören schafft Vertrauen.

4 Sprich mit mir!
Wortwahl und Small Talk sind situationsabhängig. Gleichen Sie Ihre Kommunikation an jene der Gäste an. Kopieren Sie jedoch keine Dialekte.

Ein chinesisches Sprichwort sagt: „Wer nicht lächeln kann, soll kein Geschäft eröffnen." Denken Sie immer daran, wenn Sie dem Gast gegenübertreten. Für ein verpasstes Lächeln gibt es keine Rückholaktion.

 Aufgabenstellungen – „Gastlichkeit – die Sprache des Gastes"

1. Geben Sie Tipps, wie Sie sich dem Gast gegenüber korrekt verhalten. Diskutieren Sie anschließend mit Ihren Kolleginnen/Kollegen folgenden Slogan: „Bedienen Sie noch oder begeistern Sie schon?" Warum reicht ein korrektes Verhalten nicht, um Gäste zu begeistern?

2. Schildern Sie, wie Sie eine Beziehung zum Gast aufbauen und verstärken können. Mit welchen Details können Sie ihn positiv überraschen?

3. Warum gilt die Kommunikation als wichtigstes Instrument im Umgang mit dem Gast?

4. Was macht aus Sicht des Gastes einen perfekten Service aus?

2 Unsere Gäste

Lukas begrüßt Anna und Jakob mit einem herzlichen „Freut mich, euch zu sehen!" und begleitet das Pärchen zu seinem Tisch. Da die beiden mittlerweile zu seinen Stammgästen zählen, fragt er sie mit einem Augenzwinkern: „Wie immer, eine Cola und eine Apfelschorle?"

In vielen Bereichen der Berufswelt spielt das Erscheinungsbild eines Menschen eine wesentliche Rolle. Vom Schriftsteller Gottfried Keller stammt die Redensart „Kleider machen Leute". Demzufolge kann eine sozial niedrig gestellte Person durch entsprechende Kleidung ein vermeintliches Prestige vortäuschen. Was wiederum den Umkehrschluss zulässt, dass leger gekleidete Menschen an Prestige verlieren.

Klassifizieren oder beurteilen Sie deshalb niemals einen Gast vorschnell nach seinem Aussehen bzw. seiner Kleidung. Jeder Gast ist eine Persönlichkeit und will als solche behandelt werden. Das gelingt jedoch nur, wenn Sie seine Bedürfnisse genau kennen und individuell darauf reagieren.

Betrachten Sie Gäste, die immer wiederkommen, als Ihr persönliches Erfolgsbarometer

Stammgäste

Sie werden immer mit dem Namen (und dem Titel) angesprochen. Das Servicepersonal kennt ihre Gewohnheiten und Wünsche (Lieblingstisch, Zeitungsangebot, Getränke u. Ä.). Stammgäste müssen eine für sie spürbar persönliche Betreuung und auch Bevorzugung erfahren. Allerdings nur in einem Rahmen, in dem sich andere Gäste nicht zurückgesetzt fühlen. Die Stammgastdaten sind in einer Gästekartei erfasst.

Heutzutage fühlt sich ein Gast bereits beim zweiten Besuch eines Betriebes als Stammgast. Er kennt in groben Zügen das Speisen- und Getränkeangebot, hat das Preis-Leistungs-Verhältnis eingeschätzt und fühlt sich bedeutend sicherer als bei seinem ersten Besuch. Bereits bei seinem zweiten Besuch erwartet der Gast, dass er vom Servicepersonal wiedererkannt wird. Voraussetzung für seine Wiederkehr ist natürlich, dass er sich beim ersten Besuch wohlgefühlt hat.

Businessgäste

Diskretes Verhalten ist besonders wichtig. Businessgäste in großer Personenzahl erwarten sich einen Extrabereich oder genügend Abstand zu anderen Tischen. Sie brauchen Ruhe für sich. Für einen guten Auftakt und Ablauf ihres Besuches sollten bereits bei der Reservierung die individuellen Bedürfnisse der Gäste abgeklärt werden.

Businessgäste haben meist nicht sehr viel Zeit, insbesondere beim Mittagessen, d. h., sie sollten zügig und ohne großes „Gewese" bedient werden. Sind die Businessgäste Stammgäste, sind Monatsrechnungen üblich.

Seminar- und Tagungsgäste

Die Gäste erwarten einen schnellen Service, da meist ein bestimmter Zeitablauf vorgegeben ist. Leichte und vegetarische Speisen werden besonders geschätzt. Eine große Auswahl an Fruchtsäften sorgt für zusätzliches Wohlbefinden. Trainer/innen und Vortragende bevorzugen manchmal Einzeltische. Zu klären ist, welche Konsumationen auf Gesamtrechnung übernommen werden und welche von den Teilnehmerinnen/Teilnehmern selbst zu zahlen sind.

In größeren Betrieben ist für die Gästebetreuung eine eigene Seminar- oder die Bankettabteilung verantwortlich, in kleineren Betrieben die Restaurantabteilung, gelegentlich auch die Rezeption.

Weitere Informationen zu Seminar- und Tagungsgästen siehe Seite 273.

Internationale Gäste

Die Betreuung internationaler Gäste erfordert mehr Zeit und Einfühlungsvermögen. Interkulturelle Kenntnisse, Wissen über Gebräuche und nonverbale Kommunikation sind daher besonders wichtig. Ebenso müssen ihre Ess- und Trinkgewohnheiten respektiert werden. Dennoch schätzen die meisten typische deutsche Spezialitäten mit den dazupassenden Getränken.

Passantinnen/Passanten

Sie sollten nie den Eindruck haben, dass man sich um sie weniger bemüht als um andere Gäste. Nur so kann man aus Passantinnen/Passanten Stammgäste machen. Spezialitäten des Hauses sollten besonders empfohlen werden.

Kinder als Gäste

Für viele Kinder ist der Besuch eines Restaurants ein Erlebnis. Fühlen sie sich wohl, kommen die Eltern mit ihnen sicher wieder. Daher sollten Sie folgende Punkte im Umgang mit Kindern beachten:
- Auf Kindergerichte bzw. Kindermenüs hinweisen, jedoch auch kindergerechte Portionen von der regulären Speisenkarte anbieten, da Kinder je nach Alter gänzlich unterschiedliche Bedürfnisse haben

Viele kinderfreundliche Betriebe bieten einen eigens betreuten Mittags- und Abendtisch an

- Das Essen der Kinder vor dem der Eltern servieren (Eltern können helfen)
- Kindersitze bzw. Sitzkissen und Kinderlätzchen bereitstellen
- Kinderbeschäftigungen (Malutensilien, Bücher, Spielzeug) bereithalten
- Kinder, je nach Alter, in das Verkaufsgespräch miteinbeziehen
- Kleine Geschenke zum Mitnehmen (bei Süßem in Absprache mit den Eltern) erfreuen jedes Kind!

Gäste mit einer körperlicher Beeinträchtigung

Achten Sie darauf, diese Gäste genauso zu behandeln wie andere. Lassen Sie ihnen jedoch eine einfühlsame Hilfe angedeihen. Der Platzierung kommt besondere Bedeutung zu, z. B. bei Rollstuhlfahrerinnen/Rollstuhlfahrern und Seh- oder Hörbehinderten keine Plätze zuweisen, bei denen Stufen zu überwinden sind.

Mögliche Hilfestellungen

- Speisenkarten in Groß- oder Blindenschrift
- Trinkhalme für Gäste mit sichtbarer Beeinträchtigung der Hände bereitstellen und mit dem Getränk auf einem extra Teller oder in einem eigenen Glas servieren
- Das Essen schneiden oder Getränke ein- bzw. nachfüllen
- Darauf hinweisen, wo etwas auf dem Teller liegt

> Sie sind unsicher, welche Hilfestellung Sie einem Gast mit körperlicher Beeinträchtigung anbieten sollen? Fragen Sie ihn ganz einfach: „Wie kann ich Ihnen behilflich sein?"

60-plus-Gäste

Diese Gästegruppe ist eine für die Gastronomie wichtige, weil zahlungskräftige Zielgruppe. Menschen dieser Altersgruppe gelten als kritische, anspruchsvolle Verbraucher/innen, zugleich aber als genussorientiert, konsum- und innovationsfreudig. Die enorme Kaufkraft, die hohe Ausgabebereitschaft und die modernen Konsumgewohnheiten machen die 60-plus-Gäste zur lukrativen Zielgruppe. Die „jungen Alten" wollen auf keinen Fall als Seniorinnen/Senioren bzw. als alt und hilfsbedürftig abgestempelt werden.

> **60-plus-Gäste erwarten sich**
> - Rücksicht und Geduld, da ältere Menschen oftmals mehr Zeit benötigen
> - Speisen- und Getränkekarten in deutlich lesbarer Schrift sowie helle Beleuchtung bei Tisch; eventuell eine Lesebrille in passender Stärke
> - Kleinere Portionen einer Speise mit entsprechend angeglichenen, günstigeren Preisen, manchmal auch spezielle Diätspeisen
> - Eventuelle Hilfestellungen beim Platznehmen und Aufstehen sowie beim Anlegen der Garderobe

Einzelgäste

Einzelgäste, insbesondere Damen, dürfen bei der Platzierung nicht benachteiligt werden. Wenn es irgendwie möglich ist, dann setzen Sie einen Einzelgast nicht zu mehreren anderen Gästen oder zu Paaren, außer er wünscht es.

Gourmets und kulinarisch Anspruchsvolle

Diese Gäste halten viel von gepflegter Tischkultur und Tischsitten. Empfehlungen der Küchenchefin/des Küchenchefs und der Sommelière/des Sommeliers werden sehr gerne angenommen. Qualität geht vor Quantität. Ebenso erwarten sie vom Servicepersonal eine gute, umfassende Beratung und eine hohe Servicequalität. Fühlen sich diese Gäste optimal betreut, zählen sie zu den echten Multiplikatoren.

Weibliche Gäste

Eine professionelle, geschlechtsunabhängige Betreuung wird erwartet. Das alte Rollenverhalten, bei dem die Weinkarte, die Rechnung etc. automatisch dem Herrn gereicht wurden, ist passé. Insbesondere weibliche Businessgäste legen Wert darauf, den Wein selbst auszuwählen, zu verkosten und die Rechnung zu begleichen.

Höflichkeit, Fingerspitzengefühl, Zuvorkommenheit und ein spezieller Service, wie etwa eine Ablage für die Handtasche, werden positiv wahrgenommen.

Raucher/innen

Die Europäische Union strebt ein EU-weites Rauchverbot für die Gastronomie an. In einigen europäischen Ländern, wie z. B. in Italien, gibt es bereits ein generelles Rauchverbot. In Deutschland gelten in den einzelnen Bundesländern unterschiedliche Regelungen.

Gäste mit Hunden

Hunde im Restaurant geben immer wieder Anlass zu Meinungsverschiedenheiten. Es liegt im Ermessen der Lokalbesitzerin/des Lokalbesitzers, ob Hunde willkommen sind. Assistenzhunde sind im Restaurant nicht grundsätzlich verboten.

Bei der Platzierung der Gäste ist darauf zu achten, dass die Servicemitarbeiter/innen einen freien Zugang zu den Tischen haben. Idealerweise bieten sich Tische mit einer Sitzbank (unter welcher der Hund liegen kann) an. Gibt es mehrere Gäste mit Hunden, so sollten diese nicht unmittelbar nebeneinander platziert werden.

(?) Was ist der Unterschied zwischen einem Gourmet und einem Gourmand. Finden Sie es heraus!

Assistenzhunde = ausgebildete Hunde, die Menschen mit körperlicher oder geistiger Beeinträchtigung begleiten.

(?) Aufgabenstellungen – „Unsere Gäste"

1. Diskutieren Sie die Aussage „Kleider machen Leute".

2. Welche Erwartungen haben Stammgäste an das Servicepersonal?

3. Was können Sie dazu beitragen, dass Kinder sich im Restaurant wohlfühlen?

4. Welche Hilfestellungen bieten Sie Gästen mit einer körperlichen Beeinträchtigung an?

5. Warum sind die 60-plus-Gäste eine lukrative Zielgruppe?

6. Was ist Ihre Meinung zum Thema „Gäste mit Hunden"? Was spricht für eine Verpflegung von Hunden im Restaurant, was dagegen?

3 Ess- und Trinkgewohnheiten internationaler Gäste

Melina wird von einem älteren Ehepaar aus Wien gefragt, welches Tagesgericht sie ihnen empfehlen würde. Sie bietet Eisbein mit Sauerkraut oder Kasseler Rippenspeer mit Steckrüben und Salzkartoffeln an.

In einem Restaurant treffen die unterschiedlichsten Menschen und Nationalitäten mit den unterschiedlichsten Wünschen und Bedürfnissen zusammen. Um sie ihren Ess- und Trinkgewohnheiten sowie Sitten und Gebräuchen gemäß zufriedenzustellen, braucht man viel Erfahrung und Fingerspitzengefühl.

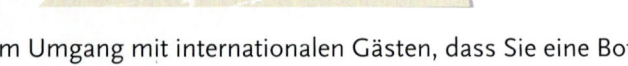

Bedenken Sie im Umgang mit internationalen Gästen, dass Sie eine Botschafterin/ein Botschafter Deutschlands sind!

Der Gast aus Österreich

- **Frühstück:** Kaffee mit Obers (Sahne), Semmeln, Kipferl (Hörnchen) und Konfitüre sowie Wurst, Käse und eventuell ein weiches Ei
- **Mittagessen:** Hauptmahlzeit, häufig mit drei Gängen
- **Abendessen:** meist kalte Speisen bzw. ein oder zwei Gänge
- **Getränke:** Bier, Wein und Sekt

Bekannte Gerichte in Österreich	
Suppen	Klare Rindsuppe mit verschiedenen Einlagen, z. B. Grießnockerln
Hauptgerichte	Wiener Schnitzel mit Erdäpfel-Vogerl-Salat (Erdäpfel = Kartoffeln, Vogerlsalat = Feldsalat), Schweinsstelze (Eisbein), Schweinskarree (Kasseler Rippenspeer), Rindsbraten **Beilagen:** Knödel (Klöße), Karfiol (Blumenkohl), Karotten (Möhren), Fisolen (grüne Bohnen), Kohlsprossen (Rosenkohl), Rotkraut (Rotkohl), Kohl (Wirsing), rote Rüben (rote Bete)
Desserts	Buchteln (Dampfnudeln), Palatschinken (Eier-/Pfannkuchen), Kaiserschmarrn **Obst:** Marillen (Aprikosen), Weichseln (Sauerkirschen), Zwetschken (Zwetschgen), Heidelbeeren (Blaubeeren), Preiselbeeren (Moosbeeren), Ribiseln (rote Johannisbeeren)

Sachertorte mit Schlagsahne ist ein Wiener Klassiker

Der Gast aus Italien

- **Frühstück:** Kaffee und Brioche oder Cornetto (Croissant, Plunderteighörnchen)
- **Mittagessen:** meist zwei bis drei Gänge, gerne mit einem Pastagericht und einem Salat
- **Abendessen:** Hauptmahlzeit; antipasti, primi piatti (Suppe, Teigwaren, Reisgericht [Risotto] oder Gnocchi), secondi piatti (Hauptgerichte aus Fleisch oder Fisch, Beilagen extra), dolci (Süßspeisen oder Obst) oder Käse
- **Getränke:** Italiener/innen schätzen Aperitifs, zum Essen Wein und Mineralwasser, auch Bier; nach dem Essen Espresso mit Digestif. Aperitif und Digestif werden meist in der Bar, seltener bei Tisch eingenommen.

Der italienische Gast freut sich besonders über

- Mineralwasser (meist ohne Kohlensäure) bzw. eine Karaffe Wasser;
- genügend Weißbrot auf dem Tisch;
- Parmesan (unaufgefordert);
- Wasser (in der Karaffe eingestellt);
- Essig und Olivenöl auf dem Tisch;
- Zitrone zu Fisch- und Fleischgerichten;
- un caffè (entspricht unserem Espresso).

Bekannte Gerichte in Italien	
Vorspeisen	Insalata caprese (Mozzarella mit Tomaten), Carpaccio
Suppen	Minestrone
Hauptgerichte	Lasagne, Risotto, Fritto misto di mare (Meeresfrüchte in Backteig), Ossobuco (geschmorte Kalbshaxe), Saltimbocca (Kalbsschnitzel mit Rohschinken und Salbei
Desserts	Tiramisu, Eis (Gelati), Zabaione (Weincreme)

Der Gast aus Frankreich

- **Frühstück:** Kaffee mit Milch, ein Croissant, Butter und Konfitüre. Er nennt dies „Café complet".
- **Mittagessen:** kann wie das Abendessen eine Hauptmahlzeit sein
- **Abendessen:** Der französische Gast nimmt sich Zeit und speist eher spät.
- **Getränke:** Er liebt Aperitifs, aromatisierte Weine, Pernod (Pastis), Kir und Schaumweine; Wein ist zum Essen obligatorisch; Kaffee und Digestifs.

Der französische Gast freut sich besonders über

- genügend Weißbrot (Baguette) auf dem Tisch;
- Mineralwasser (meist ohne Kohlensäure) bzw. eine Karaffe Wasser;
- eine gut sortierte Weinkarte;
- die Empfehlung von Spezialitäten sowie von regionalen Speisen und Weinen;
- eine gute Käseauswahl nach dem Essen.

Bekannte Gerichte in Frankreich	
Vorspeisen	Pâtés (Pasteten mit Fleisch-, Fisch- oder Geflügeleinlage), Salade niçoise (Nizzaer Salat aus Tomaten, Zwiebeln, grünen Bohnen, Thunfisch, Sardellen, Oliven und Kräutern), Quiche lorraine (Lothringer Specktorte; Mürbeteigboden mit Speck, Käse und Zwiebeln)
Suppen	Zwiebelsuppe, Bisque (aus Krustentieren), Vichyssoise (geeiste Lauch-Kartoffel-Suppe)
Hauptgerichte	Coq au Vin, Entrecôte, Navarin (Lammragout), Bouillabaisse (Fischeintopf), Coquilles Saint-Jacques (Jakobsmuscheln), Moules marinières (Miesmuscheln im Weißweinsud)
Desserts	Mousse au Chocolat, Profiteroles, Tarte Tatin, Crêpes Suzette; oft auch Obst und Käse anstelle der Süßspeise

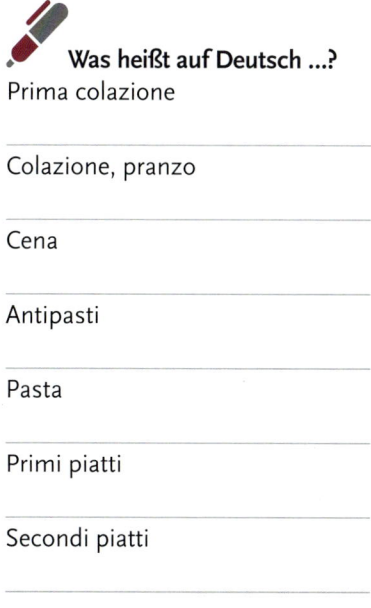

Was heißt auf Deutsch ...?

Prima colazione

Colazione, pranzo

Cena

Antipasti

Pasta

Primi piatti

Secondi piatti

💡 Die französische Küche oder auch die Cuisine française wurde 2010 zum Weltkulturerbe erklärt.

Was heißt auf Deutsch ...?

Petit déjeuner

Déjeuner

Dîner

Café au lait

Croissant

Was heißt auf Deutsch ...?

Breakfast

Lunch

Dinner

Scones mit Konfitüre

Der Gast aus Großbritannien

- **Early Morning Tea:** vor dem Frühstück im Zimmer (siehe Seite 139)
- **Frühstück:** neben dem Abendessen die wichtigste Mahlzeit; reichhaltige Auswahl, siehe Seite 137 f.
- **Mittagessen:** kleine kalte und warme Gerichte
- **Afternoon Tea:** traditionelle englische Gepflogenheit; zwischen 15:00 Uhr und 17:00 Uhr
- **Abendessen:** mit mehreren Gängen
- **Getränke:** Bier (Ale und Stout), Whisky, Gin Tonic, Sherry, Portwein, Cognac, Liköre, zum Abschluss eines Essens Irish Coffee bzw. Tee oder Kaffee (Espresso); in guten Restaurants wählt der britische Gast gerne von einer Weinkarte.

Der britische Gast freut sich besonders über

- ein reichhaltiges Frühstücksangebot;
- stark gebrühten Tee mit kalter Milch;
- fertige Würzsaucen auf dem Tisch;
- eine große Auswahl an Sandwiches zum Mittagessen;
- eine gut sortierte Käseauswahl mit Crackers und „biscuits";
- gekochtes Gemüse und Kartoffeln als Beilage.

Bekannte Gerichte in Großbritannien	
Vorspeisen	Smoked Trout (geräucherte Forelle) oder Mackerel (Makrele)
Suppen	Mulligatawny (Hühner-Curry-Suppe; ursprünglich aus Indien), Mock-Turtle (mit Kalbskopfragout)
Hauptgerichte	Roastbeef and Yorkshirepudding, Lamb-Chops, Irish Stew (Lammeintopf), Haddock (Schellfisch)
Desserts	Apple-Pie, Plumpudding

Der Gast aus den USA

- **Frühstück:** noch reichhaltiger als das englische Frühstück (frisches Obst, Eiergerichte, kleine Fleischgerichte); Filterkaffee in großen Mengen. Der amerikanische Gast erwartet beim Frühstücksservice die Einhaltung der ihm vertrauten Servierfolge (Eiswasser, Heißgetränke, Frucht- und Gemüsesäfte). Siehe interkontinentales Frühstück, Seite 137 f.
- **Mittagessen:** kleinere vitaminreiche und leichte Gerichte, wie Sandwiches, Burger und Salate
- **Abendessen:** Hauptmahlzeit des Tages
- **Getränke:** Amerikaner/innen sind eine große Auswahl an Getränken gewöhnt, sie schätzen kalifornische Weine und Biere sowie Cocktails, vor allem auf Basis von Wodka, Gin und Bourbon-Whiskey, Kaffee, Eistee (Iced Tea) und Softdrinks.

Der amerikanische Gast freut sich besonders über

- Eiswasser auf dem Tisch zu jeder Mahlzeit;
- eine zweite oder dritte Tasse Filterkaffee (unaufgefordert angeboten);
- gut gekühlte oder mit viel Eis servierte Getränke;
- eine ganz persönliche Beratung und Betreuung (erwartet, dass sich der/die Servicemitarbeiter/in mit dem Vornamen vorstellt; will platziert werden);
- das Nachfragen während des Essens, ob alles „Okay" sei.

Amerikaner/innen lieben Iced Tea – kalten Schwarztee auf Eis in einem Tumbler

Bekannte Gerichte in Amerika (USA)	
Vorspeisen	Caesar-Salad (Salat mit Sardellen, Parmesan und Croûtons), Waldorf-Salad (Apfel-Sellerie-Salat mit Walnüssen, Mayonnaise)
Suppen	Clam Chowder (Venusmuscheln)
Hauptgerichte	Steaks (T-Bone-Steak, Porterhousesteak), Roast Turkey (gefüllter Truthahn; traditionelles Gericht zu Thanksgiving), Soft Shell-Crabs, Lobster (Hummer)
Desserts	Pumpkin-Pie (Kürbiskuchen), Brownies (Schokoladekuchen), Cheesecake

Der Gast aus Russland

Die russische Küche ist sehr mannigfaltig, vereint sie doch alle Volksgruppen der ehemaligen Sowjetunion und damit alle Eigenheiten der Speisen und Getränke der verschiedenen Gebiete und Staaten. Sie ist eine sehr bodenständige, traditionelle Küche, obwohl sie heute vermehrt europäische und westliche Einflüsse zulässt. Russische Gäste legen viel Wert auf Qualität und sind bereit für guten Service mehr zu bezahlen.

Russische Gäste bevorzugen auf dem Tisch eingestellte Getränke und Speisen, sozusagen ein „Buffet auf dem Tisch"

- **Frühstück:** starker Schwarztee oder Früchtetee (oft mit Konfitüre gesüßt), vermehrt auch Kaffee; Brot, Butter und Konfitüre. Im Hotel wird ein reichhaltiges Frühstück geschätzt.
- **Mittag-** und **Abendessen:** Die Hauptmahlzeit ist das Abendessen, es beginnt immer mit kalten Vorspeisen (Sakuski). Bevorzugte Grundmaterialien sind die verschiedenen Kaviarsorten, geräucherte Fische (Sprotte, Lachs, Hering), Geflügel (Gänse), Fleisch und Eier. Als Beilagen dienen würzige Saucen, zu Kaviar werden Blinis (Buchweizenpfannkuchen) gereicht. Die russische Küche ist reich an Gerichten aus roter Bete, Weißkohl, Sauerkraut, Wirsing und Kartoffeln.
- **Getränke:** Bevorzugt werden exklusive Weine aus Frankreich, aber auch aus Italien und Spanien sowie Champagner, Cognac und Whisky; traditionell sind Bier und Wodka.

Der russische Gast freut sich besonders über
- eine große Auswahl an Tees und erstklassigen Kaffee;
- eine große Auswahl an Gebäck und Brot (vor allem Roggenbrot);
- Eier und Eiergerichte;
- frisches Obst, Südfrüchte und Gemüse;
- frisch gepresste Obstsäfte;
- sauer eingelegtes Gemüse;
- internationale Würzsaucen;
- generell über große Portionen.

Bekannte Gerichte in Russland	
Vorspeisen	Piroggen (warme gefüllte Teigtaschen), Pilaw (Reis mit verschiedenen Zutaten als warme Vorspeise)
Suppen	Borschtsch (aus roter Bete, Weißkohl, mit oder ohne Rindfleisch; im Sommer auch gekühlt serviert), Schtschi (Wirsingsuppe)
Hauptgerichte	Bœuf Stroganoff, Kotlety po Kiewski (gefüllte Hühnerbrust)
Desserts	Erdbeeren Romanow (mit gesüßter geschlagener Sahne und kandierten Veilchen), Kissel (gelierte Fruchtspeise)

Piroggen

Japaner/innen sind Europa-Fans, sie lieben französische Weine, Cognac und Whisk(e)y.

Der Gast aus Japan

- Die Begrüßung ist für Japaner/innen sehr wichtig: Begrüßen Sie den japanischen Gast unbedingt zuerst.
- Der Kunde ist König – nach dieser Maxime wollen die Japaner/innen immer bevorzugt behandelt werden. Ihr Besichtigungsprogramm ist dicht gedrängt und sie wollen wenig Zeit verlieren.
- Japaner/innen lassen sich beim Essen und Trinken gerne beraten, sie bevorzugen nationale Spezialitäten und Getränke.
- Die Mahlzeiten werden sehr regelmäßig eingenommen (Mittagessen um 12:00 Uhr, Abendessen um 18:30 Uhr).
- Keine weißen Blumen (Weiß ist die Farbe der Trauer)!
- Trinkgeld zu geben, ist in Japan nicht üblich.

Der japanische Gast freut sich besonders über
- ein typisches japanisches Frühstück, bestehend aus einer Meeralgensuppe mit Tofueinlage, gebratenen (Weiß-)Fischen, gekochtem ungesalzenem Reis und grünem Tee; wird ein Frühstücksei bestellt, sollte es roh sein, da es über den heißen Reis gegossen und verrührt wird;
- Sojasauce auf dem Tisch (unaufgefordert);
- Reis als Beilage, Hauptgericht oder sogar zum Schluss einer Mahlzeit zusammen mit Tee;
- bissfestes, schonend zubereitetes Gemüse;
- rechtzeitiges Nachschenken der Getränke;
- Getränke: grünen Tee, französischen Wein, Bier (eiskalt serviert), Cognac, Whisk(e)y und Eiswasser.

In der japanischen Küche gibt es keine strenge Menüreihenfolge, oft werden sogar alle Gerichte auf einmal serviert. Tofu findet in unzähligen Gerichten Verwendung und kann gleichermaßen als Vorspeise, Suppeneinlage und Hauptgericht gereicht werden.

Das vom Wagyū-Rind stammende Fleisch ist das am stärksten marmorierte und zugleich teuerste Rindfleisch der Welt. Kōbe-Beef stammt aus der gleichnamigen japanischen Region.

Bekannte Gerichte in Japan	
Suppen	Suppen konsumiert man in Japan zu jeder Mahlzeit, auch zum Frühstück, z. B. klare Suppen mit verschiedenen Einlagen oder Meeresalgensuppe (Misosuppe).
Fisch	Sashimi (rohes Fischfilet mit Gemüse), Sushi (Röllchen aus Reis, rohem Fisch, Krustentieren, Gemüsen; die Hülle ist aus Seetang oder Meeresalgen), Tempura (Fleisch, Fisch, Meeresfrüchte und Gemüse, mundgerecht portioniert, in Tempurateig).
Hauptgerichte aus Fleisch	Der Verzehr von Fleisch war in Japan von der buddhistischen Religion sehr lange verboten; heutzutage schätzen die Japaner/innen marmorierte Steaks, Schweinefleisch und Geflügel; immer wird Reis serviert.
Desserts	Ein klassisches Dessert gibt es nicht; gerne wird Obst, z. B. Nashi, Kaki, Melonen, Erdbeeren oder Clementinen, gegessen.

Der Gast aus China

Charakteristisch für die chinesische Küche ist, dass alle Zutaten klein geschnitten und kurz gegart werden. Die Hauptzubereitungsarten sind Dämpfen und kurzes Anbraten. Meist wird nur mit Pflanzenfetten oder Nussöl gekocht.

Ganz gleich, um welche Mahlzeit es sich handelt, sie wird in China immer warm eingenommen.

In China werden alle Mahlzeiten warm eingenommen

- Zum **Frühstück** wird hauptsächlich Tee, jedoch kaum Kaffee gereicht. Dazu wird Reis- oder Nudelsuppe mit oder ohne Hühner- oder Schweinefleisch gegessen.
- **Mittagessen** und **Abendessen** gleichen sich in der Zusammenstellung, wobei jedoch die Abendmahlzeit höhere Priorität hat. In China ist Vielfalt erwünscht, bei einem Gang werden viele verschiedene Fleischsorten, Gemüsesorten etc. gleichzeitig angeboten. Die Gerichte werden in die Mitte des Tisches gestellt und die Gäste wählen selbst aus. Ein Abendessen setzt sich aus verschiedenen Sorten von Gemüse, Fleisch und Fisch sowie einigen kalten Vorspeisen zusammen.
- **Getränke:** vorwiegend grüner Tee und Jasmintee (zu jeder Mahlzeit), Bier, französischer Wein, Schnäpse, Cognac (häufig mit Eis) und Whisk(e)y.

💡 Chinesische Biere sind leichter als deutsche.

Bekannte Gerichte in China	
Vorspeisen	Glasnudelsalat, Hühnerfleischsalat, Tofu
Suppen	Klare Suppen mit verschiedenen Einlagen, z. B. Garnelen, Hühnerbrust, Fleischtäschchen
Hauptgerichte	Süßsaures Schweine-, Rind-, Hühnerfleisch; Pekingente; immer mit Reis serviert
Desserts	Glasierte Äpfel, Reispudding

Der orientalische (muslimische) Gast

Gäste islamischen Glaubens haben unter anderem die Vorschriften des Propheten Mohammed aus dem siebten Jahrhundert zu befolgen, die im Koran festgehalten sind. Der Verzehr von Schweinefleisch ist gemäß dem Koran verboten.

- Das **Frühstück** besteht in orientalischen Ländern hauptsächlich aus schwarzem Tee (in Teegläsern serviert), frischem Fladen- oder Weißbrot mit Honig, Schaf- oder Ziegenkäse, schwarzen und grünen Oliven, hart gekochten Eiern, allen Arten von Nüssen, diversen dünnflüssigen Konfitüren (eine Spezialität ist Rosenkonfitüre), frischem Obst, Obstsalat und frischen Fruchtsäften.
- Das **Mittagessen** besteht meist aus einer leichten Speise.
- Das **Abendessen** ist hingegen ein opulentes Mahl. Je nach Anlass werden eine oder mehrere Vorspeisen zusammen mit den Hauptgerichten gereicht. Dabei dürfen auch frisches Gemüse und Joghurt, das zu Fleisch- und Gemüsegerichten gegessen wird, nicht fehlen.
- **Getränke:** Alkohol ist nach der Lehre Mohammeds grundsätzlich verboten. Beliebte Getränke sind Mineral- oder Leitungswasser, Fruchtsäfte, Milch, Tee sowie Ayran, ein türkisches Joghurtgetränk (Joghurt mit Wasser und einer Prise Salz).

Der orientalische Gast liebt Rahat zu Kaffee oder Tee. Rahat ist eine aus Stärke und Zucker hergestellte Süßspeise.

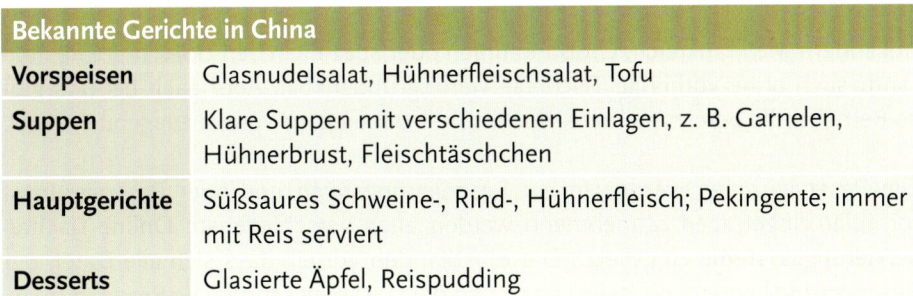

Jeder Mensch ist anders. Was dem einen gefällt, kann den anderen stören. Daher ist **Toleranz** das Zauberwort im Umgang mit fremden Kulturen.

4 Von der Reservierung bis zur Verabschiedung

> *Das Telefon klingelt, Lukas hebt ab und meldet sich: „Restaurant Einstein. Guten Tag, mein Name ist Lukas Smelac. Was kann ich für Sie tun?"*
> *Herr Huber, ein Stammgast, will einen Tisch für den Abend des folgenden Tages reservieren. Welche weiteren Angaben benötigt Lukas, um die Reservierung korrekt durchzuführen?*

💡 Erste Eindrücke sind entscheidende, letzte bleibende!

Eine richtig entgegengenommene und korrekt durchgeführte Reservierung bildet eine wesentliche Voraussetzung für einen erfolgreichen Restaurantbesuch. Ebenso wichtig sind Empfang, Begrüßung und Platzierung, sind es doch die ersten Momente, in denen Sie mit dem Gast einen positiven Kontakt herstellen können.

Reservierung (Tischbestellung)

In Ländern wie Frankreich, Großbritannien oder speziell in den USA ist ein Restaurantbesuch ohne vorherige Tischreservierung undenkbar. Aber auch bei uns gibt es Betriebe, die bereits mehrere Wochen oder Monate im Voraus ausgebucht sind.

Die Reservierungen werden in ein Reservierungsbuch und/oder Reservierungsformular eingetragen. Zunehmend werden auch verschiedenste **Online-Tischreservierungssysteme** eingesetzt. Diese haben den Vorteil, dass sich alle Daten der Reservierung bequem erfassen lassen und der Gast eine schriftliche Reservierungsbestätigung per Mail erhält.

Reservierungen werden bis mindestens eine halbe Stunde nach Ablauf der reservierten Zeit aufrechterhalten, dann wird der Tisch neu vergeben.

Neue Reservierung für Tisch 6

Reservierungsdatum: 10.02.20.. | Uhrzeit von: 10:00 | Uhrzeit bis: 13:30

Gast auswählen oder neu anlegen: Tester Martin K633 | Gästekartei

Zusatzbemerkungen/Sonderwünsche des Gastes: Bitte Geburtstagstorte vorbereiten | Raucher / Nichtraucher

○ teilbelegt ● vollbelegt | Personenanzahl eingeben: − 2 +

Abbrechen | Speichern

Ein Online-Reservierungsbuch erleichtert die Verwaltung der eingegangenen Reservierungen und Gästedaten (siehe Seite 251)

Richtiges Verhalten bei Reservierungen

Für das Entgegennehmen von telefonischen oder mündlichen Reservierungen sind folgende Angaben und Verhaltensweisen wichtig:

■ **Name der Bestellerin/des Bestellers:** Namen sind wichtig. Wenn Sie den Gast mit seinem Namen ansprechen, gewinnen Sie Aufmerksamkeit und Sympathie. Ohne Kenntnis des Namens wird ein echter Kontakt erschwert. Darum ist es wichtig, den Namen der Gesprächspartnerin/des Gesprächspartners zu verstehen. Notieren Sie sich den Namen sofort.

💡 Lächeln Sie am Telefon! – Ihre Stimmung überträgt sich auf die Stimme, Anrufer/innen hören das.

Mayr oder Peyer ... wie ist der Name?
Leider spricht man oft seinen eigenen Namen zu schnell und nachlässig aus. Wenn Sie den Namen des Gastes also nicht richtig verstanden haben, fragen Sie möglichst sofort nach: Entschuldigen Sie bitte, wie ist Ihr Name? Würden Sie bitte Ihren Namen wiederholen? Könnten Sie bitte Ihren Namen buchstabieren?

- **Datum** und **Zeit der Reservierung**
- **Anzahl der Personen**
- Telefonnummer des Gastes für eventuelle Rückfragen
- Besondere Wünsche, z. B. Tisch- bzw. Tafelform, Geburtstagstorte, besondere Tischdekoration, Lebensmittelunverträglichkeiten
- Bei Hausgästen ist die **Zimmernummer** zu notieren.
- Einzel- oder Gesamtrechnung. Es kostet Zeit und Ärger, wenn bereits ausgestellte und gebuchte Rechnungen storniert und neu geschrieben werden müssen.
- Hören Sie genau zu. Wiederholen und bestätigen Sie die Wünsche des künftigen Gastes.
- Verabschieden Sie sich mit den Worten: „Danke für Ihren Anruf! Auf Wiederhören, Herr Berger." Sagen Sie keinesfalls „Tschüss" o. Ä.

Im Anschluss an das Telefonat oder mündliche Gespräch wird die Reservierung sofort im Tischplan oder mit Reservierungsschildern vorgenommen. Besondere Wünsche werden, falls erforderlich, sofort weitergeleitet. Reservierungsschilder sind nach dem Eintreffen der Gäste zu entfernen.

Wenn ein Gast für mehrere Personen reserviert, klären Sie ab, ob Kinder dabei sind. In diesem Fall können Sie bereits im Vorfeld Kindersitz, Spielsachen etc. vorbereiten.

Achten Sie bei Ihren Notizen auf eine deutlich lesbare Schrift, damit die Informationen auch für Ihre Kolleginnen/Kollegen nachvollziehbar sind.

Begrüßung des Gastes

Die Begrüßung ist der erste persönliche Kontakt mit den Gästen. Schon dieses erste Zusammentreffen, die ersten Gesten können ein guter oder schlechter Anfang für das Verkaufsgespräch sein.

Worauf es bei der Begrüßung ankommt
- Halten Sie dem Gast, wann immer es möglich ist, die Tür auf.
- Nehmen Sie mit dem Gast Blickkontakt auf. Lächeln Sie! Damit signalisieren Sie ihm, dass er willkommen ist.
- Gehen Sie dem eintretenden Gast entgegen. Lassen Sie ihn nicht warten.
- Grüßen Sie den Gast als Erster.
- Grüßen Sie höflich und der Tageszeit entsprechend, z. B. „Guten Morgen", „Guten Abend".
- Reden Sie den Gast mit seinem Namen und gegebenenfalls seinem Titel an, wenn Sie ihn kennen. Achten Sie auf die richtige Aussprache des Namens.
- Geben Sie dem Gast nur dann die Hand, wenn Sie ihn wirklich gut kennen.
- Bevorzugen Sie nicht einzelne Gäste. Alle Gäste haben ein Anrecht auf eine höfliche Begrüßung.
- Seien Sie beim Ablegen der Garderobe behilflich.

Alle Gäste haben ein Anrecht auf eine höfliche Begrüßung

Richtige Anrede bei offiziellen Einladungen

Man spricht Gäste, die von wissenschaftlichen Hochschulen einen **akademischen Grad** verliehen bekommen haben, mit dem Titel und dem Namen an, also „Herr Doktor Berger" bzw. „Frau Professor Schuster". Akademische Diplome werden in der Anrede nicht gebraucht. Anders ist es in Österreich, wo man Titel sehr wichtig nimmt (z. B. Herr Diplomingenieur).

Staatsoberhäupter, Minister und Botschafter aus dem Ausland haben Anspruch auf das **Prädikat** „Exzellenz". Moderner und nicht unüblich ist die Anrede „Herr Kardinal" oder „Herr Botschafter". **Adelsprädikate** sind Bestandteil des Namens. Adelige sind entweder mit dem Namen, also Herr von Hardenberg oder mit dem Titel (ohne Zusatz von Herr/Frau) anzusprechen. Es heißt also niemals „Herr Graf Hardenberg", sondern lediglich „Graf Hardenberg".

Es ist das Vorrecht des Herrn, der Dame beim Platznehmen behilflich zu sein

Die Speisenkarte wird zuerst der Dame überreicht

💡 Früher war es üblich den Damen Karten ohne Preise zu übergeben, sogenannte Damenkarten.

Platzierung des Gastes

Nach der Begrüßung fragt man den Gast, ob er einen Tisch reserviert hat. Ist das nicht der Fall, bietet man ihm, wenn möglich, mehrere Tische zur Auswahl an.

Das Platzieren erfordert viel Umsicht und Fingerspitzengefühl und sollte deshalb nur von erfahrenen Mitarbeiterinnen/Mitarbeitern (Mâitre d'hôtel, Restaurantleiter/in oder Oberkellner/in) durchgeführt werden. Er/Sie trifft die richtige Wahl des Tisches unter Berücksichtigung von Stammgastwünschen bzw. Sonderwünschen der Gäste sowie unter Einschätzung der Gästetypen. Natürlich kennt er/sie auch die Belastbarkeit der einzelnen Stationen bzw. Servicemitarbeiter/innen.

Nachdem die Gäste mit der Bemerkung „Ich darf vorgehen" zum Tisch geleitet worden sind, ist man ihnen beim Platznehmen behilflich.

Präsentation der Speisen-, Getränkekarten und der Weinkarte

Bevor Sie den Gästen die Speisenkarten überreichen, geben Sie ihnen einen Moment Zeit, um am Tisch „anzukommen" bzw. sich auf die Atmosphäre des Restaurants einzustellen.

Die Speisenkarten werden zuerst den Damen (eventuell mit der ältersten Dame beginnen), dann den Herren und zuletzt der Gastgeberin/dem Gastgeber geöffnet in beide Hände überreicht. Gleichzeitig kann auch die Getränke- oder Weinkarte übergeben werden.

Worauf es bei der Präsentation der Speisen- und Getränkekarten ankommt
- Mit dem Präsentieren der Speisenkarten beginnt bereits das Verkaufsgespräch. Zählen Sie nicht nur klassische Aperitifs auf, sondern nutzen Sie die Gelegenheit, den Gast mit einer saisonalen Empfehlung zu überraschen.
- Nimmt der Gast keinen Aperitif, bieten Sie ihm Mineralwasser oder gleich die Getränkekarte an.
- Wichtig ist, dass der Aperitif oder das erste Getränk rasch serviert werden.
- Kinder erhalten eine Kleinigkeit, z. B. Malutensilien, die ihnen Freude macht und dabei hilft, die Wartezeit zu überbrücken.
- Zur Verkaufsförderung ist es sinnvoll, bei der geöffneten Karte die Seite mit den Vorspeisen aufzuschlagen.

Aktiver Verkauf (Verkaufsgespräch)

Für ein erfolgreiches Verkaufsgespräch benötigen Sie		
Produktkenntnisse und **Fachwissen**	**Menschenkenntnis**	**Verkaufstechnik** und **Verkaufspsychologie**
■ Grundkenntnisse zu Lebensmitteln und Speisenherstellung ■ Fachwissen über korrespondierende Getränke	■ Fähigkeit, das Verhalten des Gastes richtig einzuschätzen ■ Fähigkeit, seine Stimmung zu erkennen und sich darauf einzustellen	■ Beherrschung der richtigen Fragetechnik (W-Fragen) ■ Beeinflussungswille ■ Gute Einstellung zum Verkauf ■ Grundkenntnisse der Gesprächstechnik

Tipps für ein erfolgreiches Verkaufsgespräch

Sorgen Sie für eine gute persönliche Tagesform. In welcher Stimmung bin ich? Wie kann ich meine Stimmung positiv beeinflussen? Wie kann ich einen guten Kontakt zum Gast aufbauen?

Informieren Sie sich genau über die Angebote, vor allem auch über die aktuellen Tagesangebote. Sie sollten die Speisen und Getränke genau kennen und erklären können.

Versuchen Sie festzustellen, in welcher Stimmung der Gast ist. Ist er genervt, gestresst, gelassen, entspannt, fröhlich ...? Stellen Sie Fragen wie: „Was kann/ darf ich für Sie tun?"

Eine bewährte Formel im Verkauf ist das **KISS**-Prinzip: **K**eep **I**t **S**hort and **S**imple

 Wie drücke ich mich aus, um ...
- **die Vorlieben des Gastes herauszufinden?** „Möchten Sie ein stilles oder ein prickelndes Mineralwasser?"
- **einen Wein zu empfehlen?** „Zum Zanderfilet empfehle ich Ihnen den Riesling ... vom Weingut ..."
- **Zusatzverkäufe zu tätigen?** „Ich darf Sie noch auf ein spezielles Angebot unserer Küche hinweisen: Heute gibt es pochiertes Lachsfilet auf Safransauce mit Gemüsenudeln."
- **Sonderwünsche des Gastes zu erfüllen?** „Gerne serviere ich Ihnen einen gemischten Salat anstelle des Sauerkrauts."

Finden Sie die Vorlieben des Gastes heraus. Bevorzugt er große oder kleine Portionen, Fisch oder Fleisch, Weißwein oder Rotwein, stilles Mineralwasser oder prickelndes ...?

Sprechen Sie konkrete Empfehlungen aus oder bieten Sie dem Gast zwei Gerichte zur Auswahl an. Drücken Sie sich dabei einfach und deutlich aus.

Wecken Sie das Interesse des Gastes, bieten Sie ihm z. B. einen Probeschluck von einem oder zwei verschiedenen Weinen an, die Sie glasweise servieren.

Erklären Sie die Speisen appetitanregend.

Achten Sie auf eine kurze, nachvollziehbare Weinbeschreibung. Wirken Sie dabei nicht belehrend.

Gehen Sie auf die Wünsche des Gastes ein, z. B.: „Salat statt Gemüse? Sehr gerne! Welches Dressing darf ich Ihnen dazu anbieten?"

Lassen Sie dem Gast genügend Zeit zum Auswählen.

Stellen Sie sogenannte W-Fragen: wie, was oder welche. Diese Fragen kann der Gast nicht mit Ja oder Nein beantworten, denn im Zweifelsfall wird der Gast eher zum Nein tendieren.

Bekunden Sie Ihr Interesse durch kurze Kommentare wie „Ja" oder „Gerne" oder durch ein leichtes Kopfnicken.

Je sicherer Sie auftreten, desto erfolgreicher verläuft das Verkaufsgespräch. Die Praxis vermittelt Ihnen die notwendige Erfahrung und Sicherheit, um sich auf die unterschiedlichen Gäste und ihre Wünsche einstellen zu können.

Nützen Sie die positive Stimmung des Gastes zu Zusatzverkäufen, wie einer Weinbegleitung, Salat zur Hauptspeise oder großer Salatteller als Vorspeise etc.

Bemühen Sie sich, im Rahmen des Möglichen Sonderwünsche zu erfüllen, z. B.: „Wir bieten auch vegane Gerichte an." Sie gewinnen dankbare und treue Gäste.

Überlegen Sie, womit Sie dem Gast eine zusätzliche Freude bereiten können. Überraschen Sie ihn beispielsweise mit einer Kostprobe des Tagesdesserts.

Finden Sie weitere Tipps für ein erfolgreiches Verkaufsgespräch.

⚠️ Achten Sie bei der Bestellungsaufnahme mit dem Portable Terminal (siehe Seite 253) auf den so wichtigen Blickkontakt mit dem Gast!

Aufnahme der Bestellung

Die Bestellung des Gastes entscheidet über den Erfolg eines Betriebes. Daher ist die Bestellungsaufnahme eine Ihrer wichtigsten Tätigkeiten.

Worauf es bei der Bestellungsaufnahme ankommt

- Beobachten Sie den Gast, treten Sie erst an den Tisch, wenn der Gast die Speisenkarte zugeschlagen hat oder durch seine Körperhaltung signalisiert, dass er bestellen möchte.
- Führen Sie mit dem Gast einen Dialog. Wichtig dabei: Der Blickkontakt mit dem Gast schafft persönliches Vertrauen.
- Hören Sie dem Gast aufmerksam zu, um die Bestellung korrekt aufnehmen zu können. Lassen Sie sich nicht ablenken.
- Die schriftliche Entgegennahme der Bestellung hilft Ihnen, nichts zu vergessen, die Bestellung richtig weiterzuleiten sowie Zeit und Kosten zu sparen.
- Wiederholen Sie die Bestellung, um sicherzugehen, dass Sie nichts vergessen oder falsch verstanden haben.

Verwendung von Tischplänen

Notieren Sie die Bestellung in Form eines Tischplanes, um Fragen wie „Wer bekommt was?" zu vermeiden. Außerdem können auch „tischfremde" Servicemitarbeiter/innen die Speisen dem jeweiligen Gast zuordnen. Machen Sie sich am besten eine Skizze oder verwenden Sie folgendes System.

- Tragen Sie neben jeder Bestellung auf dem Paragon oder Bestellblock eine Nummer (laut Sitzplatznummerierung) ein.
- Sitzplatz 1 ist zum Beispiel immer derjenige, der mit der Rückenlehne zum Eingang zeigt. Nummerieren Sie die übrigen Sitzplätze im Uhrzeigersinn weiter.
- Kreisen Sie die Nummern der weiblichen Gäste ein.
- Tragen Sie Tischnummer und Personenanzahl ein.

<table>
<tr><td colspan="5" align="center">**Hotel Stern**
Schlossgartenstraße 1 ● 68161 Mannheim</td></tr>
<tr><td colspan="2">Tisch Nr.: *1*</td><td colspan="2">Personenanzahl: *4*</td><td>Datum: *12.11.20_*</td></tr>
<tr><td>2</td><td>Tatar vom Seesaibling</td><td>①</td><td>3</td><td></td></tr>
<tr><td>1</td><td>Kürbisschaumsüppchen</td><td>2</td><td></td><td></td></tr>
<tr><td>1</td><td>Rohschinken aus der Region</td><td>④</td><td></td><td></td></tr>
<tr><td></td><td></td><td></td><td></td><td></td></tr>
<tr><td>1</td><td>Filetsteak medium</td><td>3</td><td></td><td></td></tr>
<tr><td>1</td><td>Lammrücken</td><td>2</td><td></td><td></td></tr>
<tr><td>1</td><td>Zander</td><td>①</td><td></td><td></td></tr>
<tr><td>1</td><td>Gemüsepfanne</td><td>④</td><td></td><td></td></tr>
<tr><td></td><td></td><td></td><td></td><td>Unterschrift: *Lukas*</td></tr>
</table>

Alternative Systeme der Bestellungsaufnahme

Speziell bei größeren Tischen haben sich in der Praxis folgende Skizzen bewährt.

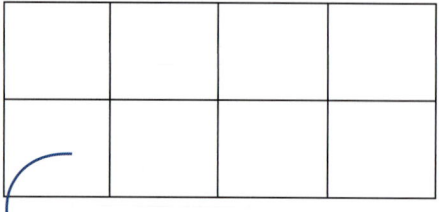

1 Räucherlachs, 1 Spargelsuppe
1 Rumpsteak med, 1 Nusssoufflé

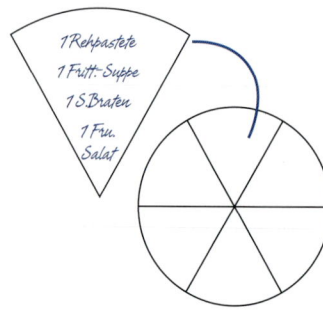

Nach der Speisenbestellung wird die Getränkebestellung entgegengenommen. Im Anschluss daran werden die Speisen-, Getränkekarten und/oder die Weinkarte vom Tisch entfernt und mit dem Bonieren der Speisen und Getränke begonnen.

Service

Der Service richtet sich im Wesentlichen nach dem Serviceablauf im Restaurant.

Tipps für eine optimale Gästebetreuung

Zeigen Sie sich am Tisch, ohne dabei aufdringlich zu sein, z. B. erkundigen Sie sich, ob Sie nachschenken dürfen.

Bieten Sie Gästen, die ihre Lesebrille vergessen haben, Brillen in drei unterschiedlichen Stärken an.

Falls dem Gast eine Serviette hinuntergefallen ist, bringen Sie ihm eine neue.

Achten Sie auf das richtige Timing, d. h., servieren Sie das erste Getränk und den ersten Gang rasch, geben Sie dem Gast nach dem Hauptgericht etwas Zeit, bevor Sie ihm die Dessertkarte präsentieren.

Fragen Sie den Gast während des Essens, ob er mit den Speisen zufrieden ist.

Bieten Sie alkoholfreie Alternativen als Getränkeempfehlung zu Speisen an.

Fragen Sie Paare, die nur ein Dessert bestellen, ob Sie es auf zwei Tellern anrichten oder ein zweites Entremets-Besteck eindecken dürfen.

Reagieren Sie umgehend, wenn beim Gast erste Signale einer Verärgerung zu beobachten sind.

Löschen Sie die Kerze(n) vorsichtig aus, nachdem die Gäste den Tisch verlassen haben, um eventuelle Geruchsbelästigung zu vermeiden.

Wechseln Sie benützte Aschenbecher aus. Verwenden Sie auf der Terrasse spezielle Aschenbecher, damit der Wind die Asche nicht davonweht.

Begleiten Sie einen Gast, der Sie nach dem Weg zur Bar, zum Seminarraum, zur Terrasse o. Ä. fragt, mit den Worten „Darf ich vorausgehen" zum gewünschten Ziel.

Überreichen Sie dem Gast beim Begleichen der Rechnung die Menükarte als Erinnerung an seinen Restaurantbesuch. Bieten Sie ihm an, die nicht gänzlich geleerte Weinflasche zu verschließen und sie ihm verpackt mitzugeben.

⚠️ Bedanken Sie sich nach der Speisen- und Getränkebestellung beim Gast für die Bestellung!

🔗 Serviceablauf im Restaurant siehe Seite 14.

💡 Nicht Sie, sondern der Gast bestimmt, was **Qualität im Service** bedeutet. Liebe zum Detail und die Leidenschaft für Ihre Berufung kommen immer gut an und werden sehr geschätzt.

„Darf ich Ihnen nachschenken?"

✏️ Finden Sie weitere Beispiele dafür, woran der Gast erkennen kann, dass Sie Ihre Tätigkeit mit Liebe zum Detail ausüben.

Verkaufsfördernde Maßnahmen

Ziel dieser Maßnahmen ist es, die Bedürfnisse des Gastes zu wecken bzw. zu verstärken, um so eine Grundlage für ein positives Verkaufsklima zu schaffen.

Verkaufsfördernde Maßnahmen beziehen sich demnach nicht alleine auf Aktivitäten im Restaurant, sondern beginnen bereits bei Newslettern für Stammgäste, Inseraten in Gourmetmagazinen sowie Einladungen zu speziellen Veranstaltungen. Man spricht von Werbung außer Haus. Attraktiv gestaltete Websites, die laufend aktualisiert werden, unterstützen die Verkaufsaktivitäten.

Beim Betreten des Restaurants müssen die verkaufsfördernden Maßnahmen ihre Fortsetzung finden und können durch gezielte Präsentationen (z. B. auf Displaytischen) ergänzt werden.

Alles, was der Gast sieht, erhöht den Kaufanreiz!

Schaukästen

Vor allem vor dem Restaurant bzw. am Eingang von der Straße müssen Schaukästen so gestaltet sein, dass die Betrachterin/der Betrachter (ein potenzieller Gast) angeregt wird, das Lokal zu betreten. Sie müssen immer aktuell und sauber gehalten werden. Schaukästen im Innenbereich des Restaurants werden zur Präsentation von Weinen, Spirituosen und hausgemachten Produkten eingesetzt.

Displaytische und spezielle Vitrinen

Kreativ arrangierte Schautische beeinflussen das Kaufverhalten des Gastes. Besonders gut präsentieren lassen sich:
- Getränke in Flaschen, vor allem Wein, Spirituosen
- Rohwaren, vor allem Gemüse und Obst
- Fische und Krustentiere auf Crushed Ice oder Dry Aged Beef in Kühlvitrinen
- Schaustücke (Skulpturen), hauseigene Torten
- Eigene Erzeugnisse, z. B. Eingekochtes und Eingelegtes aus frischem Obst und Gemüse
- Spezielle Themen, z. B. italienische Wochen, Wildwochen, besondere Anlässe wie Weihnachten und Ostern

Displaytisch mit Samowar zum Thema Tee

Notieren Sie Dinge, die Sie auf einen Weihnachtstisch geben würden.

Weinklimaschränke (Chambraires)

Sie haben gegenüber dem Displaytisch den Vorteil, dass die Weine jederzeit servierfertig, d. h. richtig temperiert sind. Auch für Rotweine gibt es eigene Klimazonen, sodass alles in allem die Präsentation der Weine im Klimaschrank auf eine hoch stehende Weinkultur des Restaurants schließen lässt. Begehbare Weinklimaschränke und Weinkeller, in denen sich der Gast den Wein selbst aussuchen kann, erhöhen die Attraktivität eines Restaurants und steigern zusätzlich den Weinumsatz.

Buffets

Damit kommen Sie dem Bedürfnis des Gastes, sich selbst seine Speisen zusammenzustellen, sehr entgegen. Es gibt eine ganze Reihe von Buffets, z. B. Frühstücks-, Lunch-, Vorspeisen-, Salat- oder Dessertbuffets.

Buffets siehe Seite 269.

Verkauf vom Wagen

Großen Anklang finden:

- Aperitif- und Digestifwagen
- Voiture (für das Warmhalten und Tranchieren von Fleischstücken)
- Flambierwagen
- Käsewagen und Brotwagen
- Dessertwagen
- Kaffee- und Teewagen

💡 Auch beim Verkauf vom Wagen gilt: Alles, was der Gast sieht, erhöht den Kaufanreiz! Darüber hinaus wird die Küchenbrigade entlastet sowie der Erlebniswert für den Gast gesteigert.

Speisen- und Getränkekarten

Das Speisen- bzw. Getränkeangebot sowie die Gestaltung der Karten reflektieren den Standard eines Betriebes. Das Erscheinungsbild soll sauber, originell, überschaubar und zugleich verführerisch sein. Das Auflegen von Tages- und Spezialitätenkarten (Wildwochen, Spargelzeit etc.) bringt zusätzliche Anreize (siehe Gestaltung von Speisen- und Menükarten, Seite 111).

💡 Für „gewichtige" Weinkarten (im XXL-Buchformat) empfiehlt sich die Verwendung eines eigenen Ständers oder Pults.

Tischaufsteller (Tischreiter)

Sie werden als Sonder- bzw. Aktionskarten gezielt als Verkaufsinstrumente eingesetzt. Sie aktivieren Bedürfnisse und ermöglichen damit Zusatzverkäufe.

Animation

Damit meint man organisierte Aktivitäten des Hotels bzw. Restaurants, wie zum Beispiel das Mixen von Cocktails oder das Backen von Weihnachtsplätzchen mit den Gästen.

Eine sehr lustige Form der Animation sind Shows im Restaurant. Schauspieler/innen werden als Servierkräfte eingesetzt und sorgen mit Witz, Pantomime und Schauspielkunst sowie professionellem Service für Unterhaltung.

Showkellnerei inklusive Kunst

Richtiges Verhalten bei Reklamationen

Reklamationen müssen stets zur Zufriedenheit des Gastes bereinigt werden. Sie haben außerdem den positiven Effekt, dass der Betrieb mehr Informationen über seine Dienstleistungen erhält und damit die Chance, sich zu verbessern. Die Unzufriedenheit des sich beschwerenden Gastes kann sich bei entsprechender Behandlung (Empathie, rasche Reaktion) in Zufriedenheit wandeln.

Niemand beschwert sich gerne. Passieren Pannen, was trotz aller Bemühungen vorkommen kann, dann denken Sie daran: Die meisten Gäste, die den Grund ihrer Unzufriedenheit mitteilen, sind keine Störenfriede. Geben Sie ihnen also eine Chance und vergraulen Sie diese Gäste nicht durch falsches Verhalten.

💡 Ein zufriedener Gast bringt dem Betrieb einen neuen Gast. Ein unzufriedener Gast kostet dem Betrieb zehn Gäste.

Tipps für den richtigen Umgang mit Reklamationen

- Bedanken Sie sich für die Beschwerde.
- Hören Sie zu und seien Sie höflich.
- Lassen Sie den Gast ausreden.

Going international

"A great restaurant doesn't distinguish itself by how few mistakes it makes, but by how well they handle those mistakes."

Danny Meyer

- Nehmen Sie die Reklamation ernst.
- Machen Sie keine umständlichen Erklärungsversuche.
- Entschuldigen Sie sich und zeigen Sie Verständnis.
- Fühlen Sie sich nicht persönlich angegriffen.
- Klären Sie den genauen Sachverhalt.
- Machen Sie sich Notizen.
- Zeigen Sie Bereitschaft zur schnellen Problemlösung.
- Behandeln Sie Reklamationen großzügig.
- Fragen Sie noch einmal nach und lassen Sie sich bestätigen, ob die Reklamation zur Zufriedenheit des Gastes behandelt wurde.

Nur eine zur vollen Zufriedenheit des Gastes behandelte Reklamation fördert das Vertrauen des Gastes in den Betrieb. Er wird zufrieden nach Hause gehen, Ihren Betrieb weiterempfehlen und gerne wiederkommen.

 Aufgabenstellung – „Richtiges Verhalten bei Reklamationen"

- Wie reagieren Sie auf folgende Gästebeschwerden: Die Suppe ist kalt! Die Gläser sind schmutzig! Das Fleisch ist zäh! Im Speisesaal zieht es! Die Wartezeit ist zu lang! Wählen Sie eine dieser Gästebeschwerden und schildern Sie Ihren Kolleginnen/Kollegen, wie Sie die Reklamation zur Zufriedenheit des Gastes behandeln.

Präsentieren und Kassieren der Rechnung

- Signalisiert der Gast, dass er zahlen möchte, z. B. durch Blickkontakt oder einen kleinen Wink, bestätigen Sie ihm, dass Sie seinen Wunsch verstanden haben und bringen Sie zügig die Rechnung.
- Kontrollieren Sie die Rechnung genau, bevor Sie sie dem Gast in einer kleinen Mappe oder auf einem Teller in einer Stoffserviette eingeschlagen präsentieren.
- Lassen Sie dem Gast ausreichend Zeit, um die Rechnung zu prüfen und das Bargeld bzw. die Kreditkarte in die Mappe zu legen.

Checkcover (Mappe)

Wenn der Servicemitarbeiter bzw. die Servicemitarbeiterin **nach mehrmaliger Aufforderung** nicht innerhalb von 30–45 Minuten die Rechnung bringt, kann der Gast – so die Gerichtsentscheidung – das Lokal verlassen.

Gäste, die bereits bezahlt haben, sind noch lange nicht gegangen.

Verabschiedung des Gastes

Bleibt der Gast nach dem Kassieren noch eine Weile, sollte man ihm weiterhin volle Aufmerksamkeit schenken und nicht unbeachtet vom Tisch gehen lassen. Denn wenngleich der erste Eindruck des Gastes oftmals der entscheidende ist, so ist der letzte Eindruck meist der bleibende.

Wenn der Gast aufbricht, helfen Sie ihm beim Verlassen des Tisches, kontrollieren Sie, ob er nichts vergessen hat, und verabschieden Sie den Gast, indem Sie

- ihm beim Anlegen der Garderobe helfen,
- sich für seinen Besuch bedanken,
- sich mit dem Wunsch verabschieden, ihn und seine Gäste bald wieder willkommen heißen zu dürfen.

Ihr Service-Plus!

Überreichen Sie Gästen, die Grund zur Beschwerde hatten, ein kleines Give-away als zusätzliche Entschuldigung bzw. Wiedergutmachung.

Ziele erreicht? – „Der Umgang mit dem Gast"

1. Erörtern Sie die Bedeutung der Dienstleistung in der Gastronomie und Hotellerie. Wie lautet der Grundgedanke der dahinter steht?

2. Begründen Sie die Aussage, dass jeder Gast ein Individuum ist.

3. Beschreiben Sie, worauf es bei der Kommunikation mit dem Gast ankommt, damit diese erfolgreich verläuft.

4. Die Gäste besuchen ein Restaurant, um ihren Hunger und Durst zu stillen. Welche zusätzlichen Erwartungen verbinden sie mit diesem Besuch?

5. „Lächeln Sie", ist eine der wichtigsten Serviceregeln. Was signalisieren Sie dem Gast mit Ihrem Lächeln?

6. Beschreiben Sie in Stichworten die Ess- und Trinkgewohnheiten von amerikanischen Gästen.

7. Erläutern Sie, worüber sich der italienische Gast besonders freut.

8. Welche Getränke bevorzugen französische Gäste?

9. Unterscheiden Sie zwischen den Ess- und Trinkgewohnheiten von englischen und amerikanischen Gästen.

10. Sie nehmen telefonisch eine Tischreservierung entgegen. Schildern Sie Ihr Verhalten der Bestellerin/dem Besteller gegenüber. Führen Sie an, welche Notizen Sie in das Reservierungsbuch bzw. Reservierungsformular eintragen.

11. Welche Voraussetzungen benötigen die Servicemitarbeiter/innen für ein erfolgreiches Verkaufsgespräch?

12. Begründen Sie die Verwendung von Tischplänen bei der Bestellungsaufnahme.

13. Schildern Sie, welche Möglichkeiten es gibt, dem Gast die Rechnung zu überreichen.

14. Lösen Sie folgende Aufgabe in Kleingruppen: Stellen Sie in einem Rollenspiel einen einfachen Serviceablauf nach – von der Begrüßung und Platzierung des Gastes über die Präsentation der Speisen- und Getränkekarten, das Verkaufsgespräch, die Aufnahme der Bestellung, die Gästebetreuung, bis hin zur Rechnungslegung und Verabschiedung des Gastes.

    Diskutieren Sie anschließend, ob der Serviceablauf in der Praxis zufriedenstellend verlaufen wäre, und notieren Sie, was funktioniert hat und was beim nächsten Mal verbessert werden muss.

15. Zählen Sie verkaufsfördernde Maßnahmen im Restaurant auf. Erklären Sie zwei davon näher.

16. Lösen Sie folgende Aufgabe in Kleingruppen: Stellen Sie in einem Rollenspiel nachfolgende Beschwerdesituation in einem Restaurant nach: Sie servieren zwei Gästen die Hauptspeise. Einer der Gäste diskutiert heftig mit seinem Tischnachbarn und lässt sein Gericht etwa zehn Minuten stehen. Anschließend beschwert er sich bei Ihnen, dass die Speise nicht heiß genug ist. Behandeln Sie seine Beschwerde.

    Befragen Sie im Anschluss daran eine Unbeteiligte/einen Unbeteiligten, wie zufrieden sie/er mit der Lösung des Problems in der Praxis gewesen wäre, und notieren Sie eventuelle Verbesserungsvorschläge. Stellen Sie sich dabei folgende Fragen: Haben Sie den Gast wertschätzend behandelt? Haben Sie Verständnis gezeigt und seine Reklamation großzügig behandelt?

17. Interpretieren Sie die Aussage: Es kostet fünfmal mehr Anstrengung, einen neuen Gast zu gewinnen, als einen Stammgast zu halten.

18. Ein Gast reklamiert einen korkigen Wein. Lösen Sie die Beschwerde im Rollenspiel. Bilden Sie Dreiergruppen. Eine Person spielt den Gast, eine Person den Restaurantmanager/die Restaurantmanagerin und die dritte Person notiert Auffälliges. Führen Sie das Rollengespräch durch. Besprechen Sie anschließend in der Gruppe die Fehler, aber auch, was Ihnen Positives aufgefallen ist. Führen Sie das Rollengespräch nochmals durch und korrigieren Sie dabei den bzw. die Fehler.

Bonieren, Abrechnungs- und Kontrollsysteme

Korrekte Abrechnung und Kontrolle sind wichtige Voraussetzungen für den Erfolg eines jeden Betriebes. Ob ein Restaurant einen Gewinn oder Verlust erwirtschaftet, hängt nicht zuletzt von einem funktionierenden Kontrollsystem ab.

Computer- und elektronisch gesteuerte Kassenverbundsysteme bieten dabei eine großartige Hilfestellung. Mit diesen Systemen lassen sich viele Arbeitsabläufe optimieren – Stichwort: Portable Terminals. Auch helfen diese Systeme, die Kommunikation zwischen Gast, Service und Küche zu verbessern.

Neben diesen technisch ausgereiften Systemen werden in vielen Betrieben nach wie vor einfache Bon- und Paragonblocks zum Bonieren verwendet.

 Bei manchen Veranstaltungen, beispielsweise bei einem Zeltfest ist es durchaus sinnvoll zum Bonieren die einfachen Bonblocks zu verwenden.

KOMPETENZ-ERWERB

🎯 **Meine Ziele**

Nach Bearbeitung dieses Kapitels kann ich

- das Bonieren mit Bon- und Paragonblock erklären und praktisch anwenden;
- elektronische Abrechnungssysteme beschreiben und fachgerecht einsetzen;
- erklären, welchen gesetzlichen Vorschriften die Gästerechnung entsprechen muss;
- selbstständig Getränke- und Speisenbons sowie eine Gästerechnung korrekt erstellen.

1 Bonieren

„Ich habe eine kleine Apfelschorle bestellt", reklamiert Melina bei ihrem Kollegen am Büffet. Melina ist sich sicher, dass sie diesen Gästewunsch auf dem Paragonbon vermerkt hat. Bei der Überprüfung des Bons stellt sich heraus, dass ihr Kollege am Büffet ihr Gekritzel nicht hatte identifizieren können. Was lernt Melina daraus?

Die Art des Bonierens variiert je nach Betriebstyp. Sie reicht von einfachen Bonblock bis hin zu computergesteuerten Kassen- und Abrechnungssystemen.

Was genau ist ein Bon?

Ein Bon ist ein interner Verrechnungsbeleg, auf dem folgende Informationen angeführt sind:

- Datum
- Fortlaufende Nummer bei Paragons oder ID-Nummer bei elektronischen Bons
- Tischnummer, optional Personenzahl
- Artikelmenge, Artikelbezeichnung, Inklusivpreis, Bonsumme
- Name oder Nummer der Servicemitarbeiterin/des Servicemitarbeiters

Der französische Begriff „bon" leitet sich vom lateinischen Wort „bonus" ab und bezeichnet in der Gastronomie einen Gutschein (eine Wertmarke) für Speisen und Getränke.

Worauf es beim Bonieren mit dem Bon- und Paragonblock ankommt

- Schreiben Sie deutlich, am besten mit einem Kugelschreiber.
- Verwenden Sie betriebsübliche Abkürzungen.
- Grenzen Sie bei Speisenbestellungen die Speisenfolge (Vorspeise – Suppe – Hauptspeise – Dessert) klar ab.
- Stornieren Sie eine Speise oder ein Getränk, indem Sie das Geschriebene durchstreichen. Der ursprüngliche Vermerk muss jedoch klar lesbar bleiben (nichts korrigieren, sondern immer neu schreiben). Bringen Sie bei einer Gesamtstornierung eines Bons den Vermerk „Storno" an, lassen Sie den stornierten Bon von einer kompetenten Person abzeichnen und leiten Sie ihn an die Kasse weiter.

Schreiben Sie beim Bonieren deutlich!

Einfacher Bonblock

Er wird in Klein- und Mittelbetrieben sowie in Saisonbetrieben verwendet. Die Bonblocks sind fortlaufend nummeriert (von 1 bis 100) und haben pro Station sowie für Büffet (Getränkeausgabe) und Küche (Speisen) unterschiedliche Farben.

Bonbuch

Das Bonbuch wird heute nur noch selten verwendet. Es dient der Kontrolle der ausgegebenen Mahlzeiten (Frühstück, Mittag- und Abendessen) sowie der À-la-carte-Bestellungen und Getränke.

Aufnehmen der Bestellung

Paragonblock – Paragonbon (mit einem oder zwei Durchschlägen)

Der Paragonbon muss die Tischnummer und die Personenanzahl (im nachfolgenden Beispiel ist es Tisch 3 mit drei Personen) sowie das Datum und ein Zeichen der Servicemitarbeiterin/des Servicemitarbeiters enthalten.

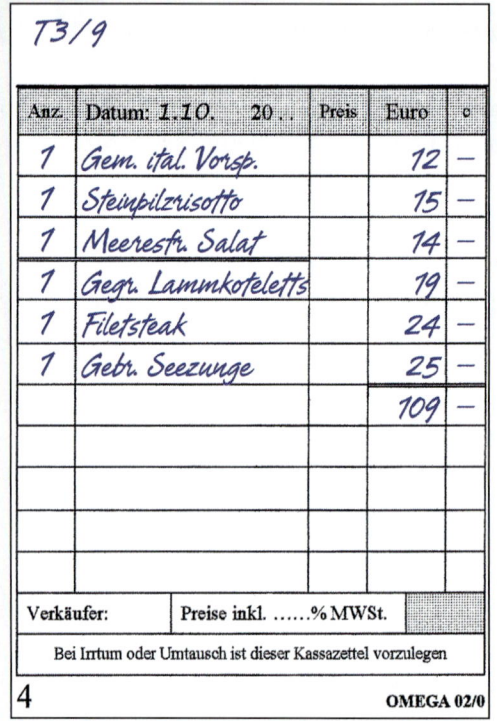

Anz.	Datum: 1.10. 20 ..	Preis	Euro	c
1	Gem. ital. Vorsp.		12	—
1	Steinpilzrisotto		15	—
1	Meeresfr. Salat		14	—
1	Gegr. Lammkoteletts		19	—
1	Filetsteak		24	—
1	Gebr. Seezunge		25	—
			109	—

T3/9

Verkäufer: Preise inkl. ......% MWSt.

Bei Irrtum oder Umtausch ist dieser Kassazettel vorzulegen

4   OMEGA 02/0

Die Speisenfolgen müssen durch Striche getrennt werden. Das ist besonders dann wichtig, wenn mehrere Personen miteinander essen und die Küche verschiedene Speisen zur gleichen Zeit fertigstellen muss.

Die Bonierung mit dem Paragonbon wird in À-la-carte-Restaurants und in Hotels mit Chef-de-Rang-System verwendet.

■ Der Originalbon kommt zur Ausgabe in die Küche oder an das Getränkebüffet.
■ Der **erste Durchschlag** dient dem Abrufen der einzelnen Gänge bzw. der **Kontrolle,** er bleibt bei der Servicemitarbeiterin/beim Servicemitarbeiter.
■ Der **zweite Durchschlag** dient zur **Rechnungserstellung.**

 Aufgabenstellung – „Bonieren"

■ Lösen Sie folgende Aufgabe in Kleingruppen: Entwerfen Sie gegebenenfalls am PC einen Paragonbon nach oben angeführtem Beispiel. Stellen Sie nun in einem Rollenspiel eine Restaurantbestellung nach und füllen Sie Ihren Bon aus. Geben Sie den Paragonbon einer/einem Unbeteiligten, die/der die Bestellung nachvollziehen soll.

Diskutieren Sie anschließend, ob der Bestellprozess in der Praxis für alle Beteiligten – Küche, Schank, Gäste – zufriedenstellend abgelaufen wäre oder ob beim nächsten Mal etwas zu verbessern ist. Stellen Sie sich dabei folgende Fragen: Waren alle wesentlichen Kriterien auf dem Paragonbon vermerkt? Konnten andere den Bon lesen? Konnte die Bestellung korrekt aufgenommen werden?

2 Abrechnungs- und Kontrollsysteme

Lukas Betrieb wird mit einem Funkboniersystem ausgestattet. Lukas verfolgt konzentriert den Vortrag des Geräteherstellers, der die Software der portablen Terminals erklärt. Er beendet die Einschulung mit den Worten: „Servieren Sie Ihren Gästen mehr Zeit mit unseren Systemen." *Was meint er damit?*

Abgestimmt auf den jeweiligen Betriebstyp kommen verschiedenste Abrechnungssysteme zum Einsatz. Computer- und funkgesteuerte Kassensysteme haben alle für den Betrieb benötigten Informationen und Daten bereits vorprogrammiert.

Moderne Kassensysteme können wesentlich mehr als Einnahmen verbuchen. Der Trend geht schon lange in Richtung Multifunktionalität und Vernetzung.

Leistungsmerkmale eines elektronischen Kassensystems

Computergesteuerte Kassensysteme sind in der Lage, die Aktivitäten des Restaurants, der Bankettabteilung, der Bar und der Küche in einem integrierten Kassen- und Warenwirtschaftssystem zu vereinen. Bei diesen Verbundsystemen können beispielsweise Bonierterminals mit der elektronischen Schankanlage, Kaffeemaschine u. Ä. verknüpft werden. Diese Schankanlagen verfahren nach dem **Credit- und Debitmodus** (Soll und Haben).

Credit- und Debitmodus, wie funktioniert das? Finden Sie es heraus!

Falsches Portionieren, Diebstahl oder Unterlassen von Bonierungen werden durch ein kontrolliertes Ausschanksystem ausgeschlossen. Grafische Tischpläne und/ oder ein integriertes Tischreservierungssystem mit Kundenkartei gehören ebenso dazu.

Beispiel eines Tischreservierungssystems

Exit	Tische manuell	Restaurant Separater Raum	Hof / Gasse		Administrator

Restaurant

S3 (Tisch 3) — 67 min.
S2 (Tisch 2)
S1 (Tisch 1)

S5 (Tisch 5)
S4 (Tisch 4)

Bar
Bar1 (Tisch 8)
Bar2 (Tisch 9)
Bar3 (Tisch 10)

S7 (Tisch 7)
S6 (Tisch 6)

Separater Raum

GL2 (Tisch 18) — 12,90
M3 (Tisch 17)

GL1 (Tisch 18)
M2 (Tisch 16)
Tafel (Tisch 14)

M1 (Tisch 15)

R1 (Tisch 11) — 10,70
R2 (Tisch 12)
R3 (Tisch 13)

RES aus	Reservierungen neu oder löschen	Reservierungsdatum: 09.02.20 .	<	>	Mittwoch	Individuelle Tischnamen	Gasthaus Muster

Das Servicepersonal hat bei der Eingabe die Wahl, entweder auf den Tisch am grafischen Tischplan zu klicken oder die Tischnummer im manuellen Tischplan einzugeben.

Neben der effizienten Bonierung und Rechnungslegung verwalten die modernen Kassensysteme den kompletten Warenwirtschaftsbereich. Inventurlisten erleichtern bzw. steuern den Wareneinkauf.

Daneben bieten elektronische Kassensysteme zahlreiche weitere Leistungsmerkmale, die den Betriebsanforderungen individuell angepasst werden können.

Bonieren mit einem elektronischen Kassensystem in der Praxis

Meistens hat jede Servicemitarbeiterin/jeder Servicemitarbeiter eine eigene Magnetkarte oder einen eigenen Schlüssel und kommt damit direkt ins System. Auch der Zugang mit Fingerprintreader ist möglich.

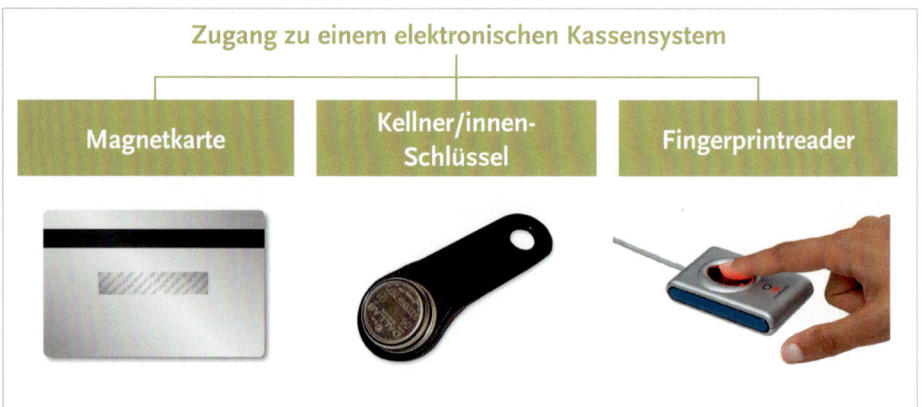

Zugang zu einem elektronischen Kassensystem

| Magnetkarte | Kellner/innen-Schlüssel | Fingerprintreader |

Boniert wird großteils über Touchscreens. Symbole und verschiedene Farben vermindern den Erklärungsbedarf. Die Bedienung muss dabei möglichst einfach und intuitiv sein.

Individuelle Gästewünsche, wie z. B. die Garstufe beim Steak, das Dressing zum Salat, eine Änderung der Beilagen, gemeinsam zu servierende Speisen sowie Lebensmittelunverträglichkeiten können ebenfalls kommuniziert werden.

Beispiel eines Bestellsystems mittels Touchscreen

Preisänderungen und Angebotsänderungen, z. B. Tagesgerichte, werden von einer verantwortlichen Person über einen PC ausgegeben, der jede Kasse ansteuert.

Die Bon- und Rechnungsdrucker arbeiten heute nahezu lautlos. Die eingegebene Bestellung von Speisen und Getränken wird sofort an der richtigen Station ausgedruckt. Das erspart viel Wegezeit. In der Küche und bei den Getränkeausgabestellen erscheint der Ausdruck bereits automatisch gelistet nach Gängen und zeitlicher Abfolge. Damit ist eine schnellere Koordination gewährleistet.

Vorteile des elektronischen Boniersystems

Durch ständige Verkaufsstatistiken kann jederzeit eine genaue Umsatzanalyse nach Personal, Produkten bzw. Produktgruppen, Datum und Uhrzeit oder Tischen durchgeführt werden. So werden beispielsweise Produkte, die sich schlecht verkaufen, sofort entdeckt. Auch auf Zeiten, in denen der Betrieb stark oder schwach frequentiert ist, kann nach Auswertung der Daten mit entsprechenden Maßnahmen (Änderung des Einsatzplanes der Mitarbeiter/innen) reagiert werden.

Portable Terminals

Neben programmierbaren Kassen und netzgebundenen Terminalversionen gibt es auch handliche, drahtlos arbeitende portable Terminals, Handhelds bzw. Funkboniersysteme, über die das Servicepersonal direkt am Tisch des Gastes die Bestellung aufnimmt. Die Daten werden durch Funkübertragung direkt an den vorgesehenen Küchen- oder Büffetplatz übermittelt.

Eine gründliche Einschulung ist notwendig, damit die Terminals von den Servicemitarbeiterinnen/Servicemitarbeitern effektiv genutzt werden.

Vorteile von portablen Terminals

- Die Servicemitarbeiter/innen ersparen sich unnötige Wege zwischen Gast, Küche und Getränkebuffet.
- Die dadurch gewonnene Zeit können die Servicemitarbeiter/innen in eine intensivere Gästebetreuung, in ein Beratungs- und Verkaufsgespräch investieren, wodurch in weiterer Folge eine Umsatzsteigerung möglich ist.
- In der Küche und am Büffet kann sofort mit der Zubereitung der Speisen und Getränke begonnen werden. Dies verkürzt die Wartezeit.
- Ist das Servicepersonal mit einem Gürteldrucker ausgestattet, kann die Rechnung gleich beim Tisch des Gastes ausgedruckt werden. Es gibt kein Verrechnen und Vergessen.

Je mehr Zeit für Beratung und aktiven Verkauf, desto mehr Umsatz

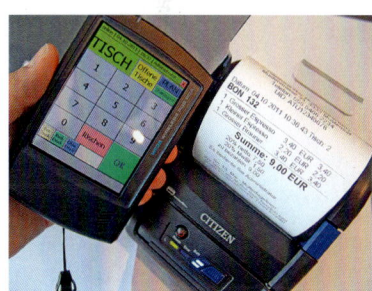

Gürteldrucker

Checkin-Datum: 09:57:16 19.03.20..

Tisch: 5

Bondatum: 09:58:54 - 19.03.20..
Bediener: Frau Susanne
ID-Nummer: 23

Kalte Vorspeise
1 Wildlachs mariniert
Suppe
1 Consomme
1 Gazpacho
Hauptspeise
2 Kalbsruecken
1 Wildsaibling
Dessert
1 Joghurtmousse
1 Creme Brulee
Käse
1 Kaese Frankreich

(?) Aufgabenstellung – „Abrechnungs- und Kontrollsysteme"

- Welche Elemente müssen Sie auf einem Touchscreen vorfinden, um die Bestellung möglichst einfach und fehlerfrei abzuwickeln?

3 Gästerechnung

Ein Beleg ist für jede Zahlung auszustellen und der zahlenden Person bzw. der Leistungsempfängerin/dem Leistungsempfänger auszuhändigen

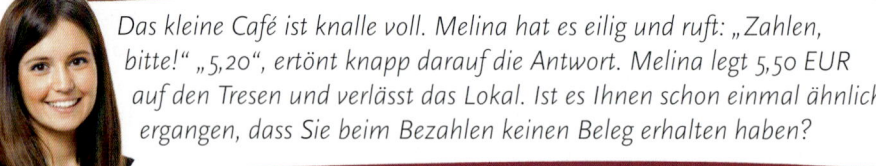

Das kleine Café ist knalle voll. Melina hat es eilig und ruft: „Zahlen, bitte!" „5,20", ertönt knapp darauf die Antwort. Melina legt 5,50 EUR auf den Tresen und verlässt das Lokal. Ist es Ihnen schon einmal ähnlich ergangen, dass Sie beim Bezahlen keinen Beleg erhalten haben?

Jede Rechnung, die eine Gastronomin/ein Gastronom für den Gast ausstellt, muss ganz bestimmten gesetzlichen Vorschriften entsprechen.

Gesetzliche Grundlagen

Wie eine Rechnung auszusehen hat, regelt in Deutschland das Umsatzsteuergesetz. Die Aufzählung der Rechnungspflichtangaben findet sich in § 14 des Umsatzsteuergesetzes (UStG).

Der Gesetzgeber schreibt vor, dass **Rechnungen über 150,00 EUR** folgende Angaben enthalten müssen:

- Name und Anschrift des Rechnungserstellers bzw. der Rechnungserstellerin sowie des Rechnungsempfängers bzw. der Rechnungsempfängerin
- Rechnungsdatum
- Rechnungsnummer (fortlaufende Nummer zur Identifizierung der Rechnung); wird vom Rechnungssteller einmalig vergeben
- Menge und handelsübliche Bezeichnung der gelieferten Gegenstände oder Umfang und Art der Leistung
- Zeitpunkt der Lieferung und der Leistung
- nach Steuersätzen aufgeschlüsseltes Entgelt für die Lieferung und Leistung
- Steuersatz in Prozent und Steuerbetrag in Euro
- Angaben zum Unternehmen, z. B. in der Fußzeile die Umsatzsteueridentifikationsnummer (UID-Nummer), IBAN, BIC

UID-Nummer = diese spezielle Steuernummer dient der Identifikation gegenüber anderen Unternehmen. Sie wird den Unternehmen automatisch vom Finanzamt zugeteilt.

Rechnungen über 10.000,00 EUR enthalten zusätzlich die UID-Nummer der Empfängerin/des Empfängers.

In der Hotellerie und der Gastronomie werden für alle Dienstleistungen (Speisen, Getränke etc.) **19 % Umsatzsteuer** (USt) berechnet. Ausnahmen sind Übernachtungen sowie Speisen außer Haus, ohne Bereitstellung von Verzehrhilfen (wie Geschirr und Besteck) und Personal; hier sind **7 %** zu verrechnen. Dies gilt jedoch nicht für Luxusspeisen (z. B. Kaviar, Hummer).

Liefert ein Cateringunternehmen dem Gast Geschirr, Besteck und/oder Servicepersonal nach Hause, so ist diese Leistung mit 19 % zu versteuern. Liefert ein Cateringunternehmen nur das Essen (ohne Service), dann sind 7 % zu berechnen.

Kleinbetragsrechnungen

Zur Erfüllung der umsatzsteuerlichen Rechnungsanforderungen bedarf es oftmals eines großen Aufwandes. Vor allem bei Bargeschäften ist es sehr schwierig, umfassende Rechnungen auszustellen. Daher erlaubt der Gesetzgeber – unabhängig von der Zahlungsart – eine Ausstellung von „vereinfachten Rechnungen" bei Rechnungen **bis zu einem Betrag von 150,00 EUR**. Insbesondere darf hier auf die Angaben zum Leistungsempfänger verzichtet werden.

Aus dem Anforderungskatalog des § 14 Abs. 4 UStG sind in sogenannten Kleinbetragsrechnungen (bis zu einem Gesamtbetrag von 150,00 EUR) lediglich folgende Angaben erforderlich:

- Vollständiger Name und Anschrift des leistenden Unternehmens
- Ausstellungsdatum
- Art und Umfang der gelieferten Gegenstände bzw. Leistungen
- Entgelt = Bruttobetrag (Inklusivpreis)
- Steuerbetrag für die Leistung in einer Summe und Steuersatz

§ Besonderheiten zu weiteren Ausnahmen der Besteuerung (z. B. bei Milch, Wasser, Druckerzeugnissen) empfehlen wir im Internet zu recherchieren, und zwar beispielsweise unter: www.gesetze-im-internet.de

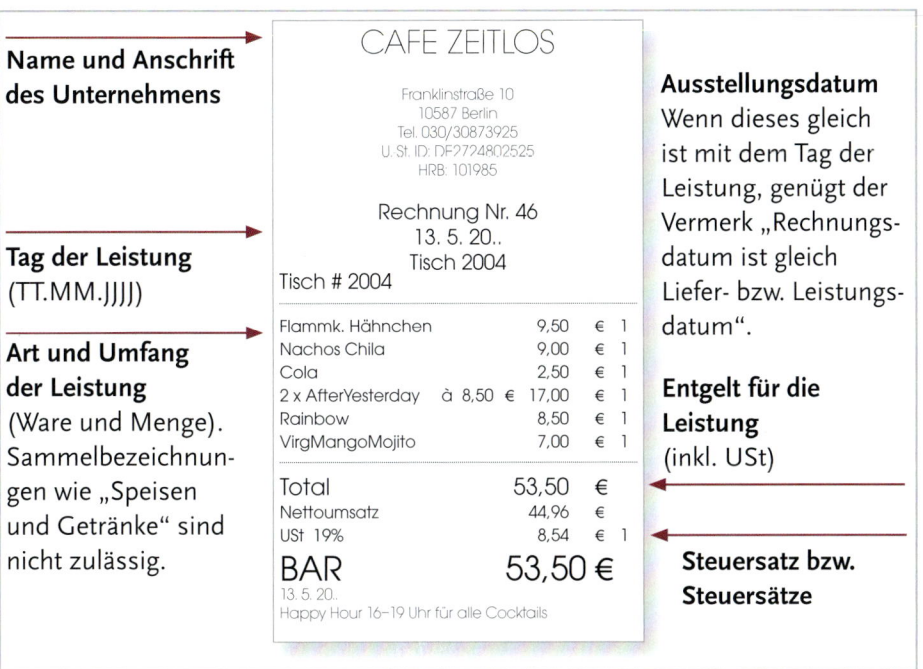

Name und Anschrift des Unternehmens

Tag der Leistung (TT.MM.JJJJ)

Art und Umfang der Leistung (Ware und Menge). Sammelbezeichnungen wie „Speisen und Getränke" sind nicht zulässig.

CAFE ZEITLOS

Franklinstraße 10
10587 Berlin
Tel. 030/30873925
U. St. ID: DF2724802525
HRB: 101985

Rechnung Nr. 46
13. 5. 20..
Tisch 2004

Tisch # 2004

Flammk. Hähnchen	9,50	€	1
Nachos Chila	9,00	€	1
Cola	2,50	€	1
2 x AfterYesterday à 8,50 €	17,00	€	1
Rainbow	8,50	€	1
VirgMangoMojito	7,00	€	1

Total	53,50	€	
Nettoumsatz	44,96	€	
USt 19%	8,54	€	1

BAR   53,50 €

13. 5. 20..
Happy Hour 16–19 Uhr für alle Cocktails

Ausstellungsdatum Wenn dieses gleich ist mit dem Tag der Leistung, genügt der Vermerk „Rechnungsdatum ist gleich Liefer- bzw. Leistungsdatum".

Entgelt für die Leistung (inkl. USt)

Steuersatz bzw. Steuersätze

Formvorschriften für handgeschriebene Rechnungen

- Die Rechnung darf nicht mit Bleistift geschrieben werden.
- Fehler müssen mit einem Querstrich durchgestrichen werden und leserlich bleiben. Es darf kein Tintenkiller, Tipp-Ex o. Ä. verwendet werden.

Bezahlung mit bargeldlosen Zahlungsmitteln

Bons oder Gutscheine (Vouchers)

Sie lauten auf eine bestimmte Summe. Es muss kontrolliert werden, ob die Bezahlung schon erfolgt ist bzw. ob eine Rechnung zugesandt werden muss.

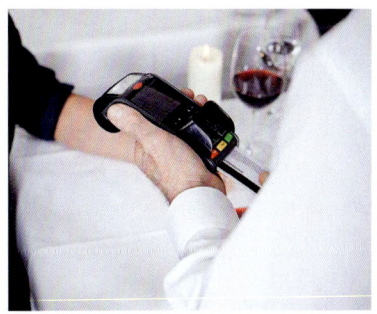

Geschäftsrechnungen

Diese Zahlungsart wird von Firmen bevorzugt. Die Rechnungen können bei entsprechendem Übereinkommen als Monatsrechnungen zugesandt werden. Die Rechnungsbeträge müssen vom Gast unterschrieben werden.

Elektronische Geldbörse

Die Bezahlung erfolgt mit der Bankomatkarte, die in ihrem Chipspeicher einen Geldbetrag geladen hat. In Betrieben, in denen diese Zahlungsform möglich ist, ist im Kassenbereich das sogenannte Quick-Symbol zu finden. Es ist keine Eingabe eines Codes notwendig.

? Schildern Sie Ihren Kolleginnen/Kollegen Ihre Erfahrungen mit bargeldlosen Zahlungsmitteln.

Mobiles Terminal

Bankomatkarten

Die Bankomatkarte als Zahlungsmittel ermöglicht eine rasche, unkomplizierte Abrechnung. Der Gastronomin/Dem Gastronomen entstehen dabei nur geringe Kosten. Das Servicepersonal kommt mit einem mobilen Terminal, das mit einem Kartenleser und einem integrierten Drucker ausgestattet ist, zum Gast. Neben mobilen Terminals gibt es auch fixe, die mit Kartenlesern ausgestattet sind.

Kreditkarten

Voraussetzung für die Verwendung ist, dass der Betrieb einen Vertrag mit der Kreditkartenfirma hat.

- Nachdem der Gast dem/der Servicemitarbeiter/in die Kreditkarte ausgehändigt hat, geht dieser/diese zum Kreditkartenterminal oder kommt mit einem mobilen Terminal zum Gast. Da das Terminal eine Onlineverbindung zum Karteninstitut hat, werden bei Eingabe der Karte die Gültigkeit und der Kreditrahmen automatisch geprüft.
- Anschließend übergibt der/die Servicemitarbeiter/in dem Gast den ausgedruckten Beleg, damit er diesen abzeichnen kann. Das Duplikat des Ausdrucks wird dem Gast mit der Karte überreicht.

 Welche Kreditkarten werden am häufigsten verwendet? Finden Sie es heraus!

Die Abwicklung der Kreditkartenabrechnung kostet den gastronomischen Betrieb Geld. Die Kreditkartenfirmen verlangen eine Provision von etwa drei bis fünf Prozent vom Umsatz.

Transponder

Sie finden vor allem in Ferienklubs Verwendung und werden von den Gästen in Form von Armbändern, Uhren etc. benutzt.

Diese Art der bargeldlosen Zahlung funktioniert mit Funk- oder Magnetübertragung. Die Transponder werden vor Benützung mit einem gewissen Geldbetrag geladen. Der Gast muss bei der Konsumation von Getränken, Speisen bzw. Dienstleistungen keinerlei Barzahlung mehr tätigen, sondern nur den Transponder vorzeigen. Der Betrag wird automatisch abgebucht.

Transponder

Berührungsloses Zahlen (Touchless Payment)
Eine Weiterentwicklung ist das berührungslose Zahlen. Es genügt die Bankomatkarte zum Terminal hinzuhalten. Dies geht allerdings nur für Beträge bis 25,00 EUR.
Auch das **Bezahlen mit dem Handy** ist unter gewissen Voraussetzungen möglich.

Der Tagesabschluss

Bei Dienstende rechnen die Servicemitarbeiter/innen mit dem Betrieb ab. Die Tageslosung wird ermittelt. Der jeweilige Endbetrag, Bezahlung mit Kredit- und Bankomatkarten, Umbuchungen auf die Zimmerrechnung, Rechnungen, die zugesendet werden, und eventuelle Stornos erscheinen auf dem Ausdruck. Zum Abschluss wird eine Abrechnung erstellt, die je nach Betriebsart unterschiedlich gestaltet ist.

 Ziele erreicht? – „Bonieren, Abrechnungs- und Kontrollsysteme"

1. Führen Sie Leistungsmerkmale eines elektronischen Kassensystems an.

2. Erläutern Sie die Vorteile von portablen Terminals.

3. Laut Gesetz sind gastronomische Betriebe verpflichtet, alle Bareingänge und Barausgänge einzeln und nachvollziehbar festzuhalten. Welche Belege werden akzeptiert? Finden Sie es heraus.

4. Welche Merkmale muss eine Rechnung über 150,00 EUR aufweisen?

5. Wie viel Euro darf eine sogenannte Kleinbetragsrechnung maximal ausmachen?

6. Benennen Sie die Anforderungen, die an eine Kleinbetragsrechnung gestellt werden, indem Sie die Rechnungsangaben schriftlich ergänzen.

7. Bankomat- oder Kreditkarte? Welches der beiden Zahlungsmittel verursacht dem Betrieb geringere Kosten?

8. Lösen Sie folgende Aufgabe in Kleingruppen: Stellen Sie in einem Rollenspiel die Rechnungslegung in einem Restaurant nach, in dem das elektronische Abrechnungssystem zusammengebrochen ist. Erstellen Sie eine handgeschriebene Gästerechnung für vier Personen, bestehend aus einem fünfgängigen Menü inklusive korrespondierender Getränke. Führen Sie auf der Rechnung den Bruttobetrag, die Umsatzsteuer und den Nettopreis an.

Diskutieren Sie anschließend, ob die Rechnungslegung in der Praxis zufriedenstellend verlaufen wäre oder ob beim nächsten Mal etwas zu verbessern ist. Stellen Sie sich dabei folgende Fragen: Waren auf der Rechnung der Name und die Anschrift des Gastes vermerkt? Wurden Artikelmenge und Bezeichnung korrekt angeführt?

Die Organisation von Veranstaltungen

Für einen gastronomischen Betrieb ist es eine besondere Aufgabe und Auszeichnung, jegliche Art von Veranstaltung ausrichten zu dürfen. Gleichzeitig ist damit viel Arbeit verbunden.

Um eine Veranstaltung optimal organisieren und durchführen zu können, sind präzise und klare Informationen notwendig. Im Gespräch mit der Bestellerin/dem Besteller werden die Details besprochen und in einem Veranstaltungsformular festgehalten. In Großbetrieben ist dafür das Salesbüro (Bankettbüro) oder die Wirtschaftsabteilung (F & B) zuständig, in Kleinbetrieben die Besitzerin/der Besitzer oder die Restaurantleiterin/der Restaurantleiter.

KOMPETENZ-ERWERB

 Meine Ziele

Nach Bearbeitung dieses Kapitels kann ich

- die Aufgaben der Servicemitarbeiter/innen bei Banketten, Buffets, Cocktail- und Barbecuepartys sowie bei Konferenzen, Seminaren und Tagungen nennen und das erworbene Wissen selbstständig und im Team umsetzen;
- die Wichtigkeit einer Checkliste beim Outside-Catering begründen;
- bei der Vorbereitung und Durchführung von Veranstaltungen mitwirken;
- selbstständig und im Team eine Veranstaltung für einen kleinen Gästekreis planen und durchführen.

1 Management und Organisation

Veranstaltung ist nicht gleich Veranstaltung! Melina hat gehört, dass für größere Veranstaltungen, wie beispielsweise ein Bankett, ein sogenanntes Functionsheet erstellt wird. Aber was ist das und wozu braucht man es?

Können Sie Ihren Kolleginnen/Kollegen erklären, was ein Functionsheet ist und wozu man es braucht?

1.1 Management

Das Management organisiert den Ablauf von Banketten, Buffets und Konferenzen, Seminaren etc. im Betrieb **(Inside-Catering)** sowie außer Haus **(Outside-Catering).** Gut organisierte Veranstaltungen tragen wesentlich zum finanziellen Erfolg und zum guten Ruf eines Betriebes bei.

Erfolgreich durchgeführte Veranstaltungen können das Betriebsergebnis folgendermaßen verbessern:
- Höhere Auslastung der Zimmer
- Höherer Pro-Kopf-Umsatz als bei ausschließlicher Restaurantkonsumation
- Effizienterer Wareneinsatz durch gezielten Einkauf
- Bessere Auslastung der Mitarbeiter/innen
- Planung und Durchführung werden bei festgesetzter Personenanzahl erleichtert
- Möglichkeit von Wiederholungsgeschäften in den Bereichen Bankett, Outside-Catering, Restaurant, Zimmerbuchungen etc.

Das Management kalkuliert und überwacht die laufenden Betriebskosten (Personalkosten, Wareneinsatz)

Arten von Veranstaltungen

Veranstaltungen können aus verschiedenen Anlässen durchgeführt werden:

Anlassarten

Gesellschaftliche Anlässe	Private Anlässe	Geschäftliche Anlässe
• Diners • Vereinszusammenkünfte (z. B. Rotary Club, Lions Club) • Empfänge • Charitys • Bälle • Konzerte • Modeschauen	• Taufen • Firmungen • Konfirmationen • Jugendweihen • Hochzeiten • Geburtstagsfeiern • Jubiläen • Verleihung von akademischen Graden	• Konferenzen (national, international) • Symposien • Seminare, Workshops, Schulungen, Vorträge • Produktpräsentationen • Incentives

Incentives = geplante Motivationsveranstaltungen für Mitarbeiter/innen oder Kundinnen/Kunden (siehe Seite 273).

Spezielle Bankett-Softwareprogramme unterstützen in Großbetrieben die Mitarbeiter/innen bei der Organisation und Abwicklung von Veranstaltungen.

1.2 Planung und Organisation

Die für die Planung und Organisation verantwortlichen Mitarbeiter/innen müssen Organisationstalent und Führungseigenschaften haben. Sie müssen in der Lage sein, einen reibungslosen Ablauf einer Veranstaltung zu gewährleisten. Engste Zusammenarbeit zwischen Gastgeber/in und Bankettleitung ist absolut notwendig.

Mitarbeiter/innen einer Bankettabteilung

In Großbetrieben sind die Mitarbeiter/innen der Cateringabteilung für die Planung, Organisation und Durchführung einer Veranstaltung verantwortlich. Auch besteht die Möglichkeit, auf einen Teilzeitmitarbeiter/innen-Pool zurückzugreifen.

Klein- und Mittelbetriebe haben es hier schwerer. Sie müssen mit den vorhandenen Mitarbeiterinnen/Mitarbeitern auskommen bzw. Aushilfskräfte von außen einstellen.

Organigramm einer Bankett- und Cateringabteilung in Großbetrieben

F & B-Manager/in (Wirtschaftsdirektor/in)

Bankettküchenchef/in — Bankettmanager/in — Marketing- und Verkaufsdirektor/in

Bankett-Sous-Chef/in — Assistent-Bankettmanager/in

Bankettköchinnen/-köche

Bankettkoordinator/in
Bankettserviceleiter/innen
(Bankettoberkellner/innen)
Bankettservicemitarbeiter/innen
(Bankettkellner/innen)

Dieses Aufgebot an Mitarbeiterinnen/Mitarbeitern ist eher selten anzutreffen. Meist setzt sich eine Bankettabteilung im Servicebereich aus folgenden Personen zusammen:

- Bankettleiter/in
- Bankettserviceleiter/in (Bankettoberkellner/in)
- Bankettservicemitarbeiter/innen (Bankettkellner/innen)
- Setup-Brigade

In großen Häusern ist die Setup-Brigade für das Stellen der Tafelformen bzw. die Bestuhlung zuständig

Verkauf von Veranstaltungen

Die Basis für den Verkauf einer Veranstaltung bildet das Verkaufsgespräch. Die Mitarbeiter/innen im Verkauf müssen über geeignete Verkaufsunterlagen (Veranstaltungs-, Bankett-, Seminarmappen) verfügen. Diese sollten ordentlich, übersichtlich, fehlerfrei und aktuell sein.

Verkaufsunterlagen

Die Verkaufsunterlagen sollten Folgendes enthalten:
- Eine Visitenkarte der Ansprechpartnerin/des Ansprechpartners im Hotel
- Eine kurze allgemeine Information über das Hotel und die Bankettabteilung, möglichst mit Fotos von gedeckten Tafeln, Gästezimmern usw.
- Raumpläne
- Visualisierungen, z. B. mögliche Buffetstellung, Tischstellung und Bestuhlung
- Speisen-, Menü- und Buffetangebote, eventuell Preistabellen
- Arrangements, z. B. für Seminare
- Getränkeangebote
- Dekorationsmöglichkeiten
- Technikangebote und Sonstiges, z. B. Musik
- Zimmerarrangements
- Angebote für Rahmenprogramme
- Anreiseskizze
- Preise, Vertragsbedingungen, Allgemeine Geschäftsbedingungen (AGB)
- Functionsheet, damit der Gast sieht, welche Informationen benötigt werden

Angebotserstellung

Bei der Angebotserstellung sind u. a. folgende Punkte zu berücksichtigen:
- Datum
- Beginn und Dauer der Veranstaltung
- Art der Anreise
- Anlass
- Gästeanzahl
- Alter der Gäste/Gästegruppen
- Zur Verfügung stehender Betrag pro Gast
- Übernachtung (Zimmerbedarf)
- Eventuelle Sonderwünsche

Für eventuelle Rückfragen empfiehlt es sich, die Kontaktdaten – Name, Adresse, Telefonnummer, Mobilnummer, Faxnummer, E-Mail-Adresse – der Auftraggeberin/des Auftraggebers zu notieren.

Nach jeder Veranstaltung sollte man sich schriftlich oder zumindest telefonisch bei der Veranstalterin/beim Veranstalter oder bei der Gastgeberin/beim Gastgeber erkundigen, ob die Veranstaltung erfolgreich verlaufen ist oder ob es Beschwerden und Anregungen gibt.

Das richtige Maß!

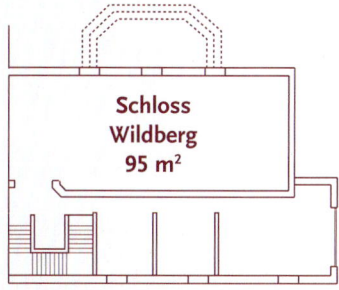

Zu kleine Räumlichkeiten schaffen eine gedrängte Atmosphäre, die Gäste sitzen eng und guter Service wird dadurch erschwert, oft auch unmöglich gemacht.
Zu große Räumlichkeiten hingegen vermitteln den Eindruck, dass die Veranstaltung nicht gut besucht ist. Die Gäste fühlen sich verloren und der Raum wirkt ungemütlich.

„Waren Sie und Ihre Gäste mit unserem Service zufrieden?"

„Haben Sie Anregungen oder Ideen, wie wir unsere Dienstleistungen verbessern können?"

Verkauf von Veranstaltungen via Internet

Eines der wichtigsten Verkaufsinstrumente im heutigen Veranstaltungswesen ist die Website des Betriebes. Sie muss selbstverständlich immer gewartet werden. Auf der Website finden Interessentinnen/Interessenten dieselben Informationen wie in der gedruckten Version der Bankettmappe. Ein Link führt zu einem Anfrageformular für Online-Bankettraumbuchungen.

Für Hotels und Cateringanbieter sind diese digitalen Hilfen sowohl eine finanzielle als auch zeitliche Entlastung, da sich der Gast bereits vor der ersten Kontaktaufnahme informieren und anschließend gezielte Fragen stellen kann.

Aufgaben der Bankettabteilung

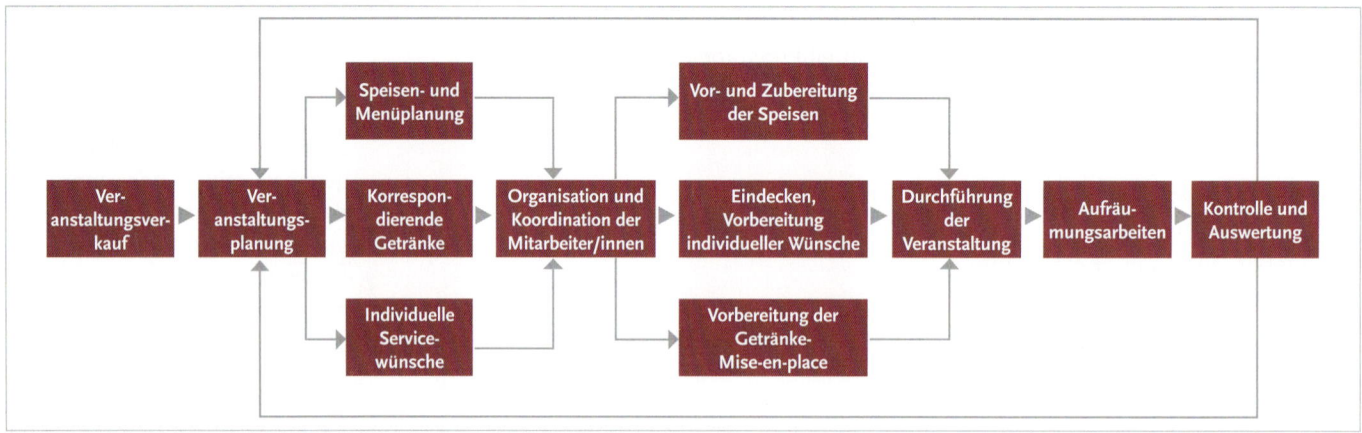

Reservierungsformular

Bestellung: _____ Datum: _____

Telefonisch _____ Brief/Fax/Mail _____ Persönlich _____

Veranstalter/in _____

   Name: _____

   Adresse: _____

   Telefon: _____

   E-Mail-Adresse: _____

Kontaktperson: _____

Art der Veranstaltung: _____

Anzahl der Personen: _____ Raum: _____

Datum der Veranstaltung: _____ Zeit: von _____ bis _____

Buchung: _____ Gebucht von: _____

Tentativ: _____ Definitive Meldung bis: _____

Preis pro Person: _____ Raummiete: _____

Rechnung an: _____

Tentativ = probeweise, versuchsweise, unter Vorbehalt.

❓ Sie organisieren für ein Familienmitglied ein Geburtstagsessen mit 30 geladenen Gästen. Füllen Sie dazu das nebenstehende Reservierungsformular aus.

Probeessen

Dieses kann auf Wunsch der Auftraggeberin/des Auftraggebers oder auf Einladung des Betriebes erfolgen. Dabei werden die Gerichte und die passenden Getränke besprochen und ausgewählt oder Alternativen zu standardisierten Menüvorschlägen ausgehandelt.

Functionsheet

Sämtliche Reservierungen einer Veranstaltung müssen zentral von einer Person durchgeführt werden. Alle Details, die zwischen der Auftraggeberin/dem Auftraggeber und der Bankettabteilung besprochen wurden, werden schriftlich in einem Veranstaltungsauftrag (Functionsheet) festgehalten. Das Functionsheet kann jederzeit erweitert werden. Eine Kopie dieses Functionsheets ergeht an alle betroffenen Abteilungen und ist von diesen zu unterzeichnen.

Functionsheet

1. **Art der Veranstaltung/Raum:** _____

2. **Datum:** _____   **3. Zeit:** von _____ bis _____

4. **Personenanzahl (Pax):** _____

5. **Name der Auftraggeberin/des Auftraggebers, Firma, Rechnung ergeht an:**
_____

Adresse: _____
Telefon/Fax: _____
E-Mail: _____

6. **Bestellung**

Menü/Speisen: Getränke:
_____   _____
_____   _____
_____   _____

Servierart: _____
Sonstiges: _____

7. **Preis pro Person: €** _____

8. **Raummiete: €** _____

9. **Sonderwünsche**

a) Dekoration, Raum/Tische: _____
b) Tisch-/Tafelform: _____
c) Sitzplan/Tischkarten: _____
d) Musik: _____
e) Aperitifs: _____
   Digestifs: _____
f) Technische Einrichtungen: _____

10. **Veranstaltungsablauf** (Begrüßung, Reden, Pausen):
_____

Unterschrift der Bestellerin/des Bestellers: Unterschrift für den Betrieb:
_____   _____

Pax = **P**ersons **a**pro**x**imately, auf Deutsch: die „ungefähr" zu erwartende Personenanzahl.

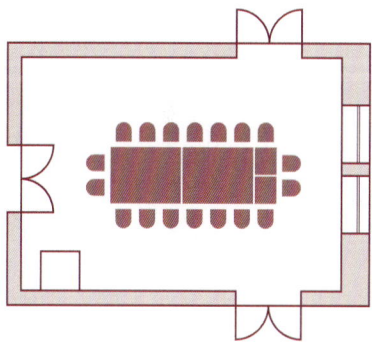

Tisch-/Tafelform

Technische Einrichtungen sind Tonanlage, Musikanlage, Beamer, Videowall, DVD-Player etc.

❓ Aufgabenstellungen – „Planung und Organisation"

1. Welche Punkte sind bei der Angebotserstellung für eine Veranstaltung zu berücksichtigen?

2. Begründen Sie die Erstellung eines Functionsheets. Welche Informationen muss ein Functionsheet enthalten?

3. Notieren Sie mindestens fünf weitere Abteilungen, die neben Küche und Service über eine Veranstaltung informiert werden müssen.

4. Schlüpfen Sie in die Rolle einer Mitarbeiterin/eines Mitarbeiters der Bankettabteilung und füllen Sie obenstehendes Functionsheet aus.

2 Angebotsformen

In Lukas Betrieb werden regelmäßig Seminare abgehalten. Lukas ist für die individuelle Betreuung der Seminarteilnehmer/innen zuständig. Welche Aufgaben hat er dabei zu erfüllen?

2.1 Bankett

Ein Bankett ist die aufwendigste Form einer Veranstaltung. Neben den geeigneten Räumen und dem zusätzlichen Personal benötigt der Betrieb ein eigenes Inventar, da der normale Betriebsablauf durch die Veranstaltung nicht gestört werden darf. So müssen vor allem zusätzliche Tische, Tisch- und Tafeltücher, Gläser, Teller sowie Bestecke und Tischdekorationen vorhanden sein. Daneben benötigt man Nebenküchen, eigene Garderoben, Toiletten, Umkleideräume für Musiker/innen usw.

Tafelformen und Sitzordnung

Bankettische lassen sich zu verschiedensten Formen zusammenstellen.

- Beim Stellen der Tische ist der Platzbedarf für Servierwege, Ein-, Aus- und Notausgänge sowie für ein Rahmenprogramm zu berücksichtigen.
- Die Form der Tafel richtet sich nach der Personenanzahl, dem Anlass und den Raumverhältnissen sowie den Wünschen der Gäste.
- Der Platzbedarf an einer Festtafel beträgt ca. 80 cm bis 90 cm pro Gast.

Tafelformen

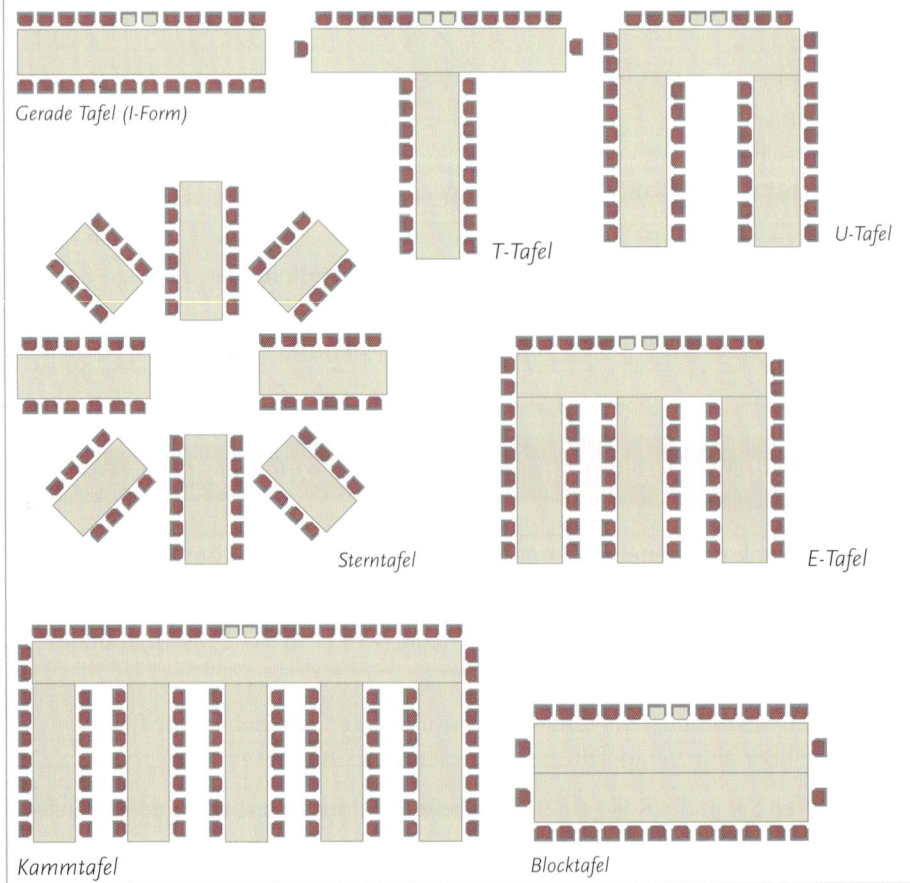

Für große Veranstaltungen werden meist runde Tische für acht bis zwölf Personen verwendet

- **Gerade Tafel:** Auf die Proportion (Länge zu Breite) ist zu achten. Für den Service ist dies die vorteilhafteste Form.
- **Kammtafel:** Eine Tafel mit mehr als drei Schenkeln. Die Tafel sollte nach Möglichkeit eine ungerade Anzahl an Schenkeln aufweisen.
- **Blocktafel:** Bei der Blocktafel können ein oder zwei Personen an der Stirnseite sitzen.

Beispiel eines Sitzplans für eine Hochzeit

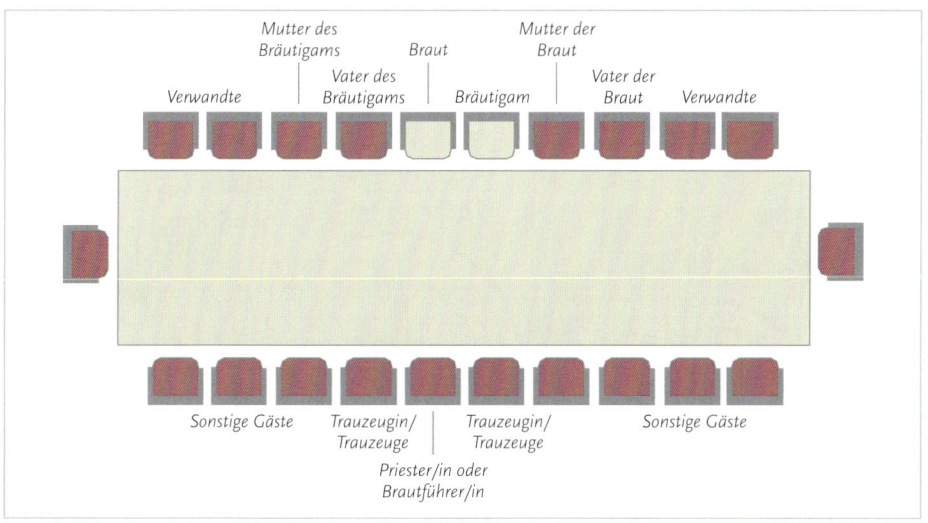

Vorbereitungsarbeiten

- Den Raum reinigen und gut durchlüften
- Das Inventar unter Einbeziehung der Stewarding- und Housekeeping-Abteilung bereitstellen
- Technische Einrichtungen installieren
- Die Tische stellen
- Moltons, Tisch- oder Tafeltücher auflegen
- Die Stühle ausrichten
- Die Platzteller eindecken oder Mundservietten auflegen
- Die Stühle vom Tisch wegdrehen, um das Eindecken zu erleichtern
- Die Besteckteile von innen nach außen eindecken
- Die Brotteller und die Buttermesser eindecken
- Die Gläser eindecken
- Die Tischdekoration und Salzstreuer aufstellen
- Die Menükarten aufstellen, eventuell auch Tischkärtchen
- Die gedeckte Tafel bzw. die gedeckten Tische abschließend kontrollieren
- Die Stühle zurückdrehen
- Den Raum und die technischen Anlagen überprüfen
- Den Sitzplan im Eingangsbereich bzw. Foyer aufstellen

In manchen Betrieben trägt das Servicepersonal beim Eindecken weiße Baumwollhandschuhe

❓ Aufgabenstellung – „Angebotsformen"

- Welche Abteilung ist wofür zuständig?

    Stewarding Abteilung:

    _____

    _____

    Housekeeping-Abteilung:

    _____

    _____

1 Platzteller mit Fächerserviette
2 Großes Messer
3 Große Gabel
4 Fischmesser
5 Fischgabel
6 Mittellöffel
7 Mittelmesser
8 Mittelgabel
9 Brotteller
10 Buttermesser
11 Mittelgabel
12 Mittellöffel
13 Menükarte
WG = Wasserglas
WWG = Weißweinglas
RWG = Rotweinglas

⚠ Aus wirtschaftlichen Gründen sollte man sich vor dem Öffnen der Flaschen überlegen, wie viel Rotwein für die Veranstaltung in etwa benötigt wird, um ein Entsorgen von vollen und halb vollen Flaschen zu vermeiden. Als Faustregel für den **Getränkekonsum eines Gastes** gilt

- 0,3 l Bier
- 0,25 l pro ausgeschenktem Wein
- 0,5 l Wasser

Beispiel eines Festgedecks

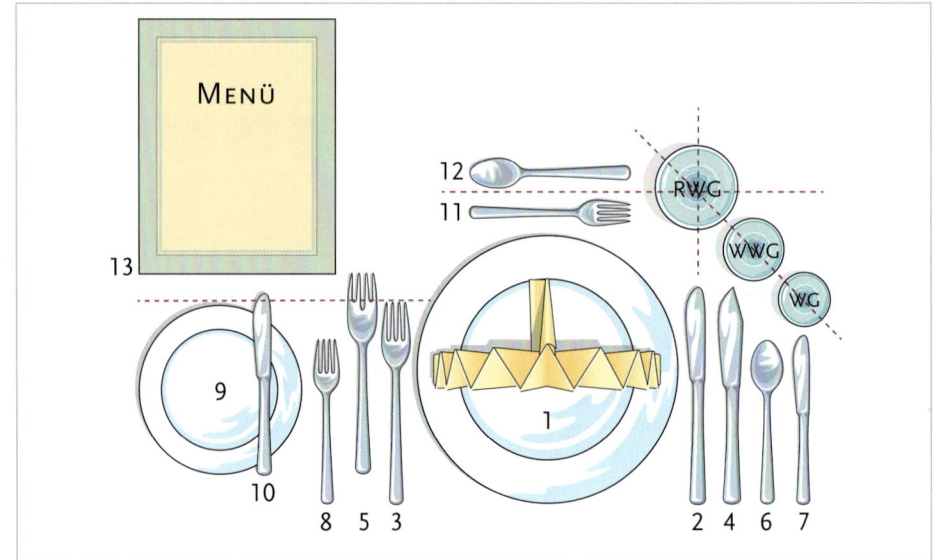

Vorbereitungsarbeiten im Office

- Eine Kopie des Functionsheets bei der Ausgabestelle anbringen
- Die Getränke kühl stellen
- Rotweine zeitgerecht öffnen und belüften
- Teller, Tassen, Platten, Schüsseln sowie Saucieren nach Bedarf vorwärmen
- Diverse Trageteller für den Suppen- und Butterservice sowie für Schüsseln und Saucieren vorbereiten
- Brotkörbe mit Stoffservietten bereitstellen
- Vorlegebesteck und Saucenlöffel vorbereiten
- Das Kaffee-Mise-en-place herrichten
- Aperitifs und Digestifs vorbereiten
- Tabletts vorbereiten
- Reservegläser und Reservebesteck bereithalten

Mitarbeiter/innen-Einsatzplanung

Bereits bei der Planung ist von der Bankettmanagerin/vom Bankettmanager die Anzahl der benötigten Servicemitarbeiter/innen zu berücksichtigen. Eine flexible Diensteinteilung der hausinternen Mitarbeiter/innen hilft, die Kosten für zusätzliche Aushilfskräfte zu reduzieren. Auch die Servierart ist in die Überlegungen mit einzubeziehen. Sie entscheidet über die Größe der Servierbrigade.

? Aufgabenstellung – „Angebotsformen"

- Was schätzen Sie, wie viele Gäste kann eine Servicemitarbeiterin/ein Servicemitarbeiter bei einer Veranstaltung betreuen?

Buffet oder Cocktailparty mit Anbieten der Speisen _____

Essen mit amerikanischem Service _____

Essen mit französischem Service _____

Getränkeservice beim Essen _____

Servicebesprechung

Vor dem Eintreffen der Gäste versammelt die Bankettleiterin/der Bankettleiter die Servicemitarbeiter/innen und bespricht mit ihnen die Details der Veranstaltung sowie den Veranstaltungsablauf:

- Einteilung der Stationen
- Festlegung der Gehrichtung
- Sonderwünsche der Veranstalterin/des Veranstalters (z. B. Rede nach dem Hauptgericht)
- Rahmenprogramm (z. B. künstlerische Darbietungen)
- Detaillierte Erklärung der Speisen- und Getränkefolge
- Eventuell Einmarschprobe
- Festlegung der Servierart mit Aufgabenzuordnung

🔗 Serviermethoden siehe Seite 124 ff.

Besondere Merkmale des Bankettservice

- Gemeinsamer Einmarsch aller Servicemitarbeiter/innen
- Gemeinsamer Servicebeginn auf ein Zeichen (Kopfnicken) der Bankettleiterin/ des Bankettleiters hin, wenn die Mitarbeiter/innen ihre Stationen erreicht haben
- Gemeinsames Servieren und gemeinsames Verlassen des Raumes

Nachfolgend finden Sie den chronologischen Servierablauf eines Festessens mit vier Gängen, bestehend aus kalter Vorspeise, Suppe, Hauptspeise und Dessert. Es werden Aperitif, Weiß- und Rotwein sowie Süßwein oder Sekt gereicht. Zum Kaffee wird ein Digestif angeboten.

🌐 Nehmen Sie teil am berühmtesten Bankett der Welt, dem Dinner anlässlich der Nobelpreisverleihung in Stockholm: www.nobelprize.org

Servierablauf

1. Die Gäste empfangen und begrüßen
2. Eventuell beim Ablegen der Garderobe behilflich sein
3. Die Aperitifs servieren
4. Eventuell Appetithappen anbieten
5. Sitzplan, Gästeliste oder Tafelorientierungsplan bereitlegen
6. Die Kerzen anzünden, z. B. bei Abendveranstaltungen
7. Brot und Butter einsetzen
8. Die Gäste platzieren
9. Weißwein servieren
10. Mineralwasser servieren
11. Aperitifgläser, die zum Tisch mitgenommen wurden, ausheben
12. Kalte Vorspeisen servieren
13. Brot und Butter nachservieren

💡 Der Sitz- oder Tafelorientierungsplan wird oft auf einem Flipchart präsentiert.

⚠️ Abhängig von der Dauer der Veranstaltung oder des Banketts bleiben die Rotweingläser bis zum Ende stehen. Die Süßwein- oder Sektgläser hingegen werden ausgehoben. Bei nicht ganz leeren Gläsern empfiehlt es sich, den Gast zu fragen: „Bleiben Sie noch beim Süßwein oder darf ich das Glas schon ausheben?"

Das Entremets-Besteck herunterziehen

14 Weißwein und Mineralwasser nachschenken
15 Vorspeissenteller ausheben
16 Getränke, Brot und Butter servieren
17 Die Suppe servieren
18 Gegebenenfalls Mineralwasser servieren
19 Tiefe Teller oder Suppentassen ausheben
20 Rotwein servieren
21 Weißweingläser ausheben. Fragen Sie die Gäste, ob Sie das Glas schon ausheben dürfen, falls sich noch Wein in den Gläsern befindet.
22 Unbenutzte Gedecke entfernen. Diese können auch schon beim Ausheben der einzelnen Gänge entfernt werden.
23 Gegebenenfalls Brot und Butter servieren
24 Die Hauptspeise servieren
25 Rotwein nachschenken
26 Englische Teller und Brotteller nacheinander abräumen
27 Die Platzteller entfernen (in manchen Ländern werden sie erst nach dem letzten Gang abserviert)
28 Menagen entfernen
29 Tische reinigen („Krümelservice")
30 Das Entremets-Besteck herunterziehen
31 Süßwein oder Sekt servieren (Gläser oder eingeschenkte Gläser einsetzen)
32 Eventuell Rotweingläser ausheben
33 Die Desserts servieren
34 Mittelteller ausheben
35 Mundservietten entfernen
36 Kaffee und Digestif servieren
37 Gegebenenfalls letzte Getränkewünsche erfüllen
38 Die Gäste bis zum Verabschieden ständig betreuen
39 Tische vollständig abräumen

❓ Aufgabenstellungen – „Bankett"

1. Schildern Sie, worüber die Bankettleiterin/der Bankettleiter die Servicemitarbeiter/innen vor Veranstaltungsbeginn informiert.

2. Wie lautet die Faustregel für den Getränkekonsum eines Gastes bei einem Bankett?

3. Besuchen Sie die Websites verschiedener Restaurants und vergleichen Sie deren Bankettangebote (siehe nebenstehendes Beispiel, www.seminarhotel-aegerisee.ch). Teilen Sie Ihren Kolleginnen/Kollegen mit, welches Angebot Sie als Gastgeberin/Gastgeber wählen würden. Berücksichtigen Sie bei Ihrer Entscheidung folgende Punkte: das Speisen-, Menü- und Getränkeangebot, das Preis-Leistungs-Verhältnis, die zur Verfügung stehenden Räumlichkeiten (eventuelle Raumpläne), Checklisten u. Ä. sowie den Gesamteindruck (Optik, Informationscharakter) der Website.

SEMINAR
FERIEN / HOTEL
RESTAURANTS
FESTE / BANKETTE
BANKETTANGEBOT
BANKETTRÄUME
CHECKLISTE
ANFRAGE

Vielseitig und ganz nach Ihren Wünschen ausgerichtet

Die Organisation eines grossen Anlasses trägt viel Bürde mit sich. Genau hier kommt das SeminarHotel am Ägerisee zum Zug. Es sind die vielen kleinen Dinge, die ein Fest/Bankett zum unvergesslichen Anlass machen.
Seien es die kulinarischen Höhepunkte, die geeignete Dekoration und das Licht im Raum, die Benutzung oder von technischen Hilfsmitteln und nicht zu vergessen die Reservation der Zimmer bei einer allfälligen Übernachtung in unserem Haus.

Dies alles wird begleitet durch unsere professionelle und transparente Beratung vom ersten Telefongespräch bis zum Aufwiedersehen-Sagen nach dem Fest.

2.2 Buffet

Buffets erfreuen sich in allen Betriebsformen und Ländern großer Beliebtheit. Die Gäste schätzen mehr denn je die große Auswahl an Gerichten und die meist legere Atmosphäre.

Mit einem Buffet kann der Betrieb seine Vielseitigkeit und Leistungsfähigkeit unter Beweis stellen. Außerdem kann in kurzer Zeit eine relativ große Anzahl von Gästen bewirtet werden.

Buffets sind bei den Gästen sehr beliebt

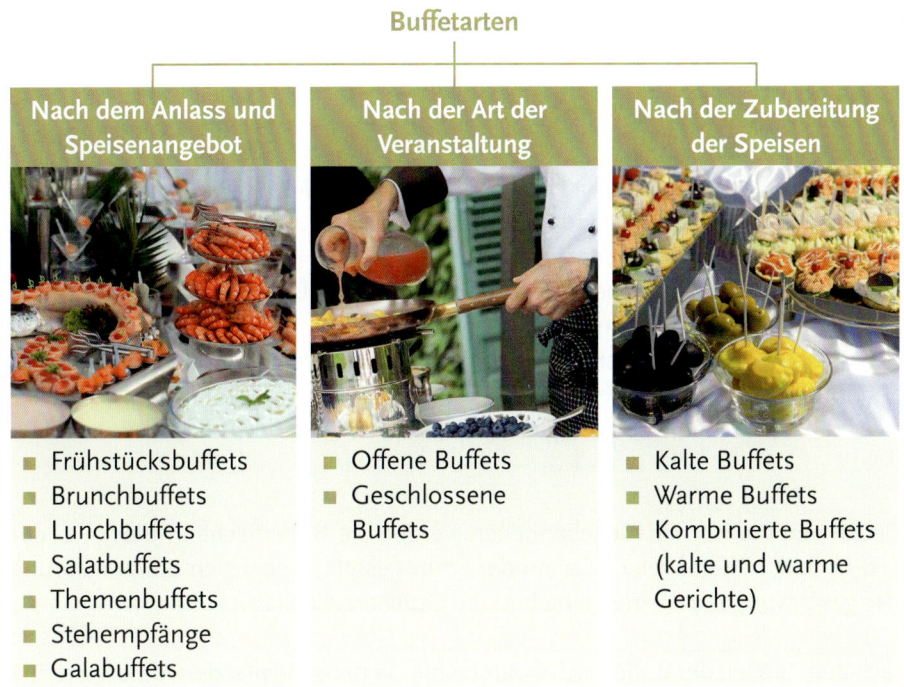

Buffetarten

Nach dem Anlass und Speisenangebot	Nach der Art der Veranstaltung	Nach der Zubereitung der Speisen
■ Frühstücksbuffets ■ Brunchbuffets ■ Lunchbuffets ■ Salatbuffets ■ Themenbuffets ■ Stehempfänge ■ Galabuffets	■ Offene Buffets ■ Geschlossene Buffets	■ Kalte Buffets ■ Warme Buffets ■ Kombinierte Buffets (kalte und warme Gerichte)

Offene Buffets

Lädt der Betrieb selbst z. B. zum Brunch, Mittagessen, Heringsschmaus oder zu einer Ballveranstaltung ein, ist ein offenes Buffet ideal. Bei einem offenen Buffet
- bedienen sich die Gäste selbst oder die Servicemitarbeiter/innen sind dabei behilflich;
- werden oft Köchinnen/Köche zum Anrichten der Speisen, aber auch zum Zubereiten von À-la-carte-Gerichten am Buffet eingesetzt;
- sind die Speisen portioniert;
- bezahlt der Gast entweder einen Pauschalpreis zuzüglich seiner Getränkekonsumation und kann sich am Buffet beliebig oft Speisen nachholen oder er zahlt pro Portion.

Bei offenen Buffets richten oftmals auch die Köchinnen/Köche die Speisen an oder bereiten À-la-carte-Gerichte zu

Geschlossene Buffets

Bei einer geschlossenen Veranstaltung wird das Buffet nach den Wünschen der Gastgeberin/des Gastgebers und der Anzahl der Gäste organisiert und die Kosten der Gastgeberin/dem Gastgeber in Rechnung gestellt.

 **Aufgabenstellung – „Buffet"**

- Was ist ein Konsumationsbuffet? Finden Sie es heraus.

Stellen der Buffettische

Die Anordnung der Buffettische richtet sich nach der Ausstattung der Räume. Oft werden Buffettische bzw. buffetartige Einrichtungen (Stufen, Kühlvitrinen) bereits bei der Planung der Räume durch Architektinnen/Architekten berücksichtigt (meist in Ferienhotels).

Beachtenswertes beim Stellen der Buffettische
■ Die Tische sollten gut im Blickfeld eintretender Gäste platziert werden.
■ Die Tische müssen für Gäste, Servicemitarbeiter/innen und Köchinnen/Köche gut zugänglich sein und ausreichend freien Platz bieten.
■ Die Servicemitarbeiter/innen benötigen freie Wege zur Küche und zum Office.
■ Die Raumtemperatur darf nicht zu warm sein, da manche Speisen darunter leiden. Daher auch Vorsicht bei großen Fensterflächen (Sonneneinstrahlung)!
■ Bei einer größeren Personenanzahl (ab ca. 100 Personen) sind mehrere Buffets vorteilhaft.
■ Eine optimale Beleuchtung erhöht die Attraktivität des Buffets.

Je nach den räumlichen Gegebenheiten werden die Buffettische in Block-, L- oder U-Form bzw. in halbovaler oder runder Form gestellt, wobei sich durch halbrunde oder geschwungene Formen eine bessere Optik erzielen lässt.

Nach dem Stellen der Buffettische werden die Gästetische platziert, daran anschließend die Moltons, Tafel- und Buffettücher aufgelegt und die Skirtings angebracht.

Optisch ansprechend wirken in halbrunder Form aneinandergestellte Buffettische

Decken der Gästetische

Bei einem Buffet besteht das Gedeck auf den Gästetischen meist aus
■ der Mundserviette,
■ einem großen Messer und einer großen Gabel,
■ einem Mittelmesser, einer Mittelgabel, eventuell auch einem Mittellöffel,
■ einem Entremets-Besteck (Mittellöffel und Mittelgabel) – das Besteck für Käse befindet sich meist auf dem Buffet,
■ einem Universalweinglas oder einem Rot- und Weißweinglas,
■ einem Wasserglas,
■ einem Brotteller mit Buttermesser,
■ eventuell einer Buffet- und Getränkekarte,
■ den Menagen,
■ eventuell der Tischnummer,
■ der Tischdekoration.

Gästetisch bei einem Buffet

Gelegentlich werden auch Brot und Butter sowie Mineralwasser- und Weinflaschen kurz vor Servicebeginn eingesetzt.

Buffet-Mise-en-place

- Die Teller werden auf dem Buffettisch oder auf einem separaten Tisch beim Buffet bereitgestellt. Teller für warme Gerichte und Suppentassen werden auf Tellerrechauds oder in Tellerspendern vorgewärmt.
- Bei Stehbuffets bzw. anderen Veranstaltungen (z. B. Bällen), bei denen keine Gästetische gedeckt sind, werden die Bestecke und Servietten auf den Buffettischen neben den Tellern platziert.
- Zum Tranchieren von großen Fleischstücken werden Tranchierbrett, Tranchierbesteck und Wärmelampe bereitgestellt.

Die Anzahl der Teller muss mindestens doppelt (bei Vorspeisen dreimal) so groß sein wie die Anzahl der zu erwartenden Gäste

Anordnung der Speisen auf dem Buffet

- Schaustücke und Dekorationselemente, z. B. Butter- oder Eisskulpturen, werden immer zuerst als Mittelpunkt platziert. Gerne wird das Buffet auf verschiedenen Ebenen aufgebaut, um die Attraktivität der angebotenen Speisen zu unterstreichen.
- Die Speisen werden in der Regel wie in einer Menüreihenfolge – kalte Vorspeisen, dazupassende Saucen, Salate, Suppen usw. – aufgebaut.
- Die Platten, Schüsseln und Saucieren werden von den Köchinnen/Köchen mit Unterstützung der Servierbrigade kurz (max. 30 Minuten) vor dem Eintreffen der Gäste aufgestellt. Gleichzeitig werden auch die Chafingdishes befüllt.
- Nach dem Aufstellen der Platten werden Vorlegebesteck, Chafingdishbesteck, Saucenlöffel, Kellen und Teller von den Servicemitarbeiterinnen/Servicemitarbeitern auf dem Buffet zurechtgelegt. Dabei sollten auch genügend Ablageteller für Kellen und Vorlegebestecke bereitgestellt werden.

 Buffetschilder vor den Speisenbehältern sind für den Gast besonders hilfreich. Er weiß sofort, welche Speisen sich darin befinden und muss dazu, speziell bei einem warmen Speisenangebot, nicht erst den Deckel abheben.

Servicebesprechung

Sie findet wie beim Bankett statt (siehe Seite xxx).

Servierablauf

1. Die Gäste empfangen und begrüßen
2. Eventuell beim Ablegen der Garderobe behilflich sein
3. Die Kerzen anzünden
4. Die Aperitifs servieren
5. Die Gäste platzieren
6. Getränke servieren

Eventuelle Begrüßung und Eröffnung des Buffets durch die Gastgeberin/den Gastgeber. Anschließend begeben sich die Gäste zum Buffet.

7. Aperitifgläser ausheben
8. Leere Teller ausheben
9. Eventuell Besteckteile ergänzen
10. Gewünschte Getränke nachschenken
11. Speisen am Buffet ergänzen
12. Zwischendurch die Speisen auf den Platten und im Buffetgeschirr arrangieren
13. Den Gästen am Buffet behilflich sein
14. Tische ständig sauber halten; abgebrannte Kerzen austauschen
15. Menagen entfernen
16. Kaffee und Digestif servieren
17. Buffettafel abräumen
18. Die Gäste bis zum Verlassen der Veranstaltung betreuen

Die gesamte Buffetbetreuung ist ein Teamwork aus Küche und Service.

 Ihr Service-Plus!
Iragen Sie dem Gast, wenn möglich, auch seinen Teller zum Tisch.

Flying Buffets, bei denen die Speisen in der Menüreihenfolge angeboten werden, sind bei den Gästen besonders beliebt

? Haben Sie schon voll beladene Tabletts zwischen eng stehenden Gästen hindurchjongliert? Wie ist es Ihnen dabei ergangen? Tauschen Sie Ihre Erfahrungen in der Gruppe aus.

2.3 Cocktailparty, Stehempfang, Flying Buffet

Bei der klassischen Cocktailparty werden die Speisen und Getränke auf Platten bzw. Serviertassen angeboten, wobei das Angebot immer limitiert ist. Eine kleine Bar für alle Getränke kann zusätzlich aufgebaut werden. Die Gastgeberin/Der Gastgeber wählt die Speisen und Getränke aus und bezahlt dafür einen Fixpreis.

Die Speisen sind mundgerecht vorbereitet **(Fingerfood).** Neben den üblichen Canapés und kleinen Häppchen werden auch warme Speisen gereicht, die auf kleinen Tellern, Löffeln oder in speziellen Gläsern und Schalen angerichtet wurden. Sie werden mit kleinen Gabeln oder Kaffeelöffeln serviert. Dies wird auch als **Flying Buffet** bezeichnet.

- Die Gäste bedienen sich, nehmen dazu eine Serviette und essen im Stehen.
- Vor allem bei Stehempfängen werden zum Essen und zum Abstellen von Gläsern und Geschirr Stehtische verwendet. Auf diesen meist runden Tischen befinden sich in der Regel Servietten, manchmal auch Besteckteile und Blumenschmuck.
- Wichtig ist, dass die Tische zwischendurch immer sauber gemacht werden.

Bei einer Cocktailparty rechnet man ca. sechs Servicemitarbeiter/innen auf 100 Gäste. Sie müssen sehr geschickt sein, um die Tabletts zwischen den eng stehenden Gästen hindurchzujonglieren.

2.4 Barbecue (Grillparty)

Das aus Amerika stammende Barbecue ähnelt unseren Grillpartys. Die Angebotspalette unterscheidet sich kaum, bei einem echten Barbecue wird jedoch ausschließlich über offenem Feuer gegrillt.

Spareribs werden von den Gästen besonders geschätzt

- Im Mittelpunkt eines Grillfestes steht der Grill, auf dem vor den Augen der Gäste meist ganze Fleischstücke (vom Rind, Kalb, Lamm oder Schwein) gegrillt werden. Aber auch Steaks, Fleischspieße, Bratwürste sowie Fisch und Krustentiere werden zubereitet. Besonders beliebt sind Spareribs.
- Die Auswahl der Beilagen reicht von Salaten über Baguettes bis hin zu verschiedenen Saucen wie z. B. speziellen Barbecuesaucen auf Senf- oder Tomatenbasis, Kartoffeln und Grillgemüse.
- Eine kleine Auswahl an erfrischenden Süßspeisen wie Fruchtsalaten, geschnittenen Früchten, Sorbets und Eisdesserts bildet den süßen Abschluss.
- Die Gerichte sowie Teller, Besteck und Servietten werden auf einem Buffettisch neben dem Grill aufgebaut. An Getränken werden vorwiegend Bier vom Fass und Wein ausgeschenkt.

Bei dieser Art von Veranstaltung bedienen sich die Gäste in der Regel selbst.

2.5 Konferenzen, Seminare und Tagungen

Die Veranstaltung von Tagungen, Seminaren und dergleichen nimmt in den letzten Jahren einen immer höheren Stellenwert in der Hotellerie und Gastronomie ein und hat zu einer Spezialisierung auf diesem Sektor geführt.

Viele Betriebe haben erkannt, dass Veranstaltungen dieser Art unabhängig von herkömmlichen Saisonzeiten, vom Wetter etc. sind und sich daher auch in schwächeren Wochen des Jahres umsatzstabilisierend oder -steigernd auswirken können.

Veranstaltungen	Definitionen
Konferenz	Versammlung, um über ein bestimmtes Thema zu beraten; dazu zählen auch Sitzungen, Besprechungen und Tagungen
Seminar/Schulung	Weiterbildungs- oder Lehrveranstaltung mit einem kleinen, begrenzten Teilnehmer/innenkreis
Workshop	■ Oft handelt es sich um einen Erfahrungsaustausch der Teilnehmer/innen zu einem bestimmten Thema ■ Eine Moderatorin/Ein Moderator übernimmt als Expertin/Experte für Besprechungsmethodik und Gruppendynamik die Leitung
Symposium	Wissenschaftliche Tagung, bei der bestimmte Themen in Vorträgen und Diskussionen erörtert werden
Präsentation	Vorstellen eines Produktes, einer Institution, eines Programmes – oft in Verbindung mit einer Tagung
Vortrag (Referat)	Mündliche Abhandlung über ein bestimmtes Thema
Podiumsdiskussion	Eine Moderatorin/Ein Moderator lenkt die Diskussion
Incentive	■ Geplante Motivationsveranstaltung für Mitarbeiter/innen oder Kundinnen/Kunden, um bestimmte Unternehmensziele besser zu erreichen ■ Incentives finden häufig in Verbindung mit einer Tagung/einem Seminar statt und haben Freizeit- und Erlebnischarakter (z. B. Pfeil- und Bogenschießen mit professionellem Schützen, Seifenkistenrennen, Ballonfahrt).
Rahmenveranstaltung	■ Veranstaltung mit Unterhaltungswert, die während oder nach einer Tagung stattfindet ■ Der Schwerpunkt kann z. B. im kulturellen oder kulinarischen, auch im sportlichen Bereich liegen

Seminar

Workshop

Podiumsdiskussion

Vorbereitungsarbeiten

Viele Probleme bei der Abwicklung entstehen durch schlechte Absprache. Es muss geklärt sein, wer Ansprechpartner/in ist. Nicht immer handelt es sich dabei um den/die Veranstalter/in bzw. einen/eine Mitarbeiter/in der Veranstalterin/des Veranstalters, sondern um einen engagierten/eine engagierte Trainer/in. Er/Sie kann darüber Auskunft geben, mit welchen Medien gearbeitet wird, welche Ausstattung, welche technischen Geräte und wie viel Platz benötigt werden.

In zahlreichen Betrieben, die sich auf Tagungen und dergleichen spezialisiert haben, gibt es in der Nähe der Tagungsräume ein Büro (Businesscenter), in welchem neben einem PC mit Internetzugang, einem Drucker und einem Kopierer auch ein Faxgerät sowie Unterlagen (Tagungsmappen, Pressemappen, Namensschilder etc.) und vieles mehr bereitstehen.

💡 Gut organisierte Betriebe verwenden für die Ausrichtung von Seminaren und Konferenzen bis ins Detail ausgearbeitete Checklisten.

Tischstellung und Bestuhlung

Jede Konferenz bzw. Tagung sowie jedes Seminar erfordert eine individuelle Tischstellung und/oder Bestuhlung.

Seminare

Tagungen

Vorträge

Konferenzen

Platzbedarf pro Person

Veranstaltung	m²/Person
Vortrag mit Reihenbestuhlung	1–1,2
Vortrag mit Tischen und Stühlen/Konferenz	1,5–1,8
Seminar/U-Form	2,5–3
Interaktion/ Moderation	4–5

Verrechnung von Veranstaltungsräumen

- Benötigt der Gast nur den Raum und sonst keinerlei Dienstleistungen, wird eine kalkulierte Raummiete verrechnet.
- Benötigt der/die Veranstalter/in außerdem Getränke oder Mahlzeiten sowie Zimmer, wird je nach Ausmaß der Sonderwünsche die Raummiete billiger verrechnet oder oft sogar ganz erlassen.
- Meistens bietet der Veranstaltungsbetrieb jedoch einen Pauschalpreis pro Person an, der alle Leistungen inkludiert.

Seminar- und Konferenzpauschalen

Die Verpflegung während einer Veranstaltung oder eines Seminars bzw. in den Pausen stellt für den Betrieb einen wesentlichen Zusatzverkauf dar. Oft wird ein Pauschalpreis (Conference Package) für Pausenverpflegung sowie für Mittag- und Abendessen verrechnet. Diese Leistung kann auch das Benützen und die Grundausstattung eines Seminarraumes beinhalten.

Beispiel für die Grundausstattung eines Seminarraumes

- Kostenloser Internetzugang (Highspeed Wireless LAN)
- 2 Flipcharts
- 4 Pinnwände
- Trainermarker und Overheadstifte
- TV
- Overheadprojektor

- Hi-Fi-Stereoanlage
- Klimaanlage
- Kommunikationskärtchen
- Schreibblöcke
- Bleistifte
- Beamer
- Laserpointer

Veranstaltungsbetreuung

Von der Begrüßung bis zur Verabschiedung müssen der/die Veranstalter/in sowie die Teilnehmer/innen individuell betreut werden. Ein speziell geschultes Servicepersonal, das in jeder Phase der Veranstaltung als Ansprechpartner/in fungiert, hat sich in der Praxis bewährt. Zu ihren/seinen Aufgaben zählen:

- **Vor der Veranstaltung:** das erforderliche technische Equipment, Unterlagen u. Ä. sowie Kaffeepausen und Mittagessen (Ort und Zeitpunkt) in eine Checkliste eintragen und organisieren
- **Während der Veranstaltung:** die Technik betreuen, für Ordnung im Raum sorgen, Hilfestellungen bei Problemen und Sonderwünschen anbieten sowie auf diverse Dienstleistungen und Angebote des Betriebes hinweisen

Haben Sie schon einmal an einem Seminar teilgenommen? Wie ist es Ihnen dabei ergangen bzw. wie wurden Sie betreut? Tauschen Sie Ihre Erfahrungen in der Gruppe aus.

2.6 Outside-Catering

Immer mehr Unternehmen setzen auf durchorganisierte Events, bei denen in einem schönen und individuellen Rahmen gutes Essen serviert wird. Von Fingerfood und Prosecco über ein kalt-warmes Buffet bis zum sechsgängigen Menü, grundsätzlich kann alles geliefert werden.

Das Außer-Haus-Geschäft bringt eine Reihe von zusätzlichen Verdienstmöglichkeiten für Gastronomie- und Hotelbetriebe.

Mittlerweile haben sich Unternehmen ausschließlich auf das Outside-Catering spezialisiert und bieten maßgeschneiderte Lösungen an. Stärker noch als im gewöhnlichen Bankettgeschäft hängt der erfolgreiche Ablauf der Veranstaltung von einer sorgfältigen Planung, Organisation und Logistik ab. Ist man vor Ort, fehlt der schnelle Rückgriff auf Material- oder Mitarbeiter/innennachschub aus der Küche oder dem Restaurant.

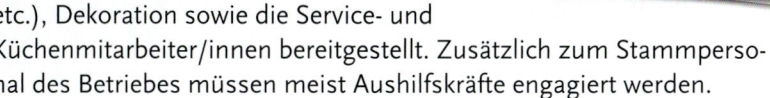

Es gibt verschiedene Arten der Durchführung:

- Es werden nur Speisen und/oder Getränke geliefert.
- Es wird ein Komplettangebot (Full-Service-Catering) gemacht. Neben Speisen und Getränken werden das gesamte Inventar (Mobiliar, Teller, Gläser, Besteck etc.), Dekoration sowie die Service- und Küchenmitarbeiter/innen bereitgestellt. Zusätzlich zum Stammpersonal des Betriebes müssen meist Aushilfskräfte engagiert werden.

Full-Service-Catering

Nur leistungsfähige, gut organisierte Betriebe sollten sich mit einem umfangreichen Outside-Catering befassen, da eine improvisierte Veranstaltungsdurchführung Reklamationen bringt und dem Image des Betriebes schadet. Falls die Bestellung zu umfangreich sein sollte, ist es besser, die Kundin/den Kunden an die Konkurrenz weiterzuempfehlen.

Das Servicepersonal muss bereit sein, jeden Tag in eine andere Rolle zu schlüpfen

Suchen Sie im Internet nach deutschen und internationalen Cateringanbietern.

Anforderungen an die Servicemitarbeiter/innen

- Allerhöchste Flexibilität, sowohl zeitlich als auch räumlich – viele Caterer arbeiten nicht nur national, z. B. Hyatt Catering, sondern auch international, wie beispielsweise Käfer.
- Bereitschaft, jeden Tag eine andere Rolle zu spielen (an einem Tag in Jeans und Cowboyhut für das Country-Barbecue, am nächsten Tag als livrierter Diener mit Mozartperücke usw.)
- Einstellen auf täglich wechselnde Kolleginnen und Kollegen
- Improvisationstalent – oft sind kurzfristig installierte Arbeitsräume unzulänglich ausgestattet

Vorbereitungsarbeiten

Um im Außer-Haus-Geschäft erfolgreich zu sein, ist allerhöchste Präzision bei der Planung, Durchführung und Nacharbeit erforderlich. Eine genaue Absprache, ständiger Kontakt bei allfälligen Änderungen mit der Gastgeberin/dem Gastgeber und allen involvierten Personen und Unternehmen (z. B. Leihmobiliar, Dekoration, Musik, Transport, Mitarbeiter/innen des Veranstalters, Ansprechpartner/innen vor Ort, Haustechnik) und Dokumentation sind unbedingt notwendig.

Besichtigen der Räume

Von den räumlichen Gegebenheiten und deren Ausstattung hängen Art und Anzahl der Utensilien, die mitgenommen werden müssen, ab. Infrastruktur und der sich daraus ergebende Arbeitsaufwand müssen bei der Angebotslegung berücksichtigt werden.

Erstellen einer detaillierten Check- und Inventarliste

Die **Checkliste** entspricht im Wesentlichen einem Functionsheet. Sie ist jedoch speziell auf das Outside-Catering abgestimmt. Sie beinhaltet:

- Ablauf
- Personalplanung
- Raumplan
- Zulieferungsmöglichkeiten vor Ort
- Bauliche Gegebenheiten, z. B. Lift
- Aufbau
- Einhaltung der HACCP-Bestimmungen
- Kühlmöglichkeiten
- Wasser- und Stromanschlüsse
- Transportplan
- Mise-en-place-Arbeiten
- Serviceablauf
- Aufräumarbeiten
- Reinigung
- Abfallentsorgung
- Garderobe

Eine **Inventarliste** in doppelter Ausführung ist wichtig, um nach Beendigung der Veranstaltung alle Utensilien wieder in den Betrieb zurückzubringen. Vorteilhaft sind verschließbare Zählboxen. Verfügt ein Betrieb nicht über genügend Inventar, gibt es die Möglichkeit, sich eines Bereitstellungsunternehmens zu bedienen. Es liefert gegen eine Pauschale die benötigten Serviergegenstände und übernimmt auch die Reinigung.

Fahrzeuglogistik

Geeignete Transportfahrzeuge mit Stapelschränken, Kühlmöglichkeiten, verschließbaren Wärmeschränken etc. müssen organisiert werden.

Servierablauf

Er findet wie beim Bankett und Buffet statt (siehe Seite 267 f und 271).

Vergessenes Inventar bedeutet Zeitverlust

Ziele erreicht? – „Die Organisation von Veranstaltungen"

1. Lösen Sie folgende Aufgabe in Kleingruppen: Decken Sie für ein Bankett eine Blocktafel für 24 Personen. Das Menü besteht aus kalter Vorspeise, Suppe, Hauptgericht und warmem Dessert. Dazu werden Wasser, Weiß- und Rotwein serviert. Erstellen Sie eine Inventarliste und organisieren Sie das gesamte Equipment. Stellen und decken Sie die Tafel.

Diskutieren Sie anschließend, ob der Arbeitsauftrag rationell durchgeführt wurde (Arbeitsabläufe Hand in Hand) und notieren Sie, was funktioniert hat und was beim nächsten Mal zu verbessern ist.

2. Zählen Sie acht Vorbereitungsarbeiten für ein Bankett auf.

3. Führen Sie mögliche Tafelformen bei einem Bankett an. Wann empfehlen Sie diese jeweils?

4. Schildern Sie, worauf beim Stellen der Tische für ein Buffet zu achten ist.

5. Definieren Sie den Begriff „Flying Buffet".

6. Erläutern Sie die Vorbereitungsarbeiten für ein Seminar.

7. Schildern Sie die Aufgaben einer Servicemitarbeiterin/eines Servicemitarbeiters bei einem Seminar.

8. Welche Vorteile hat das Outside-Catering für Gastronomie- und Hotelbetriebe?

9. Schildern Sie die Anforderungen an das Servicepersonal bei einem Outside-Catering.

10. Lösen Sie folgende Aufgabe in Kleingruppen: Planen Sie eine Geburtstagsfeier mit 80 geladenen Gästen. Erstellen Sie für die Gastgeberin/den Gastgeber ein Angebot (Speisen-, Menü-, Getränkeangebot, Tischform, Dekorationselemente, Musik usw.), berücksichtigen Sie dabei den pro Gast zur Verfügung stehenden Betrag von 60 EUR. Klären Sie mit der Gastgeberin/dem Gastgeber eventuelle Sonderwünsche (Leinwand, Beamer etc.) ab. Halten Sie anschließend die getroffenen Vereinbarungen in einem Functionsheet fest. Überlegen Sie, wie viele Servicemitarbeiter/innen zu beschäftigen sind, um einen reibungslosen Serviceablauf sicherzustellen. Präsentieren Sie Ihr Angebot und das Functionsheet Ihren Kolleginnen/Kollegen.

Diskutieren Sie anschließend, ob die Veranstaltung in der Praxis zufriedenstellend verlaufen wäre oder ob etwas zu verbessern ist. Stellen Sie sich dabei folgende Fragen: Wurden die wesentlichen Punkte bei der Angebotserstellung berücksichtigt? Wurden alle Details im Functionsheet festgehalten?

Bestellung à la carte

Amuse-Bouches (Gueules) siehe Seite 67.

Klassische Aperitifs siehe Seite 148.

Der Barista ist für den Kaffee das, was der/die Barkeeper/in für die Mixgetränke ist

Glossar – Fachausdrücke im Service

Die Fachsprache in der Gastronomie ist in vielen Ländern Französisch, aber auch englische, italienische und deutsche Ausdrücke sollte man kennen. Viele dieser Fachausdrücke erklären verkürzt den Arbeitsvorgang und helfen, Missverständnisse zu vermeiden und somit Zeit zu sparen.

Fachausdrücke	Bedeutung in der Gastronomie
À la carte	Bestellung nach der Karte, d. h., der Gast stellt seine Speisenfolge anhand der Speisenkarte selbst zusammen.
À la minute	Frisch zubereitete Speisen; auch Pfannengerichte genannt
À part	Saucen, Bratensaft, Beilagen etc. in einem extra Gefäß (Sauciere bzw. Beilagenschüssel) anrichten
Affinieren	Veredeln von Käse. Das Servicepersonal, das sich auf Käse spezialisiert hat, lagert den Käse im Keller oder Kühlraum, bis er die optimale Reife erreicht hat.
Agraffe	Drahtkorb auf Sektflaschen zum Halten des Korkens
Al dente	Italienische Bezeichnung für Nudeln, aber auch für Gemüse, das innen noch kernig ist. Man sagt, es hat Biss.
Ambiente	Gesamteindruck eines Betriebes. Die Ausstattung, der Service und das Angebot sollen zusammen ein harmonisches Bild ergeben.
Amuse-Bouches (Amuse-Gueules)	Appetitanregende, kleine, mundgerechte Häppchen, die vor dem ersten Gang eines Menüs serviert werden. Meist werden sie mit den Worten „Eine kleine Aufmerksamkeit der Küche" eingesetzt.
Annoncieren	Das Erklären der Speisen am Gästetisch; aber auch das Ausrufen der Bestellung in der Küche
Aperitifs	Appetitanregende Getränke, die vor dem Essen getrunken werden. Sie können trocken, fruchtig oder bitter sein.
Avinieren	Ausschwenken des Weinglases und der Dekantierkaraffe mit Wein, um das Glas von Fremdgerüchen zu befreien
Bankett	Festveranstaltung, Festessen
Barista	Kaffeespezialist/in. Er/Sie beherrscht die Espressomaschine, kennt die Kaffeemischungen und bereitet ein optimales Kaffeegetränk zu.
Beizen	Ähnlich dem → Marinieren.
Belüften	Umfüllen des Weines in eine Karaffe zur besseren Entwicklung
Bon	Verrechnungsbeleg, der aber nur intern verwendet wird (Getränke-, Speisenbon)
Brunch	Die Bezeichnung stammt aus dem Amerikanischen und setzt sich aus Breakfast und Lunch zusammen. Ein Brunch besteht aus Speisen des Frühstücks und des Mittagessens und wird in der Gastronomie hauptsächlich an Sonn- und Feiertagen zwischen 11:00 und 14:00 Uhr angeboten.
Buffet	Das Anbieten von Speisen (mitunter auch Getränken) auf einem langen Tisch, von dem sich die Gäste selbst bedienen. Buffets gibt es bei verschiedenen Gelegenheiten bzw. Anlässen, z. B. Frühstücks-, Brunch-, Lunch- oder Salatbuffets.

Canapés	Kleine, mit Aufstrich und feinem Belag garnierte Brotscheiben unterschiedlicher Form und Dicke. Sie sind entrindet, gelegentlich getoastet, rechteckig, dreieckig, quadratisch usw.
Catering	Der Service von Speisen und Getränken für eine Veranstaltung im eigenen Haus (Inside-Catering), aber auch außerhalb des Hauses (Outside-Catering).
Celestines	Kräuterpfannkuchenstreifen
Chafingdish	Warmhaltegerät für Speisen auf Buffets
Chambrieren	Das Auf-(Zimmer-)Temperatur-Bringen von Weinen, hauptsächlich von alten Rotweinen
Cloche	Glocke bzw. tiefer Deckel als Abdeckung von Tellern (Tellercloche) und Platten (Plattencloche), um ein Auskühlen der Speisen zu verhindern
Cocktail	Mixgetränk
Couvert	→ Kuvert
Crevette	(Tiefsee)Garnele
Croûtons	Geröstete Weißbrot- und Schwarzbrotschnitten oder -würfel
Degustation	Verkostung und Beurteilung von Getränken, z. B. Weinverkostung
Dekantieren	Trennen des Weines vom Depot, d. h. das Umfüllen eines alten Rotweines oder Vintage-Ports in eine Dekantierkaraffe, sodass das Depot in der Flasche bleibt
Depot	Ablagerungen, die beim Reifen und Altern der Weine entstehen. Das Depot bleibt beim Dekantieren (Umfüllen) in der Flasche zurück.
Digestif	Getränk, das nach dem Essen getrunken wird
Displaytisch	Präsentationstisch (z. B. Wein-Display)
Dressing	Englische Bezeichnung für Marinade
Eiswasser	Trinkwasser mit Eiswürfeln
Entremets-Besteck	Kombination aus Mittellöffel und Mittelgabel zum Eindecken bei Süßspeisen
Etagenservice	→ Roomservice
Filetieren/Filieren	Das Zerteilen und Entgräten von Fischen sowie das Schälen und Schneiden von Obst
Fingerbowle	Eine Glas- oder Metallschüssel mit warmem Wasser (und Zitronenscheibe). Sie wird dem Gast mit einer Stoffserviette eingesetzt, wenn er zum Essen die Finger verwendet (z. B. beim Essen von Muscheln und Austern).
Flambieren	Das Abflämmen mit Spirituosen bei der Zubereitung von Fleisch- und Fischgerichten, Gerichten mit Meeresfrüchten sowie bei Obst und Süßspeisen
Frappieren	Das rasche Kühlen von Weiß-, Rosé- und Schaumweinen bzw. das Kühlen von Gläsern mit Eis
Functionsheet/ Checkliste	Dienstanweisung oder Laufzettel. Er enthält alle Informationen und Gästewünsche, die für das Gelingen einer Veranstaltung notwendig sind. Er wird in Hotel- und Gastronomiebetrieben von der Wirtschaftsabteilung (F & B) ausgefüllt und an alle mit der Veranstaltung betrauten Stellen ausgeteilt.

Canapés

Catering siehe Seite 275 f.

Cloches

Cocktails siehe Seite 216 ff.

Klassische Digestifs siehe Seite 149.

F & B = Abkürzung für Food and Beverage Department.

Humidor

Gratinieren	Überbacken bzw. Überkrusten von Gerichten
Guéridon	Ein meist fahrbarer Beistelltisch, von dem aus der/die Servicemitarbeiter/in Speisen anrichtet, tranchiert, filetiert bzw. den Weinservice durchführt
Humidor	Zigarrenklimaschrank/Zigarrenschatulle; gewährleistet optimale Lagerbedingungen für Zigarren
Jus	Französische Bezeichnung für Saft, z. B. jus de fruits (Fruchtsaft), jus de viande (Fleisch-/Bratensaft); Englisch: fruit juice (Fruchtsaft), gravy (Bratensaft)
Karaffe	Eine meist bauchige Glasflasche, manchmal mit einem Glasstöpsel; wird vor allem für Wasser und Wein verwendet
Karkasse	Gerippe bzw. Knochengerüst von Geflügel/Wildgeflügel
Kuvert(gedeck)	Das Kuvertgedeck ist das Grundgedeck. Es besteht aus einem großen Messer und einer großen Gabel, eventuell einem Platzteller mit Stoffserviette (oder nur Stoffserviette), einem Brotteller mit Buttermesser, einem Wasserglas oder einem Wein- und einem Wasserglas.
Louche	Flambierkelle
Maître d'Hôtel	Oberkellner/in
Marinieren	Das geschmackliche Verändern von Salaten, Gemüsen, aber auch von Fleisch und Fischen mit Marinaden bzw. Dressings
Menage	Würzmittel, z. B. Salz, Pfeffer, Essig, Öl, Ketchup, Senf, Tabascosauce, Worcester(shire)sauce u. Ä.; werden auf den Tisch des Gastes eingesetzt
Mise en place	Das Vorbereiten aller für den Service notwendigen Gebrauchsgegenstände und Materialien
Molton	Tischauflage aus Filz oder Kunststoff
Moussieren	Das Perlen bzw. Schäumen eines Schaumweines im Glas. Wein der stark kohlensäurehaltig ist, wird als moussierend bezeichnet.
Napperon	Deckserviette
Nappieren	Fleisch mit Sauce überziehen
Office/ Backoffice	Jener Raum, der sich vor dem Gastraum (Speisesaal/Restaurant) befindet und in dem alle für den Service benötigten Gegenstände und Materialien bereitliegen bzw. Vor- und Nachbereitungsarbeiten für den Service getroffen werden. Des Weiteren dient er auch als Lärm- und Geruchsschleuse.
Parfait	Halbgefrorenes auf Sahnebasis
Platemaster	Rechaudbatterie; Warmhaltegerät für Rechaudplatten
Rechaudplatte	Elektrischer Platten- und Tellerwärmer, der auf den Tisch des Gastes oder auf den → Guéridon gestellt wird
Richtglas	Das Glas zum Hauptgang
Roomservice	Zimmer- oder Etagenservice
Sauciere	Saucengefäß

Marinieren

🔗 Molton und Napperon siehe Seite 22.

Roomservice

Schlitten	Ein großes Tragebrett, mit dem die Speisen von der Küche auf die Station im Speisesaal/Restaurant getragen werden. Schlitten werden auch für den Zimmerservice (→ Room-service) oder für den Service im Gastgarten eingesetzt.
Servietten brechen	Das kunstvolle Falten von Servietten
Setup	Das Aufstellen und Decken der Tische (z. B. Bankett-Setup)
Servicetisch	Tisch in einer Servicestation zum Ablegen bzw. Bereithalten von Serviergegenständen (spart Wege!)
Snack	Kleiner Imbiss
Sommelière/ Sommelier	Weinfachfrau/Weinfachmann. In der Gastronomie hat sich die Sommelière/der Sommelier als eigener Berufsstand etabliert.
Sorbet	Halbgefrorenes auf Frucht-/Wasserbasis
Stornieren	Eine Bestellung oder Reservierung rückgängig machen
Stewarding	Die Stewarding-Abteilung ist für die Reinigung (Abwäsche), Lagerung und Bereitstellung allen Inventars, das im Restaurant oder bei Veranstaltungen benötigt wird, zuständig.
Sundries	Knabbergebäck, das häufig in Bars angeboten wird
Supplement	Nachservice, meist von Beilagen und Saucen
Tip	Trinkgeld
Tischinventar	Jene Gegenstände, die für die Gästetische bestimmt sind, z. B. Blumenvasen, Kerzen, Kerzenständer, Salz- und Pfefferstreuer sowie eventuell Tischnummern
Tournieren	Gemüse in Form schneiden
Tranchieren	Das fachgerechte Zerteilen von Geflügel und ganzen Schlachtfleischstücken
Tronc	Aufteilung des Trinkgeldes auf die Servierbrigade, in manchen Betrieben auch auf die Kochbrigade
Vignette	Das Markenzeichen bzw. der Schriftzug auf Hotel- und Restaurantporzellan, Gläsern, Besteck sowie Tischwäsche
Vorlegebesteck, Vorleger	Besteck (große Gabel und großer Löffel), mit dem die Servicemitarbeiter/innen alle Arbeiten, wie Vorlegen, Anrichten und Marinieren, beim Tisch des Gastes ausführen

Servietten brechen

❓ Wie lautet die englische Bezeichnung für Sommelière/ Sommelier?

Tip

Stichwortverzeichnis

Literaturverzeichnis

AKA-Prüfungskatalog für die IHK-Abschlussprüfung Fachkraft im Gastgewerbe, Restaurantfachmann/-frau, Hotelfachmann/-frau, U-Form-Verlag

Arbeitsskript „Arbeiten im Service", 2. Halbjahr, OSZ Gastgewerbe, Fachbereiche Restaurantorganisation und Getränketechnologie, 2. Auflage 01/2013

Block u. a., Systemgastronomie 1, Trauner Verlag, 1. Auflage 2013

Block u. a., Systemgastronomie 2, Trauner Verlag, 1. Auflage 2014

Gastgewerbliche Berufe in Theorie und Praxis, Dettmer, 6. Auflage 2008, Verlag Handwerk und Technik

Gastronomie, Fachstufe 1, Herrmann/Hecker, 2000; Fachstufe 2, Herrmann, 2001, Verlag Handwerk und Technik, Leipzig

Gutmayer u. a., Service – Die Meisterklasse, Trauner Verlag, Linz, 3. Auflage 2011

Gutmayer u. a., Servierkunde, Trauner Verlag, 1. Auflage 2014 (SBNr. 170.454)

Stevancsecz u. a., Barlexikon – Mixgetränke, Barkunde, Spirituosen, Trauner Verlag, Linz, 5. Auflage 2010

Service – Die Grundlagen, Trauner Verlag, Linz, 8. Auflage 2011

Service-Richtlinien „Arbeiten am Tisch des Gastes", VSR, 2. Auflage 2000, Gildebuchverlag Alfeld

Bildverzeichnis

Seite 8 und 9: Hotelwäsche Erwin Müller GmbH & Co KG, Enns (Berufskleidung Hauptspalte)

Seite 13: www.fisar.org (Sommelier/Sommelière); OSR Wilhelm Gutmayer, Krems (Küchenpass)

Seite 19: Schöpf Bankettservice GmbH, Nürnberg

Seite 20: Der Wiesenhof, Pertisau am Achensee (Restaurant)

Seite 21: Hotelwäsche Erwin Müller GmbH & Co KG, Enns (Tischwäsche)

Seite 22: Kempinski Hotels S. A., Genf (Standteller mit Serviette); Hotelwäsche Erwin Müller GmbH & Co KG, Enns (Molton, Napperon); Symposion Hotels, Wien (Konferenztuch)

Seite 23: Hotelwäsche Erwin Müller GmbH & Co KG, Enns (Tischhusse)

Seite 24: FV Wolfgang Mucher, Innsbruck (Wäschekorb); http://www.gastroportal.at/edles-porzellan-geschirr-gastronomie/14860 (gedeckte Tafel)

Seite 31: Thomas Dörr – www.t-td.com (Besteckpoliermaschine)

Seite 34: www.ggmgastro.com (Gläserspül- und -poliermaschine)

Seite 36: http://de.decofinder.com (Servierwagen)

Seite 37: www.gastro-germany.de (Servante), Schöpf Bankettservice GmbH, Nürnberg (gedeckter Tisch)

Seite 39: www.gastrodax.de; OSR Wilhelm Gutmayer, Krems (Küchenpass)

Seite 41: Schöpf Bankettservice GmbH, Nürnberg (Servicebesprechung)

Seite 44: FV Wolfgang Mucher, Innsbruck

Seite 45: Hotelwäsche Erwin Müller GmbH & Co KG, Enns (Deckserviette)

Seite 46: OSR Wilhelm Gutmayer, Krems (Platzteller aufdecken)

Seite 50: www.ahgz.de (Papiertischsets)

Seite 51: Kempinski Hotels S. A., Genf

Seite 60: OSR Wilhelm Gutmayer, Krems (Kaffeehaustragetasse)

Seite 77: www.fjordkrone.de (Viktoriabarsch)

Seite 84: www.code-knacker.de/eg_herkunft.htm; www.stempelwerkzeuge.com/fleischbeschaustempel-taetowierstempel-fleischuntersuchungsstempel

Seite 85: Dry Aged Beef/Google Bilder/thumbs.ifood.tv

Seite 102: Nellie_Melba_-Unkown (www.portrait.gov.au/people/nellie-melba-1861)

Seite 103: http://www.bbc.co.uk/programmes/p0107wwq/p0107wfk (Georges Auguste Escoffier)

Seite 114: www.ginyuu.de

Seite 115: www.cewe-fotobuch.de

Seite 123: Schöpf Bankettservice GmbH, Nürnberg

Seite 133: www.woescherhof.com (Frühstücksbuffet)

Seite 134: www.artedona.com (Marmeladegläser); www.holidaycheck.de (Frühstücksbuffet)

Seite 136: www.kremslehnerhotels.at

Seite 141: http://hoteltannenhof.net (Brunch)

Seite 143: www.total-shop.ch (Samowar)

Seite 149: Kempinski Hotels S. A., Genf (Digestifwagen); www.cognac.com (Cognac)

Seite 152: FV Wolfgang Mucher, Innsbruck (Getränkeservice)

Seite 153: FV Wolfgang Mucher, Innsbruck (Bier einschenken)
Seite 167: http://shop.fisch-gruber.at/kaviar/osietra-asetra-kaviar.html
Seite 170: Caviar House, Deutschland (Kaviarsorten)
Seite 173: Christina Drischel, OSZ Gastgewerbe (Mise en place)
Seite 177: Christina Drischel, OSZ Gastgewerbe (Mise en place)
Seite 181: Christina Drischel, OSZ Gastgewerbe (Mise en place)
Seite 183: Christina Drischel, OSZ Gastgewerbe (Mise en place)
Seite 188: Berufsschule Altmünster (Flambieren); www.amefa-gastro.de (Flambierwagen)
Seite 192: Christina Drischel, OSZ Gastgewerbe (Mise en place)
Seite 201: https://commons.wikimedia.org/wiki/File:1897_Saloon_Blackhawk.jpg?uselang=de-at; https://commons.wikimedia.org/wiki/Category:Pubs; Berlin Marriott Hotel, Berlin, © Matthias Hamel (American Bar)
Seite 202: Berlin Marriott Hotel, Berlin, © Matthias Hamel (Hotelbar); Sacher Hotels Betriebsgesellschaft mbH, Wien (Restaurantbar); www.schwarzreiter-muenchen.de (Tagesbar); https://digi-nights.com/location/virage-osnabrueck-1 (Diskothek)
Seite 203: Dipl.-Sommelier Norbert Moser, Euratsfeld (mobile Bar); www.ritzcarlton.com (Espressobar)
Seite 205: www.manager-magazin.de (Basisspirituosen)
Seite 206: www.drinkology.de (Bitters)
Seite 207: www.kitchencraft.co.uk (Eiskübel); www.lotharjohn.de (Eislöffel); www.barstuff.de (Dosier-Vorratsflaschen); www.promo-wholesale.com (Stabmixer); www.gastrodax.de (Eisschaufel); www.leiner.at (Fruchtpresse); www.luchs-direkt.at (Zutatenbehälter); www.connox.de (Barmesser); www.gastro-gigant.de (Barmatte); Rech-

berger, Linz (Barsieb, Eiszange, Barwasserkrug)
Seite 208: Rechberger, Linz (Garniturspieß, Garniturzange, Korkenzange, Messbecher, Muskatnussreibe, Sektverschluss, Barlöffel); www.butch.de (Rührglas); www.fun-bar.de (Spritzflasche); www.leopold-vienna.de (Boston- und Dreiteiliger Shaker); www.wineware.co.uk (Zweiteiliger Shaker); www.barstuff.com/messbecher-kunststoff-1-6cl.html (Messzylinder)
Seite 209: www.universal.at (Untersetzer); www.proidee.at (Zestenreißer); http://shop.bn-service.ch (Stößel); http://napi-doktor.hu/blog/gyumolcsos-jegkockak-nyarra-2/ (Fancy-Ice-Cubes); http://intl.target.com/p/prepara-10-ct-ice-ball-mold/-/A-14631539 (Ice-Balls)
Seite 211: www.barkeeper.at (Barkeeper); www2.freddytel.de (Stabmixer); media.vega-direct.com (Aufsatzmixer); www.butch.de (Rührglas); www.leopold-vienna.de (Dreiteiliger Shaker)
Seite 213: www.thefader.com (Filmplakat)
Seite 222: www.ajmadison.com (mobile Bar)
Seite 231: Sacher Hotels Betriebsgesellschaft mbH, Wien (Hunde)
Seite 238: bonit.at Software OG, Wiener Neustadt (Online-Reservierungsbuch)
Seite 239: MEV Verlag (Begrüßung)
Seite 243: OSR Wilhelm Gutmayer, Krems (Nachschenken)
Seite 244: http://www.gourmet-versand.com (Hauptspalte); Kempinski Hotels S. A., Genf (Displaytisch)
Seite 245: www.zwaier.com (Showkellnerei)
Seite 246: www.amazon.de (Checkcover)
Seite 248: bonit.at Software OG, Wiener Neustadt
Seite 251: bonit.at Software OG, Wiener Neustadt (Tischreservierungssystem)
Seite 252: bonit.at Software OG, Wiener Neustadt (Bestellsystem); Fotolia (Magnetkarte); http://kacowa.de (Kellner/innen-Schlüssel); www.idinnova.com (Fingerprintreader)

Seite 253: bonit.at Software OG, Wiener Neustadt
Seite 256: www.paylife.at (mobiles Terminal), www.acctiserv.com/blanko.htm (Transponder), Kurier/Gerhard Deutsch (Touchless payment)
Seite 258: Schönwald, 95173 Schönwald
Seite 260: Schöpf Bankettservice GmbH, Nürnberg
Seite 263: www.schloss-atzelsberg.de (Tafelform)
Seite 264: Schöpf Bankettservice GmbH, Nürnberg
Seite 265: OSR Wilhelm Gutmayer, Krems (Aufdecken)
Seite 267: Schöpf Bankettservice GmbH, Nürnberg
Seite 268: SR Rudolf Wolfschluckner, Altmünster; www.seminarhotelaegerisee.ch
Seite 270: www.eszgmbh.ch (Buffettische)
Seite 272: Schönwald, 95173 Schönwald (Flying Buffet)
Seite 274: Schöpf Bankettservice GmbH, Nürnberg (Seminarverpflegung); Kempinski Hotels S. A., Genf (Seminare, Vorträge, Konferenzen); Hotel InterContinental, Wien (Tagungen)
Seite 275: Schöpf Bankettservice GmbH, Nürnberg (Outside-Catering)
Seite 276: Schöpf Bankettservice GmbH, Nürnberg

Grafiken von Frau Gertrud Šimec, Wien
Seiten: 31–34, 42f, 47–52, 86, 135, 137–140, 161–164, 166, 168

Karikaturen von Herrn Arnulf Kossak, Linz
Seite: 184, 196

Alle weiteren Abbildungen wurden entweder vom TRAUNER Verlag eigens erstellt oder über die Bildagenturen stock.adobe.com, iStockphoto und Shutterstock zugekauft bzw. werden über die „Bildrecht GmbH" in Wien (http://www.bildrecht.at) abgerechnet.

Danksagung

Besonders bedanken möchten wir uns bei folgenden Firmen und ihren engagierten Mitarbeiterinnen und Mitarbeitern, die durch ihre Fachbeiträge bei der Entstehung dieses Buches geholfen haben:

The Ritz-Carlton Berlin (www.ritzcarlton.com), Potsdamer Platz 3, D-10785 Berlin

Schönwald, eine Marke der BHS tabletop AG (www.schoenwald.com), Rehauer Straße 44–54, D-95173 Schönwald

Schöpf Bankettservice GmbH (www.schoepf-bankettservice.de), Pillenreuther Straße 66a, D-90459 Nürnberg

Sacher Hotels Betriebsgesellschaft mbH (www.sacher.com), Philharmonikerstraße 4, A-1010 Wien

Hotelwäsche Erwin Müller GmbH & Co KG (www.jobeline.at, www.hotelwaesche.at), Schlossgasse 4, A-4470 Enns

bonit.at Software OG (www.bonit.at), Hans-Grünseis-Gasse 3, A-2700 Wiener Neustadt